인성교육의 영원한 고전

청주문화방송 라디오프로 [김홍철 교수의 특급학당] 방송

명심보감 新講

竹里 金洪哲 編著

보고사

【서문】

"21세기는 한자를 알아야 미래가 열린다!"

　우리나라 전통문화(傳統文化)의 이해와 계승은 한자문화(漢字文化)를 빼놓고 말할 수 없다. 전통의 붕괴와 가치관의 혼란 윤리의 상실은 한자교육의 부재와 유교문화(儒敎文化)에 대한 창조적 계승 실패에 그 원인이 있다. 한마디로 한자(漢字)는 한국 전통문화의 지식기반이며 유교문화는 한국 정신문화의 뿌리다. 과거는 물론 현재도 우리 문화의 내면에 한자문화가 자리하고 있다. 우리나라의 건국이념인 홍익인간(弘益人間)을 한자를 모르고 어떻게 이해할 것이며 우리민족의 일관된 정신인 경천애인(敬天愛人)을 어떻게 바로 전승할 것인가? 조국 광복이후 한자교육이 공교육(公敎育)에서 부정되던 불행한 시기에 한자교육을 받지 못한 이들이 성인(成人)이 된 지금 많은 국민들은 기회만 있으면 한자교육을 받고 싶어 한다. 한자를 배우지 못한 불편과 곤란이 너무나 컸기 때문이다. 또한 이를 자녀들에게는 물려주지 않으려 한다. 이런 까닭에 사교육(私交育)에서 한자교육의 열기는 갈수록 뜨거워지고 있다. 한자학습지의 범람과 한자급수 검정시험 때 응시자가 수만 명씩 몰리는 것은 이를 증명한다. 그러나 공교육의 현주소는 이와 너무나 동떨어진 모습을 보여 안타깝다. 아직도 초등학교에서는 한자교육이 교육과정에서 제외되어 있고 중학교 고등학교 교육과정에서는 선택과목으로 배정되어 갈수록 축소되는 현상이다. 한자교육과 한자문화의 몰이해는 전통문화의 바탕이 허물어짐으로 이어지고 인성교육의 부실(不實)로 나타나 끔직한 패륜(悖倫) 범죄가 날로 증가하고 있다. 한자(漢字)를 알아야 중국을 비롯한 한자문화권 국가들이 세계의 중심국가로 부상하는 21세기에 미래의 주역(主役)이 될 수 있다. 영어 만능주의(萬能主義)에 몰입(沒入)하는 이 시대가 한자교육을 제대로 하지 않고 지나가면 진정한 국제화의 성공은 불가능하며 반(半)만의 성공에 지나지 않는다. 한자교육을 통한 인성교육을 하지 않으면 우리의 자녀가 사람다운 사람이 되지 못한다. 한자교육을 서둘러야 하는 이유가 여기에 있다. 세상이 아무리 변한들 사람 되는 가르침과 도리를 버리고 살 수는 없다. 이는 하면 좋고 말면 말고가 아니다. 그동안 청주문화방송 라디오 교양프로인 특급작전의 '김홍철 교수의 특급학당'에서 방송한 '명심보감 신강'을 이번에 책으로 펴내는 이유도 여기에 있다. 명심보감은 한 마디로 우리나라에서 한문초학 교재로 가장 널리 사용된 책이며 인성교육의 영원한 고전(古典)이다. 유교적 심성교육(心性敎育)과 가치관(價値觀)을 가르치는 데 꼭 필요한 중국의 고전 명구(名句)들을 가려 뽑은 책으로 부록에 우리나라 효행록(孝行錄)을 추가 하였다. 이 책은 1393년 명(明)나라 범립본(范立本)이 편찬한 것으로 우리나라에서는 1454년(단종2년) 청주에서 초판(初版)이 간행되었다. 이 번 책은 초학자(初學者)는 물론 누구나 알기 쉽게 한자공부, 보충학습, 현실적용 등 세 부분으로 나누어 강해(講解)하였고 특히 그 내용을 우리 현실에 적용(適用)하여 일상생활 가운데 경험한 내용이나 있을 수 있는 일들을 통해 단순한 지식교육이 아닌 체득(體得)이 가능하도록 하였다. 이미 다 아는 내용이지만 많은 이들이 읽어 인성교육(人性敎育)의 성과(成果)가 있기를 바라는 마음 간절하다.

2008년 무자(戊子) 4월 23일
청주대학교 사범대학 한문교육과 연구실 죽리서옥(竹里書屋)에서
竹里 金洪哲 志

【차례】

繼善篇(계선편) ·· 8
天命篇(천명편) ·· 20
順命篇(순명편) ·· 28
孝行篇(효행편) ·· 34
正己篇(정기편) ·· 42
安分篇(안분편) ·· 80
存心篇(존심편) ·· 88
戒性篇(계성편) ·· 114
勤學篇(근학편) ·· 130
訓子篇(훈자편) ·· 144
省心篇 上(성심편 상) ·· 156
省心篇 下(성심편 하) ·· 228
立敎篇(입교편) ·· 266
治政篇(치정편) ·· 298
治家篇(치가편) ·· 310
安義篇(안의편) ·· 320
遵禮篇(준례편) ·· 326
言語篇(언어편) ·· 336
交友篇(교우편) ·· 344
婦行篇(부행편) ·· 354
增補篇(증보편) ·· 366
八反歌(팔반가) ·· 370
【부록】사자소학 추구 ····································· 384

계
선
편

子曰자왈 爲善者위선자는 天報之以福천보지이복하고
爲不善者위불선자는 天報之以禍천보지이화니라.

공자께서 말씀하시기를 "선(善)을 행하는 사람은 하늘(天神)이 복을 주고 악(惡)을 행하는 사람은 재화(災禍)를 준다." 하셨다.

하늘은 인간이 행한 대로 보응(報應)한다는 말이다. 사람의 행복과 불행 즉 화복(禍福)은 인간이 심은 대로 거둔다는 인과응보(因果應報)와 권선징악적(勸善懲惡的) 교훈이다. 사람들 가운데는 착한 사람은 손해만 보고 악한 사람이 잘 된다는 말을 하는 이도 있다. 천도(天道)가 있으면 이완용 같은 매국노(賣國奴)가 어찌해서 천벌을 받지 않고 천수(天壽)를 누리다가 편한 죽음을 했느냐는 것이다. 말인즉 옳은 것 같다. 그러나 이완용은 우리나라가 존재하는 한 영원히 역사의 죄인이다. 그 무덤조차 보존하지 못하고 자손에 의해 남몰래 파묘(破墓)돼 버리지 않았는가? 선(善)한 끝은 있어도 악(惡)한 끝은 없다는 말이 있다. 유해(有害) 색소(色素)를 넣어 장사 한 사람, 썩은 재료로 만두 속을 만들어 판 사람, 남몰래 유해 폐기물 버린 사람 하늘이 두렵거든 개과천선(改過遷善)할 일이다.

※ **한자학습** 子(자)-아들, 남자의 미칭, 선생님, 2인칭대명사(그대, 너, 자네). 왈(曰)-말하다. 위(爲)-하다, 위하여, 되다, 때문에, 삼다. 선(善)-착하다, 높다, 잘하다. 자(者)-사람, 사물에 두루 쓰이는 불완전명사. 천(天)-하늘, 천신이라는 인격적 존재. 보(報)-갚다, 알리다. 지(之)-동사로 가다, 지시대명사로 그것, 그 사람. 복(福)-복, 제사에 쓰인 음식. 화(禍)-재화, 재난, 근심.

※ **보충학습** 여기서 자(子)는 선생님이라는 뜻으로 맹 선생님이면 맹자(孟子), 주 선생님이면 주자(朱子)다. 앞에 아무것도 없는 경우는 일반적으로 공자(孔子)를 의미한다. 공자보다 더 큰 스승이 없기 때문이다. 지(之)자가 여기서는 지시대명사로 그 사람에게 즉 선을 행한 사람과 악을 행한 사람이란 뜻이다. 이(以)자는 전치 개사(介詞)로 '~으로써'라고 푼다. 개사(介詞) 이(以)는 다음에 목적어 복(福)과 화(禍)를 가졌다.

漢昭烈한소열이 將終장종에 勅後主曰칙후주왈

勿以善小而不爲물이선소이불위하고

勿以惡小而爲之물이악소이위지하라.

한나라 소열 황제가 장차 임종(臨終)하려 함에 후주에게 명(命)을 내려 말하기를 "선은 작다고 하지 않지를 말며, 악은 작아도 하지 말라" 하셨다.

길가에 술이 취해 쓰러진 사람을 보고 대수롭지 않게 지나치는 경우가 있다. 이번 겨울 첫 추위에 영동역 앞 광장에서 취객(醉客)이 동사(凍死)한 채 발견됐다. 그 전날 그가 술 취해 쓰러진 것을 본 사람이 여러 명이었다. 혹자(或者)는 흔들어 깨우다 일어나지 않자 그만두고 가버렸을 것이고, 혹자(或者)는 술 깨면 가겠지 하고 그냥 가버렸을 것이다. 만약 누구라도 그를 깨워 역 대합실(待合室) 안으로만 옮겼어도 그는 죽지 않았을 것이다.

그를 깨워 옮기는 일은 그리 큰 선행(善行)이 아니다. 그러나 그 결과에 한 생명의 생사(生死)가 달려 있었다. 결코 가벼이 할 일이 아니었다.

얼마 전 TV에 한 주부(主婦) 에이즈 환자의 이야기가 방영됐다. 결혼한 지 겨우 2년. 1살짜리 아기도 있다. 그가 에이즈에 감염(感染)된 것은 그 남편이 해외여행에서 단 한 번의 외도(外道) 때문인 것으로 판명됐다. 악(惡)은 아무리 작아도 하지 말라는 경고(警告)다.

● **한자학습** 한(漢)-나라 이름, 강 이름(중국과 우리나라에 있음). 소(昭)-밝다, 신주(神主)의 차례. 열(烈)-맵다, 세차다, 불타다, 다섯 명의 군대 대오. 장(將)-장수, 장차, 거느리다, 나가다. 종(終)-끝, 마치다. 죽다. 마침내. 칙(勅)-칙서, 칙명을 내리다. 타이르다. 조심하다.

● **보충학습** 한(漢)나라는 촉한(蜀漢)을 뜻한다. 소열(昭烈)은 촉한의 황제였던 유비(劉備)의 존호(尊號)다. 후주(後主)는 유비의 뒤를 이어 촉한의 황제가 된 유비의 아들 유선(劉禪)이다. 물(勿)은 금지사, '勿+술어동사'는 '~을 하지 말라'는 금지문을 만든다. '勿~不'은 이중부정(금지)을 나타내며 '~을 하지 않지 말라'는 뜻으로 강한 긍정을 나타낸다.

莊子曰 장자왈 一日不念善 일일불염선이면
諸惡 제악이 皆自起 개자기니라.

장자가 말하기를 "하루라도 선한 것을 생각하지 않으면
모든 악한 것이 저절로 일어난다" 하였다.

맹자(孟子)의 성선설(性善說)이건 순자(荀子)의 성악설(性惡說)이건 간에 사람은 부단히 스스로를 수양(修養)하지 않으면 안 된다. 사람이 본래 착하다 하더라도 세상이 너무 악해 하루라도 착하게 살려고 힘써 생각하지 않으면 모든 환경이 악한 생각을 저절로 일어나게 만든다. 하물며 사람의 본성이 본래 악하다면 수양과 교육을 통해 끊임없이 착하게 살려고 노력할 때만 착한 인간으로 살아갈 수 있다.

연쇄 살인범 유영철은 누구인가? 지하철에서 무심히 서 있는 사람을 밀쳐 전동차에 쳐 죽게 한 사람은 누구인가? 그는 우리와 전혀 다른 인간 별종(別種)인가? 전혀 아니다. 과거에 북한에 가서 북한 지도자 김일성을 만나고 온 사람 가운데는 그에 대한 환상(幻想)을 가진 사람들이 더러 있었다. 강력한 지도력이 있고 민족정신이 투철하고 동포애가 철철 넘치더라는 것이다. 그가 6·25전쟁을 도발하고 수많은 정적(政敵)을 피로 숙청한 사람과 동일인임을 잊고 있는 것이다. 김일성도 물론 우리와 같은 사람임에 틀림없다. 사람은 날마다 생각하는 바에 따라 성인(聖人) 공자도, 살인마 도척도 될 수 있다. 나는 지금 무슨 생각을 하고 있는가? 자문자답(自問自答)해 보자.

● 한자학습   장(莊)-장엄하다, 꾸미다, 별장, 시골집, 가게. 염(念)-생각, 생각하다, 암송하다. 개(皆)-다, 모두. 기(起)-일어서다, 잠을 깨다, 발생하다, 흥하다, 분발, 시작.

● 보충학습   장자(莊子)는 전국(戰國)시대 송(宋)나라 사람으로 이름은 주(周), 노자(老子)와 함께 무위자연(無爲自然)의 도교(道敎) 사상을 일으켰다. 이 구절(句節)은 그의 저서인 장자(莊子)에 수록돼 있지 않다. 오히려 내용상 유가적(儒家的)이다. 편자(編者)의 오착(誤錯)을 의심하는 이도 있다. '군자(君子) 신기독(愼其獨)'이나 순자(荀子)의 성악설(性惡說)을 연상하게 한다.

太公曰태공왈 見善如渴견선여갈하고 聞惡如聾문악여롱하라

又曰우왈 善事선사는 須貪수탐하고 惡事악사는 莫樂막낙하라.

태공이 말하기를 "선한 일을 보거든 목마를 때 물을 보듯이 하고, 악한 일을 듣거든 귀머거리처럼 하라" 하고 또 말하기를 "선한 일은 모름지기 탐낼 것이요 악한 일은 즐겨하지 말라" 하였다.

몇 해 전 나의 지인(知人) 한 분은 아들을 교통사고로 잃었다. 공부를 잘 해서 의과대학에 다니던 아들이 그날도 밤늦은 시각까지 공부하는 것을 보고 잠자리에 들었단다. 이튿날 시신(屍身)이 된 아들을 병원에서 대면(對面)한 그분은 지금도 정신이 온전하지 못하다.

밤 1시도 넘어 친구들이 불러내어 술을 몇 잔하고 젊은 기분에 음주운전을 한 것이 화근(禍根)이었다. 음주운전하자고 속삭이던 술 취한 친구들의 악한 말에 귀머거리가 됐던들 이런 불행은 없었으리라.

나는 대학 은사이신 월탄(月灘) 박종화 선생께서 병환 중에 보고 싶다는 전언(傳言)을 받고 학교 일이 바쁘다는 핑계로 한 주 뒤로 미루다 돌아가셔서 끝내 생전에 뵙지 못했다. 영전(靈前) 앞에서 후회하며 곡(哭)한들 소용없는 일이었다. 좋은 일은 미룰 것이 아니다.

● 한자학습 태(太)-크다, 심하다, 처음. 갈(渴)-갈증, 목마르다, 서두르다. 문(聞)-듣다, 냄새 맡다, 명망, 알려지다. 롱(聾)-귀머거리, 귀먹다. 수(須)-수염, 기다리다, 바라다, 잠깐, 모름지기. 탐(貪)-탐하다, 탐욕.

● 보충학습 태공(太公)의 이름은 상(尙)으로 주(周)나라 초기의 명신(名臣) 현자(賢者)이다. 위수(渭水)가에서 자신을 알아줄 임금을 만나기 위해 때를 기다리며 곧은 낚시질을 했다고 전한다. 늘그막에 주나라 문왕(文王)에게 발탁돼 주나라가 은나라를 대신해 천하의 주인이 되는데 크게 공을 세웠다.

문(聞), 롱(聾), 탐(貪) 자(字) 모두 육서(六書)에서 형성자(形聲字)에 속한다. 문(門) 롱(龍) 금(今) 자(字)가 음을 나타내는 성부(聲符)이며 나머지 부분이 뜻을 나타내는 형부(形符)이다.

악(樂)은 음악으로 쓰일 때는 악으로 '좋아하다'로 쓰일 때는 요로 '즐기다'로 쓸 때는 낙으로 쓰이는 전주자(轉注字)이다.

馬援曰마원왈 終身行善종신행선이라도 善猶不足선유부족이요
一日行惡일일행악이라도 惡自有餘악자유여니라.

마원이 말하기를 "생을 마칠 때까지 선한 일을 하더라도 선은 오히려 부족하고, 하루만 악을 행하더라도 악은 저절로 남음이 있다" 하였다.

선한 행실은 일생을 두고 실천해도 다 함이 없는 것이다. 20세기말의 성녀(聖女) 데레사 수녀가 사망했을 때 사람들은 동서 인종 종교를 초월해 애도했다. 누구도 그녀는 왜 80세가 훨씬 넘은 그 늙은 나이까지 그토록 험한 봉사자의 길을 갔는가를 탓하지 않았다. 그녀는 숨지기 직전까지 병든 자와 고아와 가난한 이들을 섬기는 선한 삶을 살다 갔다. 그녀는 아마 종신하는 순간에도 자신이 돌볼 사람들을 걱정하며 숨졌으리라.

이 세상 누구도 숨질 때 나는 할 일을 다 했노라 말할 수 있는 자는 없다. 착한 일을 많이 한 사람일수록 오히려 더 많은 부족을 느낄 것이다. 교도소의 교정 봉사를 하는 이들의 말을 들으면 뜻밖에 한 번의 실수로 일생을 교도소에서 형을 사는 이들이 많다고 한다. 한 예로 자신의 컴플렉스인 작은 눈을 가지고 '호박씨눈 호박씨눈'이라고 놀려대는 친구를 화가 난다고 있던 우산대로 한 번 갈긴 것이 잘못돼 뇌를 다쳐 사망하여 징역 20년 형을 살고 있는 이도 있다고 한다. 한 번 화가 나도 참고 넘어 갔으면 이런 불행은 면했을 텐데 얼마나 후회스러운 인생인가?

17대 국회의원 가운데 초등학교 학력을 고등학교 졸업으로 허위 기재해서 의원직을 상실하는 이도 있다. 상대방 후보를 허위 과장 비방해서 벌금 250만원을 받고 몇 달 만에 의원직을 잃게 된 그는 그날의 잘못이 가슴 치도록 후회스러웠을 것이다. 일일 행악이 악자유여가 아닌가?

- **한자학습** 원(援) - 구원하다, 당기다, 매달리다, 도움, 뽑다. 유(猶) - 원숭이, 망설이다, 같다, 가히, 오히려, 말미암다, 꾀하다. 여(餘) - 남다, 잉여.

- **보충학습** 마원(馬援)은 중국 후한 때의 장수로 광무제(光武帝)를 도와 티벳 흉노 등을 정벌해 큰 공을 세웠다.

司馬溫公曰사마온공왈 積金以遺子孫적금이유자손이라도 未必子孫미필자손이 能盡守능진수요 積書以遺子孫적서이유자손이라도 未必子孫미필자손이 能盡讀능진독이니 不如積陰德於冥冥之中불여적음덕어명명지중하여 以爲子孫之計也이위자손지계야니라

사마온공이 말하기를 "돈을 모아 자손에게 물려줘도 자손이 다 지키지는 못하며, 책을 모아 자손에게 물려줘도 자손이 반드시 다 읽지는 못하니, 남이 모르는 가운데 음덕을 쌓아서 자손을 위한 계책을 하는 것만 같지 못하다" 하였다.

속언에 삼대(三代) 가는 부자(富者)가 없다는 말이 있다. 우리 지역의 예만 봐도 불과 몇 십 년 전까지 전국 제일의 조경업체였던 모 조경 농원이 흔적도 없이 사라져 그 곳을 지날 때마다 무상함을 느낀다. 그 울창하고 아름답던 희귀 조경수는 보는 이의 부러움을 샀고 경부 고속도로 건설시 조경수가 이곳에서 팔려 나가 거부가 됐던 농원 설립자의 성공담은 70년대 당시 청주의 신화(神話?)였다. 성실하고 유능한 기업가였던 후계자가 한 순간의 잘못으로 건설업이 부도가 나며 그 신화는 깨어지고 말았다. 학자들은 책 욕심이 많다. 나의 은사 가운데 이 모 선생님은 희귀(稀貴)한 책이 많아 학자들의 부러움을 샀다. 그러나 그 분 돌아가시고 상당수가 고서(古書)로 흩어져 책방에 나왔다. 책 대부분은 모 대학 도서관에 기증 됐으나 돈 나가는 희귀본(稀貴本)은 흩어졌다.
　돈도 책도 부질없다. 남에게 음덕(陰德)을 베풀어 훗날 자손이 어려울 때 돕는 이를 예비함만 같지 못하다.

● **한자학습** 　사(司)-맡다, 관청, 벼슬아치. 온(溫)-따뜻하다, 부드럽다, 익히다, 순수하다. 적(積)-쌓다, 정체하다, 많다, 옷주름, 저축하다(자). 유(遺)-남다, 빠지다, 남기다, 끼치다, 버리다, 잃다, 보내다. 명(冥)-어둡다, 그윽하다, 이리다, 어두운 밤.

● **보충학습** 　사마온공(司馬溫公)은 북송(北宋)의 정치가이며 학자였던 사마광(司馬光)을 말한다. 그의 성(姓)은 사마(司馬)요 자(字)는 군실(君實)이다. 온국공(溫國公)에 봉호(封號)됐고 시호(諡號)는 문정공(文正公)이다. 이(以) 자가 여기서는 접속부사로 쓰였다. 불여(不如)는 '~만 같지 못하다'는 뜻의 부정(否定) 비교문(比較文)의 문형(文型)을 만든다.

景行錄曰경행록왈 恩義은의를 廣施광시하라.

人生何處不相逢인생하처불상봉이랴? 讐怨수원을 莫結막결하라.

路逢狹處노봉협처면 難回避난회피니라.

경행록에 말하기를 "은혜와 정의를 널리 베풀라. 사람이 어느 곳에 산들 서로 만나지 않으랴? 원수와 원한을 맺지 말라. 길이 좁은 곳에서 만나면 회피하기 어렵다" 하였다.

동학(東學) 운동을 1970년대 전에는 동학란(東學亂)이라고 했으나 지금은 역사적 평가가 달라져 동학혁명(東學革命)이라고 한다. 동학 혁명 당시 양반 대가(大家) 가운데 큰 피해를 입은 집안들이 다수 있다. 특히 가노(家奴)들을 잔인하게 학대(虐待) 했던 이들은 동학 운동에 참여한 반노(叛奴)들에 의해 복수(復讐)를 당한 이들이 많다. 한마디로 자업자득(自業自得)이었다. 그러나 가노들을 후하게 대하고 인심이 좋았던 이들은 오히려 동학에 참여한 가노들의 도움으로 화를 면했다. 한말(韓末) 탁지부 대신이었던 어윤중은 집권 시절 남의 조상의 묘터가 명당(明堂)이란 말을 듣고 권세를 남용(濫用) 강제로 빼앗아 자신의 조상 묘를 써서 큰 원한을 산 일이 있었다. 그후 정변(政變)으로 실각(失脚)해 고향으로 도망오다가 조상의 묘 빼앗긴 원수를 갚으러 달려온 이들에게 용인에서 만나 참혹하게 몽둥이로 맞아 죽었다고 한다.

은혜는 베풀수록 좋지만 남을 억울하게 해 원한 삼는 일은 하지 말아야 한다. 인생의 미래는 아무도 모른다. 은원(恩怨)을 맺은 사람이 언젠가 자신의 운명에 결정적 영향을 미칠 자리에 앉아 서로 만나지 말라는 법이 없기 때문이다.

* **한자학습** 경(景)-햇빛, 우러러보다, 경치, 남풍. 시(施)-베풀다, 전하다, 버리다, 기뻐하다, 자랑하다, 은혜, 공로, 끔추 수(讐)-원수, 대답하다, 갚다, 합당하다, 동등하다, 바로잡다. 협(狹)-좁다. 피(避)-피하다.

* **보충학습** 경행록은 중국 송나라 때 책이나 현재 전하지 않는다. '인생하처불상봉(人生何處不相逢)'은 의문사 '何'가 쓰인 의문문이다. '막결(莫結)'에서 '莫'은 금지사이다. '난회피(難回避)'의 문장구조는 '술어+보어'의 술보구조이다. 술어 '難'만으로는 어렵다는 뜻이 불완전해 무엇이 어려운가를 보충해주는 말인 보어 '회피(回避)'가 쓰였다.

莊子曰장자왈 於我善者어아선자도 我亦善之아역선지하고 於我惡者어아악자도 我亦善之아역선지니라 我既於人아기어인에 無惡무악이면 人能於我인능어아에 無惡哉무악재인저

장자가 말하기를 "나에게 선하게 하는 자에게도 나 역시 선하게 하고 나에게 악하게 하는 자에게도 나 또한 선하게 할 것이니라. 내가 이미 다른 사람에게 악하게 함이 없으면 다른 사람도 나에게 악하게 할 수 없다네!" 하였다.

인간관계의 바른 처세법을 가르치는 말이다. 나에게 잘해주는 사람에게 나도 잘하는 것은 당연지사다. 누구나 다 할 수 있고 그리 한다. 그러나 나에게 악하게 하는 사람에게도 잘 해주라는 것은 적극적 선행이다. 누구나 할 수 있는 일이 아니다. 수양해 덕을 쌓지 않으면 하기 어렵다. 그런 사람이 많으면 많을수록 세상은 살기 좋은 세상이 된다. 우리 사는 세상은 그렇게 단순하지만은 않다. 나의 선악에 관계없이 남을 해치는 악한 사람도 있다. 불특정 다수를 겨냥한 연쇄 살인 사건의 희생자들은 아무 잘못도 없이 죽었다. 지하철에서 이유 없이 사람을 밀쳐 차에 치어 죽게 하는 사람도 있다. 무서운 세상이다.

그러나 절대 다수의 보통 사람은 웃는 낯에 침 못 뱉는 사람들이다. 처처에 명찰(名刹)이요 원효와 의상의 나라다. 원수도 미워하라는 기독교를 믿는 사람이 전 인구의 4분의1이 넘는 나라다. 희망과 용기를 가지자. 서로 남에게 선을 행하여 웃고 사는 나라가 됐으면 좋겠다.

- **한자학습** 선(善)-착하다, 잘하다, 훌륭하다, 좋다, 친하다, 길하다. 악(惡)-모질다, 나쁘다, 흉년들다, 못생기다, 미워하다(오), 꺼리다(오), 헐뜯다(오), 부끄러워하다(오), 어찌(오), 아!(감탄사).
- **보충학습** '於'는 허사(虛辭)의 일종인 개사(介詞)이다. 저 자신은 의미가 없으나 문장의 중간에 들어가 문법적 기능을 발휘한다. 본래 이 글자는 까마귀를 나타내는 상형(象形) 글자였으나 후에 의미를 상실하고 가차(假借)되어 개사로 쓰이게 됐다. '~에게(상대), ~에서(장소), ~에(시간), ~보다(비교)' 등의 용법이 있다. 여기서는 '~에게(상대)'의 용법으로 쓰였다. '哉' 역시 허사(虛辭)로 감탄을 나타내는 조사(助詞)이다. 때로 어찌 기(豈)와 호응하여 반어문을 만든다.

東嶽聖帝垂訓曰동악성제수훈왈 一日行善일일행선이면 福雖未至복수미지나 禍自遠矣화자원의요 一日行惡일일행악이면 禍雖未至화수미지나 福自遠矣복자원의니라.

동악성제 수훈에 말하기를 "하루 선한 일을 하여도 복은 비록 이르지 아니하나 화는 저절로 멀어지고, 하루 악을 행하면 화는 비록 이르지 아니하나 복은 저절로 멀어진다" 하였다.

사람은 누구나 복 받기를 원하고 벌 받는 것을 싫어한다. 명심보감의 첫 문장이 말한 "착한 일을 한 사람은 하늘이 복을 주고 악한 일을 한 사람은 하늘이 벌을 내린다."는 것은 천도(天道)의 공의(公義)를 천명한 것이다. 그러나 하루 선을 행했다고 금방 하늘이 복을 주지 않으며 하루 악을 행했다고 금방 벌을 주지도 않는다. 그러나 분명한 것은 하루 착한 일을 했다고 당장 복이 이르지 않더라도 장차 복 받을 조건을 쌓은 것이며 벌 받을 조건은 소멸되는 것이다. 하루 악을 행했다고 당장 벌을 받지는 않으나 벌 받을 조건은 쌓여 가는 것이며 복 받을 조건은 사라지는 것이다.

바늘 도둑이 하루의 작은 행악을 고치지 않아 소도둑 돼 큰 벌을 받는 것은 이 때문이며 선인(善人)의 자손이 어려움에 처할 때 조상의 음덕(陰德)으로 돕는 손길이 뜻밖의 알지 못하는 데서 나타나는 것은 이 까닭이다. 과거사(過去史) 바로 잡기 관련법이 국회에서 통과됐다. 악한 일 하고 떵떵거린 사람과 그 덕으로 부귀를 누린 그 자손들 속 꽤나 타리라.

* **한자학습** 악(嶽)-큰 산, 옥(獄)+산(山)의 형성자(形聲字). 감옥의 옥(獄) 글자는 성부(聲符)이나 감옥이 사람을 위압하는 것처럼 큰 산은 사람에게 위압감을 주므로 뜻을 겸하는 겸성회의(兼聲會意) 글자로 보기도 한다. 수(垂)-늘어지다, 드리우다, 변두리, 가장자리, 변방. 훈(訓)-가르치다, 가르침, 해석하다(새길훈), 새김(해석).

* **보충학습** 동악성제는 도교(道敎)의 성인(聖人) 제왕(帝王)인 듯한 데 자세한 기록이 없다. 수훈(垂訓)이란 전하는 가르침이란 뜻이다. 도교는 기복(祈福) 중심의 미신성이 강한 종교로 고금을 통해 중국 민간에 널리 성행하고 있다. 명심보감에 이 같은 도교의 가르침이 수록돼 율곡(栗谷)의 서문(序文)을 의심하는 이들이 있다.

行善之人행선지인은 如春園之草여춘원지초하여 不見其長불견기장이라도 日有所增일유소증하고 行惡之人행악지인은 如磨刀之石여마도지석하여 不見其損불견기손이라도 日有所虧일유소휴니라

선을 행하는 사람은 봄 동산의 풀과 같아서 그 자라는 것을 보지 못하더라도 날로 증가하는 바가 있고 악을 행하는 사람은 칼을 가는 숫돌과 같아서 그 닳아 덜어짐을 보지 모지 못하나 날로 이지러지는 바가 있다.

병에 먹물을 조금 섞어 보라. 처음은 맑은 물의 양이 많아 희석돼 먹물이 보이지 않는다. 그러나 조금씩 계속 섞으면 맑은 물이 결국 먹물이 된다. 선을 행하던 악을 행하던 하루의 선이나 하루의 악은 크게 문제가 되지 않는다. 그러나 작은 것이 쌓이면 모르는 사이에 커지는 법이다. 70대 소매치기 범이 잡혔다. 그는 무려 전과가 30범도 넘는다. 소년 시절부터 소매치기 범으로 평생을 감옥에 들락거리며 살았다고 한다. 가랑비에 옷 젖는지 모른다. 부지불식간에 티끌이 모여 산이 된다. 선행으로 선업(善業)을 쌓으며 살아도 모자란 인생이다.

◉ **한자학습** 춘(春) – 익히 다 아는 글자다. 이 글자와 매우 흡사한 글자로 방아 찧을 용(舂)이 있다. 해서(楷書)로는 자형이 비슷하나 전자(篆字)나 갑골문은 전혀 다르다. 봄 춘(春) 자는 따뜻한 태양 빛을 받아 식물의 새싹이 자라는 모습이요, 방아 찧을 용(舂)은 두 사람이 절구에 곡식을 넣고 방아질 하는 모습이다. 마(磨) – 갈다, 닳다. 손(損) – 덜다, 잃다, 낮추다. 휴(虧) – 이지러지다, 덜다, 다행히.

◉ **보충학습** 앞의 문장과 이어진 문장이다. 방송시간 사정상 길어 반으로 나눴다. 여(如)가 문장의 앞에 오면 ~과 같다는 동격 비교문이 된다. 또 만약에 라는 의미로 쓰여 가정문을 만들기도 한다. 이 문장은 비교문이다. 아니 불(不)은 술어(述語)의 앞에 쓰여 부정문을 만든다. '不見'은 '보지 못하다'는 뜻이다. '有'의 쓰임은 두 가지로, 존재를 나타내는 자동사인 경우는 다음에 보어(補語)가 온다. 이 때 해석은 보어가 우리말로는 주어(主語)처럼 해석된다. 소유를 나타내는 타동사로 쓰일 경우는 뒤에 목적어가 온다. 이 문장에서는 존재의 의미로 쓰였고 뒤에 보어가 온 경우다. 소(所)는 뒤에 수식어가 오고 뒤에 오는 수식어와 합해 명사구를 이룬다.

子曰 자왈 見善如不及 견선여불급하고
見不善如探湯 견불선여탐탕하라

공자가 말씀하시기를 "선한 일을 보거든 미치지 못할 것처럼 (안타까워) 하고 선하지 않은 일을 보거든 끓는 물을 더듬은 것 같이 (물러나도록) 하라" 하셨다.

　선악(善惡)에 구분 없이 사람은 어려서부터 남의 행동을 보고 모방하며 성장한다. 착한 일을 따라 배우면 착한 사람이 되고 악한 일을 따라 배우면 악한 사람이 된다. 욕을 잘하는 아이와 친구가 돼 어울리면 욕을 잘하는 아이가 되고 손버릇이 나쁜 아이와 친구가 돼 어울리면 도둑질을 하는 사람이 된다. 반대로 좋은 습관을 가진 아이와 친구가 되면 좋은 버릇을 본받는다. 남의 선행을 보면 어서 빨리 닮고자 하는 마음을 가지라는 것이다. 남의 선행을 비웃거나 빈정거리는 것은 옳지 않다. 어려서 아무리 작은 것이라도 남의 물건을 가져오는 것을 보고 호되게 나무라 근절시키지 않으면 바늘 도둑이 소도둑 되는 것이다. 어린 아이 때는 마치 끓는 물에 손을 댄 것처럼 정신이 번쩍 나게 부모의 책벌과 훈계를 받으면 잘못을 쉽게 고친다.
　그러나 대수롭지 않게 내 버려두면 같은 일을 계속해 낭패를 당하는 것이다. 교도소의 중죄인도 처음에는 다 작은 잘못을 한 사람들이다. 선을 보고 외면하고 불선을 보고 무심히 따라 가다가 여기에 이르렀을 뿐이다. 남에게 맞고 오는 아들이 속상해 운동을 시키는 것은 좋으나 지고 오지 말라고 폭력을 조장하는 것은 어리석은 일이다.

● **한자학습**　급(及)-동사로는 손을 뻗어 미치다. 접속사로는 '~과(와)'로 선후 상하의 차이가 있는 병렬 접속사이다. 앞에 오는 것이 선후 상하의 선과 상에 해당한다. 이 글자는 '又+人'의 회의자(會意字)다. 또 우(又)는 손 수(手)자의 의미를 가진 글자다. 사람이 손을 뻗어 앞에 가는 사람을 따라 미침의 뜻을 가진 글자가 됐다. 탐(探)-더듬다. 탕(湯)-끓인물, 온천, 목욕탕, 탕약, 끓이다.

● **보충학습**　같을 여(如)자가 '~과 같다'는 뜻으로 쓰인 비교문이다. 앞 뒤 문장이 긍정과 부정의 뜻을 가진 대구법(對句法)으로 이루어졌다.

천명편

孟子曰맹자왈 順天者순천자는 存존하고 逆天子역천자는 亡망이니라

맹자가 말씀하기를 "천명(天命)에 순종하는 사람은 보존되고 천명을 거역(拒逆)하는 사람은 망한다" 하였다.

하늘의 뜻이란 무엇인가? 천하에 공평(公平)한 도리(道理)다. 천하에 공평한 도리를 따르면 보존되고 거스르면 망한다. 이는 천명사상(天命思想)의 근본을 말한 것이다.

천명(天命)의 구체적 실상은 무엇인가? 천하 사람의 마음이다. 인심(人心)이 천심(天心)이다. 한 두 사람의 마음이 아니라 천하 인심이 천심이다. 천하 인심을 얻으면 천하를 얻는다. 일시적으로 무력에 의해 천명(天命)을 도둑질해도 결국은 잃게 된다.

5·16 군사(軍事) 쿠데타로 집권한 박정희 정권이 가난극복, 조국근대화, 경제발전 성공의 눈부신 치적(治積)을 이루고도 비참한 종말을 거둔 것은 천명(天命)을 순리(順理)로 얻지 않았음은 물론 장기집권 연장을 위해 천하 인심을 반(反)하다가 천명(天命)을 잃은 때문이다.

12·12 군사정변으로 정권을 탈취한 전두환 씨가 하나마나한 선거인단 선출 대통령후보를 수락하는 발표문에서 천명(天命) 운운(云云)했다. 왕조(王朝) 시대로 착각한 것인가? 아전인수(我田引水)치고는 심했다.

❋ **한자학습** 맹(孟)-우두머리, 맏이, 처음, 힘쓰다, 노력하다. 순(順)-순하다, 좇다, 따르다, 복종하다, 기뻐하다, 즐기다, 차례. '川+頁'의 형성자(形聲字) 이마 혈(頁)이 뜻을 나타내고 내 천(川)이 소리를 나타내는 글자다. 역(逆)-거스르다, 도리에 어긋나다, 반역, 허물, 불효, 거꾸로, 미리, 맞다.

❋ **보충학습** 맹자(孟子)는 전국시대(戰國時代)의 인물로 성(姓)은 맹(孟) 이름은 가(軻) 자(字)는 자여(子輿)로 공자(孔子)의 학문과 사상을 계승 발전시켜 유학(儒學)의 대표적 인물이다. 공자의 다음 가는 성인이라 해 아성(亞聖)으로 불려진다. 맹자의 핵심 사상은 왕도정치(王道政治)와 천명사상(天命思想)이다. 왕도정치는 인(仁)을 치도의 근본으로 삼아 다스리는 정치다. 천명(天命)이란 하늘의 뜻이다. 하늘이 직접 인간세상을 다스릴 수 없기 때문에 대리자(代理者)에게 천명을 내려 그로 하여금 임금이 돼 세상을 다스리게 한다는 것이다.

康節邵先生曰강절소선생왈 天聽천청이 寂無音적무음하니

蒼蒼何處尋창창하처심고 非高亦非遠비고역비원이라

都只在人心도지재인심이니라

강절 소선생이 말하기를 "하늘의 들음이 고요해 소리가 없으니 푸르고 푸른 (하늘) 어느 곳에서 찾으리요? 높지도 않고 또한 멀지도 않다. 모두가 단지 사람의 마음에 있을 뿐이다" 하였다.

사람은 억울하거나 위기에 처했을 때 하늘을 향해 호소하거나 도움을 간청한다. 그러나 하늘은 묵묵부답(默默不答)이다. 하늘의 인격신(人格神)인 천신(天神)은 인간의 오감(五感)이 미치는 존재가 아니다. 사람의 지각(知覺)과 판단으로 가늠할 수 없다. 그러다 보니 사람들은 하늘을 두려워하지 않고 악을 행하기 쉽다. 무지하고 오만 불손한 인간 중에는 하늘이 어디 있는가? 천도(天道)가 과연 존재하는가? 하며 악을 행하기에 주저하지 않는다. 아무리 높은 산에 올라 하늘을 향해 외쳐보라. 하늘은 들었는지 못 들었는지 여상(如常)하다.

하늘의 귀는 다른데 있는 것이 아니다. 바로 내 마음 속에 존재한다. 도둑이 제 발 저리다는 말이 있다. 누가 뭐라고 해서가 아니다. 악을 행하면 내 마음이 두려워 떨게 된다. 형을 때려 죽게 한 두 동생이 20년이 훨씬 지나 법적 시효(時效)가 끝났는데도 자수한 일이 있었다. 왜 자수했을까? 아무도 죽은 형의 비명을 듣지 못했으나 늘 동생들의 마음속에 죽은 형의 비명소리가 아우성을 쳐대니 어쩔 수가 없었다. 이는 도덕률(道德律)의 문제가 아니다. 남을 억울하게 하고 남을 모함하고 남을 망하게 할 때 당하는 이의 원망 소리가 하늘은 입이 없고 귀가 없어 묵묵할 지라도 내 마음에 사라지지 않는 우뢰요 천둥이다.

● **한자학습** 강(康)-편안하다. 절(節)-마디, 절개. 소(邵)-높다, 뛰어나다. 청(聽)-듣다, 기다리다, 염탐꾼. 적(寂)-고요하다, 편안하다, 열반, 스님의 죽음. 창(蒼)-푸르다, 우거지다. 도(都)-도읍, 도읍하다, 거하다, 모이다, 모두, 아름답다.

● **보충학습** 강절 소선생(康節邵先生)은 성은 소(邵)요 이름은 옹(雍) 자(字)는 요부(堯夫) 시호(諡號)는 강절(康節)로 북송의 학자이다. 도(都)는 '모두' 지(只)는 '단지'라는 의미의 부사로 쓰였다. 무음(無音)에서 무(無)는 서술어로 뒤에 쓰인 음(音)이 보어다. 없다는 것만으로는 의미가 불완전해 의미를 보충하는 보어(補語)가 뒤에 왔다.

玄帝垂訓曰 현제수훈왈 人間私語 인간사어라도 天聽 천청은 若雷 약뢰하고 暗室欺心 암실기심이라도 神目 신목은 如電 여전이니라.

현제수훈에 말하기를 "사람 사이에 개인적으로 하는 은밀한 말이라도 하늘이 듣는 것은 천둥소리와 같고 어두운 방에서 마음을 속이더라도 신(神)이 보는 것은 번개와 같이 분명하다" 하였다.

사람의 눈과 귀는 속일 수 있다. 그러나 그 속임수가 아무리 교묘하고 은밀할지라도 하늘과 신(神)을 속일 수는 없다는 신념이 있다면 부정을 저지르지 않게 될 것이다.
청백리(淸白吏) 황희 정승의 일화에 다음과 같은 이야기가 있다. 어느 날 밤 남모르게 하급 관리 한 사람이 집으로 찾아와 뇌물을 바치며 승진을 청탁을 했다. 황희 정승이 말하기를 "어떻게 보는 사람이 많은데 뇌물을 받을 수 있겠소?" 하며 거절했다. 그 하급 관리가 말하기를 "대감과 저 외에는 아무도 없는데 또 누가 있어 본단 말입니까? 우리 말고는 아무도 모릅니다"라고 했다. 황희 정승이 말하기를 "그대와 나 또 하늘과 땅이 보았으니 나도 알고 자네도 알고 하늘도 알고 땅도 알지 않소?" 했다고 한다.

● **한자학습** 뢰(雷)-천둥, 한통이 되어 떠들다. 암(暗)-어둡다, 어리석다, 몰래. 기(欺)-속이다, 거짓, 업신여기다. 전(電)-번개, 전기, 번쩍이다.

● **보충학습** 인간(人間)이란 사람과 사람 사이란 말이니 사람들의 부정칭(不定稱) 보통명사다.
사어(私語)란 남이 모르게 개인적으로 속삭이는 사적(私的)인 말이다. 천청(天聽)은 하늘의 귀에 듣는 것이란 뜻이다.
신목여전(神目如電)은 귀신의 눈은 사람이 보지 못하는 아무리 작은 것, 은밀한 것도 번개 불처럼 환하게 다 볼 수 있다는 의미다.

益智書云익지서운 惡鑵악관이 若滿약만이면 天必誅之천필주지니라.

익지서에 이르기를 "악한 그릇이 만약 가득 차면 하늘이 반드시 벌을 내려 죽이느니라" 하였다.

악관(惡鑵)의 관(鑵)은 사람의 마음을 말한다. 사람이 악하다 선하다 하는 것은 그 마음에 선악을 보고 평하는 것이다. 선한 마음을 가지면 선인이 되고 악한 마음을 가지면 악인이 된다. 고로 마음은 선악을 담는 그릇이다. 악이 마음에 가득 차게 되면 자신의 불행일 뿐만 아니라 타인에게 해를 끼치게 된다. 하늘은 악인이 회심할 때를 기다리나 정도가 지나치면 그대로 두지 않고 벌을 내린다는 말이다. 중국의 폭군 걸(桀)과 주(紂)는 학정(虐政)이 지나쳐 산 사람을 땅에 묻어 죽이기도 하고 가마솥에 삶아 죽이기도 했다. 백성들은 고통스러워 죽는 것이 낫다고 생각했다. 백성들은 포악한 임금과 함께 죽기를 소원하는 노래를 지어 불렀다. 걸주의 악관이 차고 넘치니 결국 하늘이 벌을 내려 망하게 했다.

연산군의 난정(亂政)이 극에 이르러 천륜(天倫)을 범하고 상도(常道)를 무너뜨렸다. 그 막강한 왕권은 가히 왕조사에 없던 절대 권력을 휘둘렀다. 그러나 연산군의 학정(虐政)도 오래가지 못해 무너지고 강화도 교동에서 비참한 최후를 마쳤다. 악이 성하면 성할수록 무너질 날이 가까운 것이다. 밤은 깊을수록 새벽이 가까운 법이다. 하늘을 두려워하라는 말이 아니다. 착하게 살라는 권선(勸善)의 교훈이다.

- **한자학습** 익(益)-더하다, 더욱, 이익, 그릇 명(皿) 자에 그릇 위에 담긴 음식을 나타내는 획이 더해서 만들어진 중체 상형자이다. 관(鑵)-두레박. 주(誅)-베다, 죽이다, 죄주다, 덜다, 죽임, 벌하다.
- **보충학습** 익지서는 송나라 때 초학자들이 널리 읽던 교양서이다. 운(云)은 식섭 말하는 것이 아니고 책에 언급했다는 뜻이다. 만약 약(若) 또는 같을 여(如)가 문장의 앞에 오면 '만약에 ~하다'는 가정문이 된다.

莊子曰장자왈 若人作不善약인작불선하여 得顯名者득현명자는 人雖不害인수불해나 天必誅之천필주지니라.

장자가 말하기를 "만약 사람이 악한 일을 해서 훌륭한 이름을 얻은 사람은 비록 사람이 해치지 않더라도 하늘이 반드시 죽인다" 하였다.

역사를 거울이라고 한다. 세조는 조선시대 국초의 왕권을 강화하고 국기(國基)를 확고히 하는데 크게 기여한 임금이다. 그러나 임금이 되는 과정에서 너무나 무고한 피를 많이 흘렸다. 계유정란 때 권력을 장악하기 위해 부득이한 일이었다고는 하나 김종서 황보인 등 정적(政敵)을 무참히 살해(殺害)했고 비록 선위(禪位)의 형식을 빌렸으나 어린 조카 단종의 왕위를 찬탈(簒奪)하여 왕위에 올랐다. 그것도 모자라 동복(同腹)아우인 안평대군 금성대군을 대역(大逆)으로 몰아 죽였다. 세조는 왕위를 지키기 위해 사육신(死六臣)의 충절(忠節)을 혹독한 국문(鞫問)으로 다스렸다. 영월에 귀양 보냈던 어린 단종을 죽이는 것도 모자라 그 죽은 시체를 강물에 버리기까지 하였다.

이런 악행을 자행한 세조는 임금이기에 누구도 그 죄를 다스릴 수 없었다. 그러나 세조는 왕이 된지 불과 20여 년에 악창(惡瘡)이 나서 죽었다. 그의 장남인 세자(世子)는 왕위에 오르지도 못하고 요절(夭折)했으며 뒤를 이은 아들 예종은 임금이 된 지 1년 만에 병사(病死)했다.

이를 어찌 우연이라고 하랴? 이를 두고 악을 행해 출세한 자를 하늘이 벌준다 할 수 있을 것이다.

※ **한자학습** 현(顯)-밝다, 나타나다, 드러나다, 죽은 부모를 경칭하여 이르는 말(예; 顯考-돌아가신 아버지).

※ **보충학습** '若'은 문장 앞에 쓰여 '만약~하면'이라는 가정문을 만든다. '雖'는 '비록~하더라도'라는 양보의 뜻을 가진 문장이 된다. 이 문장에서 '作'은 '爲'와 같은 뜻으로 '~하다'로 쓰였다.

種瓜得瓜종과득과요 種豆得豆종두득두니

天網천망이 恢恢회회하여 疎而不漏소이불루니라.

오이를 심으면 오이를 얻고 콩을 심으면 콩을 얻나니,
하늘의 그물이 넓고 넓어 성글되 새지 않는다.

사필귀정(事必歸正)과 같은 뜻이다. 콩 심은 데 콩 나고 팥 심은데 팥 난다는 우리 속담은 여기서 온 것이다. 근래 친일파(親日派) 후손들의 상속 재산 반환소송이 여론을 들끓게 한 일이 있다. 매국(賣國)의 대가(代價)로 일제(日帝)가 하사(下賜)한 대규모의 토지가 격변기를 지나며 자손들이 상속 재산을 확인하지 않은 동안에 국유지가 되거나 타인 소유, 공공건물이 들어서 있는 곳이 많다고 한다. 이를 뒤늦게 안 친일파의 자손들이 재산 반환소송을 일으켜 대부분 승소판결을 받았다는 것이다. 사람의 법망(法網)은 이렇게 허술하다. 법 개정을 통해서 국가가 몰수함이 마땅하다. 국회가 이를 위한 법을 제정하였다. 늦었지만 그나마 만시지탄(晩時之歎)이다. 매국노 자손들이 수십억 횡재(橫財)를 잠시 기뻐했다면 어리석고 부끄러운 일이다. 하늘의 법망(法網)이 그리도 허술하겠는가?

❋ **한자학습** 종(種)-씨, 종류, 품목, 작물, 식물, 종기, 씨 뿌리다, 부어오르다, 심다. 과(瓜)-오이. 두(豆)-통, 제기이름, 제물. 망(網)-그물, 법률, 그물질하다, 법망에 걸려들게 하다. 회(恢)-넓다(마음이 넓다), 넓히다. 회회(恢恢)-광대하다. 소(疎), 소(疎), 소(疏)는 모두 동일어(同一語) 이체자(異體字) -트이다, 성글다, 멀리하다, 거칠다, 새기다(조각하다), 그리다. 루(漏)-새다, 빠뜨리다, 틈나다, 누수, 구멍.

❋ **보충학습** '種'이 여기서는 동사로 쓰였다. 한자는 같은 자가 쓰임에 따라 명사로 동사로 쓰이는 경우가 많다. 명사는 씨앗, 동사는 '씨앗을 심다'에서 '심는다'는 뜻이 된다. 천망(天網)의 망(網)은 하늘의 법망(法網)이란 뜻이다. 소이불루(疎而不漏)에서 '而'는 역접 접속사. '성글다 그러나 새지는 않는다'의 '그러나'로 쓰였다.

子曰자왈 獲罪於天획죄어천이면 無所禱也무소도야니라.

공자가 말하기를 "하늘에 죄를 지으면 빌 곳이 없다" 하였다.

계선편(繼善篇)의 끝 구절이다. 사람에게 잘못을 했으면 그 사람이 용서하지 않더라도 그 사람의 윗사람에게 빌면 그 윗사람에게서 사죄를 받을 수 있다. 하늘은 최고의 존재다. 하늘 보다 더 높은 존재는 없다. 하늘에게 죄를 지면 더 상위 존재가 없으므로 대신 용서를 받아줄 빌 곳이 없다는 말이다. 공자(孔子)는 철저한 현실주의자다. 죽은 뒤의 일을 물은 사람에게 살아서의 일도 다 모르는데 죽어서의 일이겠는가? 하고 반문한 일이 있다.

유학(儒學)은 내세(來世)에 대해 말한 바 없다. 그러나 사실 선진(先秦)의 중국 원시 유교(儒敎)는 인격적인 천신(天神)의 존재를 인정했다. 이 구절도 결국 공자가 천신(天神)의 존재를 인정한 것이라고 볼 수 있다. 내세(來世)를 믿는 사람은 막 살 수가 없다.

개구리를 잡으러 나간 소년들이 종적도 없이 살아진 지 오래다. 여론대로 유괴(誘拐)를 당했다면 유괴범이 아직 잡히지 않고 있다. 그러나 그 범인들은 살아도 산목숨이 아니다. 그들의 죄는 빌 곳이 없기 때문이다.

* **한자학습** 획(獲)-얻다, 맞히다, 낙심하다(확). 도(禱)-빌다, 기도하다. 보일 시(示) 자가 부수인 경우는 하늘에 빌다는 뜻 혹은 제사한다는 뜻이 있는 글자다. 보일 시(示)는 윗 상(上)자가 위에 있고 아래에는 일(日), 월(月), 성(星) 즉 천체(天體)를 지시하는 세 점이 합하여 된 증체지사자(增體指事字)이다. 하늘에 기도하면 해와 달과 별이 신의 감응을 보여준다는 의미로 만들어진 글자다. 도(禱)의 뜻은 보일 시(示)에 있고 목숨 수(壽)는 글자의 음을 나타내는 글자로 형성(形聲)에 속한다.
* **보충학습** 바 소(所)는 수식어가 뒤에 온다. 수식어와 합하여 명사구가 되고 소(所)는 불완전 명사로 쓰임에 따라 사람, 장소, 물건, 두루 의미를 나타낸다. 여기서는 빌 곳이라 하여 장소의 의미로 쓰였다.

숙명편

子曰자왈 死生사생이 有命유명이요 富貴在天부귀재천이니라.

공자가 말하기를 "죽고 사는 것은 운명에 달려 있는 것이요, 부자가 되고 귀하게 되는 것은 하늘에 달려 있는 것이다" 하였다.

사람이 나고 죽는 것은 사람의 의지로 할 수 없다. 오직 절대자(絶對者)의 손에 달려 있다. 목숨이 오직 하나이듯이 사람의 운수(運數)는 사람이 어찌 할 수 없는 절대적 존재이기에 모두 명(命) 자를 쓴 것이다.

부귀(富貴)도 마찬가지다. 노력으로 가능한 범위가 있지만 사람이 전혀 어찌 할 수 없는 영역도 있다. 고로 하늘에 달려 있다고 한 것이다.

서남아시아에서 있었던 지진(地震) 해일(海溢)은 천재지변(天災地變)이다. 신문 보도에 의하면 같은 날 결혼식을 하고 당일 태국으로 신혼여행을 간 친구 내외는 참사(慘死)를 당하고 사정(事情)이 있어 하루 뒤 신혼여행을 같은 곳으로 가 만나기로 한 친구 내외는 죽음을 면했다. 무너진 집 흙더미에서 5일 만에 극적으로 생환(生還)한 7세 소년의 기적(奇蹟)은 명(命)이라고 밖에 말할 수 없다. 이번 재난(災難)으로 집과 재산가족을 잃은 사람의 슬픔 뒤에는 건설(建設) 회사들의 호황(好況)이 뒤따른다. 어쩌랴? 부귀(富貴)는 재천(在天)인 것을….

● **한자학습** 명(命)-목숨, 운수, 명령, 말(사령), 가르침, 교훈, 명하다, 가르치다, 이름 짓다, 주다(수여하다). '입 구(口)+명령할 령(令)'의 회의자(會意字)다. 부(富)-넉넉하다, 충실하다, 넉넉히 하다, 부유함, 부자, 집안에 재화가 가득하다는 뜻, 집을 나타내는 '면(宀)+높을 고(高)+밭 전(田)'의 글자인데 높을 고(高)에서 획이 생략된 것과 밭 전(田)이 합한 찰 복자는 음을 나타내고 집을 나타내는 면(宀)은 뜻을 나타내는 형성자(形聲字)이다.

● **보충학습** 유명(有命)은 유어명(有於命)과 같고 부귀재천(富貴在天)은 부귀재어천(富貴在於天)과 같다. '於'는 장소를 뜻하는 개사(介詞)이다. 재(在)는 '~에서'의 뜻으로 쓰인다.

萬事分已定만사분이정이어늘 浮生空自忙부생공자망이니라.

세상의 모든 일은 분수가 이미 정해져 있는데 뜬 구름과 같은 인생이 부질없이 스스로 바쁘게 사느니라.

순명편(順命篇)은 젊은이들에게 운명론적(運命論的)인 인생관을 가르치는 것이 아니다. 미래를 향한 도전과 고난에 대한 극복이 절실한 젊은이들이 운명론에 사로잡혀서는 안 된다. 운명론은 생각하는 데 따라서 긍정적인 측면과 부정적인 측면이 있다. 긍정적인 측면은 지나친 허욕(虛慾)을 경계하는 것이다. 능력을 초과한 지나친 욕망은 인생을 피곤해 지치게 하고 실패를 계속하다가 끝내 좌절해 낙망과 불행에 빠지는 것이다. 운명론에서는 사람은 다 태어나기 전에 운명이 정해져 있으니 지나친 욕심을 버리고 편히 살라는 것이다. 분수(分數)란 자기가 타고난 운명의 한계를 말한다. 사람마다 자기의 분수가 있으니 그것을 초과하면 실패하고 아무리 고생해도 이뤄지지 않는다는 말이다. 이런 인생관을 가지면 아등바등 정신없이 살지 않고 정신적으로 여유가 있고 낙천적인 삶을 살 수 있다.

반대로 부정적인 측면은 젊은이가 노력하지 않고 어려운 문제를 만나면 쉽게 포기하게 된다는 것이다. 결코 이래서는 안 된다. 수년전 일이다. 나의 제자 한 사람은 사범대 출신이면서 교사가 되기를 마다하고 교육행정 분야 행정고시에 매달린 일이 있다. 여러 번 실패해 낙심하고 좌절하는 것을 보며 안타까웠다. 그는 그 뒤 생각을 바꿔 교직(教職)에 나가 행복한 교사 생활을 하고 있다. 이 글은 허욕(虛慾)을 경계하는 것이다. 부질없이 허욕을 채우기 위해 인생을 낭비하지 말라는 충고다.

※ **한자학습** 부(浮)-뜨다, 띄우다, 낚시찌, 가볍다, 앞서다, 지나다, 넘치다. 뜻을 나타내는 물 수(水)+음을 나타내는 알깔 부(孚)가 합한 형성자(形聲字). 망(忙)-바쁘다, 빠르다, 애타다. 역시 형성자(形聲字).

※ **보충학습** 이미 이(已)는 과거시제 부사이다. 과거에 다 끝났다는 뜻이다.

景行錄云경행록운

禍不可倖免화불가행면이요 福不可再求복불가재구니라.

경행록에 이르기를 "화(禍)를 요행(僥倖)으로 면(免)하려 하지 말고 복(福)은 지난 뒤에 다시 구하려 하지 말라" 하였다.

화(禍)는 요행(僥倖)으로 피할 수 있는 것이 아니다. 요행이란 일시적(一時的) 방편(方便)을 써서 임기응변(臨機應變)으로 피하는 것인데 이것은 어쩌다 한 번은 통할 수 있을지 모르나 항상 통할 수는 없다. 재앙(災殃) 받을 일을 근본적으로 하지 말아야지 잘못을 저질러 놓고 요행으로 화를 모면하려고 하지 말라는 말이다.

공부는 열심히 하지 않고 시험을 치를 때 부정행위를 하는 학생들이 많다. 어쩌다 시험 감독이 허술한 분을 만나 커닝을 해 좋은 점수를 받았다고 하자. 그것은 요행일 뿐 진정한 자기실력이 아니다. 또한 시험 때마다 부정한 방법으로 좋은 점수를 받을 수는 없다. 대학수학능력 시험에서 휴대폰을 가지고 부정을 저질러 좋은 성적을 받아 좋은 대학에 진학한 학생이 그동안 있었던 모양이다. 그것이 후배들에게 암암리에 알려져 오던 중 대규모 휴대폰 이용 수능부정이 발각되어 요행(僥倖)으로 지난해 휴대폰 부정 대학 입학자들까지 모두 입학이 취소되고 처벌됐다.

요행(僥倖)이란 없다. 복을 받았다고 해서 거듭 복 받기를 구하지 말라는 것은 복은 구한다고 받는 것이 아니라 복 받을 만한 일의 결과이므로 복 받을 일을 열심히 할 것이지 복만 받으려 하지 말라는 것이다.

경마(競馬) 복권(福券) 등에 어쩌다 행운의 기회를 얻었다고 해서 거듭 욕심내지 말 일이다. 요행이나 행운은 사람이 탐한다고 되는 것이 아니기 때문이다.

● **한자학습** 행(倖)-다행, 요행, 총애하다, 총애 받는 사람, 아첨하다, 아첨하는 신하.

● **보충학습** '不可~'는 '할 수 없다'는 부정문을 만든다. 앞의 문장과 뒤의 문장이 대구(對句)를 이루는 대구법(對句法)이 사용됐다.

時來風送滕王閣 시래풍송등왕각이요

運退雷轟薦福碑 운퇴뇌굉천복비라.

시운(時運)이 오니 바람이 불어 (왕발을) 등왕각으로 보내주고,
운수(運數)가 물러가니 벼락이 천복비를 쳐서 깨뜨렸다.

시운(時運)이 도래(到來)하면 어려운 상황과 조건에서도 성공할 수 있고 운수(運數)가 나쁘면 잘될 것 같은 조건에서도 실패할 수 있다. 최선을 다 하되 그 결과에 대하여 마음 편히 수용(受用)하라는 뜻이다. 사람은 최선을 다할 뿐 그 성공 여부는 하늘의 뜻이라는 말이다. 도심지 개발로 희비가 엇갈리는 것을 자주 본다. 어제까지 큰 도로변 건물이 도로 확장으로 헐려지고 반면에 그 건물의 후방에 있어 땅값이 헐값이던, 터만 넓고 허름하던 집이 하루아침에 금값이 된다. 청주대학교 앞 청도극장 자리에 와 보면 이를 실감하리라. 이를 사람이 어찌하랴?

● 한자학습   등(滕)-오르다, 물이나 바람이 용솟음치다 또는 밀어올리다. 각(閣)-다락집, 층 집, 대궐, 마을, 관청의 집, 복도. 뇌(雷)-벼락 굉(轟)-울리다, 떠들썩하다, 천(薦)-드리다, 올리다, 천거하다, 깔다, 밑자리. 비(碑)-비석.

● 보충학습   본문의 시(時)는 운수(運數)의 때 즉 시운(時運)을 뜻한다. 등왕각(滕王閣)은 당나라 고조(高祖)의 아들 등왕(滕王) 이원영이 세운 누각으로 강서성 남창시의 장강문의 위에 있다. 장강이 내려다보이는 천하절경으로 천하의 문인들이 모여 시회(詩會)를 여는 것으로 유명했다. 본문에서는 왕발은 등왕각에서 시회가 있다는 말을 듣고 참석하고자 배를 탔으나 하루 밖에 기일은 남지 않고 뱃길은 멀어 포기하고 있었는데 갑자기 빠른 순풍(順風)이 불어주어 하룻밤 사이에 도착해 등왕각서(滕王閣序)를 지어 천하에 문명(文名)을 떨치게 됐다는 고사를 의미한다. 천복비(薦福碑)는 천복사의 비석이다. 당시 구래공의 한 문객이 처지가 곤궁했는데 천복사비를 탁본(拓本)해다 주면 후사(厚謝)한다는 말을 듣고 수 천리 먼 길을 천신만고(千辛萬苦) 끝에 찾아갔으나 도착하기 전날 밤 벼락이 천복비를 쳐서 비석이 파괴돼 허사(虛事)가 됐다는 일이 있었다는 이야기를 말한다.

列子曰열자왈 癡聾瘖啞치롱음아도 家富豪가부호요 智慧聰明지혜총명도 却受貧각수빈이라 年月日時該載定연월일시해재정하니 算來由命不由人산래유명불유인이니라.

열자가 말하기를 "어리석고 귀먹고 벙어리인 장애자라도 집이 부자일 수 있고, 지혜롭고 총명한 사람이 도리어 가난할 수 있다. 연(年), 월(月), 일(日), 시(時)(사람의 운수)는 이미 정해져 있으니, 헤아려 보면 (잘되고 못됨은) 명(命)에 말미암지 사람에 말미암지 않느니라" 하였다.

왕후장상(王侯將相)이 어찌 씨가 따로 있는가? 라고 고려의 만적은 울부짖었다. 옳은 말이다. 그러나 사람 사는 세상은 그 자신의 능력이나 품성에 관계없이 사회적 지위나 신분이 태어날 때부터 다르게 차이 남을 볼 수 있다. 과거 신분(身分) 사회에서는 그것이 도저히 허물 수 없는 장벽이었다. 그래서 장길산도 홍길동도 임꺽정도 불우한 영웅이 될 수밖에 없었다.
  같은 서출(庶出)이면서 누구는 왕손(王孫)이라 제왕(帝王)이 되고 누구는 신민(臣民)이라 천출(賤出)이 됐으니 얼마나 명분(名分) 없는 억지 제도였던가? 이글을 사람은 타고 난 사주팔자(四柱八字)대로 되는 것이지 사람의 능력이나 노력에 따라 달라지는 것이 아니라는 것으로만 이해해서는 안 된다. 최선을 다하고도 실패했을 때 너무 상심(傷心)하고 실망하지 말라는 뜻으로 이해해야 한다.
  현재 우리나라는 자신의 능력과 노력하기에 따라 그 태어난 환경에 관계없이 누구나 대통령도 정치 지도자도 예술가도 학자도 장군도 무엇이고 다 될 수 있다. 얼마나 좋은 나라인가? 진인사대천명(盡人事待天命) 후에 운명(運命)을 생각해도 늦지 않다.

● 한자학습 치(癡)-어리석다, 어떤 일에 미치다. 롱(聾)-귀먹다, 청각 장애자. 음(瘖)-벙어리. 아(啞)-벙어리. 호(豪)-호저, 뛰어나다, 호협하다, 굳세다, 호화스럽다, 거느리다, 얕보다, 업신여기다. 각(却)-물러나다, 물리치다, 뒤집다, 도리어, 틈, 어조사. 해(該)-갖추다, 겸하다, 맞다, 일치하다, 모두, 그것, 마땅히. 재(載)-싣다, 타다, 오르다, 비로소, 비롯하다, 어조사. 유(由)-말미암다, 경유하다, 이유.

● 보충학습 유(由)가 쓰인 문장은 '유(由) 다음에 오는 것 때문에'라는 의미가 된다.

효행편

詩曰시왈 父兮生我부혜생아하시고 母兮鞠我모혜국아하시니 哀哀父母애애부모여 生我劬勞생아구로셨다 欲報深恩욕보심은인대 昊天罔極호천망극이로다.

시경(詩經)에 이르기를 "아버님! 나를 낳으시고, 어머님! 나를 기르셨으니, 슬프고 슬프다, 나를 낳고 기르시느라 힘드셨도다. 깊은 은혜 갚고자 하나 하늘같아서 끝이 없어라" 하였다.

설이 며칠 남지 않았다. 부모들의 자식 그리는 마음은 명절이면 더욱 절실하다. 객지에 나가 사는 자녀들이 명절에 집에 올 것을 기다리는 마음에 노부모들의 명절은 혈육애(血肉愛)로 애틋하다. 자식들의 부모에 대한 효심은 세상이 변하는 만큼 빨리도 변한다. 부모가 자식에 대한 사랑도 세상이 변하는 만큼 예전 같지 않다.

가정 폭력이 날로 심각해 사회문제가 되고 있다. 자식을 인격체로 여기지 않고 모질게 매질하는 부모, 노부모를 학대(虐待)하는 자녀, 여기에 무슨 자애(慈愛)와 효심(孝心)을 말할 수 있으랴? 호주(戶主) 제도가 폐지되고 독신자(獨身者)가 큰 수로 증가하고 자녀 낳기를 싫어하는 부부가 늘어나는 이 세태(世態)를 생각하면 오늘의 본문은 너무나 간극(間隙)이 큰 이야기다. 그러나 인간이 존재하는 한 부모로부터 태어나고 길러지고 인간이 늙어지면 자녀의 봉양(奉養)을 받는 것은 형태만 달라질 뿐 변할 수 없는 일이다. 오늘의 본문은 자녀의 부모 사랑을 말한 것이다. 부모는 이 세상에서 나와 가장 가까운 사람이다. 부모를 사랑하지 않는 사람이 어떻게 남을 사랑하랴? 효(孝)는 의무가 아니라 사랑일 때 아름답다.

● 한자학습   국(鞠)-기르다, 고하다, 굽히다, 국문하다, 공. 구(劬)-힘들이다, 피로해지다, 힘써서 고생하여 허리가 구부러지다. 호(昊)-하늘, 큰 모양, 성한 모양. 극(極)-용마루, 끝, 별이름, 임금 자리, 다하다, 빠르다, 마치다, 그치다, 극진하다, 지극히.

● 보충학습   혜(兮)는 감탄조사다. 주로 사(辭)와 부(賦)에 많이 쓰였다. 글의 첫머리에 시왈(詩曰)이 오면 이때의 시는 시경(詩經)을 말한다. 시경(詩經)은 공자(孔子)가 편술(編述)한 것으로 중국의 고대로부터 주(周) 나라까지의 시(詩) 가운데 300여 수를 가려 뽑아 편(編)한 책이다.

子曰자왈 孝子之事親也효자지사친야에 居則致其敬거즉치기경하고 養則致其樂양즉치기낙하고 病則致其憂병즉치기우하고 喪則致其哀상즉치기애하고 祭則致其嚴제즉치기엄이니라.

공자께서 말씀하시기를 "효자가 어버이를 섬김에 있어서는 기거(起居)함에 공경하기를 다하고, 봉양함에 그 즐거움을 다하고, 병환에는 그 근심을 다하고, 상(喪)을 당하면 그 슬픔을 다하고, 제사지냄에 있어서는 그 엄숙함을 다한다" 하였다.

부모 섬김의 절목(節目)을 말하고 있다. 부모님 생전에는 공경(恭敬)을 다하라고 했다. 부모를 공경하는 자식이 불효할 이치가 있겠는가? 부모가 늙고 무능해진 뒤에도 공경(恭敬)하는 마음을 잃지 말라는 것이다. 봉양(奉養)함에 즐거움을 다하라는 것은 색양(色養)을 뜻한다. 부모님을 모심에 자식의 얼굴에 기쁜 빛을 잃지 말라는 것이다. 이는 진심에서 효도할 때만 가능하다. 이런 자식은 자연히 부모님이 병나시면 근심하고, 돌아가시면 애통해 하고, 제사지낼 때 엄숙히 한다. 부모가 아무리 잘못했어도 효도하는 자식은 하늘이 낸 순임금 같은 효자다. 핵가족 개인 중심사회를 사는 우리 시대에는 어려운 일이다. 부모가 자식들에게 지성과 사랑을 다해 공평(公平)하게 양육(養育)하고 노후(老後)는 독립해 살 준비를 해서 자식이 그 사랑에 감동(感動)해 자발적으로 사랑으로 효도하게 해야 한다. 자식 겸 부모 되어 느끼는 소회(所懷)다.

● **한자학습** 사(事)-일, 사건, 생업, 행위, 섬기다, 부리다(사역하다), 일삼다. 친(親)-친하다, 사랑하다, 어버이, 친애함(우호), 몸소. 거(居)-살다, 살게 하다, 집. 치(致)-이르다, 풍취, 의취, 치밀하다.

● **보충학습** '孝子之事親'에서 '之'는 주격(主格)을 나타낸다. '之'의 용법에는 관형격으로 뒤에 오는 말을 수식해 주거나 지시대명사로 쓰이는 경우가 많고 용언(用言)에 어미(語尾)처럼 뜻 없이 붙어 쓰이기도 한다. 대부분의 문장 형식은 '만약(若) ~하면 즉(則) ~한다'에서 만약 약(若)이 앞에 생략된 것으로 앞은 가정(假定) 뒤는 그에 대한 호응의 결과를 나타낸다.

子曰자왈 父母在부모재이어든

不遠遊불원유하며 遊必有方유필유방이니라.

공자가 말씀하기를 "부모님 살아계시거든 멀리 가서 놀지 말며 (부득이) 놀러 가려면 반드시 가는 곳을 알림이 있어야 한다" 하였다.

자녀가 출입할 때는 반드시 부모님에게 가는 곳을 말씀드리고 나가라는 말이다. 부모는 항상 자녀의 안위(安危)를 걱정하시므로 자녀가 가는 곳을 알려 안심(安心) 시켜드림이 도리이다. 전통적으로 우리 가정에서 자녀들이 지켜온 당연한 예(禮)이다. 물론 지금은 부모님과 한 집에서 살지 않는 사람이 많고 사회 활동의 형태가 이전과 많이 다르다. 밤과 낮의 일하는 시간 개념이 다르고 주거의 공간 개념도 다르다. 그러나 분명한 것은 부모님이 자녀 걱정하는 마음은 전혀 변함이 없다는 것이다.

얼마 전 영국에 유학(留學)간 한국의 여대생이 실종(失踪)됐다고 소동이 난 적이 있다. 그 무렵 영국에서 한 한국 여대생이 살해(殺害)된 사건이 있던 터라 연일 언론에서는 그 여학생의 실종 사전을 대대적으로 보도했다. 그러나 그 여학생은 친구들과 호주에 배낭여행을 하고 있었다. 사건은 싱겁게 끝났지만 한 젊은이가 부모님께 행방을 알리는 전화 한 통 없이 행동한 무책임한 처신에 온 나라가 소동(騷動)했던 것이다.

요즘은 휴대폰이 없는 사람이 없는 시대다. 자신의 향방(向方)을 알리는 전화 한 통화가 효(孝)의 시작이다.

* **한자학습** 부(父)-아버지, 남자에 대한 미칭(보). 어른이 손에 매를 든 모양을 상형한 글자로 일족의 통솔자를 뜻했다. 모(母)-어미, 밑천, 근본, 근원, 여자 여(女)에 아기에게 젖을 먹이는 유두(乳頭)를 상징하는 두 점을 증획(增劃)하여 만든 증체상형자(增體象形字)이다. 유(遊)-놀다, 놀이, 여행하다, 여행, 유세하다.

* **보충학습** 부모재(父母在)는 부모재어세(父母在於世)의 뜻이다. 불원유(不遠遊)에서 '不'는 부정사(不定詞)가 아닌 '~하지 마라'는 금지사(禁止詞)로 쓰였다.

子曰자왈 父命召부명소이어든

唯而不諾유이불낙하고 食在口則吐之식재구즉토지니라.

공자가 말씀하기를 "부모님께서 명하여 부르거든 네! 하고 속히 대답하고 늦게 대답하지 말며, 음식이 입에 있거든 뱉고 답할 것이다" 하였다.

부모님이 부르시면 공손히 빨리 "네"라고 대답하고 입에 음식이 있을지 라도 토하고 빨리 대답하라는 것은 생활 가운데 작지만 실질적인 부모 공경의 실천을 뜻한다. 말은 곧 생각이다. 부모를 생각하는 마음이 대답으로 표출된다. 우리 젊은이들의 언어 습관을 보면 사랑은 있으나 공경은 찾아보기 어렵다. 부모에게 공대(恭待)하는 경어법(敬語法)을 제대로 쓸 줄 모른다. 부모에게 대답할 때 "응" 하거나 "왜?"를 예사로 한다. 아버지에게 경어를 쓰면서도 어머니에게는 경어를 쓰지 않는다. 다정한 마음 친근한 마음 사랑의 마음이 그 바탕에 있을 것이다. 그러나 장성(長成)해서도 여전히 어머니에게 반말을 쓰는 것은 옳지 않다. 그것을 보고 자라는 자식들이 역시 따라서 제 어머니에게 경어를 쓰지 않게 된다. 그것이 습관이 되면 고치기 어렵고 반말 속에 무심히 경홀(輕忽)히 여기는 마음이 자란다. 부모는 사랑하면서도 공경해야 하는 존재다. 부모님 공경을 싫다할 사람이 어디 있는가? 부모님에게 반말하는 언어 습관부터 고치자.

● **한자학습** 낙(諾)-대답하다, 천천히 대답함, 공손히 대답하지 않음, 승낙하다, 허용하다, 승낙, 따르다. 식(食)-먹다, 먹이, 제사, 벌이, 녹봉, 지우다(없앰), 밥(사), 기르다(사), 먹이다(사). 토(吐)-토하다, 드러내 보이다, 입 밖에 냄, 말함.

● **보충학습** '식재구즉토지(食在口則吐之)'에서 '之'는 앞의 '食'을 나타내는 지시대명사이다. 본문에서 '諾'은 공손히 대답하지 않는다는 뜻과 천천히 대답한다는 뜻이다. '공손히 대답하다'라고 하려면 '경낙(敬諾)'이라고 써야 한다.

太公曰태공왈 孝於親효어친이면 子亦孝之자역효지하나니
身旣不孝신기불효면 子何孝焉 자하효언이리오.

태공이 말하기를 "내가 어버이에게 효도하면 자식 또한 나에게 효도하리니 자신이 이미 불효하면 자식이 어찌 효도하리요?" 하였다.

가정(家庭)은 사람이 가장 먼저 접하는 교육장(敎育場)이다. 부모는 인류 최초의 교사(敎師)다. 부모가 효도하는 것을 보고 자란 아들은 누가 시키지 않아도 부모에게 효도하고 부모에게 불효하는 것을 보고 자란 아들은 효도할 줄을 모른다. 장성해서 지식으로 효도를 배워도 효도가 몸에 익지 않아 입으로는 효도를 말하면서 실상 효도를 제대로 하지 못한다. 고로 "효자 집에 효자 난다"고 하는 것이다.

1994년인가 충북도가 실시하는 효도대상 심사를 맡은 적이 있었다. 시·군에서 작성한 심사 자료를 가지고 현장을 확인 방문했다. 그 때 발견한 것이 효자는 한 때 작심(作心)한다고 되는 것이 아니라는 것이다. 십여 년 동안 중풍으로 누워 있는 노령(老齡)의 시아버지를 봉양(奉養)하는 과부 며느리 집에는 마당에 들어서면서 역한 냄새가 진동했다. 빨랫줄에는 하얀 기저귀가 즐비하게 걸려 있었.

그 며느리의 말이 "어려서 보고 밴 거지요. 당연한 걸 가지고 괜히 남세스럽게 그러네"였다. 효자 보기가 점점 어려운 이 시대에 효자 아들 두려거든 내가 먼저 부모에게 효도할 일이다. 그러면 적어도 불효자는 보지 않을 것이다.

● 한자학습 기(旣)-이미, 벌써 다 없어짐, 다하다. 효(孝)-효도, 효자, 조상 제사를 잘 모시고 뜻을 이어받음 또는 그 사람, 부모의 거상(居喪)을 입음.

● 보충학습 '於'가 여기서는 '~에게'라는 대상을 나타내는 전치(前置) 개사(介詞)이다. 기(旣)는 '이미'라는 뜻의 과거(過去)를 나타내는 시제 부사이다. 언(焉)은 종결어조사이다. 여기서는 '어타(於他)(彼)'가 언(焉) 한 글자 속에 겸해있는 겸사(兼詞)로 뜻은 '그에게'이다.

孝順효순은 還生孝順子환생효순자요 忤逆오역은 還生忤逆兒환생오역아하나니 不信불신커든 但看簷頭水단간첨두수하라 點點滴滴不差移점점적적불차이니라.

효성(孝誠)스럽고 공순(恭順)한 사람은 다시 효성스럽고 공순한 자식을 낳고 부모에게 거역(拒逆)하는 사람은 다시 부모에게 거역하는 아들을 낳는다. 믿을 수 없거든 다만 지붕 처마 끝에 떨어지는 물방울을 보라 점점이 방울져 떨어지되 어긋남이 없느니라.

사람은 누구나 효도하는 자식을 두기 원한다. 불효하는 자식을 둔 사람의 한스러움은 말로 표현할 수 없는 불행이다. 그러나 세상일은 사람의 뜻대로 되지 않는다. 돈도 많고 지위도 높은 사람이 불효하는 아들을 두어 남모르는 속앓이를 하며 불행한 삶을 사는 경우를 종종 본다.

내가 아는 유명한 대학교수 김 선생은 한국 최고의 동양화 중 한 사람이다. 그는 대대로 화업(畵業)을 이어 우리나라 몇 안 되는 삼대(三代) 화가(畵家) 집안이다. 그의 부친은 미술사(美術史)에 이름이 오른 인물이다. 그런데 그는 큰 아들이 걸핏하면 집안의 기물을 부셔대는 불효자다. 그가 금쪽 같이 아끼는 중국 도자기도 그의 손에 박살이 났고 그가 전국을 누비며 모은 수석(壽石)도 어느 날 그 아들의 손으로 길바닥에 내동댕이쳐 버려졌다. 김교수의 인내(忍耐)가 한계(限界)에 이르러 결국 자기 아들을 자기 손으로 경찰에 고발하는 사태에까지 이르렀다. 오래 전 일이지만 세간(世間)의 이야기 거리가 됐다.

그 불행의 근원(根源)은 알고 보면 김교수 자신이었다. 부모의 반대를 무릅쓰고 부모와 인연(因緣)을 끊어가며 재혼(再婚)한 그의 삶이 오역(忤逆)한 자식을 낳은 것이다. 자식은 부모의 거울이다.

● **한자학습** 환(還)-돌아오다, 돌아가다, 돌아보다, 물러나다, 돌려보내다, 갚다, 도리어, 두르다, 다시. 오(忤)-거스르다. 첨(簷)-지붕 처마. 역(逆)-거스르다, 허물, 큰 죄악(반역, 불효), 거꾸로, 맞이하다, 미리. 적(滴)-물방울지다.

● **보충학습** 문장 구성이 앞 문장과 뒤의 문장이 대조적인 반대 내용을 엮은 대구법을 사용하고 있다. 불신(不信) 이후의 문장은 가정법이 쓰였다. 불신 앞에 만약 약(若)이 생략된 경우이다.

정기편

性理書云성리서운 見人之善견인지선하거든 而尋己之善이심기지선하고 見人之惡견인지악하거든 而尋己之惡이심기지악하라 如此여차라야 方是有益방시유익이니라.

성리서에 이르기를 "다른 사람의 착함을 보거든 내게도 그와 같은 착함이 있나 찾고, 다른 사람의 악함을 보거든 내게도 그와 같은 악함이 있나 찾아라. 이와 같이 해야 바야흐로 유익함이 있느니라" 하였다.

공자께서 말하기를 군자는 항상 반구저기(反求諸己)해야 한다고 했다. 자기를 돌아보라는 말이다. 남의 잘못을 보거든 흉볼 것이 아니라 자기에게도 그런 잘못이 없나 돌아보고 고칠 것이요, 남의 훌륭함을 보거든 자기를 돌아보아 내게 없거든 본받을 것이요 있거든 더 잘 하도록 해야 한다는 말이다. 삼인행필유아사(三人行必有我師)란 말과 같은 의미다. 나보다 못한 사람도 내가 경계로 삼으니 스승이요, 나보다 나은 이는 내가 본받아야 하니 스승이다. 남의 흉 잘 보는 사람은 제 자신의 허물을 돌아보지 못한다. 남의 흉이 내게도 있는데 어떻게 남을 흉보겠는가? 광주 기아자동차 노조가 무려 120명 가까운 신입사원 인사에 이권을 행사해 막대한 돈을 챙겨 말썽이 되고 있다. 노조간부들이 자격이 없는 사람을 돈을 받고 부정으로 입사하도록 권력을 행사 했다고 하니 그동안 민주노조 운동에 앞장서 사측의 비리 부정을 질타한 그들의 노조운동이 무색하게 됐다. 누가 누구를 탓한단 말인가?

● **한자학습** 심(尋)-찾다, 질문하다, 생각하다, 잇다, 계속하다, 이윽고, 갑자기. 익(益)-더하다, 이롭다, 많다, 이익, 더욱더. 방(方)-모, 모질, 네모, 방위, 방향, 길, 방법, 바야흐로, 이제, 가지다, 나누다.

● **보충학습** 견인지선(見人之善)에서 '見'은 동사(動詞)요 '人之惡'은 목적어인 '술어+목적어' 구조다. 여기서 '之'는 앞의 말을 관형어 수식어가 되게 하는 허자(虛字) 개사(介詞)이다. 사람 '人' 자(字)가 문장 중간에 올 경우 대부분 타인(他人)이란 의미로 해석한다. 성리서(性理書)는 성리학에 대한 서적으로 인간의 심성(心性)과 이에 내재한 우주 만상의 원리를 연구하는 학문을 내용으로 하고 있다.

景行錄云 경행록운 大丈夫當容人 대장부당용인이언정
無爲人所容 무위인소용이니라.

경행록에 이르기를 "대장부는 마땅히 남을 용서할지언정 남에게 용서를 받는 사람이 되지 마라" 하였다.

대장부는 당당하게 처신해야 한다는 말이다. 남의 허물을 용서해 주는 사람이 될지언정 구차하게 남에게 용서받는 사람이 돼서는 안 된다는 경계다. 남에게 약점을 잡히면 사람은 비굴해진다. 아무리 담력이 큰 사람도 죄를 지으면 겁쟁이가 된다. 반면에 억지를 부리게도 된다. 남에게 용서를 구하는 처지, 남에게 손을 벌리고 구걸하는 궁한 처신은 대장부가 취할 태도가 아니다. 그러면서도 억지를 부리는 것은 더구나 대장부답지 못하다.

북한 당국은 기아(飢餓)에 허덕이는 인민(人民)을 먹여 살릴 도리가 없어 세계 여러 나라에 구호(救護)를 구걸(求乞)하는 나라다. 백성은 못살겠다고 줄줄이 국경을 탈출하고 있다. 농사짓는 데 필요한 비료를 우리나라에 무상(無償)으로 원조(援助) 요구한 바 있다. 그러면서도 핵무기 보유(保有)를 선언하고 세계 평화를 위협한다. 도와주지 않으면 불 질러 버리겠다는 위협이다. 더욱 이해할 수 없는 것은 2월 16일 북한 통치자 김정일 국방위원장의 생일이 민족 최대 명절이라고 온 나라가 축제로 요란한 것이다. 남에게 꾸어줄지언정 꾸이지 않는 것이 사람의 도리이거늘 구걸하며 도리어 소란(騷亂)을 떠는 북한은 참으로 장부답지 않은 처사가 아닌가?

* **한자학습** 장(丈)-10자 길이의 단위인 한길, 길이 즉 긴 정도, 어른. 당(當)-당하다, 감당하다, 대하다, 마땅하다, 맡다, 맞다, 덮다, 마땅히. 용(容)-얼굴, 모습, 꾸미다, 담다, 받아들이다, 용서하다, 조용하다, 조용히.

* **보충학습** '大丈夫容人'은 '주어+술어+목적어'의 구조이다. 대장부는 남을 용서한다는 뜻이다. '爲人所容'은 피동법이 쓰인 문장이다. '爲 ㄱ 所 ㄴ'의 경우 ㄱ에게 ㄴ 당하는 바가 된다. 라고 푼다. 즉 남에게 용서를 받는 바가 된다는 의미다. 장부(丈夫)는 건장한 남자라는 뜻이다. 한문(漢文)이 단순한 중국 글이 아닌 한 증거로 중국어에서 장부(丈夫)는 남편이라는 의미로 쓰인다.

정기편(正己篇) 43

太公曰태공왈 勿以貴己而賤人물이귀기이천인하고 勿以自大而蔑小물이자대이멸소하고 勿以恃勇而輕敵물이시용이경적이니라.

태공이 말하기를 "자기를 귀하게 여기고 남을 천하게 여기지 말고, 자기를 크다 여기고 남을 작다 여기지 말며, 용맹을 믿고서 적을 가벼이 여기지 말라" 하였다.

사람은 자신을 남보다 더 나은 존재로 생각하려는 마음이 있다. 그 마음이 지나치면 교만(驕慢)이 되고 더 지나치면 오만(傲慢) 방자(放恣)가 된다. 교만한 사람을 좋아하는 사람은 아무도 없다. 겸손한 사람을 좋아하고 자기를 낮추는 사람과 가까워지려는 것이 인지상정(人之常情)이다. 겸수익(謙受益)이다. 겸손해야 이익을 얻는다는 말이다.

사람은 자기를 낮추는 사람을 돕고 싶어 한다. 잘난 척하면 형제도 싫어한다. 항상 남을 자기보다 낮게 여기고 남을 칭찬하고 남을 귀하게 여기면 남이 나를 귀하게 여기고 좋아하게 된다. 자기의 용감성만 믿고 적을 깔보면 백전백패(百戰百敗)다. 싸움에서 자만(自慢)은 패전(敗戰)의 선봉(先鋒)이다. 적을 두려하기만 해서도 안 되지만 적을 깔보는 것은 더욱 안 될 일이다. 어떤 시합도 어떤 시험도 착실히 준비하는 자가 이긴다.

※ **한자학습** 천(賤)-천하다, 천히 여기다. '戔'은 적다, 얼마 되지 않다는 뜻이 있고 음이 '전 또는 잔'이다. 조개 '貝'는 재물을 나타낸다. '재물이 적다, 헐값이다'에서 천하다는 뜻의 글자가 됐다. 보통 형성자(形聲字)라 하나 겸성회의자(兼聲會意字)로 볼 수 있다. 멸(蔑)-어둡다, 작다, 업신여기다, 버리다. 시(恃)-믿다, 뜻은 마음 심(心) 음은 관청 시(寺) 형성자(形聲字)이다. 경(輕)-가볍다, 가벼이 여기다. 적(敵)-대적하다, 적군.

※ **보충학습** 말 물(勿)이 문장의 앞에 오면 금지문이 된다. '~하지 마라' 귀기(貴己) 천인(賤人)에서 '귀(貴)와 천(賤)'은 형용사이나 뒤에 목적어를 취해 '귀하게 여기다', '천하게 여기다'라는 의미의 동사가 됐다. 이런 동사를 의동사(意動詞)라고 한다.

馬援曰마원왈 聞人之過失문인지과실이거든 如聞父母之名여문부모지명하여 耳可得聞이가득문이나 口不可言也구불가언야니라.

마원이 말하기를 "남의 과실을 듣거든 부모의 이름을 들은 것과 같이 하여 귀로는 들으나 입으로 말하지는 말라" 하였다.

사람의 과실을 듣거든 부모의 이름을 들은 것같이 하라는 것은 꺼리고 즐겨듣지 말라는 것이다. 부모의 이름은 함부로 부르지 않는 것이 예(禮)다. 살아계실 때는 함자(銜字)라 하고 돌아가신 뒤에는 휘(諱)라 했다. 피휘(避諱)라 해 부모나 선생님 임금의 이름은 한 글자씩 나눠 부르거나 뜻이 같은 다른 글자를 대신 썼다. 덕이 부족한 사람은 남의 험담하기를 좋아하고 남의 험담듣기를 즐긴다. 듣기를 좋아할 뿐만 아니라 남의 험담을 듣고 옮기기를 좋아한다. 인간관계에서 갈등과 분쟁이 일어나는 대부분의 원인이 남의 험담 전하는 데서 비롯된다. 아무리 가까운 사이라도 남의 험담을 전하는 데서 오해와 불신과 미움이 싹튼다. "이것은 너에게만 말하는 것인데…" 운운 하며 전하는 남의 험담은 거의가 와전(訛傳)된 것이거나 불확실한 낭설(浪說)이다.

전하는 입이나 듣는 귀가 다 덕스럽지 못하다. 듣고 전하는 사이에 아름다운 인간관계는 무너지고 만다. 남의 험담을 내게 잘 전하는 그 사람은 나의 허물도 다른 사람에게 잘 전할 사람이다. 가까이 할 사람이 못된다. 남의 과실(過失)은 들어도 못들은 척할 것이요 남에게 옮기지 마라. 구시화문(口是禍門)이라 해 남의 허물 옮기기 좋아하는 입은 화근(禍根)을 가져오는 문(門)이라 했다.

* **한자학습** 원(援)-당기다, 매달리다, 뽑다, 구원하다, 도움. 문(聞)-듣다, 냄새 맡다, 알리다, 알려지다, 소문, 명망, 이름. 명(名)-이름, 이름 부르다, 작명하다.

* **보충학습** 얻을 득(得)은 '可得, 不可得'에서 가능을 나타내는 보조동사로 쓰였다. 전통적인 해석에서는 '시러곰'이라고 풀었으나 이미 쓰지 않는 말이고 부사적인 해석이라 적절하지 않다. '也'는 종결어조사로 단정적인 어기(語氣)가 들어있다.

康節邵先生曰강절소선생왈 聞人之謗문인지방이라도 未嘗怒미상노하며 聞人之譽문인지예라도 未嘗喜미상희 聞人之惡문인지악이라도 未嘗和미상화하며 聞人之善문인지선이면 則就而和之즉취이화지하고 又從而喜之우조이희지니라

강절 소선생이 말하기를 "남이 자기를 비방하는 말을 듣더라도 노여워하지 말고, 남이 자기를 칭찬하는 말을 듣더라도 기뻐하지 말며, 남의 악행을 말하는 것을 듣더라도 그것에 맞장구치지 말고, 남의 선행을 이야기하는 것을 들으면 곧 나아가 그와 어울리고 또 그를 좇아 같이 기뻐하라" 하였다.

사람은 남의 평가에 민감(敏感)하다. 남이 나를 비방(誹謗)하면 분(忿)을 참지 못한다. 남의 칭찬에 기뻐하고 즐거워한다. 그러다 보니 나의 단점을 지적해 주는 충고(忠告)도 비방(誹謗)으로 생각하고 듣기 싫어한다. 오히려 성낸다. 남이 칭찬해주면 그것이 인사치례로 하는 것인지 진심으로 하는 것인지 깊이 생각도 하지 않고 좋아한다. 남을 비방(誹謗)하는 이야기를 들으면 잘 알지도 못하면서 맞장구치기 좋아한다. 모두 군자답지 못한 일이다.

남의 칭찬은 경계(警戒)하고 충고(忠告)에 귀를 기울여야 인격이 성숙한다. 남의 선한 일을 들으면 함께 즐거워하고 그를 좇아 배워야 사람의 그릇이 커진다.

역사(歷史)에 가정(假定)은 없지만 만약 박정희 대통령이 차지철 경호실장 같이 맹종(盲從)하는 충동적 부하를 경계(警戒)했더라면 충성 경쟁(競爭)에 진 또 다른 충복(忠僕)의 총탄에 시해(弑害) 당하는 불행은 없었을 것이다.

* **한자학습** 방(謗)-헐뜯다, 비방. 노(怒)-성내다, 노여움 예(譽)-명예, 바로잡다, 즐기다.
* **보충학습** '未'는 '~까지 아니다'는 의미의 현재 완료 부정을 나타내는 부정사이다. 여기서는 '하지 마라'는 의미로 금지사가 됐다. 부정사와 금지사가 같이 쓰였다. 문맥에 따라 구분한다. 상(嘗)은 '일찍이'란 의미의 부사이다. 여기서는 의미상 '듣자마자 빨리'란 의미를 내포하고 있다.

其詩曰기시왈 樂見善人낙견선인하며 樂聞善事낙문선사하며 樂道善言낙도선언하며 樂行善意낙행선의하고 聞人之惡문인지악이거든 如負芒刺여부망자하며 聞人之善문인지선이거든 如佩蘭蕙여패난혜니라

강절 소선생의 시에 말하기를 "선한 사람 보기를 즐겨하고 선한 일 듣기를 즐겨하며 선한 말을 말하기를 즐겨하며 선한 뜻 행하기를 즐겨하고 남의 악함을 듣거든 마치 가시나무를 등에 진 것같이 하며 남의 선함을 듣거든 마치 난초와 혜초를 허리에 찬 것 같이 하라" 하였다.

우리나라 사람의 옹졸함을 경계하는 속언에 "사촌이 땅을 사면 배가 아프다"는 말이 있다. 이 말을 남의 잘된 것을 배 아파하는 못된 성정(性情)으로 해석 하지만 기실은 남과 비교당하는 아픔을 사람은 싫어한다는 점을 간과(看過)하고 있다. 누가 사촌이 땅 사는 데 배 아프겠는가? "사촌은 사는 데 뭐 하느냐?"고 힐난(詰難)하는 아내나 부모의 비교에 속이 상해 퉁명스럽게 내뱉는 말이 남에게 사촌이 땅 사는 게 싫은 듯이 보인 것뿐이다. 군자(君子)는 내가 바라지 않는 것을 남에게 베풀지 않는 것만이 아니라 내가 하고자 하는 것을 남이 하도록 도와주는 사람이다.

남의 선(善)함을 보기 좋아하고 선(善)한 말을 하기 좋아하고 선(善)한 일을 듣기 좋아하는 사람 선(善)한 뜻을 행하기 좋아하는 사람이 우리 사회에 많아질수록 세상이 아름다워지는 것이다. 남의 험담을 듣기 좋아하면 마치 가시나무를 등에 진듯하다는 것은 나도 상처받고 남도 상처 준다는 말이다. 남을 칭찬하고 남의 장점을 두루 이야기하기 좋아하면 그 인격의 향기가 남에게 좋은 영향을 미치게 된다.

● 한자학습 도(道)-길, 도리, 순하다, 말하다, 말미암다, 인도하다, 다스리다. 부(負)-등에 지다, 입다, 업다, 등지다, 배후에 두다, 저버리다, 힘입다, 믿다, 근심하다. 망(芒)-가시. 자(刺)-찌르다, 깎아버리다, 추리다, 바느질하다, 바늘, 가시, 봉망, 창끝같이 뾰족한 부분, 헐뜯다, 꾸짖다, 문신하다, 명함 찌르다(척), 정탐하다(척), 배를 젓다(척), 수라(라). 패(佩)-노리개, 차다, 마음먹다.

● 보충학습 같을 '如'가 문장 앞에 오면 '~와 같다'는 비교문이거나 '만약에 ~하다'는 가정문이 된다. 여기 있는 문장은 모두 비교문이다.

道吾善者도오선자는 是吾賊시오적이요

道吾惡者도오악자는 是吾師시오사니라.

나의 선함을 말하는 사람은 나를 해치는 자요, 나의 악함을 말하는 사람은 나의 스승이다.

공자께서 말하기를 교언영색(巧言令色)하는 사람 가운데는 어진 사람이 드물다고 했다. 상대방의 비위를 맞추기 위해 교묘한 말로 칭찬하고 얼굴빛을 일부러 고쳐 아첨하는 사람은 진실한 사람이 아니라는 말이다.

나의 장점만을 골라 칭찬을 늘어놓는 사람은 나의 덕(德)을 해치는 사람이므로 나에게는 적(賊)이 되고, 반대로 나의 단점을 말하는 사람은 나의 단점을 고치도록 도와주는 사람이므로 나의 스승이라는 뜻이다. 아첨(阿諂)하는 말에 속아 소인(小人)을 가까이 하다 낭패(狼狽)당한 경우를 역사에서 수없이 찾을 수 있다. 제갈량의 출사표(出師表)에 이르기를 "친현신원소인(親賢臣遠小人)은 전한(前漢)이 흥륭(興隆)한 까닭이요 반대로 친소인 원현신(親小人遠賢臣)은 후한(後漢)이 망한 원인이다"라고 했다. 아첨(阿諂)하는 사람은 소인(小人)이요, 직언(直言)을 하는 사람은 현신(賢臣)이다. 특히 치자(治者)의 자리에 있는 사람이 경청(傾聽)할 말이다.

그러나 듣는 사람이 아닌 말하는 사람의 입장에서는 남의 단점만을 꼬집어 말하는 것이 직언(直言)은 아니다. 칭찬할 것은 칭찬하고 충고할 것은 정중히 충고하는 것이 직언(直言)이다. 아첨(阿諂)하는 것과 남을 칭찬하는 것은 다르다. 꾸며서 이해타산(利害打算)으로 아첨하는 것이 아니라면 칭찬은 많이 할수록 좋다.

* **한자학습** 도(道)-여기서는 말하다는 뜻. 자(者)-불완전명사로 문맥에 따라 사람 장소 사물 두루 쓰인다. 여기서는 사람. 시(是)-옳다, 이것, ~이다. 여기서는 '~이다'로 푼다.
* **보충학습** 시(是)는 연결사의 의미를 가진 서술어이다. 시(是)의 앞부분은 주어부 뒷부분은 보어이다.

太公曰 태공왈 勤爲無價之寶 근위무가지보요

愼是護身之符 신시호신지부니라.

태공이 말하기를 "부지런함은 무한한 가치의 보배요, 조심함은 제 몸을 보호하는 부신(符信)이다" 하였다.

우리 속언에 큰 부자는 하늘이 내지만 작은 부자는 부지런함에 있다는 말이 있다. 여기서 작은 부자란 자신의 노력으로 부를 이룬 부자를 말한다. 부지런하면 부자가 될 수 있을 뿐만 아니라 그 성실함을 인정받아 직장에서 신임을 받게 되고 사업하는 사람은 신용이 두터워져 하는 일마다 성공하게 된다.

내가 아는 특수 인쇄 분야의 중소기업 사장 한 분은 1960년대 집안이 가난해 초등학교를 마치고 서울에 올라가 작은 인쇄소의 직공으로 취직했다. 그는 타고난 성실함으로 사장의 눈에 들어 그 인쇄소의 핵심직원이 됐고 훗날 자녀가 없는 사장에게서 그 인쇄소를 물려받았다. 그는 부지런히 노력해 지금은 우리나라 특수인쇄 분야의 독보적 기업인이 됐다. 그가 성공한 것은 오로지 근면함 하나 때문이었다.

삼가고 조심함은 경솔(輕率)해서 맞을 수 있는 위기에서 자신을 지켜주는 부적(符籍)과 같다함은 신중한 처신을 경계하는 말이다.

돌다리도 두드려 보고 건너는 신중함이 어려운 세상을 현명하게 사는 보신책(保身策)이다.

- **한자학습** 근(勤)-부지런하다, 고생하다, 위로하다, 일(근무), 괴로워하다, 은근하다. 신(愼)-삼가다, 삼감, 절대로(삼가), 진실로. 호(護)-돕다, 지키다, 통솔하다. 부(符)-부신(符信), 증거, 도장, 상서로운 조짐, 부적, 맞다.
- **보충학습** 두 문장의 구조는 '주어+술어+보어'로 되어 있다. 여기서 '爲'와 '是'는 다 같이 '~이다'는 연결사 서술어이다. 무가지보(無價之寶)는 값을 정할 수 없는 무한한 가치를 지닌 보배라는 뜻이다.

景行錄曰경행록왈 保生者보생자는 寡慾과욕하고 保身者보신자는 避名피명이니 無慾무욕은 易이나 無名무명은 難난이니라.

경행록에 이르기를 "삶을 보존하고자 하는 자는 욕심을 적게 가질 것이요, 난세에 몸을 보존하고자 하는 자는 지나친 명예를 피해야 하나니 욕심을 없게 하기는 쉬우나 명예를 없게 하기는 어려우니라" 하였다.

건강하게 오래 사는 것은 인간 모두가 희구하는 바이다. 예로부터 장수(長壽)를 오복(五福)의 으뜸으로 여겼다. 칠십을 살면 드물게 장수(長壽)했다고 해 고희(古稀)라 했으나 이미 우리나라 평균 수명이 78세에 이르렀다. 이제는 70세에 돌아가시면 평균 수명도 못살고 일찍 돌아가신 것이 된다.

그러나 장수가 꼭 복이랴? 우리나라는 급속히 노인사회로 진입 국민의 고령화에 대비하지 않으면 많은 어려움이 예상된다. 과욕(寡慾)이 노인의 건강을 지키는 등불이라 한다.

신체 기능이 이전 같지 않음을 자각 모든 것에서 욕심을 버려야 편안하고 건강한 노후를 보낼 수 있다. 사람은 명예욕이 강해 그것 때문에 자신도 힘들고 남과 불편한 관계가 되고 심하면 적을 맺는다.

명예는 지나고 나면 물거품 같은 것이다. 욕심은 적게 하기 쉬우나 명예는 적게 하기 어렵다고 한 것은 노년에 명예나 지위에 혹해 평생 쌓아 올린 공덕과 지조를 허는 일이 많음을 뜻한다.

또한 이미 유명해진 뒤에는 평범하게 살기 어려움을 의미한다. 유명하다는 것이 꼭 행복한 것은 아니다.

● **한자학습** 과(寡)-적다, 홀어미 과부, 과부가 되다, 나(제후나 임금의 일인칭). 욕(慾)-탐내다, 욕심 특히 탐내는 마음을 뜻한다. 욕(欲)은 탐내다, 바라다는 뜻이다. 이(易)-쉽다, 간략하다, 소홀히 여기다, 다스리다, 평탄하다, 주역의 점괘 하나. 난(難)-어렵다, 괴로워하다, 근심하다, 재앙, 근심, 난리.

● **보충학습** 무욕(無慾)과 무명(無名)에서 '無'는 욕심을 없게 하다는 동사이다. '無'가 존재를 나타낼 경우는 뒤에 보어가 오고 소유를 나타낼 경우는 목적어가 온다. 여기서는 소유를 나타낸다.

子曰자왈 君子有三戒군자유삼계하니 少之時소지시에는 血氣未定혈기미정이라 戒之在色계지재색하고 及其壯也급기장야하여는 血氣方剛혈기방강이라 戒之在鬪계지재투하고 及其老也급기노야하여는 血氣旣衰혈기기쇠라 戒之在得계지재득이니라

공자께서 말씀하시기를 "군자에게는 세 가지 경계할 것이 있나니 젊어서는 혈기가 아직 정해지지 않은 까닭에 경계할 것이 여색에 있고, 장성해서는 바야흐로 혈기가 강한 지라 경계할 것이 서로 싸움하는 데 있고, 늙어서는 혈기가 이미 쇠약하니 경계할 것이 욕심나는 것을 얻으려 함에 있다" 하였다.

공자의 구체적인 인간교육의 면모를 엿보게 한다. 인간의 성장과정에 따른 특성을 파악해 경계할 것을 교훈하고 있다. 소년 시절에는 혈기가 왕성해 아직 스스로를 자재할 능력이 부족해 여색의 유혹에 넘어가기 쉬움으로 경계해야 한다는 말이다.

공부에 전념해야 할 젊은이가 색(色)에 빠져 중요한 시기를 허송하고 인생을 실패하는 경우가 많다. 사랑과 색(色)의 유혹은 비슷한듯하지만 차원(次元)이 다르다. 색(色)의 유혹은 자기가 해야 할 일까지 잊어버리고 성적(性的) 관심에 지나치게 빠져 버리는 것을 말한다. 사랑을 하지 말라는 것이 아니다. 성인은 혈기가 강해 남과 싸움하기 쉽고 늙으면 노욕(老慾)이 심해지니 특히 경계해야 한다는 말이다. 늙어지면 마음을 비워야 하는데 그렇지 못해 자신도 불행하고 주변 사람도 어렵게 한다. 그것이 통치자의 경우 나라가 어려움에 빠진다. 영조와 사도세자의 불행이 그렇고 이승만 대통령이나 박정희 대통령의 불행도 생각해 보면 모두 노욕(老慾) 때문이었다.

● **한자학습** 계(戒)-경계하다, 경계, 재계하다, 고하다, 지경. 색(色)-빛, 낯색 용모, 성적 관심 여색 남색, 갈래, 색칠하다. 강(剛)-굳세다, 억세다, 정신적인 강함을 의미함. 쇠(衰)-쇠하다, 늙다, 줄다(최), 줄이다(최), 상복(최).

● **보충학습** '未'는 현재 완료 부정을 나타낸다. '~아직 아니다'. '方'은 현재 시제를 나타내는 부사다. '바야흐로', '旣'는 과거 시제 부사다. '이미 ~했다'. '將'은 미래를 나타내는 부사다. '장차 하려 한다'는 의미를 가진다. 한문법(漢文法)에서 동사는 시제(時制)가 없다. 다만 시제(時制) 부사에 따라 현재 과거 미래를 나타낸다.

孫眞人養生銘云손진인양생명운 怒甚偏傷氣노심편상기요 思多太損神사다태손신이라 神疲心易役신피심이역이요 氣弱病相因기약병상인이라.

손진인의 양생명에 이르기를 "성을 몹시 심하게 내면 사람의 기(氣)를 상하고, 생각을 많이 하면 정신을 손상하게 된다. 정신이 피곤하면 마음이 골몰하게 되기 쉽고, 사람의 기(氣)가 약하면 병이 생기는 원인이 된다" 하였다.

본문은 도가(道家)에서 말하는 양생(養生) 방법이나 유가(儒家)의 가르침과 크게 다르지 않다. 공자(孔子)께서도 애이불상(哀而不傷), 슬퍼도 몸과 마음을 상하게 하지 말고 낙이불음(樂而不淫) 곧 기뻐도 지나치지 말라 했다. 하물며 지나치게 화를 내면 사람의 기(氣)의 형평이 깨어져 한 쪽으로 치우치게 되니 천상(天常)을 잃게 된다. 생각도 너무 많이 하면 외곬수가 돼 보편성을 상실하게 된다. 지나치면 정신의 병적 상태에 이르게 된다. 적당한 것이 가장 좋은 것이다. 지나치면 문제가 생긴다.

정신이 피곤하면 육체의 주인인 정신이 판단력을 잃고 육체가 이끄는 대로 종노릇하게 된다. 그러면 사람의 생명 운동을 주도하는 기(氣)가 약해져 결국 병이 생긴다는 것이다. 이를 현대 과학으로 설명하면 인간의 생체(生體) 리듬이 깨어져 병의 원인이 된다는 말이다. 과음(過飮) 과식(過食) 과로(過勞) 과색(過色) 모두 경계할 일이다.

● **한자학습** 명(銘)-새기다, 마음 속에 깊이 기억하다, 문체의 하나. 심(甚)-심하다, 대단히. 편(偏)-치우치다, 곁, 반분, 한쪽, 무리, 보좌, 한자의 변, 오로지. 이(易)-쉽다, 간략하다, 소홀히 여기다, 다스리다, 편편하다, 바뀌다(역).

● **보충학습** 진인(眞人)은 도가(道家)에서 달도(達道)한 신선과 같은 사람을 일컫는 말이다. 양생명(養生銘)은 병에 걸리지 않도록 섭생(攝生)하는 법을 기록한 책이다. 역(役)은 부리다, 종이 되다, 사역당하다, 골몰하다는 뜻이다. 본문에서는 정신이 피로하면 마음이 자기 뜻대로 하지 못하고 육체의 종노릇하게 된다는 의미다. 해석에서는 생각이 자유롭지 못하고 골몰하다로 풀었다.

勿使悲歡極물사비환극하고 當令飮食均당령음식균하며
再三防夜醉재삼방야취하고 第一戒晨嗔 제일계신진하라.

슬퍼하고 기뻐하는 것을 극심하게 하지 말고, 마땅히 먹고 마시는 것을 고르게 하도록 하며, 재삼 밤에 술 취하는 것을 방지하고 새벽에 성내는 것을 제일 경계하도록 하라.

지나치게 슬퍼하는 것도 지나치게 기뻐 어쩔 줄 모르는 것도 모두 건강에 좋지 않다. 평상심(平常心)을 잃어버리면 정신 건강에 해롭고 정신이 건강하지 못하면 자연이 육체의 건강도 따라서 나빠진다.

이미 돌아가셨지만 나의 가까운 선배 교수님의 어머님께서는 장성한 아들이 갑자기 사망한 충격으로 실명(失明)하셨다. 암 환자의 대부분이 심각한 정신적 스트레스가 원인이 되었다고 한다. 소위 실성(失性)한 사람 가운데는 너무 갑작스럽게 도에 지나친 기쁨과 슬픔을 당해 감정 조절을 잘 못하여 병이 된 사람이 많다.

고르게 먹어야 한다는 것은 섭생(攝生)의 기본이다. 과도한 음주는 죽음을 재촉하는 것이다. 술에 장사 없다는 말이 있다. 요즘 청장년의 돌연사(突然死) 원인 1순위는 다름 아닌 술과 스트레스다. 새벽은 신체 기능이 미처 활성화 되지 않아 작은 충격에도 건강을 해칠 수가 있다. 의학적으로도 새벽에 혈압이 높은 환자는 극히 조심해야 한다고 한다.

새벽에 성내는 것은 생체(生體) 리듬의 조화를 깨는 위험한 일이다. 평상심(平常心)으로 조화(調和)있는 식사 습관을 가지고 적당히 술을 즐기며 기쁘게 사는 것이 건강의 비결임을 강조한 글이다.

◆ **한자학습** 환(歡)-기뻐하다, 기쁘게 하다, 희열, 친분, 사랑하다. 식(食)-먹다, 식사하다, 먹이 먹을거리, 제사, 녹봉, 벌이, 생계, 지우다, 없애다, 밥(사), 기르다(사), 먹이다. 방(防)-막다, 제방. 진(嗔)-성내다, 기력이 성하다.

◆ **보충학습** '使, 令'은 사동문을 만드는 보조사이다. 이 밖에 교(敎)와 비(裨)가 문장에 쓰여도 뒤의 동사가 사동사로 기능이 변한다.

景行錄曰 경행록왈 食淡精神爽 식담정신상이요

心淸夢寐安 심청몽매안이니라.

경행록에 말하기를 "음식이 담박하면 정신이 상쾌하고 마음이 맑으면 꿈과 잠이 편안하느니라" 하였다.

우리나라가 경제 사정이 좋아지면서 지나치게 고단백 음식이나 고지방 음식을 선호하여 근래는 국민의 과체중과 비만이 건강을 크게 위협하고 있다.

우리나라 국민의 사망 원인 가운데 심장질환, 고혈압, 뇌졸중, 당뇨 등 소위 성인병의 발생 이유가 대부분 기름기가 많은 음식을 과다히 섭취한 것으로 알려지고 있다. 기름기가 많은 음식인 육류는 사람의 피를 탁하게 할 뿐만 아니라 사람의 체질을 산성화하여 면역력이 약해지고 노화 현상이 빨라진다고 한다. 그러니 자연스럽게 건강을 잃게 되고 건강이 나빠지니 정신이 상쾌할 수가 없다.

채소나 잡곡밥 등 담박한 음식이 과거에는 가난한 사람들의 식단이었으나 지금은 성인병 치료를 위한 식단이 되어 오히려 돈 많은 사람들이 섭생을 위해 자의반 타의반 먹는 음식이 되었다. 하늘은 너무도 공평하다. 가난한 이들의 음식을 웰빙 식단이라는 명분을 붙여 강제로 부자들의 밥상이 되게 했으니 말이다.

마음이 맑다는 것은 단순한 마음이라는 말이다. 직심(直心)이요 정심(正心)이다. 남을 해칠 못된 궁리를 아니 하는 마음이다. 그러니 남에게 욕먹을 이유가 없고 잠을 설칠 까닭이 없다. 잠자리에 누우면 천당이요 극락이다. 마음을 바로 써야 잠자리가 편하고 잠자리가 편해야 일신이 편한 법이다.

● **한자학습** 상(爽)-시원하다, 밝다, 굳세다, 어그러지다, 상하다. 몽(夢)-꿈, 꿈꾸다, 흐리멍덩하다, 혼미하다. 매(寐)-잠을 자다, 잠을 잠.

● **보충학습** 문장 구조를 보면 '식(食)+담(淡)'과 '정신(精神)+상(爽)'이 모두 '주어+술어'의 구조로 되어 있다. 뒤의 문장도 역시 주술(主述) 구조의 문장이다.

定心應物정심응물하면 雖不讀書수불독서라도
可以爲有德君子가이위유덕군자니라.

확고히 마음을 정해 사물에 대응하면 비록 책을 읽지 않더라도 덕이 있는 군자가 될 수 있다.

정심(定心)이란 말은 확고한 마음 자세 또는 차분한 마음을 의미한다. 남의 의견에 좌우되지 않는 뚜렷한 주관(主觀)도 되고 오직 한 가지 진리를 추구하려는 일관된 마음이란 뜻도 된다. 목전(目前)의 이익에 흔들리지 않고 오직 그 사물의 이치만을 깨달으려는 한결같은 마음이다. 이 마음이야말로 진리 탐구의 올바른 자세다.

여기서 독서란 단순히 책을 읽는다는 뜻이 아니다. 공부하다, 학문하다, 배운다는 의미를 가지고 있다. 사람이 꼭 공부해야만 덕이 있는 군자가 되는 것이 아니다. 공부해서 얻은 지식은 단순히 지식일 뿐이다. 지식이 많다고 해서 저절로 인격자가 되는 것이 아니다.

지식은 인생을 사는 데 편리한 도구일 뿐이다. 지식이 많은 사람 가운데 그 지식을 수단으로 하여 자신만의 이익을 챙기고 남을 속이고 불의를 저지르는 사람이 적지 않다. 역사(歷史)를 돌아보면 세상을 크게 어지럽힌 사람들은 무식(無識)한 사람이 아니다. 오히려 공부를 많이 한 사람들이다. 무식(無識)한 사람은 자기 일신(一身)만 불편하게 산다.

중요한 것은 마음이다. 마음을 어떻게 먹느냐 하는 데 따라 선악(善惡) 시비(是非)가 달라진다. 덕(德)은 지식에 있지 않고 마음에 있다. 덕(悳)이란 글자를 보라. 곧을 직(直)과 마음 심(心)을 합한 글자가 곧 큰 덕(悳)자이다. 이 글자와 덕(德) 자는 같은 글자다. 덕(德)이란 글자는 덕(悳)을 실천하라는 의미가 두 인(人) 변으로 보충된 것이다. 공자께서 사람됨을 행하고 힘이 남거든 글을 배우라는 말이나 불가(佛家)의 유심론(唯心論)이나 다 비슷하다.

● 한자학습 응(應) – 응당, 당하다, 응하다. 덕(德, 悳) – 도를 체득해 이뤄진 품성, 도덕, 복덕, 행복, 덕을 베풀다, 덕으로 여기다.

● 보충학습 '可以~'는 '~할 수 있다', '無以'는 '~할 수 없다'는 뜻이다.

近思錄云근사록운 懲忿 징분을 如救火여구화하고

窒慾질욕을 如防水여방수하라.

근사록에 이르기를 "분노가 나는 것을 억누르고 참기를 마치 불을 끄듯이 하고 욕심나는 것을 막기를 마치 물이 뿜는 것을 막는 것 같이 하라" 하였다.

사람이 자기감정을 다스리는 것이 얼마나 어려운 일인가를 말해 준다. 분노가 치밀 때 그 분을 참는 것을 마치 불을 끄는 것과 같이 하라는 것은 아무리 힘들더라도 하지 않으면 안 된다는 뜻이다.

사람이 세 번 참으면 살인도 면할 수 있다는 말이 있다. 사람과 다투며 분노가 일어날 때는 일단 그 자리를 피하여 감정의 열기를 식힐 필요가 있다. 도저히 참을 수 없거든 잠시 그 자리를 떠나 심호흡을 세 번 깊이 하고 다시 생각해 보라. 성난 가운데 하는 말은 이미 이성(理性)을 잃어 서로의 감정싸움으로 치닫게 된다. 적과 싸워 이기는 것이 오히려 자기 자신과의 싸움에서 이기는 것보다 쉽다는 말처럼 자기감정을 스스로 조절할 수 있으면 그는 장부(丈夫) 중의 장부(丈夫)다.

요즈음 젊은이들의 특징이 참지 못하는 조급증(躁急症)이다. 어려움을 참지 못하는 나약(懦弱)함이다. 충동(衝動)을 이기지 못하고 욱하는 대로 행동하는 성급함이다. 살인 사건의 대부분이 일시적 분노를 참지 못해 일어난다. 욕심을 막는 것을 마치 제방에 물이 새는 것을 막는 것처럼 하라는 것은 욕심은 처음 작은 것에서 시작해 점점 자라 큰 욕심이 돼 자신을 망치게 된다는 것을 뜻한다. 아무리 작은 물구멍이라도 초기에 막지 않으면 끝내는 저수지 댐이 무너지게 된다. 정당하지 못한 욕심 분수(分數)에 넘치는 욕심은 초기에 막아야 한다.

우리 속담에 바늘 도둑이 소 도둑이 된다는 말처럼 욕심은 작은 것일 때 막아야 한다. 근래 태백의 카지노에서 전 재산을 탕진한 사람들의 이야기를 자주 듣는다. 그들도 처음 작은 욕심을 막지 못하여 그 지경이 된 것이다. 평범하지만 소중한 교훈이다.

❋ 한자학습   징(懲)-징계하다. 징계. 질(窒)-막다, 막히다, 멈추다, 질소.

❋ 보충학습   같을 '如'가 쓰인 동격(同格) 비교문이다. '~과 같다'로 해석한다.

夷堅志云이견지운 避色피색을 如避讐여피수하고 避風피풍을 如避箭여피전하며 莫喫空心茶막끽공심차하고 小食中夜飯소식중야반하라

이견지에 이르기를 "색(色=sex)을 피하기를 마치 원수 피하듯이 하고 (갑자기 부는 찬) 바람 피하기를 마치 화살 피하듯이 하며 빈속에 차를 마시지 말고 밤중에는 밥을 적게 먹어라" 하였다.

색(色)은 전통적으로 여색(女色)이라 풀었다. 남여 구별 없이 정도에 넘는 색(sex)을 피하라고 해석하였다. 바람을 피하기를 마치 화살 맞는 것을 피하듯 하라는 것도 종래 절대로 바람피우지 말라고 해석하였다.

그러나 뒤의 문장을 보면 건강과 깊은 관계가 있다. 갑자기 찬바람을 쏘이면 풍(風)을 맞는다. 공복(空腹)에 차를 마시면 위벽이나 장벽을 상(傷)하게 하여 탈이 난다. 차는 기름진 음식을 먹은 뒤에 마시면 건강에 매우 유익하다.

중국인이 차를 즐겨 마시는 것은 토질이 나빠 음용수가 맑지 못하고 음식이 기름진 것을 좋아해 씻어내고자 함이다. 소식(小食)이 건강에 좋다는 것은 상식이다. 천년을 산다는 학이나 팔백년을 산다는 거북은 모두 소식주의자다.

밤중에 음식을 많이 먹으면 그대로 살이 돼 비만의 원인이 된다. 허리둘레와 수명이 직결된다니 어찌 조심하지 않으랴?

● **한자학습** 이(夷)-오랑캐라고 사전에 되어 있으나 중국인이 자신, 한족(漢族)을 제외한 나머지를 오랑캐라 낮추어 불렀다. 동이(東夷)는 우리민족의 겨레명으로 동쪽에 사는 큰 활을 잘 쏘는 민족이란 의미다. '이(夷)'는 '大 +弓'의 회의(會意) 글자로 보거나 활 '弓' 자에 화살 줄이 매어 있는 모습을 상형(象形)한 글자인 증체(增體) 상형(象形) 글자로 보기도 한다. 수(讐)-원수, 대답하다, 갚다, 맞이하다. 끽(喫)-먹다, 마시다. 전(箭)-화살. 지(志)-뜻, 기억하다, 기록하다.

● **보충학습** 이견지는 송나라 때 학자 홍매가 지은 역사 전기 설화집이다. '莫'은 금지사다. 동사 앞에 오면 '~하지 말라'는 뜻의 금지문이 된다.

荀子曰 순자왈 無用之辯 무용지변과

不急之察 불급지찰을 棄而勿治 기이물치하라.

순자가 말하기를 "쓸모없는 말과 급하지 않은 볼 일은 버려두고 하지 말라" 하였다.

사람은 자신의 의사 표현을 위해 말한다. 그렇지만 사람이 꼭 필요한 말만하고 살 수는 없다. 때로는 적당히 부담 없는 말을 주고받으며 사귐을 나눈다. 그런데 말은 많을수록 실수가 많고 덕을 해친다. 공연히 남의 마음을 상하게 할 수도 있고 지키지도 못할 약속을 늘어놓을 수도 있다.

군자(君子)는 눌어변(訥於辯)하고 민어행(敏於行)이라 해 비록 언변(言辯)은 좋지 못하더라도 자신이 한 말을 실천함이 재빠르다고 했다. 그러므로 불필요한 말은 하지 말라는 것이다. 사람은 부지런히 살아도 살다보면 꼭 해야 할 일도 다 하지 못하는 경우가 많다.

급하지도 않은 일에 매달려 시간과 정력을 낭비하는 것은 얼마나 어리석은 일인가? 기네스북에 오르는 것도 좋지만 물구나무서서 계단을 가장 많이 오르는 일에 매달려 어느 젊은이가 다니던 직장도 그만두고 하루 10시간 이상씩 수년간 훈련을 해 뜻을 이뤘다는 이야기는 우리 인생에서 무엇이 중요하고 무엇이 덜 중요한 가를 깊이 생각하게 한다.

● **한자학습**   순(荀)-풀이름 순, 성씨의 하나. 변(辯)-말잘하다, 다투다, 효유하다. 찰(察)-살피다, 드러나다, 자세하다, 깨끗하다. 기(棄)-버리다, 폐하다.

● **보충학습**   이 문장에는 부정사 '無, 不'이 쓰였고 금지사 '勿'이 쓰였다. '之'는 앞에 있는 말이 뒤에 있는 말을 수식하는 기능을 돕는 허자(虛字)로 우리말의 관형어 수식어가 되게 한다. 순자(荀子)는 전국시대(戰國時代) 조(趙)나라 학자로 이름은 황(況) 자(字)는 경(卿)이다. 같은 유가(儒家)면서 맹자(孟子)의 성선설(性善說)에 반해 성악설(性惡說)을 주장했다.

子曰자왈 衆중이 好之호지라도 必察焉필찰언하며
衆중이 惡之오지라도 必察焉필찰언이니라.

공자께서 말하기를 "많은 무리가 그를 좋아해도 반드시 그를 살펴봐야 하며 많은 사람이 그를 미워하더라도 반드시 그를 살펴야 하느니라" 하였다.

사람은 군중심리에 따라 좌우되기 쉽다. 실제 자기가 경험하거나 확인하지도 않은 일을 들은 풍문(風聞)만 믿고 속단하거나 잘못된 정보에 의한 선입견을 가지고 남이 좋다고 하면 무조건 좋아하고 남이 미워하면 무조건 미워하는 경향이 많다. 공자(孔子)께서는 이것을 크게 경계(警戒)하신 것이다. 많은 사람이 어떤 사람을 좋은 사람이라고 여겨 좋아 한다고 해서 무조건 좋아하지 말고 반드시 잘 살펴본 연후에 스스로 판단해 좋아할 사람인지 그렇지 않은 사람인지 결정하라는 것이다.

사람은 자기 주관이 확고해야 한다. 아무리 대중이 다 좋아하는 것이라도 자기 주관에 따라 행동해야 한다. 심지가 굳어야 한다. 군자는 화이불류(和而不流)라 했다.

군자(君子)는 남들과 서로 화합해 조화로운 처신을 하되 주관 없이 휩쓸려서는 안 된다는 말이다. 많은 사람이 다 미워하거나 싫어하는 사람이라도 반드시 살펴 본 연후에 미워하거나 싫어할 것을 판단해야 한다.

우리나라 사람은 호불호(好不好)에 대해 흑백(黑白) 논리가 심하다. 시시비비(是是非非)를 살피지 않고 한 번 좋아하면 마냥 좋아하고 한 번 싫어하면 대책 없이 싫어한다. 이러다 보니 지나고 나서 후회한다. 좋아하는 사람도 따지고 보면 다 좋은 것이 아니다. 미워하는 사람도 잘 살펴보면 다 미워할 일만 있는 것이 아니다. 눈을 크게 뜨고 상하좌우 내외를 살펴보며 냉철한 이성으로 호불호를 판단하며 살자.

● 한자학습   중(衆)-무리, 많다. 찰(察)-살피다, 드러나다, 자세하다, 깨끗하다. 오(惡)-미워하다, 헐뜯다, 부끄러워하다, 어찌, 모질다(악), 나쁘다(악), 흉년들다(악), 못생기다(악).

● 보충학습   언(焉)은 단정을 나타내는 종결어조사이다.

酒中不語 주중불어는 眞君子 진군자요

財上分明 재상분명은 大丈夫 대장부니라.

술에 취해서도 (불필요한) 말을 하지 않는 사람은 참다운 군자요, 재물에 대해 분명한 사람은 대장부이니라.

술은 예로부터 신령(神靈)한 음식으로 제사와 손님 접대에 꼭 필요한 음식이었다. 아무리 가난한 집안이라도 조상의 제사에는 반드시 술이 있어야 했다.

숙종대왕 때의 전설에 어느 가난한 집에 효부가 시아버님 제삿날 술 살 돈이 없어 자신의 머리카락을 잘라 팔아 술을 사 제사를 지내니 이를 본 시어머니가 슬피 우는 까닭에 돌아가신 아버님도 중요하지만 살아계신 어머님을 기쁘시게 하는 것이 더 중요하다해 제사를 마치고 상제인 아들은 노래하고 중처럼 머리 깍은 며느리는 노래를 하니 그 시어머니가 더 기가 막혀 슬피 울었다. 마침 민정(民情) 시찰차 미행(微行)을 나오신 숙종대왕이 이를 보시고 들어가 사정을 듣고 크게 감동해 그 아들과 약속하기를 금년 과거에 응시하면 꼭 좋은 일이 있을 것이라 하였다. 그해 과거 시제(詩題)가 '상가승무노인탄(喪歌僧舞老人嘆)'이다. 그 아들은 과거에 응시하여 그 사정을 글로써 급제하였다는 이야기다. 이 처럼 술은 제사에 없어서는 안 되는 음식이었다.

취중에 불필요한 말을 함부로 해 큰 재난을 당하거나 실없는 사람이 되는 경우가 많다. 술은 인격과 품위를 지킬 수 있는 정도에서 즐겁게 마시는 것이 좋다. 옛날은 향음주례(鄕飮酒禮)라 해 주도(酒道)를 가르쳤으나 지금은 독주(毒酒)를 많이 마시는 것이 능사(能事)요 길게 오래 마시는 것이 능사(能事)니 무례(無禮)한 세상이다.

세상에 형제간이나 친구 간에 의리가 상하는 가장 큰 이유가 재산 상 분명치 못함 때문이다. 부모가 이를 잘 못하면 자식들 의리가 멀어지고 가도(家道)가 무너진다.

● **한자학습** 장(丈) - 한길(길이), 어른존칭, 지팡이.

● **보충학습** 이 두 문장은 모두 문장의 앞에 만약 약(若)이나 같은 여(如)가 생략된 것이다. 즉 "만약에 취중에 (불필요한) 말을 하지 않는다면 그 사람은 참다운 군자다. 만약에 재산상에 분명하다면 그 사람은 대장부이다"라고 풀어야 한다.

萬事從寬만사종관이면 **其福自厚** 기복자후니라.

모든 일에 너그러움을 좇으면 그 복이 저절로 두터워지게 되느니라.

사람이 이 세상을 살아가는 데 강직함은 꼭 필요하다. 지조와 의리를 지키는 강한 성품은 인간만이 지닌 고귀함이다. 정의를 위해 목숨을 버리는 열사(烈士)와 의사(義士)들의 의로운 행동은 강직함의 표본이다. 그러나 이에 못지않게 만사를 너그럽게 대하는 관용(寬容)도 중요하다. 사람들은 자신의 허점이나 약점을 감추고 싶어 한다. 그런데 그 것을 드러내고 잘못을 따지고 시비(是非)를 가리는 것은 비록 경우에는 옳더라도 사람의 감정을 상하게 하고 반감을 불러일으킨다. 사람은 신이 아닌 이상 실수도 하고 잘못도 한다. 그럴 때 그 허물을 이해하고 덮어 주고 관용해주면 고마움을 느낀다. 우리 속담에 강하면 부러진다는 말이 있다. 너무 경우만 따지면 인간관계가 경직(硬直)된다. 상대방의 실수를 덮어 주는 이해심, 남의 허물을 용서하는 너그러움, 그것이 인간관계를 원만하게 한다.

  사람의 복(福)이란 무엇인가? 어려운 때 도움이다. 사람이 살다보면 어떤 경우를 당할지 아무도 모른다. 내가 아는 고향의 어떤 분은 6.25 전쟁(戰爭) 때 전선(戰線)에서 인민군과 접전(接戰)하다 막다른 골목에서 둘이 남았다고 한다. 인민군이 총을 떨어뜨려 그를 사살(射殺)할 수가 있었는데 순간적으로 나이 어린 인민군이 불쌍한 생각이 들어 목숨을 살려 포로로 삼았다고 한다. 훗날 그 인민군 포로는 포로 교환 시 한국에 남아 사업가로 성공했다. 성공한 그는 자기를 살려준 그 분을 수소문해서 찾아 의형제를 맺어 어려울 때마다 돕고 산다고 한다. 특별한 경우지만 너그러운 행사가 복(福)을 불러온 것이다.

* **한자학습**   종(從)-좇다, 종사하다, 세로, 부터. 복(福)-복락 행복, 제사에 쓰는 고기. 후(厚)-두텁다, 두께, 친밀하다, 정성스럽다.
* **보충학습**   관형어 수식어로 일만 만(萬) 자와 그 기(其) 자가 쓰였다.

太公曰태공왈 欲量他人욕량타인이거든 先須自量선수자량하라

傷人之語상인지어는 還是自傷환시자상이니

含血噴人함혈분인이면 先汚其口선오기구니라.

태공이 말하기를 "다른 사람을 저울질 하려거든 반드시 먼저 스스로를 저울질 하라. 남을 다치게 하는 말은 도리어 자기 자신을 다치게 하는 것이니, 피를 머금고 남에게 뿜으면 먼저 내 입이 더러워지느니라" 하였다.

남을 비판하려거든 먼저 자기 자신을 비판하라는 말이다. 기독교 성경에 있는 "남의 눈에 티끌을 보지 말고 먼저 내 눈에 있는 들보를 보라"는 구절과 같다. 다른 사람에게 상처 주는 말은 결국 덕(德)을 상(傷)하게 한다. 상처 받은 사람이 유감(遺憾)을 가질 것이니 언젠가는 나에게 상처 주는 말로 되돌아 올 것이고, 사람들로부터 남에게 상처 주는 각박(刻薄)한 사람으로 평가받아 나의 손해(損害)가 된다.

가는 말이 고와야 오는 말이 곱다는 말이다. 남에게 뿜고자 내 입에 피를 머금으면 먼저 내 입이 더러워진다. 남을 비방(誹謗)하고 상스러운 욕을 하는 사람은 그 비방(誹謗)과 욕이 먼저 내 자신을 나쁜 사람으로 만든다. 자신을 돌아보고 남에게 덕을 베푸는 삶을 살아야 한다. 음덕양보(陰德陽報)를 잊지 말 일이다.

● 한자학습　량(量)-분량, 수량, 기량, 국량, 저울질하다, 재다, 헤아리다, 추측하다. 이 글자는 저울대의 모양을 본떠 만들었다는 상형(象形) 글자라는 조자설(造字說)과 '曏+重'에서 앞의 앞서 향자에서 시골 향(鄕)이 생략되고 뒤의 무거울 중(重)에서 삐침 획이 생략돼 합한 글자로 앞서 '향' 부분이 음(音)이 되고 무게를 나타내는 '중(重)' 부분이 뜻을 나타내는 생체(省體) 형성(形聲) 글자로 보는 설이 있다. 나는 후자(後者)를 옳게 본다. 환(還)-돌아오다, 물러나다, 돌려보내다. 함(含)-머금다. 분(噴)-꾸짖다, 재채기하다, 뿜어내다. 오(汚)-고인 물, 더러운 물, 빨래하다.

● 보충학습　한자는 문장에서 놓이는 위치에 따라 품사적 기능이 달라진다. 량(量)은 무게라는 명사로 쓰이나 여기서는 '저울질하다, 헤아리다'의 동사로 쓰였다. 한문(漢文)은 글자가 문장에서 어떻게 쓰였는 가를 잘 살펴야 한다.

凡戱 범희는 無益무익이요, 惟勤유근이 有功유공이니라.

무릇 노는 것은 유익이 없고 오직 부지런함만이 보람이 있느니라.

여기서 희(戱)는 연희(演戱)나 희롱(戱弄)의 의미가 아니다. 하는 일 없이 무위도식(無爲徒食)함을 뜻한다. 여가(餘暇)를 즐기는 것은 힘써 일하고 틈이 났을 때 쉬며 노는 것이다. 그런 의미에서 여가(餘暇)를 즐기는 것은 단순히 노는 것이 아니라 다시 일하기 위한 에너지의 재충전이다. 정말 잘 노는 사람은 일을 잘하고 의미 있게 노는 사람이다. 그런 의미에서 무작정 노는 것은 무익한 일이다.

노력하지 않고 좋은 결과를 욕심내는 것은 도둑과 다름이 없다. 안타까운 것은 일이 하고 싶은 데 일할 수 없는 것이다. 청년 실업이 전혀 개선되지 않고 있다. 대학을 졸업하고 몇 년씩 취업하지 못한 본인은 물론 그 자녀를 바라보는 부모의 심정은 가슴이 탄다.

정부는 개혁도 좋고 혁신도 좋지만 무엇보다 시급한 것이 일자리 창출이다. 노는 사람은 노는 사람대로 지치고 힘이 든다. 보람은 오직 일하는 자만이 누리는 즐거움이다.

노력하는 자만이 느끼는 행복이다. 여기서 공(功)은 보람을 뜻한다. 노는 사람은 아무리 노는 것이 즐거웠어도 보람과는 거리가 멀다. 일하는 자 노력하는 자만이 보람의 기쁨을 누린다. 우리는 일하고 싶다. 청년 실업자들의 목마른 외침이다.

- **한자학습** 범(凡)-대강, 범상하다, 보통 사람, 속계 이세상, 무릇. 희(戱)-놀다, 희롱하다, 놀이, 놀이하다, 서럽다(호), 기(휘). 근(勤)-부지런하다, 위로하다, 괴로워하다, 근심하다, 일, 직책. 공(功)-공적, 보람, 공치사하다, 일, 직무, 삼베로 만든 상복 이름의 하나.
- **보충학습** '주어+술어+보어'의 문장 구조를 가진 문장 둘이 연결돼 있다. 여기서 없을 무(無)와 있을 유(有)는 불완전한 의미의 서술어이기 때문에 보충어가 필요하다. 익(益)과 공(功)이 각각 보어이다.

太公曰태공왈 瓜田不納履과전불납리하고

梨下이하에 不整冠부정관이니라.

태공이 말하기를 "오이 밭에서는 신발을 고쳐 신지 말고, 배나무 아래에서는 갓을 고쳐 쓰지 말라" 하였다.

세상을 살아가는 지혜가 남다른 사람이 있다. 위태로운 세상을 살면서 가기 위기관리를 잘 하는 사람과 그렇지 못한 사람이 있다.

누가 성공적인 삶을 살 수 있을까? 위기관리의 핵심은 무엇인가? 고운(孤雲) 최치원(崔致遠) 선생이 쓴 토황소격(討黃巢檄)에 보면 지자성지어순시(智者成之於順時)하고 우자패지어역리(愚者敗之於逆理)라 했다. 지혜로운 사람은 시대의 흐름에 잘 순응해 성공하고 어리석은 사람은 이치에 역행해 실패한다는 말이다.

오이 밭을 지나다 허리를 구부려 신발을 고쳐 신으면 멀리서 보는 사람은 그가 오이를 따간다고 오해할 수 있다. 배 밭을 지나던 사람이 머리 위로 손을 올려 갓을 고쳐 쓰면 역시 멀리서 보는 사람은 그가 배를 따간다고 오인할 수 있다.

이 평범한 말이 세상의 상식적인 이치(理致)다. 이런 이치(理致)를 생활에 잘 적용(適用)해 어긋남 없이 사는 사람은 세상의 불필요한 오해와 부당한 비난을 받지 않는다. 진실로 지혜로운 사람은 특별한 꾀를 내서 사는 것이 아니다.

시대의 변화에 순응(順應)하고 평범한 세상의 이치(理致)에 역행(逆行)함이 없는 사람이다. 이 문장의 원의(原義)는 남에게 오해를 받지 않도록 조심하라는 글이지만 반대로 남에 대해 잘 알지도 못하면서 이러쿵저러쿵 함부로 말하지 말라는 의미도 간과(看過)할 수 없다.

* **한자학습** 과(瓜)-오이. 납(納)-들이다, 거두어들이다, 바치다, 수장(收藏)하다, 돌려주다, 옷을 깁다. 리(履)-신발, 신을 신다, 밟다, 주역 괘의 하나. 정(整)-가지런하다, 정돈하다.
* **보충학습** 앞 뒤 문장의 뜻이 신발이라는 아래의 뜻과 갓이라는 위의 뜻이 대조된 대구(對句)로 구성된 문장이다. 아닐 부(不)가 보통 부정사(不定詞)로 쓰이는데 이 문장에서는 무두 금지사(禁止詞)로 쓰였다.

景行錄云경행록운하되 心可逸심가일이라도 形不可不勞 형불가불노며
道可樂도가락이라도 身不可不憂신불가불우니라.

경행록에 이르기를 "마음이 안락하더라도 몸은 힘써 일하지 않아서는 안 되며 도를 즐기더라도 몸은 근심하지 않아서는 안 된다" 하였다.

몸과 정신은 불가분의 관계에 있다. 육체적인 건강이 좋지 않으면 정신 건강이 좋을 수 없다. 정신적으로 심한 스트레스를 받거나 심각한 충격을 받으면 몸에 병이 생긴다. 현대의학은 대부분의 질병이 정신건강과 무관치 않다는 견해를 밝히고 있다. 성격이 원만하고 낙천적인 사람이 무병장수한다고 한다. 반대로 성격이 조급하고 과격하고 다혈질인 사람은 건강을 잃기 쉽다는 것이다. 그러나 오늘의 본문은 마음은 비록 안락하더라도 육체적으로는 열심히 힘써 일해야 한다고 말한다.

진정한 마음의 평안은 힘써 일하고 성취한 뒤 휴식할 때에만 맛볼 수 있다. 지금 누리는 마음의 평안을 계속 누리려면 육체가 비록 수고롭더라도 일해야만 가능하다.

만약 몸도 마음도 다 평안하기를 원해 육체가 일하지 않으면 머지않아 마음의 평안마저도 잃게 된다. 비록 정신적으로 도를 즐기는 삶을 살더라도 육체적으로는 구도적(求道的)) 근심으로 긴장된 치열한 삶을 살아야 한다는 것이다.

도(道)란 입으로 주문만 외운다고 실현되는 것이 아니다. 몸으로 실천궁행(實踐躬行)할 때만 참으로 낙도(樂道)할 수 있기 때문이다. 인생의 행복은 보람 있는 일을 열심히 하는 것이다.

● **한자학습** 일(逸)-잃다, 달아나다, 즐기다, 편안하다, 안락하다, 안락, 뛰어나다, 숨다. 로(勞)-수고하다, 노곤하다, 고달품, 괴로워하다, 근심함, 힘써 일하다, 공로. 락(樂)-풍류(악), 악기(악), 낳다(악), 즐거움(락), 즐거워하다(락), 즐겁게 하다(락), 좋아하다(요). 우(憂)-근심, 질병, 부모님 상을 당함, 근심하다, 병을 앓다, 고생하다, 가엽게 여기다.

● **보충학습** 앞 문장에 양보를 나타내는 비록 수(雖)가 생략됐다. 비록 마음이 안락하더라도 몸은 힘써 일해야 한다는 문장이다.

形不勞則怠惰易弊형불노즉태타이폐하고　身不憂則荒淫不定신불우즉황음부정이라. 故고로 逸生於勞而常休일생어노이상휴하고 樂生於憂而無厭낙생어우이무염하나니 逸樂者일낙자는 憂勞우노를 其可忘乎기가망호아

육체가 수고롭지 않으면 게을러서 폐단이 생기고 일신에 근심함이 없으면 황음해 안정되지 않는다. 고로 안일함은 수고함에서 생겨 항상 좋은 것이요, 즐거움은 근심 가운데서 생겨 싫어함이 없는 것이니 안일하고 즐거운 자는 근심하고 수고함을 잊어서는 아니 된다.

　육체가 일하지 않으면 게으르고 나태해져 사람됨에 폐단이 생긴다. 무위도식하면 좋지 않은 생각에 빠지고 일할 생각을 하지 않게 된다.
　일신에 아무 근심이 없으면 정신이 타락해 정함이 없게 된다. 사람이 사는 목적은 보람 있는 일을 하는 것이다.
　우리나라 경제사정이 좋지 않게 되면서 노숙자(老宿者)가 생겼다. 노숙자 중에는 갑자기 닥친 경제적 파탄(破綻)으로 어쩔 수 없이 거리에 내몰린 이들도 많다. 그런 이들은 한 시도 쉬지 않고 일거리를 찾아 헤매고 날마다 걱정과 근심으로 잠을 이루지 못한다. 이들은 오래지 않아 재난(災難)을 극복하고 재기(再起)한다. 그러나 아무 일도 하지 않고 걱정과 근심도 하지 않고 무료 급식과 구호품으로 무위도식(無爲徒食)하는 이들은 일이 생겨도 일을 하지 않는다. 이미 정신이 피폐(疲弊)해진 까닭이다.
　안일(安逸)과 즐거움은 일하고 땀 흘려 일한 보람이요 노심초사(勞心焦思)한 산물이다. 오늘 행복한 이들은 힘들고 걱정하던 지난 시절을 잊지 말 일이다.

※ **한자학습**　태(怠)-게으르다, 업신여기다, 게으름. 타(惰)-게으르다, 게으름. 폐(弊)-해지다, 떨어지다, 피곤하다, 피폐, 폐단, 자기를 나타내는 겸사. 휴(休)-쉬다, 그치다, 편안하다, 기뻐하다, 좋다 훌륭하다, 검소하다, 휴가, 기쁨, 넓다, 넉넉하다. 염(厭)-싫어하다, 싫증.

※ **보충학습**　고(故)나 인(因)이 문장의 앞에 오면 '그런 까닭으로, 그 때문에'의 뜻이 된다.

耳不聞人之非이불문인지비하고 目不視人之短목불시인지단하고
口不言人之過구불언인지과라야 庶其君子서기군자니라

귀로 남의 그릇됨을 듣지 않고, 눈으로 남의 단점을 보지 않고, 입으로 남의 허물을 말하지 않아야 거의 군자에 가까우니라.

다른 사람의 나쁜 점을 듣지 않고 다른 사람의 단점을 보지 않고 다른 사람의 허물을 말하지 않으면 인격이 훌륭한 사람이 아니랴? 그런데 사람들은 보통 반대로 하기 좋아한다.
대체로 남이 잘못한다는 이야기 듣기를 좋아한다. 남이 잘 한다는 이야기는 나의 잘못하는 것과 비교돼 들음에 귀가 거슬린다. 그러나 사람은 듣는 대로 닮아간다. 남의 비행(非行)을 자주 듣다보면 나도 모르는 사이에 물든다. 가능하면 남의 좋은 이야기 듣기를 힘쓰자.
남의 단점을 들추어내어 보기 좋아하는 사람은 대인 관계가 원만할 수 없다. 남의 단점이 눈에 잘 뜨이거든 내가 부정적인 안목(眼目)이 있음을 알고 고쳐야 한다. 남의 단점을 들춰내고 남의 단점을 꼬집어 말하기 좋아하면 주위 사람이 다 적이 된다. 나를 향해 공격의 화살을 언제 날릴지 모른다.
인자무적(仁者無敵)이라 했다. 내가 남의 허물을 말하면 곧 남도 나의 허물을 말하게 된다. 가는 말이 고와야 오는 말이 고운 법이다. 세상에 허물없는 사람이 어디 있으랴? 사람은 다 단점과 장점이 있다.
가능하면 남의 장점을 말하고 남의 단점일랑 덮어주며 살자. 좋은 말도 다 못하고 사는 세상이다. 이렇게 사노라면 비록 군자(君子)가 금방 되지는 않더라도 군자에 가까워져 가는 것이다.

* **한자학습** 서(庶)-많다, 여러 가지, 무리, 풍성하다, 바라다, 가깝다, 서자, 서족.
* **보충학습** 사람 인(人) 자가 문장의 중간에 올 경우 대부분 타인(他人)이란 의미로 쓰인다.

蔡伯喈曰채백개왈 喜怒희노는 在心재심하고

言出於口언출어구하나니 不可不愼불가불신이니라.

채백개가 말하기를 "기쁨과 노여움은 마음에 있고 말은 입에서 나오나니 삼가지 않으면 안 되느니라" 하였다.

사람의 기뻐하고 노여워하는 감정은 마음속에서 일어난다. 그 표현은 입을 통해서 말로 할 때 비로소 드러나게 된다.

아무리 기쁜 일이 있고 아무리 노여운 일이 있어도 말을 하지 않으면 그 마음속을 다른 사람이 들여다 볼 수는 없다. 이 글은 자신의 감정을 잘 다스려 후회스러운 말을 하지 말 것을 경계하고 있다.

성난 김에 내 뱉은 한 마디 말이 영원히 돌이킬 수 없는 불행한 결과를 가져오기도 한다. 어려움을 당한 사람과 슬픈 사람 앞에서 기쁘다고 자기감정을 주체하지 못하고 떠벌리면 주책없는 팔푼이가 되거나 남에게 상처를 준다.

아무리 사랑하는 사이라도 상대방의 약점을 찌르거나 무시하는 말을 하면 감정을 상하게 한다. 부모, 형제, 부부, 애인, 친구 사이라도 감정대로 심한 말을 하면 순간적인 격분(激忿)에 예기(豫期)치 못한 사고를 저지를 수 있다.

몸에 입은 상처는 한 번 아물면 그만이지만 말로 입은 상처는 좀처럼 아물지 않는다. 언쟁(言爭)에서 이기는 사람은 끝까지 화내지 않고 말하는 사람이다.

* **한자학습** 채(蔡)-풀, 먼지, 나라이름, 점치는 큰 거북, 법칙. 백(伯)-맏, 큰아버지, 백작, 우두머리, 두목(패). 신(愼)-삼가다, 결코, 절대로, 진실로.

* **보충학습** '不可不'은 이중부정(二重否定)을 나타낸다. 이중부정은 강한 긍정의 의미다. '不可不愼'은 '삼가지 않으면 안 된다'는 뜻으로 즉 반드시 삼가야 한다는 말이다. '不可不可'는 '不可不 可'의 경우 '가하지 않을 수 없다'는 뜻이고 '不可 不可'의 경우는 '불가하고 또 불가하다'는 뜻으로 의미가 전혀 다르다. 한문은 띄워 읽는 데 따라 뜻이 전혀 달라짐을 알 수 있다. 채백개(蔡伯喈)는 후한(後漢)의 학자이며 유명한 서예가인 채옹(蔡邕)을 말한다.

宰予晝寢재여주침이어늘 子曰자왈 朽木후목은 不可彫也불가조야요 糞土之墻분토지장은 不可杇也불가오야니라.

재여가 낮잠을 자거늘 공자가 말씀하시기를 "썩은 나무는 조각하지 못하고 거름흙으로 만든 담은 흙손질하지 못하느니라" 하였다.

공자의 제자 재여는 정신적으로 나태하였던 모양이다. 사람이 능력이나 재주가 다소 떨어질 경우에는 남보다 더 많이 노력하면 극복할 수 있다. 그러나 정신적으로 나태한 사람은 아무리 뛰어난 재주가 있다고 하더라도 성공할 수 없다. 썩은 나무에 조각을 할 수 없다는 것은 타고난 바탕이 성실하지 못하면 쓸모없다는 말이다.

분토지장 역시 담장이 될 수 없는 똥 섞인 흙, 거름흙은 끈기가 없어서 흙손질을 할 수 없다는 의미다. 이 말은 바탕이 시원치 않으면 아무짝에도 쓸모없으니 포기하라는 뜻이 아니다. 무엇이 되고자 하기 전에, 무엇을 하려고 하기 전에, 정신적(精神的) 무장(武裝)이 선행(先行)돼야 함을 강조한 말이다. 즉 사람됨이 무엇보다 중요함을 말한다.

환경(環境), 학벌(學閥), 지연(地緣), 문벌(門閥) 등 모든 여건이 아무리 좋아도 당사자 본인의 사람됨이 중요하고, 본인의 정신 자세가 더 중요하다는 뜻이다. 피곤하게 일하고 잠시 낮잠 자는 것을 탓하는 말이 아니다. 다른 제자들이 열심히 공부하는 동안에 남의 눈을 피해 낮잠을 자는 게으른 천성(天性)과 불성실함, 해이(解弛)한 정신자세를 나무라는 말이다. 자신의 삶에 대한 확고한 자각과 성실함이 성공의 초석(礎石)이다.

● 한자학습   재(宰)-재상, 수상, 우두머리, 다스리다, 주관하다. 침(寢)-자다, 재우다, 눕다, 능침. 후(朽)-썩다, 썩은 냄새. 조(彫)-새기다, 꾸미다. 분(糞)-똥, 거름주다, 더럽다, 쓸다 청소하다. 장(墻)-담장. 오(杇)-흙손, 흙질하다.

● 보충학습   '不可'는 옳지 않다는 뜻으로도 쓰이나 여기서 '可'는 가능(可能)을 나타낸다. 가능(可能)과 가득(可得)이 같이 쓰인다.

紫虛元君誠諭心文曰자허원군성유심문왈 福生於淸儉복생어청검하고 德生於卑退덕생어비퇴하고 道生於安靜도생어안정하고 命生於和暢명생어화창하고

자허원군성유심문에 이르기를 "복은 청렴하고 검소한데서 생기고, 덕은 자기를 낮추고 겸손한데서 생기고, 도는 편안하고 고요한데서 생기고, 생명은 화락하고 명랑한데서 생기고"

문장이 길어 끊어서 다루고자 한다. 도가(道家)의 글이나 유가(儒家)와도 상통하는 내용들이다. 청렴하고 검소하게 살아야 복이 생긴다.

복(福)은 때로 사람이 예측할 수 없는 가운데 이르기도 하고 자신의 노력과 관계없이 누리게 되는 경우도 있다. 그것은 타고난 운명이니 인력(人力)으로 어찌지 못하는 것이다. 그러나 사람이 부지런하고 청렴하고 검소하면 자신의 힘으로 복을 쌓아 잘 살게 된다는 말이다. 만약 자신이 청렴하고 검소하면 비록 지금은 고생하더라도 머지않아 복을 누리게 될 것이다. 그러나 자신의 삶이 청렴하지 못하고 사치를 좋아하면 지금 누리는 복도 언제 살아질지 알 수 없는 일이다.

자신을 낮추고 겸손한 사람이 덕(德)있는 사람이다. 사람이 오만(傲慢) 방자(放恣)하면 아무리 유능해도 실덕(失德)해 사람들에게 버림받게 된다. 자랑하지 마라. 덕(德)이 무너지는 시초(始初)이다. 심신(心身)이 안정돼야 도심(道心)이 싹튼다. 분주하고 소란한 가운데서 어찌 도심(道心)이 발하겠는가? 작금(昨今)의 우리 생활환경과 문화가 너무 소란해 진지한 정신이 결여됨을 본다. 본래 유가(儒家)의 공부는 수정(守靜) 공부가 근본이다.

생명의 창조는 음양(陰陽)의 기운(氣運)이 화창(和暢)한 가운데서 이뤄진다. 봄 동산에 올라 보라. 화창한 봄기운이 넘치는 산하와 들녘에서 생명의 약동(躍動)함을 보리라.

● **한자학습** 자(紫)-자주빛, 자색의관, 제왕신선의 집 빛. 허(虛)-비다. 유(諭)-깨우치다, 깨닫다, 깨우침, 간하다, 비유하다, 풍간하다, 꾀다(투). 창(暢)-통하다, 성장하다 자라다, 화창하다, 펴다, 진술하다.

● **보충학습** 어(於)는 주로 시간과 장소를 나타내는 개사(介詞)로 쓰인다. '~에서'로 풀이한다. 그 이외에 비교나 피동 등의 용법이 있다.

患生於多慾 환생어다욕하고 禍生於多貪 화생어다탐하고 過生於輕慢 과생어경만하고 罪生於不仁 죄생어불인이니라.

근심은 욕심이 많은데서 생기고, 재앙은 탐욕이 많은데서 생기고, 과실은 경솔하고 제멋대로 하는데서 생긴다.

하고 싶은 일이 많으면 되지 않는 일도 많은 법이다. 욕심이 많은 사람은 성취하는 일도 많지만 뜻같이 되지 않아 겪는 괴로움도 많다. 사람이 살다보면 자연스럽게 겪어야할 근심도 있지만 스스로 일을 만들어 근심을 사서 하는 경우가 많다. 잔가지가 많고 줄기가 많은 나무는 크게 자라 동량(棟樑)이 되지 못한다. 재앙도 마찬가지다. 천재지변이야 어쩔 수 없지만 지나친 탐욕이 화를 부른다.

역사에서 가정(假定)이란 의미가 없다고 하지만 이승만 초대 대통령이나 박정희 대통령이 장기집권의 탐욕만 없었다면 청사(靑史)에 기리 남을 위대한 대통령이 됐을 것이다. 종신(終身) 집권(執權)의 탐욕이 건국(建國)의 아버지라는 존명(尊名)과 잘 사는 나라를 만든 대통령이라는 찬사(讚辭)를 듣고도 비극적 최후를 맞은 불행한 대통령이 됐다. 과실(過失)은 신중(愼重)하고 진지하지 못한데서 비롯되는 것이다. 작은 실수(失手)가 때로는 돌이킬 수 없는 불행한 결과를 가져온다. 언젠가 본 영화내용을 소개한다. 비행기를 제작하는 공장의 한 경솔(輕率)하고 태만(怠慢)한 기술자가 작은 나사못 하나를 조립하면서 이를 소홀히 생각 규정을 무시하고 적당히 해버렸다. 훗날 그 비행기에 자기 외아들이 타고 가다 수만 피트 상공에서 기기 고장을 일으켰다. 비행기는 추락했고 탑승자 전원이 사망했다. 추락사고 원인 조사에서 그 사실이 밝혀졌고 그 사고로 외아들을 잃고 절망하던 그 기술자는 죄책감에 자살하고 만다는 이야기다.

어진 사람은 죄인도 용서해 새사람을 만든다. 사랑은 모든 허물을 넢는다. 어진 마음으로 착하게 살고 어진 마음으로 용서하며 살 일이다.

● **한자학습** 탐(貪)-탐내다. 만(慢)-게으르다, 거만하다, 소홀히 하다, 느슨하다, 방종하다, 업신여기다.

● **보충학습** 모든 문장이 주어+술어+보어의 구조로 돼 있다.

戒眼계안하여 莫看他非막간타비하고 戒口계구하여 莫談他短막담타단하며 戒心계심하여 莫自貪嗔막자탐진하고 戒身계신하여 莫隨惡伴막수악반하며

눈을 경계해 남의 잘못을 보지 말고, 입을 경계해 남의 단점을 말하지 말고, 마음을 경계해 스스로 탐내거나 성내지 말고, 몸을 경계해 나쁜 친구를 따라다니지 말아야 한다.

사람의 몸가짐을 경계하는 경구(警句)들이다. 눈으로 남의 흠집을 보려고 하지 마라. 가능하면 남의 장점을 보고 칭찬할 거리를 보려고 하라. 더러 어떤 이는 남의 약점, 남의 치부, 남의 드러내고 싶지 않은 실수를 잘도 찾아내 공격하는 것을 본다. 그런 사람은 친구가 없다. 가까이 다가왔던 사람도 멀리 하고 경계한다. 그 말이 아무리 경우 바르고 옳은 말이라 해도 남의 단점을 말하는 것은 덕스럽지 못하다. 내가 남의 단점을 말하면 자연히 남도 나의 단점을 말하게 된다.

황희정승의 고사에 유명한 이야기가 있다. 길을 가다 보니 농부가 밭에서 소 두 마리를 멍에 매고 밭을 갈고 있었다. 황정승은 무심코 농부에게 어느 소가 더 일을 잘 하는가를 물었다. 농부는 바로 대답하지 않고 밭가에 까지 걸어 나와 황정승의 귀에 대고 소곤거리며 누렁소가 검은 소 보다 일을 더 잘한다고 했다. 굳이 와서 작게 말한 까닭을 물으니 짐승도 자신의 단점을 이야기하면 마음이 상할 것이라 했다. 황 정승은 이후로 남의 단점을 입에 올리지 않았다고 한다.

미물(微物)인 짐승도 이러하거늘 하물며 만물의 영장(靈長)인 사람이야? 탐욕을 부리지 말고 성내지 말라. 나쁜 친구를 사귀지 말라. 근묵자흑(近墨者黑)을 경계하는 말이다. 그러나 더 중요한 것은 내가 남의 좋은 친구가 되는 것이다. 본래 나쁜 친구가 어디 있겠는가? 잘못을 진심으로 충고해도 수용하지 않거든 타산지석(他山之石)으로 삼고 조심할 일이다.

❋ **한자학습** 진(嗔)-성내다, 기력이 성하다. 수(隨)-따르다, 따라서. 반(伴)-짝, 모시다, 의지하다, 한가하다.

❋ **보충학습** 말 막(莫) 자가 동사 앞에 쓰인 금지문(禁止文)이 연속적으로 이어진 문장이다.

無益之言무익지언을 莫妄說막망설하고 不干己事불간기사를 莫忘爲막망위하고 尊君王孝父母존군왕효부모하고 敬尊長奉有德경존장봉유덕하고 別賢愚恕無識별현우서무식하고

이익이 없는 말을 쓸데없이 말하지 말고, 자기와 관계없는 일을 함부로 말하지 말고, 임금을 섬기고 부모에게 효도하고, 어른을 공경하고 덕이 있는 분을 받들며, 어진 사람과 어리석은 사람을 분별할 줄 알고 무식한 사람을 너그럽게 대해야 한다.

말은 사람을 사람답게 하는 가장 중요한 것 중의 하나다. 말은 인격이라는 말이 있다. 말을 들어보면 그 사람의 인격을 짐작할 수 있다. 한마디 잘 한 말은 천 냥 빚도 갚을 수 있다. 때로는 정문일침(頂門一鍼)이라 해 한 마디 말이 천언만어보다 더 값진 경우도 있다. 반대로 말 때문에 손해 보고 화를 당하는 경우도 많다. 자고로 설화(舌禍)라 해 입조심 말조심을 경계했다. 무익(無益)한 말은 안 하는 것만도 못하다. 자기와 관계없는 일에 간섭하는 것은 주책이요 꼴불견이다. 남의 제사에 감 놔라 밤 놔라 하지 말라는 말이 있다. 제 맡은 소임이나 잘 할 일이다.

임금을 잘 받들고 부모에게 효도하라는 말은 충효를 강조한 말이다. 나라에 충성하고 부모에게 효도하라는 가르침은 천고(千古)에 변하지 않는 진리다. 어른을 공경하고 덕 있는 분을 받드는 것은 사람의 당연한 도리다. 요즘 위아래가 없다는 조소(嘲笑) 섞인 탄식이 많이 들린다. 학벌(學閥)은 하늘 높은 줄 모르게 높아졌는데 왜 그런가?

지식(知識) 일변도(一邊倒) 교육이 사람됨을 가르치는 데 소홀한 결과다. 사람의 선악(善惡) 현우(賢愚)를 분별할 줄 아는 높은 안목(眼目)을 가져야 함은 물론 무식한 사람을 사랑하고 너그럽게 대해 인정이 넘치는 세상을 만들어 가기에 힘써야 한다. 남이 살기 힘든 세상은 나도 살기 힘들기 때문이다.

※ 한자학습 설(說)-말하다, 달래다(세), 기쁘다(열). 간(干)-방패, 막다, 구하다, 간여하다, 말리다, 산골물, 물가, 천간, 교외. 서(恕)-어질다, 용서하다.

※ 보충학습 '술어+목적어'의 문장과 말 막(莫)이 주로 쓰인 금지문으로 이뤄진 문형과 문장구조를 보이고 있다.

聰明총명도 多暗昧다암매요 算計산계도 失便宜실편의니라. 損人終自失손인종자실이요 依勢禍相隨의세화상수니라.

총명한 사람도 (일을 하다보면) 어두운 경우가 많고 계산에 밝은 사람도 (때로는) 편의를 잃는 수가 있느니라. 남을 손해 보게 하면 마침내 자신이 손해를 당하게 되고 세력을 의지하면 화가 따르느니라.

총명한 사람이라고 해서 무엇이든지 다 잘 알고 잘 할 줄 아는 것이 아니다. 수리에 총명한 사람이 어문학 분야에 어두운 경우도 있고 글쓰기에 우수한 사람이 수리에 둔한 경우도 있다.

천재적인 두뇌로 학문적 업적을 내는 학자가 의외로 세상사는 이치에 어두운 경우를 본다. 계산에 빠르고 잔 머리를 잘 굴리는 사람이 실수를 자주 한다. 오히려 우직(愚直)한 사람이 바보스럽게 하는 일이 결과적으로 실속 있음을 체험하는 경우가 많다. 계산 보다 성실함이 중요하다는 이야기다. 우리 속담에 "다른 사람 눈에 눈물 나게 하면 내 눈에 피눈물 난다"는 말이 있다. 남에게 손해 끼치는 일을 하면 끝에 가서는 자기에게 잃는 것이 있게 된다는 것이다. 잃는 것이 무엇인가?

첫째 사람을 잃는다. 아무리 둔한 사람이라도 상대해서 손해만 보는 사람과 인간관계를 계속 맺으려 하겠는가? 결국은 돌아서게 될 것이다.

둘째 재물을 잃는다. 한 번 손해를 입은 사람은 그 손해를 보충하려고 수단방법을 다 동원해 결국 내게 재물의 손해를 끼치게 할 것이다.

남의 권세를 빌려 다른 이에게 못할 짓을 하면 이는 섶을 지고 불로 뛰어드는 것과 다름이 없다. 시시비비 경우가 분명하고 정당해야 한다는 말이다.

* **한자학습** 매(昧)-어둡다, 어리석다, 날이 샐 무렵, 탐하다. 편(便)-편리하다, 편의, 소식(편), 쉬다(편), 숙달하다(편), 아첨(편), 문득, 똥, 오줌.

* **보충학습** '損人'은 다른 사람을 손해 보게 하다는 뜻으로 이 경우 '損'은 '덜다 손해보다'는 의미가 아니라 '손해 보게 하다'는 뜻의 본래 의미적 사동사로 쓰인 경우다.

戒之在心계지재심하고 守之在氣수지재기니라.

爲不節而亡家위부절이망가하고 因不廉而失位인부렴이실위니라.

경계할 것은 마음에 있고 지킬 것은 기(氣)에 있느니라. 절약하지 않기 때문에 집을 망치고 청렴하지 않기 때문에 지위를 잃느니라.

계지재심(戒之在心)은 마음을 경계하라는 뜻이다. 만사주심(萬事主心)이라는 말이 있다. 사람의 선악(善惡)과 시비(是非)의 주관자(主管者)는 바로 마음이라는 말이다. 자기 마음을 이기는 것이 산중의 도적을 이기는 것보다 어렵다고 했다. 그러므로 불가(佛家)에서도 심즉시불(心則是佛)이요 심외무법(心外無法)이라 했다. 마음먹기에 따라 이 세상이 극락도 되고 지옥도 된다. 사람의 활동은 기(氣)의 드러냄이다. 무슨 일을 하던지 정도에 넘치지 않도록 중용을 지킴이 중요하다.

절약(節約)하지 않으면 아무리 부자도 망한다. 삼대(三代)가는 부자가 없다는 말은 절약하지 않으면 그 부(富)가 오래 가지 못함을 말한다. 우리 주위에 큰 부자 소리 듣던 집안이 삼대는 그만두고 아들 대에 망하는 것을 흔히 본다. 그 이유는 아버지의 부(富)를 믿고 절약하지 않고 낭비(浪費)하였기 때문이다. 우리나라 모 기업이 지난해 경영실적과 이익에서 단연 세계 전자(電子) 업계의 일인자(一人者)가 됐다. 그 이유는 경영능력의 탁월함도 있지만 창업자로부터 그 후계자로 이어진 철저한 절약정신이라고 한다.

청렴(淸廉)은 공직자의 가장 중요한 덕목(德目)이다. 뇌물(賂物) 받은 일이 들어나 잘 나가던 고위(高位) 공직자(公職者)가 하루아침에 낙마(落馬)하거나 구속되는 불행을 흔히 본다. 청렴(淸廉)하지 않으면 언제 공직을 잃을지 알 수 없다. 다행스러운 것은 우리나라 공직사회가 옛날 보다 많이 맑아졌다는 이야기다. 공무원 청렴도가 갈수록 높아진다는 반가운 소식이다. 선진(先進) 한국의 밝은 희망이다.

● **한자학습** 절(節)-마디, 절개, 부신 병부, 때, 알맞다, 알맞음, 조절하다, 관습. 렴(廉)-청렴하다, 곧다, 날카롭다, 값이 싸다, 살피다, 모서리.

● **보충학습** 위부절이망가(爲不節而亡家)에서 하 위(爲) 자는 원인 이유를 나타낸다. 뒷문장의 인할 인(因)과 같다.

勸君自警於平生 권군자경어평생하노니 可歎可驚可畏 가탄가경가외니라
上臨之以天鑑 상임지천감하고 下察之以地祇 하찰지지기니라.

그대에게 권하여 스스로 평생에 경계하게 하노니 "탄식할 만하며 놀랄 만하며 두려워할 만하니라. 위에는 하늘의 거울로써 굽어보고, 아래에는 땅의 신령이 살펴보느니라"

앞에 열거한 내용들은 평생토록 경계(警戒)할만한 것들로써 어느 것은 스스로를 돌아봐 탄식할 만하고 어느 것은 놀랄 만하며 어느 것은 두려워할 만하기까지 한 것들이다. 이러한 경계(警戒)들을 배운 바대로 잘 실천하는지 위에서는 하늘이 굽어보고 아래에서는 땅의 귀신들이 살펴본다고 했다. 아는 것과 실천하는 것은 다르다. 중요한 것은 배워서 아는 것이 아니라 아는 것을 실천에 옮기는 것이다. 하늘이 굽어보고 땅의 귀신이 살핀다는 것은 아무리 은밀한 가운데 행한다 해도 숨길 수 없다는 말이다.

저 유명한 최치원 선생의 '토황소격문(討黃巢檄文)'에 보면 황소가 난을 일으켜 무도(無道)한 짓을 하고 무고(無辜)한 인명을 살상해 그 죄가 하늘에 닿아 천신(天神)들은 밝은 가운데 들어내 놓고 황소를 죽이자고 했으며 땅의 귀신들조차 아무도 모르게 황소를 죽여 버리자고 의논을 이미 끝냈다고 하는 글귀가 있다. 황소는 이 말에 놀라 의자에서 굴러 떨어졌다고 한다. 황소는 하늘과 땅의 신들이 두려웠던 것이다. 하늘을 우러러 한 점 부끄러움이 없게, 땅을 굽어봐 역시 한 점 부끄러움이 없게 살아야 한다는 교훈이다.

● 한자학습 권(勸)-권하다, 즐기다, 좋아하다. 경(警)-경계하다, 조심하다. 타이르다. 경(驚)-놀라다, 겁내다, 동요하다, 어지러워지다. 감(鑑)-보다, 거울, 살피다, 안식, 견식. 기(祇)-토지신, 마침(지), 다만(지), 크다, 평안하다.

● 보충학습 권할 권(勸)이 앞에 와 경계할 경(警)은 사동사(使動詞)가 돼 '경계하게 하다'가 됐다. 뒤의 두 문장은 "위로는 하늘이 내려다보시고 아래에는 땅의 귀신이 살피다"는 대구법을 사용했고 상(上)과 하(下), 천(天)과 지(地)가 대우(對偶)를 이루고 있다.

明有王法相繼명유왕법상계하고 暗有鬼神相隨암유귀신상수라 惟正可守유정가수요 心不可欺심불가기니 戒之戒之계지계지하라.

밝은 곳에서는 왕법이 서로 계승되고 어두운 곳에서는 귀신이 서로 따르느니라. 오직 바른 것을 지킬 것이요 마음을 속이지 말라. 경계하고 또 경계하라.

여기서 명(明)은 대명천지의 밝은 세상이란 뜻이다. 태평성대라는 의미와 치도(治道)가 성한 세상이란 의미다. 왕법(王法)은 선왕(先王)의 법(法)으로 요(堯) 순(舜) 우(禹) 탕(湯) 문(文) 무(武)의 성인들이 세우신 왕법(王法)을 말한다. 그 왕법의 핵심은 인의(仁義)가 행해지는 정치다. 다른 말로 하면 왕법이 계승되는 곳은 밝은 정치가 시행되는 세상이다. 어두운 곳에서는 귀신(鬼神)이 서로 따른다는 것은 죽음의 세상 명부(冥府)는 귀신들의 세상이란 뜻이다.

여기서는 왕법(王法)이 시행되지 않는 세상은 명부(冥府)와 같은 귀신들의 세상처럼 죽음과 고통이 서로 따르는 어두운 세상이란 뜻이다. 그러므로 오직 지킬 것은 정도(正道)니 정도를 행하지 않으면서 자기 마음을 속이지 말라는 것이다. 오직 마음의 정도(正道)를 지키기에 힘쓰고 자기 마음으로 작심한 일에 대해서는 정정당당(正正堂堂)해야 한다. 남들이 다 손가락질을 하고 남들이 다 비웃어도 자기 자신이 진실하고 최선을 다 했다면 이는 당연지사(當然之事)다. 그러나 남들이 다 칭찬하고 박수를 치더라도 자기 자신이 진실하지 못했고 최선을 다 하 못했다면 이는 부끄러운 것이다.

대용(大勇)과 소용(小勇) 즉 큰 용기와 작은 용기가 다르듯이 의리(義理)도 대의(大義)와 소의(少義) 즉 큰 의리와 적은 의리가 다름이 있다. 구차한 변명(辨明)인가 대의(大義)인가는 오직 자기 자신이 자문자답(自問自答)해 볼 일이다.

● **한자학습** 귀(鬼)-귀신, 지혜롭다, 멀다. 기(欺)-속임수, 업신여기다.

● **보충학습** 첫 두 문장은 대구법(對句法)이다. 밝을 명(明)과 어두울 암(暗), 왕법(王法)과 귀신(鬼神)이 대우(對偶)돼 쓰였다.

안
분
필

景行錄曰 경행록왈 知足可樂 지족가락이요 務貪則憂 무탐즉우니라.

경행록에 말하기를 만족할 줄을 알면 즐거워 할 수 있고, 탐욕에 힘쓰면 근심하게 되느니라.

지족(知足)은 도교의 무위자연(無爲自然) 사상에서 비롯된 정신이다. 무위자연을 도(道)로 깨달은 자는 자기의 분수에 항상 만족한다. 지족(知足)은 자기 분수(分數)를 족한 줄 알고 사는 까닭에 불평불만이 없다. 고로 매사에 즐거워 할 수 있다. 그러나 자기 분수를 깨닫지 못하고 끊임없는 탐욕을 채우려는 데만 몰두한다면 평생 만족이란 맛볼 수 없다.

유가(儒家)에서는 이것을 지천명(知天命)이라 했다. 자기 분수를 아는 것 그것은 천명(天命)을 아는 것이다. 중장통(仲長統)의 낙지론(樂志論)에서는 자기 분수와 천명을 알아 자기 나름대로의 진실한 삶을 욕심 없이 사는 것을 진정한 기쁨 참다운 행복이라고 했다.

우리 주위에 많은 부자들이 지족(知足)을 몰라 끊임없이 문어발처럼 사업을 확장하다가 부도가 나 사업이 망하는 것을 자주 본다. 공연히 남의 잘되는 업종에 욕심을 내 무리하게 투자했다가 그 사업이 망하는 바람에 자기의 사업마저 망한 것이니 과욕(過慾)이 화근(禍根)이다.

정치에 뜻을 둔 사람들 가운데도 분수에 넘치는 선거직(選擧職)에 탐욕을 부리다가 번번이 떨어져 패가망신(敗家亡身)하는 이들이 적지 않다. 모두 지족(知足)할 줄 모른 탓이다.

※ 한자학습 족(足)-발, 뿌리, 산기슭, 족하다, 족하게 하다, 그치다, 머무르다, 멈추다, 밟다. 무(務)-일, 힘쓰다, 힘쓰게 하다, 권장하다. 탐(貪)-탐하다, 탐욕. 조개 패(貝)가 재물과 재화를 나타내는 형부(形符)에 해당하고 이제 금(今)은 소리를 나타내는 성부(聲符)에 해당하는 형성자(形聲字)이다. 우(憂)-근심, 질병, 친상(親喪)당하다, 병을 앓다, 고생하다, 가엾게 여기다.

※ 보충학습 두 문장 모두 문장의 앞에 만약 약(若)이나 같을 여(如)가 생략된 가정문(假定文)이다.

知足者지족자는 貧賤亦樂빈천역락이요

不知足者부지족자는 富貴亦憂부귀역우니라.

만족함을 아는 자는 가난하고 신분이 천해도 또한 즐겁고, 만족함을 알지 못하는 자는 부귀해도 또한 근심하느니라.

    자기 분수(分數)를 알아 만족할 줄을 아는 사람은 현재 자기 처지가 가난하든지 지위가 낮든지 낙천적인 삶을 살 수 있다. 그렇지 못한 사람은 항상 불만족해 근심하며 산다. 지족하지 못한 사람의 행복은 언제나 상대적이다. 셋방살이를 하던 사람이 어렵게 돈을 장만해 소형 아파트를 샀을 때 처음 몇 년 간은 행복할 것이다. 그러나 오래지 않아 옆 동의 평수 넓은 아파트 사는 사람들과 비교하면서 자신이 가난하다고 생각하기 시작하면 행복의 기쁨을 점점 상실하게 된다. 자가용이 없다가 처음 소형차를 샀을 때 얼마나 행복하던가? 그러나 오래지 않아 옆 집 이웃이 자기보다 좋은 차를 사기 시작하면 그토록 기쁘던 마음이 없어지고 공연히 차에 탈 때마다 짜증이 나기 시작한다. 직장이 없는 사람은 취직만 하면 행복하리라 생각한다.

    그러나 입사(入社) 동기(同期)가 먼저 승진을 하면 직장 생활이 괴로워진다. 이 때 만약 지족(知足)을 깨닫지 못하면 중도 탈락하거나 우울증에 걸려 실패한 직장인이 된다. 최선(最善)을 다하고 지족(知足)하는 자만이 행복할 수 있다.

※ **한자학습** 지(知)-알다, 화살 시(矢)와 입 구(口)가 조합된 글자로 알면 그 대답이 화살처럼 빠르다는 뜻이다. 입 구(口)가 뜻을, 화살 시(矢)가 운모(韻母)가 같은 자로 소리를 나타내는 형성(形聲)에 속한 글자다. 빈(貧)-가난, 가난한 사람. 재물을 나타내는 조개 패(貝)와 나눌 분(分) 자가 조합된 글자로 재산을 나누고 또 나누면 가난해진다는 뜻의 회의(會意)에 속한 글자다. 부(富)-넉넉하다, 부자, 귀(貴)-귀하다, 값이 비싸다, 높은 지위, 존귀함.

※ **보충학습** 앞 뒤 문장은 내용상 대구(對句)를 이루고 있다. 자(者)라는 불완전명사는 문장의 내용에 따라 사람, 사물, 장소, 사건 등의 뜻으로 두루 쓰인다. 여기서는 사람이란 의미로 쓰였다.

濫想남상은 徒傷神도상신이요 妄動망동은 反致禍반치화니라.

지나친 생각은 한갓 정신을 상하게 하는 것이요, 망녕된 행동은 도리어 재앙을 가져오느니라.

사람을 가리켜 생각하는 갈대라고 했던가? 옳은 말이다. 사람은 지적 정신적 존재이므로 생각하는 것은 인간의 문명을 일구어낸 바탕이라고 말할 수 있다. 그러나 생각이 지나치면 오히려 인간의 정신을 상하게 해 병이 된다. 어떤 문제에 대하여 지나치게 골똘히 생각하면 판단력이 흐려지고 스스로 만든 함정에 깊이 빠져 벗어나지 못하게 된다. 특히 현대인은 주거환경이 홀로 거처하는 경우가 많아 자기만의 생각에 집착하기 쉽다. 내 생각만이 옳고 다른 사람의 생각은 무조건 그르다는 지나친 생각은 자기 자신을 힘들게 하고 자신만의 생각에 깊이 빠져 다른 사람의 생각을 받아들일 줄 모르면 남과 자주 다투고 화를 잘 내어 자신을 지치게 한다.

사랑도 지나치면 화(禍)가 된다. 자식 사랑이 지나치면 망나니 아들을 만들고 아내 사랑이 지나치면 의처증이 된다. 망동은 정도에 벗어난 행동이다. 좋은 일도 정도에 지나치면 화가 된다. 노래 부르는 것이야 말로 얼마나 좋은 일인가?

그러나 심야(深夜)에 고성방가(高聲放歌) 하는 것은 죄가 된다. 독도가 자기 땅이라고 우기는 일본의 망동(妄動)은 참을 수 없는 일이다. 반일(反日) 시위는 당연하다. 그러나 한강에 투신하고 분신자살(焚身自殺)하는 것은 지나치다. 방법이 한도(限度)를 넘어선 것이다. 지금은 자살함으로써 일본에 저항할 때가 아니다. 왜 우리가 죽어야 하는가? 당당히 저들을 나무라고 응징할 권리와 힘을 가진 나라요 민족이다. 과유불급(過猶不及)이다.

● **한자학습** 남(濫)-퍼지다, 함부로 하다. 도(徒)-무리, 걷다, 보병, 한갓. 망(妄)-허망하다, 무릇. 화(禍)-재앙, 벌, 허물, 재난, 근심, 벌을 내리다.

● **보충학습** 한문법에서는 관형어와 부사어를 모두 수식어로 분류한다. 기본 문형에 관형어 부사어가 부가되면 확장문형이 된다. 여기서 남(濫)은 관형어 반(反)은 부사어이다.

知足常足 지족상족이면 終身不辱 종신불욕하고

知止常止 지지상지면 終身無恥 종신무치니라.

만족할 줄을 알아 항상 만족하면 종신토록 욕되지 아니하고 그칠 줄을 알아 항상 그치면 종신토록 부끄러움이 없으리라.

족한 줄을 아는 것과 늘 만족한 삶을 사는 것은 다르다. 즉 아는 것과 실천하는 것은 같지 않다는 말이다. 지족을 알뿐만 아니라 항상 지족한 삶을 산다면 일생동안 욕을 당하지 않게 될 것이다.

지족(知足)의 지행(知行)이 일치하는 삶을 사는 사람에게 어찌 부끄러운 일이 일어날 수 있겠는가? 세상에는 지식이 넘쳐난다. 지금이야 말로 지식의 홍수시대라고 할 수 있다. 알면서도 실천이 없는 공허한 인생이 많아 세상이 시끄럽고 삐걱거리는 것이다.

그칠 줄을 알면서도 그치지 못하는 것이 인생의 비극이다. 재물에 대한 욕심도 권력에 대한 욕심도 명예에 대한 욕심도 그쳐야할 선이 있건만 욕심을 자제하지 못하고 돌진하다가 브레이크가 고장 난 자동차처럼 사고를 치고 만다. 그칠 줄을 알아 항상 그친다면 종신토록 치욕(恥辱)이 없으리란 말이다. 작거나 크거나 매사에 진퇴의 시기와 정도가 있는 법이다.

내가 아는 젊은 의사는 우리나라 명문(名門) 의대(醫大)를 나와 장래가 촉망되는 사람인데 경마(競馬)에 미쳐 전문의가 되는 것도 포기하고 작은 시골 면소재지에서 초라한 병원을 개업 구차하게 지내고 있다. 그나마 돈이 좀 모아졌다 하면 경마장에 가서 날려 버려 궁색한 모습이 말이 아니다. 지식(知識)으로 그가 지지(知止)를 어찌 모르랴? 상지(常止)는 거저 되지 않는다. 결단하는 행동이 있어야 한다. 실천하는 삶이 소중한 것이다.

※ **한자학습** 욕(辱)-욕되게 하다, 욕보이다, 치욕, 수치. 치(恥)-부끄러워 하다, 부끄럽게 여기다, 부끄러움, 도리에 어긋남을 부끄러워하다.

※ **보충학습** 두 문장 모두 가정문(假定文)으로 문장 앞에 만약 약(若)이나 같을 여(如)가 생략됐다. 아니 불(不)과 없을 무(無) 모두 부정사로 쓰였다.

書曰서왈 滿招損만초손하고 謙受益겸수익이니라.

서경에 말하기를 "가득 차면 덜어냄을 부르고, 겸손하면 더해 짐을 받게 되느니라" 하였다.

    가득 차면 더 이상 채울 수가 없기 때문에 부득이 덜어내지 않으면 안 된다. 사람의 욕심은 모자란 것을 참지 못한다. 그러나 가득차면 더 이상 할 일이 없다. 할 일이 없으니 희망이 없고 희망이 없으니 게을러지고 게을러지니 타락한다. 사람들은 부자가 되고 싶어 한다. 부자가 되려고 온 식구가 합심해 노력할 때는 힘들어도 행복하다. 그러나 부자가 되고 난 뒤 예상 밖으로 가족의 화목(和睦)을 허는 일들이 생긴다. 가득 찬 부(富)는 물질의 손해(損害)뿐 아니라 가족애(家族愛)의 損傷도 초래한다. 가난한 집에 부모가 돌아가시면 형제가 서로 위로하며 더 사랑이 敦篤해 진다. 그러나 유산(遺産)을 많이 남기고 부모가 돌아가시면 장례(葬禮)도 치르기 전에 형제가 싸움질하는 일이 흔하다. 약간 모자란 듯한 것이 좋다. 교만하면 있는 것도 잃기 쉽다. 어려움을 당해도 도와주는 이가 없다. 겸손한 사람은 친구가 많다. 겸손하면 양보하고 양보하면 손해 볼 것 같으나 실상은 그 반대다. 모자란 것을 보면 채워주고 싶은 것이 인정(人情)이다. 이것이 겸수익(謙受益)의 원리다.

● **한자학습**   만(滿)-가득 차다, 교만하다, 성내다, 속이다. 초(招)-부르다, 구하다, 묶다, 과녁, 지적해 예를 들다(교), 게시하다(교), 별이름(소). 손(損)-덜다, 감소하다, 잃다, 손해보다. 겸(謙)-겸손하다, 덜다, 감하다. 익(益)-더하다, 이롭다, 많다, 이익, 더욱.

● **보충학습**   서(書)은 서경(書經)을 말한다. 시경(詩經) 역경(易經)과 함께 삼경(三經)의 하나다. 공자가 편술한 것으로 요순(堯舜)으로부터 주(周)나라까지의 역사를 기록한 책이다.

安分吟曰 안분음왈 安分身無辱 안분신무욕이요 知機心自閑 지기심자한이라 雖居人世上 수거인세상이나 却是出人間 각시출인간이니라.

안분음에 말하기를 "(자기) 분수를 편안히 여기면 일신에 욕됨이 없고, (매사에) 일의 기미를 알면 마음이 스스로 저절로 편안해 지느니라" 하였다.

자기 분수를 알면 그 일신에 욕됨이 없고 일의 기미를 미리 알면 마음이 스스로 편하게 되리라. 이런 자세로 인생을 살면 인간 세상에 살면서도 도리어 인간 세상을 벗어나 신선 같은 삶을 살리라는 말이다. 그러나 대부분의 사람들은 자기 분수보다 넘치는 욕심을 품고 아등바등 살다가 끝내 좌절의 아픔으로 괴로워한다. 또 그 실패의 원인이 자기의 모자람에 있는 것을 알지 못하고 세상과 남의 탓을 하며 불평불만의 그늘진 삶을 살기도 한다. 역사를 보면 이런 문제로 행과 불행이 극명하게 달라진 이들이 있다.

조선조 태종의 장남 양녕대군은 비록 자신이 세자의 신분이었으나 부왕께서 동생인 충녕대군이 세자가 되지 못함을 안타까워하심을 안 뒤 자신보다 동생 충녕이 뛰어난 왕재임을 확인하고 스스로 미친 척해 세자자리에서 물러난 것으로 유명하다.

그가 아니었으면 우리나라 역사상 가장 찬란한 치세(治世)인 세종대왕 시대는 없었을 것이다. 인조 때의 이괄은 인조반정의 공신이었으나 논공행상(論功行賞)에 불만을 품고 반란을 일으켜 한 때 도성을 점령 삼일천하의 위세(威勢)를 떨쳤으나 끝내 관군에게 패전하여 도망가다 잡혀 참살당하는 몸이 됐다. 만약 그가 일시의 불만을 참고 안분(安分)했더라면 공신의 신분으로 부귀영화를 자손대대 전했을 것이다.

● **한자학습** 음(吟)-읊다, 신음하다, 노래, 시. 기(機)-틀, 기계. 한(閑)-막다, 막히다, 가로막다, 문지방, 한가하다. 거(居)-있다, 살다, 거주하다, 앉다, 차지하다. 각(却)-물리치다, 막다, 그치다, 쉬다, 도리어.

● **보충학습** 여기서 기(機)는 기미(機微)의 준말이다. 인세상(人世上)이나 인간(人間)이나 같은 뜻이다. '安分身無辱'은 '若安分 則身無辱'이 준 가정문이다. '知機心自閑'도 '若知機則心自閑'의 문형이다.

子曰자왈 不在其位부재기위하여는 不謀其政불모기정이니라.

공자께서 말씀하기를 그 지위에 있지 않으면 그 정사(政事)에 대해 의논(議論)하지 말 것이니라.

논어 태백편(泰伯篇)에 나오는 문장으로 자기가 그 지위에 있지 않으면 그 직임(職任)을 자세히 알지 못하므로 그 정사(政事)에 대해 이러쿵저러쿵 말하지 말라는 뜻이다. 이 글의 참뜻은 자기가 맡은 일에 충실하고 남의 일에 대해 공연히 간섭하지 말라는 의미다. 우리 속담에도 '남의 제사에 감 놔라 배 놔라 하지 말라'는 말이 있다.

무슨 일을 처리하기 위해 어떤 직장에 가서 사람을 만나 이야기 하다 보면 그 사람이 그 직장의 최고 책임자인 듯이 이야기 하는 사람이 있다. 그런데 실제 알고 보면 말단 직원인 경우가 있다. 반대로 어떤 책임 있는 부서의 장을 만나 이야기 하다 보면 말단 직원이 할 말을 거듭하고 있는 경우도 있다. 결정을 못 내려 실무자 이 사람 저 사람을 불러들이고는 막상 도장을 찍으면서 실무자에게 이 일이 잘못되면 책임지라고 윽박지른다. 모두 자기소임(所任)을 제대로 모르고 일하는 사람이다.

중요한 것은 자기 맡은 한구석 최선을 다하는 것이다. 그리고 맡은 일에 대해 분명히 책임을 지는 것이다. 이 글에 대해 현대 정치와 관련지은 해석은 과거와 달라져야 한다. 공자의 이글은 공화정(共和政)에 대해 말한 것이 아니다. 공화정(共和政)은 여론정치다. 국민은 정사(政事)에 대해 무엇이나 자유로이 말할 수 있다. 그리고 시시비비(是是非非)를 논해 잘못된 것을 고치라고 요구할 수 있다. 성현의 글도 여세추이(與世推移)로 해석해야 한다.

● **한자학습** 모(謀)-꾀하다, 대책을 세우다, 생각하다, 의논하다, 헤아리다, 묻다, 속이다, 꾀. 정(政)-정사(政事), 법, 구실, 부역, 바로잡다, '政正也'라 했으니 정사(政事)의 근본은 잘못된 것을 바로잡는 것임을 알 수 있다.

● **보충학습** 문형은 '若不在其位 則不謀其政'의 가정문이 생략된 문장이다.

존심편

景行錄云경행록운하되 坐密室좌밀실을 如通衢여통구하고
馭寸心어촌심을 如六馬여육마면 可免過가면과니라.

경행록에 이르기를 "은밀한 방에 앉아 있어도 큰 거리를 다니는 것처럼 하고, 마음 쓰기를 말 여섯 필을 (동시에) 부리는 것과 같이 하면 허물을 면할 수 있느니라" 하였다.

몸가짐을 항상 조심해 남이 보거나 보지 않거나 단정히 하라는 말이다. 밀실에 있을 때에도 마치 큰 길 거리에 있는 것처럼 정정당당하게 행동하라는 뜻이다. 남을 모해하는 일이나 불법 비리를 은밀히 행하더라도 언젠가는 드러나게 된다. 고로 우암 송시열 선생은 말하기를 군자는 청천백일(靑天白日)과 같은 마음을 가져야 한다고 했다.

민담(民譚)에 전하기를 옛날 어느 곳에서 마부(馬夫) 남편이 잘못해 행인을 마차에 치어 죽였다. 이것을 본 사람은 함께 마차에 타고 가던 아내뿐이었다. 마부 남편은 아내와 그 시신(屍身)을 자신의 집 돌담 밑에 묻었다. 오랜 세월이 지나 아내와 남편이 불화하고 남편이 아내를 구타해 내쫓으니 아내가 그 옛날 남편이 사람을 죽여 돌담 밑에 매장한 사실을 관에 고발했다. 은밀(隱密)한 범죄가 백일하에 들어난 것이다.

세상일은 이런 것이다. 사람의 마음을 다스리는 것은 참으로 어렵다. 일시 마음의 충동을 참지 못해 살인을 하기도 하고 자살을 하기도 한다. 사람의 마음을 다스리기를 마치 여섯 마리 말을 동시에 모는 것처럼 조심조심 슬기롭게 해야 실수하지 않는다는 말은 이를 두고 하는 말이다.

마음을 한 번 잘못 써서 일생을 망치는 경우가 얼마나 많은가? 자기 마음을 잘 다스리는 것이 인생을 성공하는 첫걸음이다.

* **한자학습**   밀(密)-빽빽하다, 촘촘하다, 은밀하다, 그윽하다, 조용하다. 구(衢)-네거리, 길, 갈림길. 어(馭)-말을 몰다, 말을 모는 방법, 마부. 면(免)-면하다, 해직하다, 모자를 벗다. 과(過)-지나다, 빠져나가다, 지나치다, 심하다, 허물, 법을 어기다.

* **보충학습**   두 문장에 같을 여(如)가 쓰여 비교문이 됐다.

擊壤詩云격양시운 富貴부귀를 如將智力求여장지력구인대 仲尼年少合封侯중니년소합봉후라 世人세인은 不解靑天意부해청천의하고 空使身心半夜愁공사신심반야수니라.

격양시에 이르기를 "부귀를 만약 지혜의 힘을 가지고 구할 수 있다면 공자는 젊어서 제후에 봉해졌으리라. 세상 사람들은 푸른 하늘의 뜻을 이해하지 못하고 공연히 몸과 마음으로 하여금 밤중에 근심하게 하느니라" 하였다.

부귀를 지혜의 힘을 가지고 얻을 수 있다면 공자 같은 이는 아마 어려서 제후가 되지 않았겠느냐는 것은 사람의 능력만으로 되는 것이 아님을 예로 든 것이다. 옳은 말이다. 학술답사를 다니다 유명(有名)한 문중(門中)의 서고(書庫)를 조사하면서 흥미 있는 사실을 발견할 수 있다. 장원 급제한 조상의 교지(敎旨)를 가보(家寶)로 보관하는 집안들이 있는데 이상하게도 장원급제한 이들이 정승 판서가 된 이가 드물다는 것이다. 오히려 갑과(甲科)에 못 들고 을과(乙科)나 병과(丙科)에 하등(下等)으로 급제한 이들 중에 정승도 되고 판서도 된 유명한 인물이 많다. 단순히 지적(知的) 능력(能力)이 우수하거나 과거시험 잘 봤다고 성공하는 것이 아니다. 최선을 다하는 것뿐 인생의 성공과 실패는 하늘에 달려 있다는 말이다. 그것을 모르고 밤잠을 설치고 심신을 고달프게 번민하는 것은 어리석다.
초등학교 학력의 정주영 씨가 세계적 기업을 창업하고 남북문제(南北問題)의 획기적(劃期的) 전환점을 이룩하는 것을 보지 않았는가? 조기교육(早期敎育) 열풍에 휘말려 나이 어린 자녀를 막무가내로 과도(過度)한 과외학습의 질곡(桎梏)에 내모는 어른들은 생각해 볼 일이다. 이글은 진인사대천명(盡人事待天命)을 경계한 말이다.

● 한자학습 격(擊)-부딪치다. 배나 수레가 질서 있게 나가다, 거리끼다, 방해가 되다. 양(壤)-흙, 토지, 경작지. 장(將)-장차, 막 하려하다, 장수, 마땅히 하여야 한다, 어찌, 오히려, 가지고, 다스리다. 니(尼)-중, 여승, 산 이름. 봉(封)-봉하다, 봉지(封地), 북돋우다. 후(侯)-과녁, 제후, 후작(侯爵). 해(解)-풀다, 이해하다, 가르다, 놓아주다, 가르다, 해부하다, 용서하다, 타이르다, 열다. 수(愁)-시름, 근심, 얼굴빛을 바꾸다.
● 보충학습 중니(仲尼)는 공자(孔子)의 자(字)이다. 격양시(擊壤詩)는 송나라 때 소옹(邵雍)이 지은 시집이다. '如將智力求'에서 '如'는 만약의 뜻으로 가정문의 문형을 만들고 있다.

> 范忠宣公범충선공이 戒子弟曰계자제왈 人雖至愚인수지우나
> 責人則明책인즉명하고 雖有聰明수유총명이나 恕己則昏서기즉혼이니
>
> 범충선공이 자제를 경계해 말하기를 "사람이 비록 지극히 어리석더라도 다른 사람을 책망하는 데는 현명하고 비록 총명함이 있더라도 자기의 잘못을 용서하는 데는 어두우니"

    자제에게 훈계한 말이다. 사람은 자기는 비록 지극히 어리석더라도 남의 잘못을 책망할 경우에는 그렇게 현명할 수가 없다. 그러나 막상 자기가 잘못했을 경우는 본인이 비록 총명한 사람도 자기의 허물에 대해서는 용서하지 못할 것이 없다. 용서하는 명분도 자기의 총명함에 반해 경우가 어둡다.

    한마디로 자기 잘못에 대해서는 이치에 맞지 않는 명분을 내세워 모두 용서한다. 같은 잘못이라도 재는 척도(尺度)가 다르다. 이런 까닭에 사회 정의가 실현되기 어렵다.

    남의 눈에 티는 크게 보이고 자기 눈에 들보는 작게 보이는 한, 사회정의(社會正義)란 바로 설 수 없다. 남이 허리를 굽실거리면 비굴하다 하고 자기의 경우는 겸손이라 한다. 남이 남에게 지지 않으려고 고집을 부리면 건방지다 하고 자기의 경우는 자존심이 강하다고 한다.

    어찌 공평(公平)하다고 하랴? 성인(聖人)은 일시동인(一視同仁)한다는 것은 남과 내가 다름이 없는 대동(大同) 공평(公平)함을 말한다.

● **한자학습** 범(范)-풀이름, 벌, 거푸집. 선(宣)-베풀다, 펴다, 생각을 말하다, 임금이 하교를 내리다. 우(愚)-어리석다, 어리석은 마음, 어리석은 사람, 어리석음, 겸양 일인칭 대명사. 서(恕)-용서하다, 헤아려 깨닫다, 동정하다, 밝게 알게 하다. 혼(昏)-어둡다, 해질 무렵, 밤.

● **보충학습** 비록 수(雖)가 문장의 앞에 오면 양보(讓步)의 뜻을 나타내는 양보절(讓步節)이 돼 '비록 ~하더라도 ~한다'는 뜻이 된다. 범충선공(范忠宣公)은 북송(北宋) 때의 명신(名臣)으로 이름은 순인(純仁), 충선(忠宣)은 그의 시호(諡號)이다.

爾曹이조는 但常以責人之心 단상이책인지심으로 責己책기하고 恕己之心서기지심으로 恕人 서인이면 則不患不到聖賢之位즉불환부도성현지위니라.

너희들은 단지 항상 다른 사람을 책하는 마음으로써 자기를 책하고 자기를 용서하는 마음으로써 다른 사람을 용서하면 성현의 위치에 이르지 못함을 근심할 것이 없느니라.

보통 사람은 누구나 남을 책망하는 데 철저하고 경우 바르다. 원리원칙을 따지고 변명을 들으려 하지 않는다. 그런 마음을 가지고 자기 자신의 잘못을 책하는 데 적용한다면 더는 스스로 잘못하지 않을 것이다. 반대로 자기 잘못은 용서하지 못할 것이 없다. 어떤 경우에나 다 핑계가 있고 사정이 있다. 사실은 남도 마찬가지다. 자신의 잘못을 용서하는 너그러움으로 남의 잘못을 용서한다면 이 세상에 용서하지 못할 허물이 없을 것이다.

성현(聖賢)의 마음이 다름 아니다. 바로 자신의 처지와 남의 처지를 역지사지(易地思之)하는 마음이다. 세계평화는 거창한 국제회의나 각국의 정상들이 모여 요란한 정상회담을 한다고 되는 것이 아니다.

일본은 UN 안보리 이사국이 되지 못해 안달을 하면서도 과거 한국과 중국 등에 가한 침략행위를 반성하지 못하고 역사교과서나 왜곡하고 있다. 종군 위안부 등 일제에게 끔찍한 침략 만행을 겪은 당사자들이 눈이 시퍼렇게 살아 있는데도 사죄하기는커녕 침략 범죄를 미화하고 정당화 하려 억지를 부리고 있다. 이런 나라가 어떻게 선진 문화국가라고 할 수 있겠는가? 역지사지(易地思之)도 모르는 파렴치한 야만국가라고 욕을 먹는 것도 무리가 아니다. 개인이나 국가나 편협한 독선주의를 극복하지 못하면 소인배(小人輩)다.

● **한자학습** 이(爾)-너. 그. 이. 조(曹)-마을. 관아. 짝. 무리. 군중. 나라이름. 서(恕)-용서하다. 헤아려 밝게 알게 하다.

● **보충학습** 이조(爾曹)는 너희들이라는 한자어다. 조(曹)가 붙으면 복수가 된다. 복수를 나타내는 접미사다. 아조(我曹)는 우리들이라는 의미다. 불환부도(不患不到)는 이중부정이 쓰여 강한 긍정을 나타낸다.

子曰자왈 聰明思睿총명사예라도 守之以愚수지이우하고 功被天下공피천하라도 守之以讓수지이양하고 勇力振世용력진세라도 守之以怯수지이겁하고 富有四海부유사해라도 守之以謙수지이겸이니라

공자께서 말씀하시기를 "총명하고 생각이 밝더라도 어리석은 듯이 하여 자신을 지키고, 공적이 천하를 덮을지라도 겸양으로써 자신을 지키고, 용맹과 기운이 세상에 떨치더라도 겁냄으로써 자신을 지키고, 부유함이 사해를 소유한 듯하더라도 겸손으로써 자신을 지켜야 하느니라" 하였다.

사람이 너무 총명하고 생각이 밝으면 다른 사람의 시기와 견제의 대상이 될 수 있다. 그러므로 늘 어리석은 듯 자기 자신을 낮추면 남의 경쟁심과 질시를 받지 않고 자신을 온전히 지킬 수 있다.

공(功)이 비록 천하를 덮을 정도로 크더라도 겸손하고 남에게 상(賞)을 사양하는 태도를 가져야 한다. 공(功)을 과시하고 남보다 앞서기를 좋아하면 역시 남들의 미움을 사기 쉽다. 모난 돌이 정 맞는다는 말이 있다.

남보다 뛰어난 것이 항상 좋은 것이 아니다. 남보다 뛰어나게 공을 세운 것은 좋은 일이나 그 공 때문에 남을 추월해 앞서면 본의 아니게 남에게 원망의 대상이 될 수 있다. 공이 많으면서 남에게 상을 양보하는 것은 당장은 손해처럼 보이나 결국은 이익이다. 시간이 지나면 덕(德)을 잎은 사람들이 나서서 공(功)을 인정하고 대우해 준다. 용맹이 천하에 떨치더라도 모자란 듯 자신을 낮추고 부(富)가 온 세상을 가진 듯 크더라도 겸손하면 세상의 존경을 받게 된다. 겸손(謙遜)의 미덕을 강조한 글이다. 교만한 사람을 좋아하는 사람은 없다. 겸수익(謙受益)은 이를 두고 한 말이다.

● **한자학습** 예(睿)-깊다, 밝다, 깊이 통하다, 임금, 성인. 양(讓)-사양, 양보, 사양하다, 겸손하다, 넘겨주다, 양보하다, 물러나다, 꾸짖다. 진(振)-떨치다, 떨쳐 일어나다, 떨다. 겁(怯)-겁내다, 무서워하다, 피하다, 비겁하다. 겸(謙)-공순하다, 겸손하다, 덜다.

● **보충학습** 문장에 비록 수(雖)가 모두 생략된 양보절이 연속 사용된 글이다. '비록 ~하더라도'의 양보절이 문장마다 앞에 전제돼 있다.

素書云소서운하되 薄施厚望者박시후망자는 不報불보하고
貴而忘賤者귀이망천자는 不久불구니라.

소서에 이르되 박(薄)하게 베풀고 후(厚)하게 바라는 사람은 보답 받지 못하고 신분이 귀하게 되고서 천(賤)했던 때를 잊는 사람은 오래가지 못한다.

종두득두(種豆得豆)라 했다. 심은 대로 거둔다는 말이다. 남에게 박하게 베풀고 후한 보답을 바란다면 이는 염치없는 사람이거나 경우 없는 사람이다. 가는 말이 고우면 오는 말이 곱다고 했다. 준대로 받는 것이다. 빈 골짜기에 가서 소리 질러 보라. 크게 외치면 큰 소리로 메아리가 돌아오고 작은 소리로 속삭이면 작은 소리가 메아리로 돌아온다. 남에게 후히 받으려면 먼저 남에게 후하게 베풀 일이다.

사람이 살다보면 어떤 경우가 생길는지 알 수 없다. 지금 내가 힘이 있고 남에게 덕을 베풀 위치에 있거든 법이 허용하는 범위 내에서 후하게 인정을 베풀 일이다. 지금이라도 내가 먼저 남에게 후한 인정을 베풀면 머지않아 따스한 인정이 봄바람처럼 자신을 향해 불어오게 되리라.

출세했다고 어려운 시절을 잊고 교만하면 그 지위를 오래 유지하지 못한다. 사람의 입은 쇠도 녹인다. 남에게 손가락질을 받고 귀한 자리에 오래 있을 수 있겠는가? 신분이 달라졌다고 어려운 시절 사귄 사람을 버리는 사람은 자신도 세상에게 버림을 받게 마련이다. 형편과 처지에 따라 사람이 달라진다면 이를 어찌 군자라 하랴?

● 한자학습 박(薄)-엷다, 적다, 정이 박하다, 깔보다, 낮다, 천하다, 땅이 박하다. 후(厚)-두텁다, 두터이, 넉넉하다. 천(賤)-천하다, 값이 싸다, 신분이 낮다, 천히 여기다, 신분이 낮은 사람, 자기를 낮추어 말하는 접두사. 구(久)-오래다, 오래되다, 변하지 아니하다, 기다리다.

● 보충학습 부정문은 서술어 앞에 부정사 불(不), 비(非), 막(莫), 미(未) 등이 온다. 본문에서 불구(不久)와 불보(不報)가 그 경우다. 소서(素書)는 한(漢)나라 때 황석공(黃石公)의 저서다.

施恩시은이거든 勿求報물구보하고 與人여인이거든 勿追悔물추회하라.

은혜를 베풀었거든 보답을 구하지 말고 남에게 줬거든 후회하지 말라.

　　남에게 은혜를 베풀고 그 보답을 원할 경우 만약 그 사람이 보답하는 것을 잊어버리면 서운해진다. 더구나 그 사람이 자기 보다 더 잘 살게 되거나 더 성공하고도 자기에게 입은 은혜를 잊고 갚지 않으면 미워하게 된다. 그러면 차라리 은혜를 베풀지 않음만 같지 못하다. 우리 속담에 사람 잃고 돈 잃는다는 말이 있다. 수년 전 대학 동창 가운데 절친한 친구가 사업상 위기에 몰린 일이 있었다. 처남의 보증을 잘 못 서서 생긴 일이다. 그런데 그 친구는 워낙 애처가(愛妻家)라 조금도 처남을 원망하지 않았다. 더구나 보증설 당시 자신에게 말한 액수보다 더 큰 빚의 보증이 돼 자신의 회사까지 부도 위기에 처했지만 그 내용을 검찰에 이야기 하면 처남이 사기죄가 더해진다며 괴로워했다. 그 때 우리 절친한 친구 몇은 형편이 가능한 범위 내에서 돈을 마련 친구를 도왔는데 조건이 무조건 빚이 해결되고 회사가 잘 될 때 갚으라는 것이었다. 말하자면 갚지 말라는 말이었다. 친구는 오래지 않아 재기 했고 친구들의 도움을 서둘러 갚았다. 이후 친구들의 우정은 더 깊어졌다. 남에게 줄 경우 되돌려 받을 것을 생각하지 않고 준다면 후회도 없고 되돌려 받으면 더 기쁨을 느끼게 된다. 남에게 준 것은 잊고 살고 남에게 빌린 것은 잊지 말자는 말이다.

● **한자학습**　시(施)-베풀다, 퍼지다, 널리 행해지다. 회(悔)-뉘우치다, 유감스럽다, 후회, 아깝게도. 여(與)-주다, 돕다, 허락하다, 따르다, 좋아하다.

● **보충학습**　말 물(勿)이 쓰인 물구보(勿求報)와 물추회(勿追悔) 모두 금지문이다. 더불 여(與)는 주다, 돕다 등의 실사 외에 허자로 '~와, 과'와 '더불어, 함께'의 의미로 쓰인다.

孫思邈曰손사막왈 膽欲大而心欲小담욕대이심욕소하고
智欲圓而行欲方지욕원이행욕방이니라.

손사막이 말하기를 "담력은 크게 가지고자 하되 마음은 소심하고자 해야 하며, 지혜는 원만하고자 하되 행실은 방정하려고 해야 하느니라" 하였다.

사람은 담력이 커야 큰일을 할 수 있다. 담력이 없으면 큰일을 앞에 놓고 주저하다 일을 그르친다. 담력이 큰 용감한 사람은 위기에 처해서도 과감히 결단하고 결행한다.

역사의 위대한 인물들은 대부분 담력이 큰 용기 있는 사람들이다. 담력이 크다고 아무 일이나 아무 때나 앞뒤 안 가리고 무모하게 나서는 것은 진정한 용기가 아니다. 만용이 될 수 있다. 담력은 크게 가지려 하되 마음은 작게 가지려 하라는 것은 용기 있게 도전하되 삼가고 조심해서 만일에 대비하는 마음 자세가 필요함을 강조한 말이다. 임진왜란의 두 장수 이순신과 원균은 임진란이 끝난 뒤 나라에서 봉한 일등공신 세 분 가운데 두 분이다. 두 분은 모두 왜적과 싸우다 장열하게 순국했다. 두 분에 대해서는 평가가 다르고 시시비비가 많다. 그러나 분명한 것은 두 분 다 우리가 존경하고 받들어야할 호국의 은인이다. 굳이 차이가 있다면 이순신이 담력도 크고 전략을 수립함에 돌다리도 두들겨 보는 세심한 마음의 소유자인 지장(智將)이었다면, 원균은 담력이 크고 마음 씀도 커서 패전과 죽음을 두려워하지 않은 용장(勇將)이었다.

이순신은 승전(勝戰)의 순국(殉國)을 원균은 패전(敗戰)의 순국(殉國)을 맞은 것은 이 때문이 아닐까? 용장은 지장만 같지 못하다는 말이다. 생각은 원만하게 너그럽게 하고 처신을 방정하게 하는 것이 군자다운 삶이다. 생각은 모나게 하고 처신을 불분명하게 하면 누구도 그런 사람을 좋아하지도 존경하지도 않는다. 자신을 돌아 볼 일이다.

● 한자학습   막(邈)-아득히 멀다, 업신여기다, 깔보다, 경멸하다, 근심하다, 고민하다. 담(膽)-쓸개, 담력, 마음, 충심. 원(圓)-둥글다, 둘레, 원, 언저리.

● 보충학습   이 문장에서 말이을 이(而)는 모두 역접 접속사로 쓰였다.

念念要如臨戰日 염염요여임전일하고

心心常似過橋時 심심상사과교시니라.

항상 생각하기를 마치 전쟁에 임하는 날과 같아야 하고 늘 마음 가지기를 항상 (외나무)다리를 건널 때와 같아야 하느니라.

생각은 신중하고 조심스럽게 해야 한다. 경거망동(輕擧妄動)은 실패의 원인이다. 무슨 일을 행동으로 옮김에 있어서 한번 생각하고 쉽게 결정해 할 일이 아니다. 마치 전쟁에 나가는 날의 조심조심함과 같이 신중에 신중을 기해야 실수가 없다. 대부분의 안전사고는 신중히 행각하지 않은 데서 비롯된다. 우리 속담에 "돌다리도 두드려 보고 건너라"는 말처럼 점검 또 점검하는 신중함은 아무리 강조해도 지나치지 않다.

마음가짐이 천하태평인 사람은 무슨 일을 하다 위기에 처하면 제대로 대처하지 못한다. 조심성이 없어 엉뚱한 사고를 부른다. 외나무다리를 건너야 강을 통과할 수 있다면 얼마나 조심조심 신중하겠는가?

젊은이들의 장점은 도전적이고 개척정신이 충만함이다. 반면에 조심성이 부족하고 충동적이다. 심사숙고하는 신중함이 적다. 공부하는 젊은이와 다른 이가 어떤 점이 다른가? 타고난 장점을 살리고 부족한 단점을 끊임없이 극복하는 사람이다. 속이 깊다는 말이 무엇인가? 생각의 신중함이다. 오늘의 젊은이가 이점을 보완한다면 개인은 물론 우리 모두의 미래는 더욱 빛나리라.

● **한자학습** 염(念)-생각하다, 외다, 읊다, 읽다, 공부하다. 임(臨)-임하다, 내려다 보다, 다스리다, 낮은 데로 향하여 대하다. 사(似)-같다, 닮다, 잇다. 과(過)-지나다, 초월하다, 여유가 있다, 심하다, 허물, 죄. 교(橋)-다리, 교량.

● **보충학습** 염염(念念)은 생각하다는 동사를 거듭 써서 '항상 생각하다'는 뜻이 됐고 심심(心心)은 마음가지다는 동사를 거듭 써서 '항상 마음 가지기를'이란 뜻이 된다. 명사를 거듭 쓸 경우는 복수가 된다. 가가(家家) 호호(戶戶) 같은 한자어는 '집집마다'라는 뜻이다.

懼法朝朝樂구법조조락이요 欺公日日憂기공일일우니라.

법을 두려워하면 아침마다 즐겁고 나라(관청)를 속이면 날마다 근심하느니라.

　법을 두려워함은 준법정신이 투철함을 말한다. 법을 잘 지키고 범법을 두려워하는 사람은 구애될 것이 없는 평안한 삶을 살기에 매일 매일이 즐겁다. 법을 위반해 숨어 사는 사람은 빛나는 아침 해가 반갑지 않고 광명한 아침이 기쁘지 않다. 오히려 두려움과 공포의 새로운 시작일 뿐이다.
　국무총리에 임명됐으나 인사 청문회에서 불법으로 토지를 매입 치부한 사실이 들어나 낙마한 두 명의 불행한 총리 후보자를 봤다. 그들은 법을 어기는 것이 이렇게 두려운 것인지 그때는 아마 몰랐으리라. 공(公)을 속인다는 것은 공(公)의 뜻이 조정, 임금, 관청이기 때문에 법을 어긴다는 것과 같은 의미다. 법을 어겨 죄를 짓고 비록 관청에 발각되지 않아 관의 눈을 속이며 사는 사람은 하루도 마음이 편할 수가 없다. 무심히 지나가는 경찰관만 봐도 오금이 저리고 두려워 근심하게 된다. 이 고통은 때로 사람을 병들게 해 우울증 환자가 되거나 정신병자가 되게도 한다. 법이란 지키는 자에게는 자유요, 어기는 자에게는 족쇄(足鎖)다.

● 한자학습　구(懼)-두려워하다, 위태롭게 여기다, 두려움, 근심. 법(法)-물 수(水)와 갈 거(去)와 해태 치(廌) 세 글자가 조합된 글자다. 글자의 뜻은 해태라는 물짐승은 신령하기 그지없어 법을 어긴 불의한 자를 그대로 두지 않고 없애 버리는(去) 성질을 가졌다고 한다. 그래서 대궐의 정문 앞에 해태 상을 만들어 놓고 등청하는 관리들에게 해태의 꼬리를 만지게 해 청렴(淸廉)을 경계했다. 현재 쓰이는 법(法)자는 해태 치(廌)가 생략된 글자이다. 기(欺)-속이다, 업신여기다, 속임수, 허위. 우(憂)-근심하다, 걱정, 상(喪).

● 보충학습　두 문장 모두 문장 앞에 만약 약(若)이, 아침 조(朝)와 날 일(日) 앞에 곧 즉(則)이 생략된 가정문이다.

朱文公曰주문공왈 守口如甁수구여병하고 防意如城방의여성하라.

주문공이 말하기를 "입을 지키기를 마치 병처럼 하고 뜻을 막기를 마치 성처럼 하라" 하였다.

인생을 살다 보면 뜻밖에 말실수로 곤욕을 당하는 수가 있다. 말은 사람의 의사를 전달하는 수단으로 사람이 사람 된 이유 가운데 하나라고 할 만큼 소중한 것이다. 그러나 말은 많이 한다고 좋은 것이 아니다.

옛 시조에 "말로써 말 많으니 말 말을까 하노라"하여 말의 부작용을 경계하기도 했다. 남을 비방하는 말은 하지 않음만 못하다. 확실하지도 않은 일로 남을 의심하는 말도 말아야 한다.

말 한마디로 천 냥 빚을 갚는다는 말도 있지만 설화(舌禍)라는 말도 있다. 조선왕조 연산군 때에 말 한마디 잘못 했다가 참화를 당한 이들이 적지 않았다. 연산군은 한 때 중신들과 내시나 궁녀들의 목에 '구시화문(口是禍門)'이란 패(牌)를 걸고 다니게 했다. 자신의 패덕(悖德)을 말하지 못하게 한 조치다. "웅변은 은이요, 침묵은 금이다"라는 금언은 덕을 허는 수다보다 차라리 병의 입처럼 침묵하는 것이 낫다는 말이다.

자신의 뜻을 지키기를 전쟁에서 성(城)을 지킴과 같다했다. 돈과 명예의 유혹 앞에도 굴하지 않고 자신의 의지를 지키는 것은 장부다운 일이다. 요즘 젊은 사내들의 약점이 문약(文弱)하고 나약(懦弱)하다는 것이다. 호연지기(浩然之氣)를 길러 내강(內剛)한 장부가 되자.

* **한자학습** 주(朱)-붉다, 붉은 빛, 붉은 빛을 가진 물건, 적토(赤土). 병(甁)-병, 단지, 두레박, 시루. 방(防)-둑, 막다, 방어하다, 대비하다, 수비.

* **보충학습** 앞과 뒤 두 문장 모두 같을 여(如)가 서술어로 쓰여 '마치 ~처럼', '마치 ~같이'로 해석되는 비교문이다. 주문공(朱文公)은 남송(南宋)의 유학자 주희(朱熹)를 말한다. 호(號)는 회암(晦庵) 문공(文公)은 시호(諡號)이다. 그는 유학(儒學)을 성리학(性理學)으로 심화(深化) 발전시켰다. 이를 특별히 주자학(朱子學)이라고 한다.

心不負人심불부인이면 面無慙色면무참색이니라.

마음이 남을 배반하지 않으면 얼굴에 부끄러운 빛이 없느니라.

 인간관계에서 신의(信義)가 중요함을 강조한 글이다. 비록 행동으로는 아직 배신하지 않았다 하더라도 마음속에 이미 배신하고자 하는 생각이 있으면 아무리 숨기려 해도 얼굴에 부끄러운 빛이 드러난다는 말이다. 아무리 진실한 사람이라도 남과 한 약속을 다 지킬 수는 없다. 상황이 어쩔 수 없는 경우도 있고 최선을 다 했으나 역부족인 경우도 있다.
 조선 왕조 세조 때 사육신(死六臣)의 충절(忠節)은 만고에 으뜸이다. 사육신의 한 분인 성삼문(成三問)은 처형장으로 가면서 "이 몸이 죽어가서 무엇이 될고 하니, 봉래산 제일봉에 낙낙장송 됐다가 백설이 만건곤할 제 독야청청 하리라"는 시조를 읊었다. 어떤 가혹한 국문(鞫問)에도 굴하지 않고 선왕(先王)인 세종대왕의 고명(顧命)과 문종의 당부를 받들어 충절을 지키고 동지들과의 신의를 지킨 당당함이 천둥 같은 소리로 들려온다.
 그러나 이들을 형문(刑問)하는 자리에 고변(告變)의 증인으로 나온 김질의 얼굴은 부끄러움에 참담했으리라. 같은 집현전(集賢殿) 학사로 단종(端宗) 복위(復位)를 공모(共謀)한 자가 마음이 변해 동지들을 배신하고 고발했으니 그의 심정인들 어찌 편하였으랴? 훗날 그가 비록 정승까지 지냈으나 역사는 그를 부끄러운 배신자로 기록할 뿐이다. 지식이 모자라서 안 되는 일이면 더 공부하면 가능하다. 돈이 없어 안 되는 일이면 서로 도우면 될 일이다. 그러나 배신하는 사람과는 함께할 수 있는 일이 아무것도 없다.

● 한자학습 부(負)-등에 짐을 지다, 책임을 지다, 배반하다, 빚을 지다, 승부에 지다, 덮어씌우다. 참(慙)-부끄러워하다, 부끄러움, 수치.

● 보충학습 문장 앞에 만약 약(若)이 뒤의 문장 앞에 곧 즉(則)이 생략된 가정문이다.

人無百歲人 인무백세인이나 **枉作千年計** 왕작천년계니라.

사람은 백세를 사는 사람이 없으나 그릇되게 천년 살 계획을 세우느니라.

백세를 사는 사람이 없다는 말은 "백세 살기가 어렵다"는 의미다. "인생칠십고래희(人生七十古來稀)"는 이미 옛 말이다. 우리나라 사람의 평균 수명(壽命)이 남녀 모두 75세를 넘었다. 그러나 사람 모두 그렇지는 않다. 몇 년 전 다정하게 지냈던 충북대학의 중문과 모(某)교수의 회갑연에서 떠밀려 축사를 한 일이 있다. 나는 그때 농담 섞인 말로 요새 누가 회갑연을 하는가? 다음 고희연(古稀宴)에서나 축사하려고 오늘은 준비를 안했다고 능청을 떨어 좌중을 웃겼다. 나는 그가 술 좋아하고 놀기 좋아하는 낭만적 풍류를 사랑해 그의 아호(雅號)를 낭선(浪仙)이라 불렀다. 그러나 그는 회갑연 하고 얼마 뒤에 세상을 버렸다. 그는 뜻밖의 교통사고로 타계(他界)하기 전에도 대수술을 해 와병(臥病)한 일이 있었다. 문병(問病) 간 나에게 그는 시간 나는 대로 강의할 한문(漢文) 경전(經典)의 원문(原文)을 워드로 쳐 저장하고 있는데 시경(詩經)을 거의 끝냈다고 말했다. 그러나 낭선은 그 자료를 써보지도 못하고 저 세상으로 갔고, 지금은 이미 사서(四書)는 물론 대부분의 한문학(漢文學) 자료 원문(原文)이 관련 사이트에 저장돼 있어 힘든 수고를 할 필요 없게 됐다.

사람은 하루 앞을 모른다. 무모(無謀)한 천년(千年)의 계획을 세워놓고 오늘을 아득바득 짜증내며 사는 것은 부질없는 일이다. 행복한 오늘이 있어야 행복한 내일이 있다.

● 한자학습   왕(枉)-굽다, 굽히다, 사곡(邪曲)한 사람. 계(計)-꾀, 계략, 계획하다, 헤아리다.

● 보충학습   없을 무(無)가 서술어(敍述語)로 쓰일 경우 소유(所有)의 의미를 가지면 타동사로 뒤에 목적어가 오고, 존재(存在)의 의미를 가지면 자동사로 보어가 온다. 여기서는 존재를 나타내므로 백세인(百歲人)이 보어(補語)다.

寇萊公六悔銘云 구래공육회명운 官行私曲失時悔 관행사곡실시회하고
富不儉用貧時悔 부불검용빈시회하고

구래공의 여섯 가지 후회할 것을 경계한 글에 이르기를 "관리(官吏)가 사사로이 왜곡(歪曲)되게 부정한 방법으로 일을 행하고 그 직(職)을 잃을 때에 후회하고, 부자가 검소하게 재물을 쓰지 않다가 가난해졌을 때에 후회하고"

후회 없는 인생이 어디 있으랴? 혹자는 인생이란 지내고 보면 남는 것은 후회뿐이라고 했다. 그러나 공부한 사람과 공부하지 않은 사람의 차이가 무엇인가? 공부한 사람은 선현(先賢)의 글을 읽어 미리 후회할 일을 알아서 삼가고 조심해 후회할 일을 가능한 하지 않는 사람이다. 이 글은 사람이 지나고 나서 후회할 일 여섯 가지에 대해 경계하고 있다.

부정(不正)을 저지른 관리(官吏)가 그 직(職)을 잃을 때에 후회한다는 말은 관리(官吏)란 정직하게 일하고 부정(不正)과 비리(非理)를 저질러서는 안 된다는 말이다.

얼마 전 경남의 모 교육청이 일선 학교의 악기를 구입해 주면서 업자에게 부당한 돈을 받고 저질의 악기를 고가로 구입한 사실이 언론 취재에 의해 밝혀진 일이 있다. 담당 공무원은 징계를 면치 못할 것이다. 뒤 늦게 후회해도 소용없는 일이다.

아무리 부자라도 사치와 낭비를 일삼으면 그 재산이 오래 갈 수 없다. 우리 속언에 벌기는 어렵고 써버리기 쉬운 것이 돈이라고 했다. 자고로 창업(創業) 보다 수성(守成)이 어렵다고 한다. 피땀 흘려 창업(創業)한 부자(富者) 1대(代)는 누구나 예외 없이 검소(儉素)와 절용(節用)의 사람들이었다. 2대(代) 중에도 수성(守成)에 성공한 이들이 있다. 그러나 가산(家産)의 부(富)만 믿고 사치와 낭비로 검용(儉用)하지 못한 이들은 재산을 잃고 가난하게 됐다. 부(富)란 흩기 시작하면 검불 같은 것이다. 후회한들 어찌 하랴.

● **한자학습** 구(寇)-도적, 떼를 지어 남의 재물을 약탈하는 사람, 원수, 난리.

● **보충학습** 구래공(寇萊公)은 북송 때의 재상 구준(寇準)으로 자(字)는 평중(平仲)이며 내국공(萊國公)은 그의 시호(諡號)다.

藝不少學過時悔예불소학과시회하고 見事不學用時悔견사불학용시회하고 醉後狂言醒時悔취후광언성시회하고 安不將息病時悔안불장식병시회니라.

"재주란 젊어서 배우지 않으면 시기가 지난 뒤에 후회하고, 일을 보고 배우지 않으면 쓸 때에 후회하고, 술 취한 후에 미친 말을 하고서 술이 깼을 때에 후회하고, 몸이 편안했을 때에 미리 쉬지 않고 병이 났을 때에 후회하느니라"

음악 하는 사람들의 이야기를 들어보면 바이올린 같은 악기는 아홉 살이 지나 배우면 이미 때가 늦는다고 한다. 감수성과 감각이 예민한 어린 나이에 공부해야 한다는 말이다. 예술 분야의 공부는 다른 분야보다 조기 교육을 강조한다.

비단 예술 분야뿐이 아니다. 어떤 공부든지 배워야할 시기를 놓치면 지나고 후회하게 된다. 뒷날 그 재주를 꼭 써야 할 때 배우지 않은 것을 후회해야 소용없는 일이다.

근래 사회적으로 성공한 연로(年老)한 분들의 만학(晚學)이 다반사가 되고 있음은 때 놓친 배움이 얼마나 안타까운 일이었나를 알게 한다. 술이 취해 재미있는 화재로 좌중을 즐겁게 해주는 것은 좋은 일이다.

그러나 술이 취하면 억지 생떼를 써 좌중을 괴롭게 하거나, 슬퍼하고 엉엉 울거나, 폭언을 함부로 하며 싸움을 거는 것은 참으로 좋지 않은 주벽(酒癖)이다. 술이 깬 뒤 취중에 한 실수라며 사과하고 후회한들 쏟아 버린 물이다.

주벽이 심한 사람을 누가 좋아 하겠는가. 작심하고 고쳐야 한다. 건강은 건강할 때 지켜야 한다는 말은 누구나 안다. 쇠도 세월이 가면 녹슬고 닳는 데 하물며 사람이랴.

● **한자학습** 예(藝)-재주, 재능, 기예, 법도, 재주 있다, 심다, 나누다, 끝. 회(悔)-뉘우치다, 아깝게도, 유감스럽게도, 후회, 뉘우침. 광(狂)-미치다, 사리 분별을 못하다, 거만하다, 상규(常規)를 벗어나다, 미친병. 성(醒)-술이 깨다, 잠이 깨다, 도리를 깨닫다.

● **보충학습** 모든 문장의 앞에 만약 약(若)이 있는 것으로 해석하면 뜻이 분명해진다. '若 ~則'의 가정문형이 생략된 형태다.

益智書云익지서운하되 寧無事而家貧영무사이가빈이언정 莫有事而家富막유사이가부요 寧無事而住茅屋영무사이주모옥이언정 不有事而住金屋불유사이주금옥이요

익지서에 이르기를 "차라리 (불행한) 일이 없이 집이 가난할지언정 (나쁜) 일이 있으면서 집이 부유하지 말 것이요, 차라리 (불행한) 일이 없이 초가집에 살지언정 (나쁜) 일이 있으면서 좋은 집에 살지 말 것이요"

집이 아무리 부자이면 무엇 하나? 부자이기를 원하지 않는 사람은 없다. 넓고 좋은 고급 아파트에 살고 싶지 않은 사람이 어디 있으랴? 그러나 그것이 행복한 인생의 필요충분조건이 되지 못한다는 것이다. 행복한 인생의 한 조건이 되는 것은 틀림없다. 가능하면 좋은 집에 부자로 사는 것이 좋다. 마음이 행복해야 행복한 것이다. 부자로 살아도 가족이 서로 미워한다면 재물이 무슨 소용인가? 아무리 좋은 집에 살아도 가족이 서로 싸우고 서로가 마음에 상처를 주는 가시노릇을 한다면 좋은 가옥이 과연 좋은 집이랴? 겉에 보이는 것만으로 행복을 저울질 할 수는 없다.

정부가 아파트 단지를 조성하면서 대형 아파트 지구에도 반드시 소형 아파트 몇 동을 지어야 허가가 나도록 규정을 고쳤다고 한다. 서민들도 고급 아파트 단지의 좋은 환경에서 살도록 서민의 행복 추구권을 보호하기 위해서라는 것이다. 50평 이상 80평 등 대평 고급 아파트 단지에 구색을 맞추기 위해 지은 17평 아파트는 분양 신청자가 전혀 없다고 한다. 왜 그럴까? 가난한 서민들이 누가 부자촌 틈바구니에 끼여 기죽어 살기를 원하겠는가? 같은 소형 아파트에 살아도 마음 편하게 같은 이웃끼리 살고 싶은 마음을 모른 단견이다.

행복지수가 고급 아파트 단지에 산다고 올라가는 것이 아니다. 행복은 마음이다. 행복감이란 조건의 질이 아니라 마음의 저울대가 결정한다. 무사(無事)한 오늘이 바로 행복한 날이다.

※ **한자학습** 모(茅)-띠, 띠를 베다, 띠로 이은 집.
※ **보충학습** 평안 녕(寧)자가 여기서 '차라리'의 뜻을 지닌 부사로 쓰였다.

寧無病而麤食飯영무병이식추반이언정
不有病而服良藥불유병이복양약이니라.

차라리 무병하고 거친 밥을 먹을지언정 병이 들어 좋은 약을 복용하지 말지니라.

병든 사람이 복용하는 인삼 녹용이 아무리 좋은 약이라 하나 건강한 사람의 잡곡밥만 못하다. 사람의 건강이 얼마나 소중한가를 강조한 말이다.

근래 우리나라 사람의 최대 관심사는 '웰빙'이다. 웰빙이라는 말이 붙어야 물건이 팔리고 웰빙이란 말이 붙으면 일단 사람이 몰려든다. 마치 웰빙이 사람 사는 목적인 양 착가할 정도다. 그러나 건강에 대한 관심은 비단 어제 오늘의 일이 아니다. 생명공학(生命工學)이란 말도 결국은 웰빙 즉 사람의 건강에 관련된 학문이다. 쌀도 '생명쌀'이 잘 팔리고 물도 건강에 좋다면 골라서 돈 주고 사서 마신다.

등산(登山)이 건강에 좋다니까 비가 오는 날도 우산 쓰고 산에 오른다. 건강에 좋다고 뱀탕을 즐겨 먹어 뱀이 멸종될까 걱정이란다. 한 여름 몸보신 한다고 먹던 개장국이 보신탕 영양탕이란 이름도 모자라 이제 춘하추동 철도 없이 먹는 사철탕이 됐다. 국내에서 건강식을 먹는 것도 모자라 해외 원정도 서슴지 않는다. 태국의 코프라 탕을 파는 농장은 한국 관광객이 주 고객이다.

중국 심양의 곰 농장에서 살아있는 곰의 쓸개에 호스를 박아 놓고 웅담 액을 짜내 파는데 여기도 한국 관광객이 문전성시(門前成市)다. 건강을 위해 양약(良藥)을 먹고 건강식품을 먹는 것이 어찌 나쁜 일이겠는가? 그러나 조금은 지나치다는 생각이 든다. 건강에 대한 적당한 관심과 섭생(攝生)은 좋으나 건강 지상주의(至上主義)에 매달리는 것은 생각해 볼 일이다. 건강은 목적이 아니다. 가치 있는 삶을 살기 위한 수단이다. 건강해서 무슨 일을 할 것인가가 더 중요하다.

* 한자학습 추(麤)-거칠다, 소략하다, 성질이 과격하다, 대략. 양(良)-좋다, 어질다, 뛰어나다, 아름답다, 경사스럽다.

* 보충학습 글의 짜임을 보면 앞 뒤 문장이 대구(對句)로 이어져 있다.

心安茅屋穩심안모옥온이요 性定菜羹香성정채갱향이니라.

마음이 편안하면 초가집도 편안하고 성품이 안정되면 나물국도 향기로우니라.

　시비(是非), 선악(善惡), 희노애락(喜怒哀樂)을 주관하는 것은 사람의 마음이다. 비단옷을 입고도 마음이 가난하면 가난한 사람이요, 베잠방을 걸쳐도 마음이 넉넉하면 부유한 사람이다.
　심외무법(心外無法)이다. 사랑도 미움도 모두 마음의 조화다. 여인의 밉고 고움도 마음의 거울 나름이다. 때로 주례를 서다 보면 신랑 신부가 겉보기에 짝이 기운 경우를 더러 본다. 신랑은 훤칠한 키에 얼굴도 미남인데 신부는 키도 작고 풍보에 얼굴도 미인과 거리가 멀다. 그러나 신랑은 무엇이 그리 좋은지 결혼식 하는 그 길지 않은 시간도 그냥 있지를 못한다. 입이 귀에 걸리고 신부를 보는 눈에 사랑이 넘친다. 외모로 가늠할 수 없는 마음속 신비를 실감하게 한다. 남녀의 사귐에서 마음을 얻지 못하면 그 밖의 것을 다 얻었다 해도 소용없는 일이다.
　성정(性情)이 불안하면 호(好) 불호(不好)의 균형감각을 잃는다. 정서(情緖)가 불안하면 아무리 좋은 음식을 먹어도 제 맛을 느낄 수가 없다. 적에게 포로로 잡힌 사람에게 고량진미(膏粱珍味)를 준들 그것이 목에 넘어가겠는가?
　친상(親喪)을 당한 자식이 고기를 먹지 않던 상례(喪禮)도 차마 자식이 좋은 음식을 먹을 수 없었던 슬픔의 표현이 예법(禮法)이 된 것이다. 식성(食性)이 본래 까다로운 사람이 어디 있으랴? 아마도 마음 씀이 예사스럽지 못하기 때문일 것이다. 음식상을 대하고 구미(口味)가 이전 같지 않거든 투정할 일이 아니다.
　내 마음 상태를 돌아보고 나의 성정(性情)이 어떠한가를 성찰(省察)할 일이다. 육체의 병이 아니면 틀림없이 마음의 병이 든 징조(徵兆)리라.

● 한자학습　온(穩)-평온하다, 곡식을 걷어 오다. 채(菜)-나물, 푸성귀. 갱(羹)-국, 나라 이름.

景行錄云경행록운하되 責人者책인자는 不全交부전교요
自恕者자서자는 不改過불개과니라.

경행록에 이르기를 "남을 꾸짖는 사람은 (남과) 온전한 사귐을 할 수 없고 자신의 (허물을) 너그러이 용서하는 사람은 (자신의) 잘못을 고칠 수 없느니라"

아무리 마음이 넓은 사람도 매사에 자신의 허물을 남에게 책망당하면 마음이 편치 않다. 처음 한두 번은 책망을 충고로 받아들여 고맙게 생각하다가도 번번이 크고 작은 허물을 책망하면 그 사람에 대해 서운하게 되고 나중에는 원망하게 된다.

애정(愛情) 있는 충고(忠告)와 책망(責望)은 근본적으로 다르다. 충고는 상대방을 위하는 마음이 앞선 사랑의 표현이나 책망은 못마땅하게 생각하는 벌의 의미가 크다. 누가 자기의 허물을 꼬집고 따지고 벌(罰)주는 사람과 온전한 사귐을 하고 싶겠는가? 얼굴을 마주하고 싶지 않을 것이다.

이것은 부모와 자식 간에도 마찬가지다. 지나치게 자식 교육에 엄격해 자식의 작은 실수도 용서치 않고 엄하게 꾸짖기만 하면 부모와 자식 사이에도 사랑이 엷어져 무정한 사이가 된다.

형제간이나 선후배간이나 친구 사이에도 마찬가지다. 만나면 기분 좋고 마음 편하고 고맙고 헤어지면 또 보고 싶어야 사귐이 깊어진다. 사제간(師弟間)도 그렇다. 교육애(敎育愛)가 결여된 이름뿐인 사랑의 매는 제자의 허물을 고칠 수 없다.

사람은 누구나 자신의 허물에 대해서는 너그럽다. 그러나 자기 자신에 엄격하지 못한 사람은 자기의 허물을 고칠 수 없다. 타인에게는 관용하고 자신에게는 엄격하라는 가르침이다.

● **한자학습** 책(責)-꾸짖다, 꾸지람하다, 규명하다, 따져 밝히다, 책임, 의무. 서(恕)-용서하다, 헤아려 밝게 알다, 깨닫다, 동정하다.

● **보충학습** 사람 인(人)이 문장의 중간에 올 때는 대부분 타인(他人)이란 의미로 쓰인다. 자신을 의미하는 말이 주어로 쓰일 때는 스스로 자(者)로 목적어나 보어 등 문장의 중간에 쓰일 때는 몸 기(己)로 쓰인다.

夙興夜寐숙흥야매하여 所思忠孝者소사충효자는 人不知인부지나 天必知之천필지지요 飽食煖衣포식난의하여 怡然自衛者이연자위자는 身雖安신수안이나 其如子孫何기여자손하오

아침 일찍 일어나고 밤늦게 자며 충효를 생각하는 사람은 남은 몰라도 하늘은 반드시 알고, 배부르게 먹고 따뜻하게 입고 저 자신만 보호하는 것을 기뻐하는 사람은 제 일신은 비록 편안하나 그 자손은 어찌 하리요?

남이 알아주고 알아주지 않고를 생각하는 사람은 소인(小人)이다. 논어(論語)에 남이 나를 알아주지 않아도 성내지 않는 사람을 군자(君子)라 했다. 안중근이나 윤봉길 같은 애국선열이 순국(殉國)할 때 훗날 남들이 자신이 한 일을 알아줄 것에 연연했겠는가? 효자는 남들에게 칭송(稱頌)받는 것을 오히려 부담스러워 하고 미안해한다. 어찌 하늘이 알아주기를 기대하랴?

고려 때 문호(文豪) 이규보 선생이 지은 시(詩)에 "今年況復旱(금년황부한) 望雨甚於渴(망우심어갈), 富屋已憂飢(부옥이우기) 貧者何由活(빈자하유활), 朱門口吐茵(주문구토인) 百爵耳自熱(백작이자열), 腐儒雖無知(부유수무지) 流涕每嗚咽(유체매오열)" 구(句)가 있다. 풀이 하면 "금년도 또 가뭄이 들어 비 기다리는 목마름 심하기도 해, 부잣집도 벌써 기근을 걱정하는데 가난한 이들은 어떻게 사나? 대갓집 사람들 자리에 술을 토하고 벼슬아치들 술에 취해 귀가 벌겋고, 썩은 선비는 비록 가난한 백성 사정 모르겠지만 눈물이 흐르고 목이 메이네"이다.

이 시에 나오는 썩은 선비나 부자와 벼슬아치들은 백성의 참담(慘憺)한 고초(苦楚)와 이규보의 오열(嗚咽)하는 심정을 외면하고 제 일신의 편함과 향락에 젖어 살았다. 그러고도 자손이 잘되기를 바랄 수 있었으랴? 천도(天道)는 무심하지 않는 법이다.

* **한자학습** 숙(夙)-일찍, 삼가다, 조신하다, 옛날, 옛날부터. 매(寐)-잠자다, 죽다. 포(飽)-물리다, 배부르다, 싫증이 나다, 만족하다, 가득 차다, 실컷, 배불리. 이(怡)-기쁘다, 기뻐하다. 위(衛)-지키다, 시위하다, 막다, 방비하다.

* **보충학습** 여하(如何)는 '어찌 하랴? 또는 어떠한가?'의 뜻을 가진 의문사이다. 여(如)와 하(何)가 분리해 그 가운데 자손(子孫)이 들어간 형태로 "그 자손을 어찌 하리오?"의 뜻이 된다.

以愛妻子之心이애처자지심으로 **事親**사친이면 **則曲盡其孝**즉곡진기효요
以保富貴之心이보부귀지심으로 **奉君**봉군이면 **則無往不忠**즉무왕불충이요

아내와 자식을 사랑하는 마음으로써 부모를 섬긴다면 그 효를 곡진(曲盡)히 할 것이요, 자신의 부귀를 지키려는 마음으로써 임금을 섬기면 어느 곳에 가나 충성을 하지 않음이 없을 것이요.

5월은 가정의 달이다. 자녀, 사랑, 부모님 섬김 어느 것 하나 소홀히 할 일이 아니다. 효를 말하기는 쉬워도 실천하기 어렵다. 효심이나 효성은 효행으로 실천되지 않으면 의미 없다. 어떻게 부모를 섬겨야 할까? 이글은 너무도 간단명료(簡單明瞭)하게 답하고 있다. 제 아내와 자식을 사랑하는 마음으로 부모를 섬기라는 것이다. 부모는 돌아가시면 산에 묻고 자식이 죽으면 가슴에 묻는다고 했다. 그만큼 자식 사랑이 지극하다는 말이다. 어떻게 아내와 자식을 사랑하는 맘으로 부모를 사랑한다고 할 수 있으랴? 솔직히 그 반 마음만이라도 가지고 부모를 섬긴다면 효자라고 하리라.

자식이 돈을 달라하면 한두 번 거절하다가도 차라리 내가 못쓸지언정 줄 수밖에 없는 것이 부모의 마음이다. 자식이 먹는 것을 보면 왜 그리 보기 좋은가? 부모에 대한 효를 효라 하지 말고 사랑이라 하자. 내게 베푼 그 옛날의 사랑을 조금이나마 돌려드리자. 봉군(奉君)은 애국(愛國)이다. 내 재산(財産) 내 지위(地位) 지키려는 간절한 마음으로 나라를 사랑하면 애국자 안 될 사람이 없다.

내 마음의 가장 곡진한 것으로 부모를 섬기고 나라를 섬기면 충신 효자가 되는 것이다. 충효의 길은 멀리 있는 것이 아니다.

※ **한자학습** 사(事)-일, 일삼다, 정치, 섬기다. 곡(曲)-굽다, 휘다, 사악하다.

※ **보충학습** 써 이(以)의 용법 가운데 여기서는 '~으로써' 수단과 방법을 나타내는 개사(介詞)이다. '無 ~ 不' 아님이 없다는 이중부정(二重否定)은 강한 긍정을 나타낸다.

以責人之心이책인지심으로 責己책기면 則寡過즉과과요

以恕己之心이서기지심으로 恕人서인이면 則全交즉전교니라.

다른 사람의 잘못을 책망하는 마음으로 자기의 잘못을 책망한다면 즉 허물이 적을 것이요, 자기의 잘못을 용서하는 마음으로 다른 사람의 잘못을 용서하면 온전히 사귈 수 있느니라.

송나라 범충선공(范忠宣公)의 말이다. 아무리 어리석은 사람도 남의 잘못을 따질 때는 총명하기 그지없다. 그러나 아무리 총명한 사람도 자기의 허물에 대해서는 매사에 변명하고 명분 없는 이유로 관대하다. 그러므로 남을 책망하는 마음으로 자기의 허물을 책망하고 자신을 용서하는 마음으로 남의 허물을 용서한다면 성현의 지위에 이르지 못할 것으로 걱정할 필요가 없다고 했다. 옳은 말이다. 사람은 대부분 자기중심이다.

자신의 게으름은 성격이 느긋하다고 말하고 남의 느긋한 성격은 느려터진다고 비난한다. 남의 신중함은 결단력이 없다고 말하고 자신은 돌다리도 두드려보고 건너는 성격이라고 말한다. 보통 사람을 두고 하는 말만이 아니다.

공자(孔子) 같은 성인(聖人)도 종묘(宗廟)에 들어가 제사를 지낼 때 매사를 예관(禮官)에게 묻고 확인한 후 행하니 사람들은 공자가 무슨 예(禮)를 아는 사람이냐고 비웃었다. 서법가(書法家)들은 남의 고졸(古拙)한 글씨는 서툴다고 헐뜯고 자신의 미숙함은 동자필(童子筆)이라고 말한다.

문필가들은 자신의 글에 옛 사람의 글을 많이 인용하고는 전아(典雅)해 고법(古法)이 있다 하고 남의 글은 진부(陳腐)해 전혀 새롭지 못하다고 말한다. 좋은 세상을 만드는 법은 의외로 간단하다. 나와 남을 항상 역지사지(易地思之)하는 것이다.

* **한자학습** 과(寡)-적다. 임금이 자기 자신을 겸양해 일컫는 말. 남의 나라에 대해 자기 임금이나 자기 나라를 겸양해 지칭하는 말.

* **보충학습** 문장의 앞에 만약 약(若)이 생략된 가정문 문장이다.

爾謀不臧이모부장이면 悔之不及회지불급이며

爾見不長이견부장이면 敎之何益교지하익이리오.

너의 도모하는 것이 선하지 않으면 후회한들 어찌 미치겠으며 너의 소견(所見)이 훌륭하지 않으면 교육한들 무슨 유익이 있으리오.

사람이 하는 일은 그 근본을 생각하면 선악(善惡)과 시비(是非)가 구분된다. 꾀하는 일이 남에게 해(害)를 끼치는 일은 악한 일이다. 그러나 악한 사람을 징계해 다수의 착한 사람을 위하는 일은 공도(公道)일 경우 선(善)에 속한다. 때로 그 경계(境界)가 불분명해 세인(世人)의 논란거리가 되는 일이 있다. 이등박문(伊藤博文)을 저격 살해한 안중근(安重根) 의사(義士)의 행위는 선악(善惡) 가운데 어느 편인가? 당연히 선(善)이다.

혹자는 조선에게는 선행이나 일본에게는 악이 아니냐? 말하는 이가 있다. 그렇지 않다. 이등박문은 동아시아 평화를 깨뜨리고 제국주의(帝國主義) 야망을 채우기 위해 일본군대를 앞세워 조선 중국을 침략하고 나가서는 동아시아 전체를 전쟁의 참혹한 불행으로 몰아넣은 장본인이다. 일본에도 뜻있는 지성인들이 이등박문을 살해한 안중근을 숭모(崇慕)하는 모임을 결성 그를 추모하고 있다. 그러나 얼마 전 윤봉길의사의 사당(祠堂) 현판이 박정희 대통령의 글씨라 해서 밤에 경내에 들어가 파괴한 시민단체의 대표가 있었다. 이는 그의 주장대로 박정희 대통령이 친일(親日) 전력(前歷)이 있어 그렇다 하더라도 독립된 법치(法治) 민주국가에서 있을 수 없는 일이다. 공도(公道)에 어긋난다.

나쁜 일을 하고 뒤늦게 후회해도 소용없고 자기 소견(所見)의 독선(獨善)에 얽매이면 공도(公道)를 잃어 바른 교육이 어렵다는 이야기다.

● **한자학습** 이(爾)-너, 그, 이. 모(謀)-꾀하다, 헤아리다, 정사를 의논하다, 꾀, 술책, 권모술수(權謀術數). 장(臧)-착하다, 두텁다, 거두다. 회(悔)-뉘우치다, 아깝게도, 후회, 뉘우침.

● **보충학습** 2인칭을 나타내는 대명사에는 이(爾), 여(汝), 여(女), 이(而), 약(若), 오자(吾子), 자(子)가 있다. 급(及)은 실사(實辭)로 쓰일 때는 '미치다'는 동사로 허사(虛辭)로 쓰일 때는 '와, 과'의 뜻을 지닌 접속사가 된다.

生事事生생사사행이요 **省事事省**생사사생이니라.

일은 만들면 일이 생기고 일은 줄이면 일이 줄어지느니라.

사람 가운데는 일을 자꾸 만들어서 복잡하게 하는 사람이 있고 일을 가능한 줄여서 간단하게 처리하는 사람이 있다. 직장에서 같은 일을 하면서도 어떤 사람은 일을 처리하면서 일이 일을 만들어 일에 치여 힘들어하는 사람이 있고 반대로 복잡한 일도 핵심을 찾아 일을 단순화해 간단하게 처리하는 사람이 있다. 과연 누가 유능한 사람인가? 일 하는 태도를 보면 어떤 사람은 정해진 시간에 노동집약적으로 일을 하고 퇴근 시간이면 여유 있게 퇴근하는 사람이 있고 반대로 남이 다 퇴근한 시간까지 남아서 근무 외 특근을 하는 사람이 있다.

어떤 관리자는 남이 다 간 사무실에 혼자 남아 일하는 직원을 근면 성실한 일꾼으로 칭찬하는 사람이 있다. 과연 그럴까? 일이란 간단명료할수록 좋은 것이다. 복잡하면 복잡할수록 핵심이 불분명해 좋은 성과를 기대하기 어렵다. 굳이 꼭 필요하지도 않은 일을 만들어 사람을 피곤하게 만들지 말라는 것이다. 한 때 우리 사회는 직장마다 출근부가 있었다. 어떤 직장에서는 출근부를 자유롭게 사무실 입구에 비치하고 출근하면서 날인하도록 한 반면에 어떤 직장에서는 부서의 관리자 사무실에 출근부를 비치하고 직원이 직접 그 방에 가서 출근 날인을 하도록 한 경우도 있다.

그러나 바쁜 아침 시간에 굳이 관리자 방에 가서 출근 날인을 하는 번거로운 폐단이 많았다. 지금은 그 출근부가 다 없어졌다. 결재도 전자결재로 회의도 화상 회의로 간단 신속할수록 경쟁력이 높다.

* **한자학습** 생(省)-덜다, 살피다(성), 분명하고 자세함(성), 관청(성), 지방행정 단위(성).
* **보충학습** 문장의 앞에 약(若)이 중간에 즉(則)이 생략된 가정문이다.

계
성
편

景行錄云 경행록운 人性如水인성여수하여 水一傾則不可復수일경즉불가복이요 性一縱則不可反성일종즉불가반이니 制水者제수자는 必以堤防필이제방하고 制性者제성자는 必以禮法 필이예법이니라

경행록에 이르기를 사람의 성품은 물과 같아서 물이 한 번 쏟아지면 다시 되 돌이킬 수 없는 것이요, 사람의 성품도 한 번 흐트러지면 되돌릴 수 없으니, 물을 다스리려는 사람은 반드시 제방을 쌓아 막아야 하고, 성품을 다스리려는 사람은 반드시 예법으로써 막아야 하느니라.

"한 번 쏟은 물은 돌이킬 수 없다"는 말은 이미 저질러진 일은 어찌할 수 없다는 뜻이다. 일을 그르치기 전에 미리 예방하는 것이 중요하다는 말이다. 물은 제방을 쌓아 막지 않으면 그 물길을 통제할 수 없다. 물을 다스리는 사람은 항상 큰물이 나기 전에 제방을 튼튼히 해 물이 함부로 흘러가는 것과 넘치는 것을 막아야 한다. 사람의 성품은 물과 같아 한 번 방종하면 되돌리기가 어렵다.

얼마 전 나이 70세가 넘는 할아버지가 지하철에서 남의 지갑을 훔치다가 현행범으로 잡혔다. 경찰의 조사 결과 그 노인은 10대부터 소소한 절도죄로 감옥을 들락거린 것이 무려 30범에 이른다는 것이다. 그도 남의 물건에 손을 대기 전 10대 소년기는 순수한 성품의 소유자였을 것이다. 한 번 두 번 남의 물건을 훔치며 흐트러진 그의 성품은 70세가 넘어 전혀 좀도둑질을 하지 않아도 될 만큼 궁핍하지 않은 상황에서도 지하철만 타면 자기도 모르게 옆자리 손님 주머니 속으로 손이 들어간다는 자탄(自歎)이다.

사람의 성품을 다스리려는 사람은 어려서부터 예법으로 자신을 다스리는 훈련을 거듭해 예법이 몸에 붙어 자연스럽게 자신의 성품을 지키지 않으면 안 된다. 예법은 단순히 윤리와 도덕의 차원을 넘어 강의 제방처럼 인성을 지키는 튼튼한 울타리가 되는 까닭이다.

● **한자학습** 경(傾)-기울다, 뒤집히다, 눕다. 복(復)-돌아오다, 돌려보내다, 뒤집다, 다시(부). 종(縱)-늘어지다, 용서하다, 놓다, 풀다, 흐트러지다. 제(制)-마르다, 만들다, 짓다, 누르다, 억압하다. 제(堤)-방죽, 둑, 굽, 대개.

* **보충학습** 같을 여(如)가 쓰인 비교문과 문장 앞에 만약 약(若)이 생략된 가정문이 대구를 이루고 있다. 이 문장의 이(以)는 '~으로써'의 뜻으로 도구, 수단을 나타내는 용법이다.

忍一時之忿인일시지분이면 免百日之憂면백일지우니라.

한 때의 분노를 참으면 백날의 근심을 면하느니라.

사람이 살아가다 보면 때로는 억울한 일도 분한 일도 당하게 된다. 어느 경우는 오해 때문에 욕을 먹거나 원망을 듣기도 한다. 사람은 감정의 동물이기 때문에 이런 경우 화가 나는 것이 보통이고 할 수 만 있으면 분풀이를 하려고 하는 것이 인지상정(人之常情)이다. 사람이 화가 나면 감정이 격해지기 때문에 이성적으로 판단해 말하고 행동하는 것이 쉽지 않다.

한 때의 분노를 참으면 백일의 근심을 면할 수 있다는 것은 그만큼 참기가 어렵다는 뜻과 참으면 그만큼 유익하다는 말이다. 우리는 조선왕조의 두 임금을 통해 인내의 결과가 얼마나 큰 차이가 나는가를 살필 수 있다.

세종대왕은 훈민정음 창제를 집요하게 반대하는 집현전 부제학 최만리에게 한 번도 화를 내며 나무라지 않았다. 오히려 세종께서는 군왕인 자신의 뜻을 반대할 뿐만 아니라 정음창제를 가로막는 그를 그대로 둘 수 없어 일시 하옥시킨 후 밤에 옥중으로 그를 찾아가 자신의 충정을 간곡히 설득해 감동시켰다고 한다.

최만리의 정음창제 반대 상소문은 정음창제에 더 충실과 완벽을 기하도록 분발시키는 계기가 됐다. 세종대왕의 한 때 화를 참으심이 우리나라의 가장 위대한 성군(聖君)의 치세를 온전하게 했다. 반대로 세자 시절 총명하고 정이 많았던 연산군은 자기 생모의 폐출(廢黜)과 사사(賜死)의 분노를 참지 못해 폭군으로 악행과 난정(亂政)만을 저지르다가 자신과 나라에 큰 근심을 만들고 끝내 비참한 최후를 맞았다. 화를 잘 내는 것은 근심과 화(禍)를 쌓고 있는 것이다.

● 한자학습 인(忍)-참다, 견디어 내다, 용서하다, 잔인하다, 동정심이 없다. 면(免)-면하다, 벗다, 해직하다. 우(憂)-근심하다, 근심, 상(喪).

● 보충학습 문장의 앞에 만약 약(若)을 뒤의 문장 앞에 곧 즉(則)을 생략한 가정문이다.

得忍且忍득인차인하고 得戒且戒득계차계하라.

不忍不戒불인불계면 小事成大소사성대니라.

참을 수 있으면 또 참고 경계할 수 있으면 또 경계하라. 참지 못하고 경계하지 못하면 작은 일이 크게 되느니라.

"참고 또 참아라!" 인내를 거듭 강조한 이 글은 참는 것이 얼마나 어려운가를 의미한다. 작은 일에 참지 못하고 혈기를 내면 상상외로 큰 일이 되는 경우가 있다. 우리 생활 주변에서 이런 일은 다반사(茶飯事)로 일어난다. 요즘 가장 흔한 것이 주차문제로 인한 시비(是非)다. 차를 새로 바꾼 지 얼마 안 돼 학회 참석 차 외지(外地)에 갔다가 저녁 식사를 하러 가서 부득이 주택가 골목에 주차한 일이 있었다. 식사를 하고 나와 보니 못으로 차의 옆면을 앞에서부터 뒤까지 긁어 놓았다. 추측에는 차를 세워놓은 골목 담의 집 주인 소행(所行) 같았다. 아마 자기 차를 세워 놓을 자리에 남의 차가 주차돼 있으니 홧김에 그런 것이리라. 화가 치밀지만 어찌 할 수 없었다. 만약 이때 현장을 목격했다면 큰 싸움이 되었을 것이다. 그 무렵 신문 보도를 보면 서울 어느 곳에서 이웃집과 주차 문제로 갈등을 빚다가 싸움이 나서 홧김에 이웃을 살해한 어처구니없는 일이 있었다.

처음에는 사소한 언쟁(言爭)이 시작됐을 것이다. 계속 갈등이 커지면서 화를 키워 자기 집 쪽으로 주차한 이웃집 차에 흠집을 내고 그것 때문에 싸움이 커져 살인사건까지 돼 버린 것이다. 주차문제가 아무리 심각해도 살인까지 해서야 되겠는가? 작은 화를 참지 못한 불행의 결과일 뿐이다.

● **한자학습** 인(忍)-참다, 용서하다, 견디어 내다, 잔인하다, 동정심이 없다.

● **보충학습** 득(得)은 가(可)와 능(能)과 함께 가능을 나타내는 조동사이다. 전통적으로 '시러곰'이란 부사로 해석해 왔으나 이 문장에서는 '인(忍)' 자(字) 본동사를 보조하는 조동사로 보는 것이 타당하다. '차(且)'는 보통의 경우 명사와 명사 사이에서는 병렬접속사로 쓰이나 여기서는 '또 참아라'는 부사로 쓰였다.

愚濁生嗔怒우탁생진노는 皆因理不通개인리불통이라

休添心上火휴첨심상화하고 只作耳邊風지작이변풍하라.

어리석고 정신이 맑지 못한 사람이 성을 내는 것은 모두 이치가 통하지 못하기 때문이다. 마음에 불을 더하지 말고 귓가의 바람으로 여겨라.

성내는 분노라고 다 나쁜 것은 아니다. 불의를 보고 의분(義憤)을 참지 못하여 성내는 것은 옳은 일이다. 이는 오히려 정의로운 일이다.

일본 제국주의자 이등박문(伊藤博文)의 침략행위를 보고 분노해 분연히 일어선 안중근 의사의 하얼빈 의거(義擧)는 거룩한 분노다. 악한 권력의 악정(惡政)을 보고 분연히 일어선 동학혁명이나 4·19 혁명 당시 민초(民草)들의 분노에 찬 함성은 정의의 소리다. 그러나 개인과 개인의 관계에서 서로의 이익을 두고 벌리는 싸움 그 싸움에서 터져 나오는 욕설과 성냄은 모두 경우가 막힌 결과다. 아무리 자기의 주장이 옳고 경우가 바른 것 같이 말하지만 성내며 하는 이야기는 이미 이성적(理性的)이 아니다.

감정의 폭발로 사리(事理) 분별을 잃은 경우가 허다하다. 서로 싸울 때 먼저 성내는 사람이 진다. 내가 아는 모 전직 교장선생님은 아무리 화가 나도 성내는 법이 없다. 옆에서 듣는 사람이 화를 참을 수 없는 상황에서도 결코 화를 내지 않는다. 화를 내며 큰 소리 치던 상대가 지쳐 싸움을 포기하는 경우가 대부분이다. 끝까지 화를 내지 않기로 유명한 그분은 교직을 떠나서도 건강하게 장수하며 즐겁게 사신다. 화를 내면 내 마음이 불덩어리가 되니 건강에 해롭고 상대방의 마음에 상처를 주니 인간관계를 망친다. 세상사 생각하면 모두다 귓가의 바람처럼 허허 웃으며 살 일이다.

● **한자학습** 진(嗔)-성내다, 기운이 성한 모양. 휴(休)-쉬다, 그치다, 그만두다, 휴가, 빛나다. 첨(添)-보태다, 더하다, 맛을 내다, 맛을 더하다.

● **보충학습** 인(因)이 문장에 쓰이면 그 뒤에 있는 내용이 원인이 돼 즉 '~ 때문에'로 해석한다. 휴(休)가 동사로 쓰일 경우는 '쉬다, 그만두다, 그치다'로 형용사로 쓰일 경우는 '빛나다, 아름답다'로 쓰인다.

長短장단은 家家有가가유요 炎凉염량은 處處同처처동이라.
是非無實相시비무실상하여 究竟摠成空구경총성공이니라.

장단점은 집집마다 있는 것이요, 덥고 서늘함은 곳곳마다 같으니라. 옳고 그름은 실상이 없는 것이니 필경에는 모두 헛것이 되느니라.

이 세상에 영원한 진리가 존재하는가? 라는 물음에 대해 선뜻 대답하기 쉽지 않다. 선악시비의 문제가 시대에 따라 그 가치관이 달라지는 경우가 많다. 특히 도덕이니 윤리니 하는 것 가운데 어느 지역 어느 민족만의 고유한 문화적 특성을 가진 것이 그러하다.
우리나라 담배 피우는 예절은 장유(長幼) 노소(老少)의 구별이 분명하다. 감히 어른 앞에서 어린 사람이 마주하여 담배를 피우면 무례한 사람이 된다. 그러나 같은 한자문화권인 중국(中國)의 담배 피우는 예절은 장유(長幼) 노소(老少)의 구별이 없다. 심하면 며느리와 시아버지가 담뱃불을 나누어 맞 담배를 피우기도 한다. 이것은 선악의 문제가 아니고 풍습이다. 선배에게 담뱃불을 빌려 달라는 후배를 버릇 고친다고 폭행해 살인까지 하는 우리나라 학원폭력은 얼마나 기막히고 허망한 노릇인가?
시비다툼도 냉정히 생각하면 상황에 따른 견해차이나 인식 차이일 뿐이다. 남녀가 사랑하다 헤어지면 여자가 울고불고 자살하던 시대는 가고 오히려 여자가 안녕! 하고 새사람 찾는 시대가 됐다. 남의 장단점이 내 장단점이 될 수 있다. 역지사지(易地思之)하면 아귀다툼하고 싸울 일이 무엇인가? 지금 처지가 조금 답답하다고 한숨을 쉴 일이 아니다. 흥진비래(興盡悲來)요 고진감래(苦盡甘來)가 인생이다.

● **한자학습** 염(炎)-불타다, 덥다, 뜨겁다, 사물의 모양. 량(凉)-서늘하다, 엷다, 맑다. 구(究)-궁구하다, 다하다, 끝. 경(竟)-다하다, 끝내다, 극에 이르다, 마침내. 총(摠)-모두, 지배하다.

● **보충학습** 명사가 겹치면 복수를 나타내거나 '~마다'라는 의미를 가진다. 가가호호(家家戶戶)는 집집이 또는 집집마다의 뜻이며 처처(處處)는 곳곳이 또는 곳곳마다의 뜻이다.

子張자장이 欲行욕행에 辭於夫子사어부자할새 願賜一言爲修身之美원사일언위수신지미하노이다. 子曰자왈 百行之本백행지본이 忍之爲上인지위상이니라.

자장이 떠나고자 해 선생님(공자)에게 하직 인사를 드리며 "한 마디 말로 몸을 닦는 데 가장 좋은 것을 말씀 내려 주시기 원합니다" 하니 공자께서 말씀하시기를 "모든 행실의 근본은 참는 것이 으뜸이니라" 하셨다.

일생을 두고 수신(修身)에 귀감(龜鑑)으로 삼을 한 마디 교훈을 청한 제자 자장(子張)에게 내린 공자(孔子)의 말씀이다. 공자께서는 백행(百行)의 근본이 인내가 으뜸이라 하셨다. 이는 몇 가지로 생각해 볼 수 있다. 첫째, 매사에 성급하게 일을 처리하지 말고 신중하게 처리하는 것이 가장 중요하다는 뜻이고 둘째, 참지 못해 일을 망치는 경우가 많다는 뜻이며 셋째, 자장의 성격이 잘 참지 못하는 고로 특히 인내를 강조한 것 등이다. 사실 공자는 효가 백행의 근본이라고 말씀한 바 있다. 사람마다 그 사람에게 꼭 필요한 가르침을 주었던 공자의 교육방법을 생각하면 자장의 참지 못함을 경계하고자 한 것이라 생각된다.

공자는 싸움 잘 하는 제자에게는 효를 가르치실 때 싸우지 않는 것이 효라 하시고, 늘 몸이 아픈 제자에게는 아프지 않는 것이 효라 하셨다. 또 다른 의미로는 무슨 일이든지 제 마음대로 안 된다고 일시의 화를 참지 못해 포기하거나 남과 다투지 말라는 당부라고 볼 수 있다. 사람의 덕(德)을 말할 경우 참을성이 많으면 속이 깊은 사람 덕(德)이 있는 사람이라는 평을 한다. 이 글은 인지위덕(忍之爲德)의 가르침이다.

● **한자학습** 사(辭)-말, 말씀, 핑계, 알리다, 사양하다, 사퇴하다, 작별하고 떠나다.

● **보충학습** 부자(夫子)는 선생님에 대한 존칭이다. 문장에서 그냥 부자왈(夫子曰)하면 공자를 지칭하고 맹부자(孟夫子)처럼 성씨가 붙으면 맹선생님이란 의미다. 자기 제자들이 자기 선생님을 대화 중에 지칭할 경우도 그냥 부자(夫子)라고 한다.

子張曰자장왈 何爲忍之하위인지니이까? 子曰자왈 天子忍之천자인지면
國無害국무해하고 諸侯忍之제후인지면 成其大성기대하고 官吏忍之
관리인지면 進其位진기위하고 兄弟忍之형제인지면 家富貴가부귀하고
夫妻忍之부처인지면 終其世종기세하고 朋友忍之붕우인지면 名不廢
명불폐하고 自身忍之자신인지면 無禍害무화해니라

자장이 말씀드리기를 "어찌해 참아야 합니까?" 하니 "천자가 참으면 나라에 해가 없고 제후가 참으면 그 나라가 큰 나라가 되고 관리가 참으면 그 지위가 높아지고 형제가 참으면 집안이 부귀해지고 부부가 참으면 생애를 마칠 수 있고 친구가 참으면 (좋은 친구라는) 이름이 없어지지 않고 자신이 참으면 재난과 해로움이 없느니라" 하였다.

자장은 인내의 중요성은 알지만 왜 참아야 하는지 참으면 결과가 어떠한지를 재차 질문했다. 공자는 참는 사람에 따라 그 결과가 어떠한지를 구체적으로 설명해 주고 있다. 참는 것은 힘이 약해 부득이 참거나 지위가 낮아 어쩔 수 없이 참는 것이 아니다.

천자(天子)는 천자대로 제후(諸侯)는 제후대로 한 개인에 이르기까지 참아야 할 경우가 있고 참아야 할 명분(名分)이 있다. 천자(天子)가 참으면 나라가 평안하다. 천자가 참으면 자기 일신(一身)만 이로운 것이 아니다. 나라와 만 백성이 평안해 해(害)를 당하지 않는다. 그러니 어찌 천자(天子)가 경솔히 화를 낼 수 있으랴? 형제가 욕심대로 다투지 않고 화를 참으면 집안이 잘된다. 부부가 서로 참으면 해로(偕老)할 수 있다. 화나는 대로 막 나가면 이 세상에 해로할 부부가 몇이나 되랴? 아무리 친한 친구라도 견해(見解)가 대립돼 다툴 때가 있다. 화를 참지 못하고 막 말을 해 의리(義理)가 상(傷)하면 어찌 좋은 친구라는 명예(名譽)가 유지되랴? 참는 것은 어렵다. 특히 요즘 젊은이들의 조급증(躁急症)을 생각하면 더욱 그렇다. 인내는 쓰다 그러나 그 열매는 달다는 평범한 진리를 잊지 말자.

● 한자학습 후(侯)-과녁, 제후, 귀족 오등(五等)위의 두 번째 후작(侯爵).
● 보충학습 문장 처음에 모두 만약 약(若)이 생략된 가정문이다.

子張曰자장왈 不忍則何如불인즉하여닛고 夫子曰부자왈 天子不忍國空虛천자불인국공허하고 諸侯不忍喪其軀제후불인상기구하고 官吏不忍刑法誅관리불인형법주하고 兄弟不忍各分居형제불인각분거하고 夫妻不忍令子孤부처불인령자고하고 朋友不忍情意疎붕우불인정의소하고 自身不忍患不除자신불인환불제니라

자장이 다시 묻기를 "참지 못하면 어떻게 됩니까?" 하니 공자께서 말씀하시기를 "천자(天子)가 참지 못하면 나라가 비게 되고 제후(諸侯)가 참지 못하면 그 몸을 잃고 관리가 참지 못하면 형법(刑法)으로 죽게 되고 형제가 참지 못하면 각자 헤어져 살게 되고 부부가 참지 못하면 자식으로 하여금 외롭게 되게 하고 친구들이 참지 못하면 정의가 멀어지고 자신이 참지 못하면 근심을 없이 하지 못한다" 하셨다.

인내하지 못했을 경우 그 결과를 신분과 처지에 따라 구체적으로 예를 들어 대답한 글이다. 논어에 보면 자장은 공자의 제자 가운데 그리 특출한 편에 들지 못했다. 꾀는 많으나 참을성은 많지 않았던 것 같다. 그런 자장이 문하를 떠나며 일생의 교훈될 한 마디 말을 물으니 공자께서는 특별히 인내를 강조해 가르침을 주신 것이라 생각된다. 천자가 참지 못하면 나라가 망할 수 있다. 정국의 혼란 대부분이 권력자의 인내심 부족에서 온다. 제후가 참지 못하면 죽음을 부른다. 지나친 욕심을 참지 못하면 제 몸이 죽는 화를 자초한다는 말이다. 관리가 탐욕을 참지 못해 불의 비리를 저지르면 법을 어겨 죽음에 이를 수 있다. 동서고금을 막론하고 탐관오리의 돈에 대한 인내심 부족이 빚는 비리와 그 불행한 결말은 같다. 형제가 재산 욕심을 참지 못해 다투다 의리가 상하는 일이 세상에 어찌 그리 많은가를 경계하고 있다. 부부가 참지 못하여 이혼하면 자식들이 불행해지고 친구가 참지 못하면 우정이 소원해져 친구를 잃는다. 개인 나 자신이 참을성이 없으면 걱정 근심이 떠날 날이 없다.

● 한자학습　구(軀)-몸, 신체. 주(誅)-베다, 죄인을 죽이다, 치다, 적을 토벌하다. 소(疏)=소(疎)-멀다, 친하지 않다, 트다, 통하다, 서투르다, 우활하다.
● 보충학습　문답법 문장이다. 공자께서 대답하신 글은 모두 문장 앞에 만약 약(若)이 생략된 가정문이다.

子張曰자장왈 善哉善哉선재선재라 難忍難忍난인난인이여 非人不忍비인불인이요 不忍非人불인비인이로다.

훌륭하도다! 훌륭하도다! (선생님의 말씀이여) 참기 어렵고 참기 어려움이여! 사람이 아니면 참지 못하고 참지 못하면 사람이 아니로다!

공자께서 자장에게 참지 못했을 경우와 참았을 경우를 들어 자세히 설명하자 자장이 이를 듣고 깨달은 바를 밝힌 것이다.

혹자는 논어에 이 공자와 자장의 문답 구절(句節)이 없는 것을 들어 그 가치를 평가절하(平價切下)하기도 하나 마지막 자장의 말은 결코 소홀히 들어 지나칠 말이 아니다. 먼저 자장은 참기 어려움을 거듭 토로해 인내가 얼마나 어려운 일인가를 말하고 있다. 자장의 이 말은 자장이 공자(孔子)의 제자 가운데 뛰어난 인물이 아니라 평범한 인물이라는 점에서 더욱 의미가 있다. 참는 것이 중요하고 옳은 줄을 알면서도 실천하기 어려운 것이 보통 사람의 인정(人情)이다. 실패하고 또 후회하고 실패하고 또 후회할지라도 참아야 함을 강조하는 말이다.

자장을 비롯한 우리 범인(凡人)들에게는 매사에 잘 참는다는 것, 그것은 참으로 어렵고도 어려운 일이다. 그러나 자장은 깨달았다. 사람이 아니면 어찌 참을 수 있으랴? 사람이 아니면 참지 못하리라. 그러므로 참지 못하면 사람다운 사람이 아니라고 했다. 아무리 영리한 짐승이라도 급하면 많은 사람이 보는 길거리에서 참지 못하고 대소변을 보고 사랑 행위를 한다.

그러나 사람은 아무리 사랑하는 사람과의 이별이 길고 기다림이 길었다고 해도 중인환시(衆人環視)하는 곳에서 사랑 행위를 하거나 급하다고 대소변을 보지 않는다. 사람이기에 참는 것이요 참지 못하면 사람 취급을 받지 못한다. 이로 미루어 더 큰 일을 삼가고 경계할 일이다.

* **한자학습** 선(善)-착하다, 착하고 도덕 기준에 맞다, 높다, 많다, 훌륭하다, 잘하다.
* **보충학습** 재(哉) 감탄조사이다. 때로 문맥에 따라 의문조사 반어조사로도 쓰인다.

景行錄云경행록운 屈己者굴기자는 能處重능처중하고
好勝者호승자는 必遇敵필우적이니라.

경행록에 이르기를 자기를 굽히는 사람은 중요한 자리에 처할 수 있고 남을 이기기를 좋아하는 사람은 반드시 적을 만나느니라.

자기를 낮출 줄 아는 사람 겸손한 사람은 남의 인정을 받아 중책(重責)을 맡고 남을 이기기 좋아하는 사람 교만한 사람은 언젠가 반드시 적수(敵手)를 만나 패배를 당한다는 말이다.
속담(俗談)에 "나는 놈 위에 뛰는 놈이 있다"고 했다. 이 세상에 영원한 제일인자는 없다. 반드시 또 다른 고수(高手)가 나타나 제일인자의 자리를 빼앗게 마련이다. 적수(敵手)를 만나지 않더라도 세월이 지나면 늙고 쇠해 어쩔 수 없이 정상(頂上)에서 밀려날 수밖에 없다. 하물며 사람의 지위(地位)와 명예(名譽)는 시간이 지나면 물거품 같이 사라져 버린다.
세상일은 참으로 알 수 없는 것이다. 자기를 낮추고 겸손한 사람은 비록 자기의 능력이 남만 같지 못하더라도 적이 없어 힘겨운 전쟁을 겪지 않아 중직에 오르는 사람이 많다. 경쟁자도 없고 견제(牽制)하는 사람도 없다. 반면에 교만한 사람은 적이 많아 하는 일마다 견제를 당한다. 정상에 오르기 어렵다. 비록 정상에 오르더라도 오래가지 못한다. 교만(驕慢)은 패전(敗戰)의 선봉(先鋒)이다.
황희나 맹사성 같이 십 수 년 동안 정승의 자리에 있었던 이들은 결코 그 재주와 능력이 남보다 더 뛰어난 인물이 아니다. 굴신(屈身)해 겸손하고 남을 나보다 낫게 여기고 많은 인재를 발굴 천거(薦擧)한 까닭이다. '남아이십미평국(男兒二十未平國)'의 호걸(豪傑) 남아(男兒)로 열아홉에 재상(宰相)이 됐던 남이(南怡) 장군은 남의 모함(謀陷)을 받아 역적(逆賊)이 되어 비명횡사(非命橫死)의 불행을 맞았다. 거울을 삼을 일이다. 겸손보다 더 큰 미덕은 없다.

● 한자학습 굴(屈)-굽다, 굽히다, 물러나다, 베다, 자르다. 우(遇)-만나다, 우연히 만나다, 뜻이 합치하다, 때를 만나다, 등용되다, 알현, 회합, 맞서다, 상대하다.

● 보충학습 자(者)는 불완전 명사로 문맥에 따라 사람, 사물, 장소, 사건을 나타내는 등(等) 두루 쓰인다. 앞의 수식어와 함께 쓰일 뿐 단독 주어로는 쓸 수 없다.

惡人악인이 罵善人매선인하거든 善人선인은 摠不對총부대하라 不對부대는 心淸閑심청한이요 罵者매자는 口熱沸구열비이니라 正如人唾天정여인차천하여 還從己身墜환종기신추니라

악한 사람이 착한 사람을 욕하거든 착한 사람은 모두 대꾸하지를 말라. 대꾸하지 않는 사람은 마음이 맑고 편안하고 욕하는 사람은 입이 뜨겁게 끓느니라. 꼭 사람이 하늘에 침을 뱉으면 도로 자기 몸을 좇아 떨어지는 것과 같으니라.

사람 사이에 의견 충돌은 흔히 있는 일이다. 살다보면 서로를 오해해 언쟁을 할 수도 있다. 그러나 시시비비(是是非非)를 가리는 언쟁(言爭)이 상대방을 모욕하는 욕설(罵)이 되면 사정은 다르다. 그것은 시비를 가리는 이성적(理性的) 행위가 아니라 감정에 휘말린 추한 싸움이다. 더욱이 악한 사람이 선한 사람을 매도하고 욕설을 퍼부을 경우는 상대하지 말고 초연(超然)해야 한다. 서로 시시비비(是是非非)를 밝히려 한 순수한 목적의 대화는 쌍방 모두 즐거운 결론에 도달한다.

그러나 무조건 상대방을 비난하고 매도하는 언쟁(言爭)은 이전투구(泥田鬪狗)의 싸움만이 있을 뿐이다. 내가 잘못이 없으면 차라리 귀 막고 초연(超然)하는 것이 현명하다. 손바닥도 마주 쳐야 소리가 나기 때문이다. 상대하지 않고 초연한 사람은 차라리 마음이 편하다. 악을 쓰고 남을 욕하는 사람은 제 입만 더러워지고 자기감정을 이기지 못해 마음이 지옥 불 같이 뜨거운 분노로 괴롭다. 그래서 불가(佛家)는 일체유심조(一切唯心造)라 하는 것이다.

● **한자학습** 매(罵)-욕하다, 꾸짖다. 한(閑)-막다, 막히다, 문지방, 가로막다, 한가하다, 익다, 등한히 하다. 한(閒)-틈, 사이, 들이다, 받아들이다, 조용하다, 쉬다, 한가하다. 비(沸)-끓다, 끓이다, 끓는 물. 타(唾)-침, 침 뱉다. 환(還)-돌아오다, 되돌아보다, 돌려보내다, 둘러보다. 종(從)-좇다, 순직하다, 나아가다. 추(墜)-떨어지다, 떨어트리다, 잃다.

● **보충학습** 정여(正如)는 '마치(꼭)~ 같다'는 비교문을 이룬다.

我若被人罵아약피인매라도 佯聾不分說양농불분설하라 譬如火燒空비여화소공하여 不救自然滅불구자연멸이라. 我心等虛空아심등허공이어늘 摠爾飜脣舌총시번순설이니라.

내가 만약 남에게 꾸짖음을 당하더라도 짐짓 벙어리인양 해(거짓으로 벙어리처럼) 시비(是非)를 구분하는 말을 하지 말라. 비유하건데 불이 허공에서 타 끄지 않아도 저절로 없어지는 것과 같으니라. 나의 마음은 허공과 같거늘 모두 너의 입술과 혀만 벌름대는 것일 뿐이니라.

만약 남에게 욕을 먹으면 잘 잘못을 따지기 전에 화부터 날 것이다. 그러니 귀머거리인양 잘 잘못을 구분하기 위해 더불어 말을 하지 말라는 것이다.

상대 없이 혼자 남을 욕하는 것은 비유하면 허공에서 불이 탈 경우 굳이 달려가 끄지 않아도 저절로 꺼지는 것과 같아 그치게 된다는 말이다. 고시조에 "말로써 말이 많으니 말 말을까 하노라"는 글귀가 있다.

남에게 욕설을 들을 때 아무리 경우가 바르게 시비를 가리고자 해도 말이 말꼬리를 물고 시비가 확산돼 감정이 격해져 결국 언쟁으로 변하는 예가 많다. 그러니 차라리 혼자 욕을 하든 말든 못들은 체 하고 무시해 버리면 욕하든 사람만 머쓱해 흐지부지 끝나게 된다. 문장 끝에서 욕하는 사람의 입술과 혀만 벌름거리는 꼴이 된다는 것은 남을 욕하는 것이 얼마나 추하고 상스러운 것인가를 폄하(貶下)하는 말이다.

● **한자학습** 양(佯)-거짓, ~체하다, 해매다. 농(聾)-귀머거리, 어둡다, 어리석다. 비(譬)-비유하다, 깨닫다, 알아차리다. 소(燒)-사르다, 불태우다, 불에 쬐어 익히다, 익히다. 번(飜)-뒤치다, 엎어지다, 날다.

● **보충학습** 등(等)은 등급, 계단, 차별이라는 뜻과 함께 차별이 없다, 같다는 뜻으로 쓰인다. 명사나 대명사의 뒤에 접미사로 붙으면 복수를 나타낸다. 피인매(被人罵)에서 입을 피(被)는 피동보조사다. 고로 남에게 꾸짖음을 당하다는 피동문이 된다.

凡事범사에 留人情유인정이면 後來후래에 好相見호상견이니라.

모든 일에 인정을 두면 뒷날 좋은 낯으로 만나게 되느니라.

물이 너무 맑으면 고기가 없고 사람이 너무 까다롭게 살피면(=찰(察)) 친구가 없다고 했다. 물은 맑을수록 좋을 것이다. 그러나 물이 너무 맑으면 고기가 편히 쉴 곳도 먹이를 안전하게 얻을 수도 없다.

사람이 너무 까다롭게 원칙만 따지고 인정(仁情)이 없으면 각박(刻薄)하다. 원칙주의자로 자처하는 사람, 소위 경우가 똑 부러진다고 자랑하는 사람 가운데는 남의 잘못을 전혀 용납(容納)할 줄 모르는 사람이 많다. 그것이 꼭 나쁜 것은 아니다. 그러나 사람이 사는 세상이 무슨 기계 톱니바퀴 돌아가는 것 같이 살 수는 없다.

1988년인가 기억된다. 지금과 달리 입시가 치열하던 시절이다. 내가 재직한 대학도 응시자가 1만5천여 명이 돼 청주시내 중, 고교를 빌려 입시를 치렀다. 원서 접수마감 날 오후 5시면 교문을 닫아걸고 접수창구가 있는 중앙도서관을 봉쇄했다. 그날따라 갑자기 눈이 내려 고속도로를 이용 자가용을 타고 오던 지원자 가운데 여러 명이 지각을 했다. 교문을 넘어 와 봉쇄한 중앙도서관 앞에서 여학생들은 울며 입실을 애원했다. 입실을 허용하지 않는 것이 원칙이다. 그런데 도서관 후문이 있는 것을 어떻게 알고 들어와 접수 행렬 뒤에 따라 붙은 학생들에게 접수를 허용할 것인가 말 것인가를 두고 장시간 토론이 벌어졌다.

결국 그들을 내쫓지 못하고 접수장 안에 들어와 있는 사람만은 허용하기로 했다. 먼 훗날 내가 중국에 교환교수로 가서 만난 우리 대학 졸업 유학생은 자신이 그날 그 몇 명 중의 한 사람이었다고 말하며 반가워하였다. 남에게 피해 안주고 법을 어기는 것이 아니면 인정은 베풀수록 좋은 것이다.

* **한자학습** 유(留) - 머무르다, 지체하다, 머뭇거리다, 오래다, 변하지 않다.

* **보충학습** 후래(後來)는 '세월이 지나 후에'라는 의미다. 뒷날 오다 또는 뒷날 만나다로 굳이 해석 하지 않아도 무방하다.

문학편

子夏曰자하왈 博學而篤志박학이독지하고 切問而近思절문이근사면 仁在其中矣인재기중의니라.

자하가 말하기를 "널리 배우고 뜻을 돈독히 하며 묻기를 간절히 하고 생각을 가까운 것에서 한다면 인이 그 가운데 있다" 하였다.

인을 어떻게 체득할 수 있을까 하는 물음에 대한 답이다. 일부 명심보감에는 자왈(子曰)로 돼 있으나 논어에 '자하왈(子夏曰)'로 돼 있다.

유가(儒家)의 학문관은 이론의 천착(穿鑿)에 있지 않다. 공자께서는 "행유여력(行有餘力)이어든 학문(學文)하라" 하셨다. 여기서 인(仁)을 체득(體得)한다는 말은 곧 학문을 이루는 것을 의미한다. 어떻게 공부하면 인(仁)을 이룰 수 있는가? 즉 학문은 어떻게 하는 것인가를 말하고 있다. 먼저 박학(博學)을 권하고 있다. 사람다운 사람이 되기 위해서는 전인적(全人的) 지식이 필요함으로 폭넓은 교양을 갖추기 위해 널리 배워야 한다는 것이다. 한 가지 전문분야에 정통할 것을 요구하는 오늘날의 학문관(學問觀)과는 다르다.

다음으로 절문(切問)해야 한다. 배움에 갈망하는 적극적인 열의를 말한다. 소위 발분망식(發憤忘食)하던 공자의 구도적(求道的) 학문자세를 의미한다. 근사(近思)란 높고 먼 고차원적(高次元的)인 생각이 아니라 가까이 있는 것에서 생각의 실마리를 풀어가는 것을 말한다.

율곡 선생의 격몽요결(擊蒙要訣)에 보면 학문이란 현묘(玄妙)한 것이 아니라 일용동정지간(日用動靜之間)의 마땅한 도리(道理)라고 했다. 진리는 멀리에 있는 것이 아니다. 내 가까운 것에서 발견하고 실천하는 것이다. 즉 인(仁)은 그런 가운데 있다. 내 가까이 있는 어려운 사람을 측은히 여기는 마음 남몰래 돕는 작은 선행 그것이 곧 인(仁)이다.

● 한자학습 독(篤)-말이 천천히 걷다, 도탑다, 굳다, 인정이 많다, 신실하다. 절(切)-끊다, 갈다, 문지르다, 바로잡다, 고치다.

● 보충학습 박학(博學) 앞에 만약 약(若)이 생략된 가정문.

莊子曰장자왈 人之不學인지불학 如登天而無術여등천이무술하고
學而智遠학이지원이면 如披祥雲而覩靑天여피상운이도청천하고
登高山而望四海등고산이망사해니라.

장자가 말하기를 "사람이 배우지 않음은 마치 하늘에 오르는데 재주가 없음과 같으며 배워서 지혜가 원대한 것은 마치 상서로운 구름을 헤치고 푸른 하늘을 보는 것과 같고 높은 산에 올라가 사해를 바라보는 것과 같다" 하였다.

사람이 공부하지 않으면 하늘에 오르려는 사람이 어찌 할 도리가 없는 것과 같이 이 세상을 살아가는 데 무능하다는 뜻이다. 공부하는 것은 능력을 구비하는 것이다. 하늘을 오르는 것이야 방법이 없지만 세상을 살아가는 데는 여러 가지 방법과 능력이 요구된다. 공부는 비단 책을 보고 교과서적인 지식을 얻는 것만이 아니다.

지금은 컴퓨터를 다루는 능력이 없으면 무슨 일을 하든지 막막하다. 반대로 컴퓨터를 잘 다루는 능력이 있는 사람은 그렇지 않은 사람보다 업무 처리 능력이 월등하다. 다룰 줄 안다고 하더라도 그 능력의 차이는 엄청나다. 아무리 좋은 신형 컴퓨터를 사 준다고 하더라도 컴퓨터 다루는 능력을 공부하지 않은 사람에게는 쇠 덩어리에 불과하다. 무엇을 할 수 있단 말인가? 배우지 않으면 워드하나도 못치고 배운 사람은 컴퓨터로 우주선이나 수백 억 짜리 대형 건물의 설계도도 그린다.

배워서 지혜가 원대한 사람은 상서로운 구름을 해치고 푸른 하늘을 보는 것 같고 높은 산에 올라 멀리 사해를 보는 것과 같다고 하였다. 쉽게 말하면 장님이 눈을 뜨는 것과 다름이 없다. 문맹이나 컴맹이 공부해 깨우치고 난 후 느낌은 한마디로 활연관통(豁然貫通)이요 홀연돈오(忽然頓悟) 다름 아니다. 깨달음의 세계는 광명(光明)이다.

● 한자학습 피(披)-나누다, 열다, 쪼개다, 개척하다, 열어 보이다, 입다, 옷을 걸치다. 상(祥)-상서롭다, 복, 좋다. 도(覩)-보다.

● 보충학습 '人之不學'에서 '之'는 주격을 나타낸다. 같을 '如'가 문장 앞에 와서 '마치 ~같다'라는 뜻이 되면 동격 비교문이 된다.

禮記曰예기왈 玉不琢옥불탁이면 不成器불성기하고

人不學인불학이면 不知道부지도니라.

예기(禮記)에 말하기를 "옥(玉)은 쪼아 다듬지 않으면 그릇이 될 수 없고, 사람이 배우지 않으면 도(道)를 알지 못한다" 하였다.

아무리 옥이 귀하고 보배로우나 그 원석(原石)은 돌 가운데 박혀 있다. 옥으로 그릇을 만들려면 절차탁마(切磋琢磨)의 과정을 거치지 않으면 안 된다. 만약 그 과정이 힘들고 어렵다고 포기하면 영원히 옥돌 원석에 지나지 않는다.

사람도 마찬가지다. 사람의 자질이 아무리 뛰어나도 공부하지 않으면 사람다운 사람으로서 능력 있게 인생을 살 수 없다는 말이다. 조선시대 중종(中宗) 때 도학자(道學者) 충암 김정(金淨)선생이 제주도에 유배가 보니 사람들이 공부하기를 싫어했다. 하루는 부모가 돌아가신 젊은이들에게 아무 글씨도 새기지 않은 돌비석을 나눠 주며 묘 앞에 세우게 하고 어느 묘가 자기 부모 묘인지 비석을 보고 찾게 하니 모두 웃었다.

선생은 사람이 공부하지 않으면 글씨가 없는 돌비석과 같다고 깨우쳐 글을 배우게 했다 한다. 제주도 사람들은 지금도 그를 오현단(五賢壇)에 모시고 탐라의 공자라고 한다.

● **한자학습** 예(禮)-예절, 경의를 표하다. 보일 시(示)는 윗 상(上) 자(字)에 해와 달과 별을 나타내는 획을 더한 증체(增體) 지사자(指事字)이다. 이것은 하늘에 제사(祭祀)해 신의 응답을 받는다는 의미다. 보일 시(示) 부수를 제외한 글자는 지금의 풍(豊) 자(字)이나 본래 이 글자가 예(禮) 자(字)의 고자(古字)이다. 이 글자는 제사 때 굽이 높은 제기인 두(豆)에 제수 음식을 나타내는 획을 위에 더한 글자이다. 정성스럽게 많이 차린다는 의미로 풍성하다는 풍(豊) 자(字)가 되고 예도 예(禮) 자(字)는 보일 시(示)를 조합 회의(會意) 글자가 됐다.

● **보충학습** 문장 앞에 만약 약(若)이 생략된 가정문 두 개가 연이어진 문장이다.

太公曰태공왈 人生不學인생불학이면 冥冥如夜行명명여야행이니라.

태공이 말하기를 "사람이 나서 배우지 아니하면 어둡고 어두워 마치 밤에 길을 다니는 것과 같다" 하였다.

깜깜한 밤에 등불 없이 길을 다닌다고 해 보라. 얼마나 막막하고 답답할 것인가? 장애인은 모두 가엽지만 시각 장애인이야 말로 가엾다.

아침이 오는지 저녁이 오는지 알 수도 없고 사랑하는 사람의 얼굴도 볼 수가 없으니 참으로 안타깝다. 하물며 길을 다니는 것은 얼마나 갑갑하고 답답할 것인가? 그래서 글을 모르는 사람을 문맹(文盲)이라 한다.

언젠가 문맹 노인들에게 한글을 가르치는 어느 교회의 성인반(成人班) 졸업생 할머니가 TV에 나와 대담(對談)하는 것을 본 일이 있다. 그 할머니는 70세가 넘도록 한글을 모르고 사셨다고 한다. 시내 버스를 타려고 버스 정류장에 섰을 때 오는 버스의 행선지(行先地) 표지판을 읽지 못해 사람들에게 어디 가는 버스냐고 묻는 것이 가장 괴로웠다고 하시며 눈물을 지으셨다. 공부하지 못한 한(恨)도 한(恨)이지만 너무나 세상 살기가 불편하고 힘들었다고 하셨다. 공부하지 않으면 이 세상을 살기가 깜깜한 밤에 길을 다니는 것과 같이 막막하다는 말이 실감난다. 딱히 학문이나 학교 공부만이 아니다.

이 세상에는 많은 문명의 이기(利器)가 있어 사람으로 하여금 세상살이를 편리하게 한다. 그러나 어떤 편리한 문명의 이기(利器)도 사용법을 배우지 않으면 무용지물(無用之物)이다. 아무리 좋은 자동차가 집에 있어도 운전 기술을 배우지 않으면 무쇠 덩어리에 불과하다. 이제는 평생 학습의 시대다. 남녀노소가 불문이다. 배움이 낙이다. 행복한 인생을 위해 무엇이고 배우자.

● **한자학습** 명(冥)-어둡다, 어둠, 깊숙하다, 아늑하다, 그윽하다.

● **보충학습** 문장 앞에 만약 약(若)이 생략된 가정문이다. 같을 여(如) 자가 비교의 뜻으로 쓰이면 동격 비교문이 된다.

韓文公曰 한문공왈 人不通古今 인불통고금이면
馬牛而襟裾 마우이금거니라.

한문공이 말하기를 "사람이 고금의 일을 통달하지 못하면 말과 소에 사람의 옷을 입혀 놓은 것과 같다" 하였다.

고금(古今)의 일이란 역사(歷史)를 말하는 것이다. 역사에는 사람의 성공(成功)과 실패(失敗), 희노애락(喜怒哀樂)이 있다. 영웅의 승패(勝敗)가 있고 정사(政事)의 치란(治亂)이 있다. 개인의 역사는 생애(生涯)요 가문의 역사는 가승(家乘)이요 나라의 역사는 국사(國史)다. 고금(古今)의 역사는 과거(過去)의 기록이며 현재(現在)의 거울이며 미래(未來)의 나침판이다. 역사는 순환(循環)한다. 고로 현명한 사람은 과거의 역사를 오늘의 거울삼아 실패를 되풀이 하지 않는다. 역사를 기록하고 역사를 중시(重視)하고 역사를 가르쳐야 하는 이유가 여기에 있다.

인기리에 방영(放映)되었던 TV 역사 드라마 '불멸의 이순신'을 보면 우리가 얼마나 역사에 우둔(愚鈍)한 민족인가를 새삼 깨닫게 한다. 이순신(李舜臣)장군의 영웅적인 전공(戰功)과 충성(忠誠) 거룩한 애민(愛民)정신은 익히 알아온 바요 그 위대함도 새삼스러운 일이 아니다. 임진왜란(壬辰倭亂)의 그 처참함과 왜적의 악랄(惡辣)한 침략(侵略) 만행(蠻行)을 겪은 우리가 불과 300년도 못돼 다시 일본에게 나라를 빼앗기고 말았으니 과연 우리가 역사를 아는 민족인가 부끄럽다. 대한제국 말의 우리나라가 일제에게 망하던 모습은 임란 당시의 모습과 무엇이 다르단 말인가? 더 문약(文弱)하고 더 부패(腐敗)한 조정(朝廷)이 있었을 뿐이다. 새삼 경계하고 또 경계할 일이다.

● **한자학습** 금(襟)-옷깃, 가슴, 마음, 생각, 재빠르다, 민첩하다. 거(裾)-옷깃, 옷자락, 옷에 붙은 주머니.

● **보충학습** 한문공(韓文公)은 당(唐)나라 학자(學者)이며 문인(文人) 이름은 유(愈), 자(字)는 퇴지(退之) 당송(唐宋) 팔대가(八大家)의 한 사람이다. 고문(古文)의 대가이며 문집(文集)으로 창려선생집(昌黎先生集)이 있다.

朱文公曰 주문공왈 家若貧 가약빈이라도 不可因貧而廢學 불가인빈이폐학이요 家若富 가약부라도 不可恃富而怠學 불가시부이태학이니

주문공이 말하기를 집이 만약 가난하더라도 가난 때문에 배움을 폐해서는 안 되고 집이 만약 부유하더라도 부유함을 믿고 배움을 태만히 해서는 안 되나니

    지난날 나라 경제가 어렵던 시절 집이 가난해 공부하고 싶어도 어쩔 수 없이 중도에 학업을 포기하는 이들이 많았다. 성공한 사람들 중에는 비록 집안이 가난해 남들처럼 편하게 공부할 수 없어도 만난(萬難)을 극복하고 학업을 계속해 뜻을 이룬 사람들이 적지 않다.
    가난 때문에 학업을 포기하지 않은 것은 고난을 극복한 장한 일일 뿐만 아니라 성공도 하고 가장 확실하게 가난을 이겨낸 승리이기 때문이다. 우리 속담에 3대 가는 부자가 없다는 말이 있다.
    천도(天道)는 공평해 가난도 부귀도 결코 한 집안에 마냥 계속함을 허락하지 않는다. 3대를 지나면 자신의 노력 여하에 따라 변한다. 가난한 시골 소년이 초등학교 교사가 되고 어려운 가운데 계속 공부해 교육학 박사가 되고 한 도(道)의 교육총수가 됐던 김천호 교육감이 급서(急逝)해 우리를 안타깝게 하였다. 그는 가난을 고학(苦學)으로 극복한 성공 사례였다. 수업(授業)으로 교실 혁명을 하자던 그의 목소리를 이제 어디서 듣는단 말인가? 삼가 선생의 명복(冥福)을 빈다.

● **한자학습**   폐(廢)-폐하다, 그만두다, 부서지다. 시(恃)-믿다. 마음 심(心)이 뜻을 나타내는 형(形), 관청 시(寺)가 음을 나타내는 성(聲), 형성(形聲)에 속하는 글자다. 태(怠)-게으르다, 쇠약해지다, 업신여기다, 위태롭다.

● **보충학습**   주문공(朱文公)은 송(宋)나라의 유학자 주자(朱子)를 말한다. 이름은 희(熹) 호는 회암(晦庵) 문공(文公)은 그의 시호(諡號)이다. 성리학(性理學)을 집대성했다. 근사록(近思錄), 소학(小學), 사서집주(四書集注) 등 저서가 있다. 본문은 만약 약(若)이 쓰인 가정법 문장이다. 원인 인(因)이 앞에 오면 '~때문에'라는 의미다.

貧若勤學빈약근학이면 可以立身 가이입신이요

富若勤學부약근학이면 名乃光榮명내광영이니라.

가난하더라도 만약 부지런히 배우면 입신(출세)할 수가 있고, 부유하더라도 만약 부지런히 배우면 이름이 영광스럽게 되느니라.

가난한 사람, 배경이 없는 사람이 입신(立身)하려면 오직 공부하는 길밖에 없다. 집안이 비록 가난하더라도 만약 부지런히 공부하면 입신할 수가 있다. 입신(立身)이란 출세(出世)란 말과 같은 뜻이다. 입신이니 출세니 하는 말은 현대적 의미로 성공했다는 말이다. 우리 주위를 둘러보면 성공한 사람 중에 집안이 가난했으나 부지런히 공부해 성공한 사람들이 적지 않다.

우리나라는 참으로 좋은 나라다. 불과 1세기 전에는 국법으로 반상(班常)의 차별이 엄격해 상민 천민은 아무리 재주가 뛰어나도 입신(立身)할 길이 없었다. 고려 때 노비 만적이 "왕후장상이 어찌 씨가 있으랴(왕후장상영유종호(王侯將相寧有種乎))"를 주장하며 난을 일으켜 처참한 죽음을 당한 이후 천년 가까운 세월이 지나서 세상은 개벽(開闢)됐다. 가난한 사람 부유한 사람 출신 지위에 차별 없이 누구라도 부지런히 공부만 하면 왕후장상(王侯將相)이 되는 세상이 됐다.

집안이 가난해 대학 진학을 못한 두 분이 대통령이 된 나라다. 김대중 전 대통령이나 현 노무현 대통령 모두 가난한 집안 출신이지만 특유의 노력으로 배움에 정진해 성공한 분들이다. 한 분은 책을 많이 읽은 것으로 유명하고 한 분은 굶기를 밥 먹듯 하며 공부해 사법고시에 합격한 분이다. 이명박 대통령은 청소 미화원을 하면서 고학(苦學)하여 대기업의 사장이 되었고 서울특별시 시장을 거쳐 대통령이 된 성공(成功) 신화(神話)의 산증인이다.

누가 가난하다 해 배움을 포기할 수 있는가? 부자도 열심히 공부하면 그 이름이 더욱 영광스럽게 된다고 하였다. 지금은 부자가 더 열심히 공부해 성공한다는 말도 있다. 공부 열심히 하면 빈부에 관계없이 성공한다. 노력하지 않은 실패자의 구차(苟且)한 변명은 자신도 위로하지 못한다.

● **한자학습** 근(勤) – 부지런하다, 일, 근심하다.

● **보충학습** 만약 약(若)이 쓰인 가정문이다. 뒤 문장의 앞에 즉(則)이 생략됐다.

惟見學者顯達유견학자현달이요 不見學者無成불견학자무성이니라.
學者乃身之寶학자내신지보요 學者乃世之珍학자내세시진이니라.

오직 배운 사람이 현달함을 보았고, 배운 사람이 성취하지 못함을 보지 못했다. 배움은 곧 내 몸의 보배요, 배움은 곧 세상의 보배이니라.

오직 배운 사람이 현달하는 것을 봤다고 한 것은 배움을 강조한 것이다. 성공한 사람의 공통적 특징은 무엇이고 열심히 배운다는 것이다. 그것이 학문적 지식이건 사물의 이치건 기계의 조작 기술이건 예외 없이 끊임없는 학구적 열의가 뜨겁다. 여기서 배움은 단순한 학벌을 의미하는 것이 아니다. 과거 시대에는 학교 교육을 의미했을 것이다. 지금은 학교에 가지 않아도 얼마든지 배울 수 있는 제도가 있고 배울 장소가 있고 배울 방법이 있다. 이 세상 모두가 배움터다. 학위 취득뿐 아니라 각종의 신기술 신학문을 배울 수 있다. 배우면 현달(顯達)할 수 있다. 그러나 배운 자라고 다 현달하는 것은 아니다. 현달하고 못하고는 그 사람의 처지와 상황과 운명에 달려 있을 지라도 현달하려면 배워야 한다. 배운 사람이 성취하지 못하는 것을 보지 못했다는 말은 배워야 무엇이고 할 수 있다는 말이다.

배워야 성공한다. 그러나 배운다고 누구나 성공을 다 하는 것은 아니다. 그러나 배우지 않고 성공을 바랄 수는 없다. 배운 사람이 경우에 따라 세속적인 성공은 이루지 못 하더라도 배운 자답게 자기만의 가치 있는 인생은 반드시 성취하는 것이다. 때로는 그것이 더 큰 성공일 수 있다. 배움은 아무리 강조해도 지나치지 않는다.

● 한자학습 현(顯)-나타나다, 드러내다, 밖, 표면. 진(珍)-보배, 진귀하다, 맛좋은 음식.
● 보충학습 이 문장에서 이룰 성(成)의 뜻은 '성취하다, 성공하다'의 뜻이다. 여기서 성공이라고 풀지 않은 것은 성공의 기준이 사람마다 다르기 때문이다. 공부한 사람의 성취는 세속적 성공과 다르더라도 본인에게는 반드시 성취한 바가 있기에 성공보다 성취가 원의(原義)에 가깝다.

是故시고로 學則乃爲君子 학즉내위군자요 不學則爲小人 불학즉위소인이니 後之學者 후지학자는 宜各勉之 의각면지니라.

이런 까닭으로 배우면 곧 군자가 되고 배우지 않으면 즉 소인이 되나니, 훗날의 배우는 사람들은 마땅히 각자 배움에 힘써야 하느니라.

이 문장에 쓰인 군자(君子)와 소인(小人)의 개념을 먼저 정리해야 의미가 분명해진다. 여기서 군자(君子)는 관인(官人) 현대적인 의미로 말하면 출세한 사람이다. 선진(先秦) 시대의 군자(君子)란 어휘는 지배자 즉 관리(官吏)의 뜻이었다.

반대로 소인(小人)이란 백성(百姓) 의미였다. 왕조(王朝)시대에는 관인(官人)이 되는 것만이 성공하는 유일한 길이었다. 지위가 높은 관리가 되려면 과거(科擧)에 합격해야 하고 과거에 합격하려면 부지런히 공부하지 않으면 불가능했다.

가담항설(街談巷說)에 비럭질하는 거지에게 물어보면 정승 판서 자손 아닌 사람이 없다는 말이 있다. 아무리 정승 판서의 자손이라도 공부하지 않으면 몇 대 못 내려가 백두(白頭)가 되고 5대 이상 계속 무관(無官)하면 자연히 명색만 양반의 자손일 뿐 서인이 되고 만다. 공부하지 않고 성공한 사람은 천에 하나 만에 하나 예외일 뿐이다. 오늘 같은 무더위에도 젊은이들이 도서관에서 면학에 정진하는 까닭이 여기에 있다. 면학하는 저들의 장래는 희망이다.

● **한자학습** 고(故) – 예전의, 이미 지난 때, 연고, 이유, 원인. 죽은 사람을 고인(故人)이라 하고 죽은 사람의 이름 앞에 붙여 고인임을 나타낸다. 여기서는 연고(緣故)의 뜻이다.

● **보충학습** 하 위(爲) 자(字)의 용법이 다양하다. '~이 된다, ~을 위해, ~때문에, ~하다, ~이다' 등 여기서는 '~이 된다'로 쓰였다. 문장의 끝 부분에서 마땅할 의(宜)를 부사로 보면 '마땅히 각자는 힘써라'가 되고 서술어가 도치된 것으로 보면 '각자 힘쓰는 것이 마땅하다'가 된다. 우리말 어순으로 보면 '後之學者'가 주어(主語)이므로 부사로 푸는 것이 타당하다.

徽宗皇帝曰휘종황제왈 學者학자는 如禾如稻여화여도하고
不學者불학자는 如蒿如草여호여초로다.

휘종황제가 말하기를 배운 사람은 곡식(벼나 나락)과 같고, 배우지 않은 사람은 쑥과 같고 풀과 같도다.

배운 사람은 식물에 비유하면 곡식과 같고 배우지 않은 사람은 쑥이나 풀과 같다는 말은 권학의 비유이다. 거듭 말하지만 여기서 학자(學者)는 비단 학교 교육이나 학벌을 말하는 것만이 아니다. 세상을 살아가는 데 꼭 필요한 지식을 공부한 사람과 그렇지 못한 사람을 비교하는 것일 뿐이다. 같은 풀이지만 벼는 나라의 훌륭한 식량이 돼 백성을 살리고 국부(國富)의 바탕이 된다. 중국 천안문 광장에는 한 때 식위천(食爲天)이란 구호가 나붙은 것을 보았다.

먹는 것이 하늘과 같이 귀하다는 말이다. 지금 북한의 굶는 백성들을 생각하면 이보다 더 옳은 말은 없다. 6·15남북 선언 통일 대잔치 행사가 북한 평양에서 성대하게 열렸다. 그 행사의 배경에는 굶주린 북한 동포들의 한숨이 숨어있음을 잊어서는 안 된다. 쑥과 잡초는 쓸모없는 존재다.

배움이 없어 나라와 사회에 무용지물이 되면 안 되니 젊어서 공부하라는 격려의 말이다. 배움 가운데 있는 이나 장차 배워야 할 나이에 있는 이들은 더 소중한 쓰임을 위해 분발하자. 인재는 태어나는 것이 아니라 만들어지는 것이다.

✽ **한자학습** 휘(徽)-아름답다, 빛나다, 표기, 기러기 발. 화(禾)-벼, 곡물. 도(稻)-벼.

✽ **보충학습** 문장이 길어 편집상 이어지는 글을 나누어 이곳에 다룬다. 여화여도혜(如禾如稻兮)여 국지정량(國之精糧)이요 세지대보(世之大寶)로다. 벼와 같고 곡식과 같음이여 나라의 훌륭한 식량이요 세상의 큰 보배로다. 같을 여(如)가 비교의 뜻으로 쓰여 비교문을 만들어 주고 있다. 휘종황제는 북송(北宋)의 마지막 임금이다.

如蒿如草兮여호여초혜여 耕者憎嫌경자증혐하고
鋤者煩惱서자번뇌니라 他日面墻타일면장에 悔之已老회지이노로다.

쑥과 같고 풀과 같음이여 밭가는 이가 미워하고 싫어하며 김매는 이가 고민스러워하느니라. 훗날 담장에 얼굴을 대한 것 같이 답답할 때 후회해도 이미 늙어버렸도다.

배움이 없는 사람 즉 아무 일도 할 수 있는 능력이 없는 사람은 마치 밭의 쑥과 같고 잡초와 같다. 밭 가는 사람이 미워하고 싫어하며 김매는 사람이 괴로워한다. 거듭 말하지만 여기서 불학자(不學者)는 단순히 학력이 모자라거나 공부를 잘 못하거나 학교를 다니지 않은 사람이 아니다. 무슨 일이고 사회에 유익한 지식을 배우지 않은 사람, 무능하고 무위도식(無爲徒食)하는 사람을 말한다. 그런 사람은 거저 자신의 무능함이 남보다 모자란 것이 아니고 자신의 무위도식(無爲徒食)함이 민망한 것이 아니다.

사회 문제의 부정적 요소가 되고 악(惡)의 온상(溫床)이 될 위험이 있다. 물론 사람에 따라 착한 본성(本性)으로 모자나나 남에게 불편을 주지 않고 사는 이도 많으리라. 그러나 국가 사회 전체의 발달과 문화 발전에 걸림돌이 되고 불행한 그늘이 되기 쉽다. 그러므로 젊어서 열심히 배워야 한다. 나 자신의 행복은 물론 국가 사회에 유익한 능력 있는 사람이 돼야 한다. 무익하거나 남에게 짐스러운 존재가 되어서는 안 된다. 여기서 쑥과 잡초는 무익하고 짐스러운 불편한 존재를 뜻한다. 젊은이여 장차 어떤 존재로 살기를 원하는가? 벼인가? 잡초인가? 대답은 자명(自明)하다.

● **한자학습**　증(憎)-미워하다, 미움. 혐(嫌)-싫어하다, 꺼리다, 의심하다, 불만스럽다. 서(鋤)-호미, 김매다, 없애다. 장(墻)-담, 벽. 회(悔)-뉘우치다, 아깝게도, 후회, 뉘우침.

● **보충학습**　자(者)는 불완전명사 또는 주격조사로 많이 쓰인다. 불완전명사의 경우 문장 내용에 따라 사람, 사물, 시간, 사건 등 두루 쓰인다. 여기서는 사람을 뜻한다. 이미 이(已)는 과거를 나타내는 시제부사이다.

子曰자왈 學如不及학여불급이니라.

공자 말씀하시기를 배움은 미치지 못할 것 같이 해야 하느니라.

공자께서 말씀하시기를 배움이란 언제나 아직 미치지 못한 것 같은 마음으로 해야 한다고 하셨다. 공부하는 사람은 자신의 공부가 늘 부족함을 안타까워하면서 정진해야 한다는 말이다.

우리는 한석봉과 그 어머님의 일화를 잘 알고 있다. 한석봉은 자신의 글씨 공부가 경지에 이른 것으로 자만하고 집으로 돌아왔다. 한석봉의 어머니는 아들의 글씨 공부가 얼마나 성취됐는가를 알아보자며 밤에 등잔불을 끄고 자신은 떡을 썰고 한석봉은 글씨를 쓰기로 했다. 어머니는 가난한 살림을 돕고 아들을 공부시키고자 날마다 떡장수를 하기 위해 떡을 썰어 깜깜한 밤에도 떡을 썬 것이 마치 대낮에 썬 것과 같았다. 그러나 한석봉의 글씨는 불을 켜고 보니 삐뚤삐뚤 엉망이었다. 한석봉의 어머니는 아들의 글씨를 보고 크게 책망했다. "어찌 이 정도의 공부를 가지고 자만했단 말인가? 배움은 언제나 불급함 같이 모자란 것을 따라가고자 정진해야 하거늘 당장 집을 떠나 다시 공부하러 가거라" 했다.

한석봉이 훗날 조선의 제일 명필(名筆)이 돼 명(明)나라에 까지 그 명성(名聲)이 크게 날린 것은 어린 시절 어머님의 훈도(訓導) 덕분이었다고 한다. 물론 한석봉의 소임이 사자관(寫字官)이라 그 글씨가 예술성이 떨어진다거나 한석봉의 글씨가 획일적이라 풍격(風格)이 낮고 독창적 운치(韻致)가 적은 것이 그 어머니 탓이라는 서법가(書法家)들의 평도 있으나 공부하는 자세는 학여불급(學如不及)의 정진(精進)을 모범으로 보인 것이라 할 것이다.

공부는 쉬면 멈추는 것이 아니라 퇴보하는 것이다. 마치 흐르는 물에 떠 있는 배와 같아서 앞으로 가지 않으면 떠내려 가 퇴보하고 마는 것이다. 그러므로 아무리 한 분야의 권위자(權威者)라도 공부를 멈추면 뒤지고 만다. 공자님의 교훈은 지극히 평범하나 다시없는 진리임을 깨닫게 한다. 쉼 없는 배움의 정진만이 학문의 왕도(王道)이다.

* 한자학습 급(及) - 이르다, 미치다, 및.

훈자편

景行錄云경행록운 賓客不來빈객불래면 門戶俗문호속하고
詩書無敎시서무교면 子孫愚자손우니라.

경행록에 이르기를 "손님이 찾아오지 않으면 가문이 보잘 것 없어(俗)지고, 학문(詩書)을 가르치지 않으면 자손이 어리석어진다" 하였다.

융성(隆盛)하고 번창(繁昌)하는 가문은 찾아오는 손님이 늘 북적인다. 그러나 몰락(沒落)해 실세(失勢)하면 찾아오는 손님이 점점 줄어들어 나중에는 문호가 쓸쓸하게 된다.

실세(失勢)한 세월이 길어 찾는 이 없는 집안이 되면 가문은 기울어 보잘 것 없는 처지가 된다. 이것은 세상의 염량(炎凉) 세태(世態)다. 우리 속담에 "정승 집 견공(犬公)이 죽으면 정승 댁 대문이 미어지고 정승이 죽으면 정승 댁 개의 옆구리가 터진다"는 이야기가 있다.

덕(德)을 보려고 정승 댁에 가져다 바친 뇌물이 아까워 애꿎은 정승 댁 개의 옆구리를 발길로 찬다는 풍자적(諷刺的) 이야기다. 그러나 모두 다 그런 것은 아니다. 세속적인 권세나 이욕(利慾)을 따라 모이는 무리야 그럴 것이지만 군자(君子)의 삶은 다르다. 살아선 문전에 이권(利權)을 청탁하는 이의 발길을 막고 죽어선 진심으로 조상(弔喪)하는 문상객이 미어지는 것이다. 자식을 가르치지 않으면 가문의 미래가 없다. 당장은 어려워도 자식 교육에 힘쓴 집안이 문호(門戶)가 번성(繁盛)하게 됨은 고금(古今)의 당연지사다.

고(故) 김천호 충북 교육감의 장례는 유덕자(有德者)의 아름다운 마지막 모습이었다. 청주의 한 소시민(小市民)이 아파트를 팔아 전세로 옮겨 가며 골프 선수인 딸을 가르친 보람이 세계 정상을 정복하는 쾌거를 낳았다. 김주연 선수의 US LPGA OPEN 우승이 그 낭보(朗報)다.

● 한자학습 문호(門戶)-문(門)은 출입하는 큰 문을, 호(戶)는 환기나 조명을 위한 작은 문을 말한다. 여기서는 가문(家門)이란 의미로 쓰였다. 시서(詩書)-시경(詩經)과 서경(書經)의 준말이나 여기서는 학문(學問) 전체의 포괄적인 뜻이다. 우(愚)-어리석다는 말이나 여기서는 공부하지 않으면 서민(庶民)이 된다는 뜻도 포함되어 있다.

● 보충학습 문장 앞에 만약 약(若)이 생략된 두개의 가정문이다:

莊子曰 장자왈 事雖小 사수소나 不作 부작이면 不成 불성이요
子雖賢 자수현이나 不敎 불교면 不明 불명이니라.

장자가 말하기를 "일이 비록 작더라도 하지 않으면 이루지 못하고 아들이 비록 자질이 훌륭하더라도 가르치지 않으면 현명하지 못하느니라" 하였다.

일이란 크고 작고 간에 추진해 작업을 진행해야 성취되는 것이다. 아무리 작은 일도 하지 않고 바라만 보고 있으면 언제고 그대로다. 반면에 아무리 큰일도 작업을 계속하다보면 처음은 일의 성과가 적어 성취가 아득해 보여도 결국은 성취된다.

양사언의 고시조 한 수는 우리에게 일찍부터 이를 깨우쳐 줬다. "태산이 높다 하되 하늘 아래 뫼이로다, 오르고 또 오르면 못 오를 이 없건마는, 사람이 제 아니 오르고 뫼만 높다 하더라" 실제 중국의 태산(泰山)에 가 보면 그 높은 태산 정상까지 엄청나게 많은 계단이 만들어져 있다. 너무 높고 너무 많은 계단 때문에 포기 하려는 사람들을 격려 하려는 듯이 계단을 끝까지 다 오르면 10년을 더 장수한다는 속설로 힘을 북돋운다. 오르지 않고 서 있으면 정상에 갈 수 없고 뒤 돌아서면 정상은 더욱 더 멀어지는 것이다. 북산우공(北山愚公)의 설화처럼 아무리 늙은 노인이 앞을 가로 막은 높은 북산을 헐어 옮기는 일이 어려워 보여도 자신은 물론 자식이 또 그 자식이 대를 이어 일한다면 결국 북산은 헐어지고 마는 것이다.

어려서 총명하지 않은 아이는 별로 없다. 그런데 왜 세월이 흐른 뒤 잘되고 못됨이 나눠지는가? 교육 여하에 달려 있다. 어린 자식 영특하다 자랑만 하고 교육하지 않으면 그 자식의 장래는 기약할 수 없다. 한국의 젊은이들이 세계 정상을 정복하는 것은 오직 한국인 특유의 뜨거운 교육열 덕이다. 골프 선수 김주연의 세계 정복도 예외가 아니다.

※ **한자학습** 작(作) – 일하다는 공작(工作)의 의미다.

※ **보충학습** 비록 수(雖)가 쓰여서 양보의 의미를 나타낸다. 본문은 부작(不作)이나 불교(不敎)의 앞에는 만약 약(若)이 생략되어 가정문이 연속으로 이어진 글이다.

漢書云한서운 黃金萬籯 황금만영이 不如敎子一經불여교자일경이요
賜子千金사자천금이 不如敎子一藝불여교자일예니라.

한서에 이르기를 "황금 만 상자가 아들에게 한 권의 경서를 가르치는 것만 못하고, 아들에게 한 가지 기예(技藝)를 가르치는 것만 못하느니라" 하였다.

자녀 교육의 중요성을 강조한 말이다. 재산을 많이 물려주는 것 보다 바른 자녀 교육이 더 중요하다는 이야기다. 황금 만 상자는 큰 재물이다. 황금 만 상자를 가지고 호의호식(好衣好食)하며 안락(安樂)하게 산다면 그 당시는 행복할지 모른다. 그러나 교육을 받지 못해 스스로 돈을 벌 능력이 없어 계속 쓰기만 한다면 얼마 가지 않아 다 없어지고 말 것이다. 더구나 허랑 방탕한 자식이라면 더 빨리 탕진해 빈털터리가 될 것이다.

남이 거저 준 돈으로 산 행복은 그리 오래 가지 않는다. 반면에 비록 큰 재물은 없을지라도 자식 교육을 바로 시켜 자신의 능력으로 돈을 벌어 살아가도록 한다면 그 아들은 행복을 만들어 가며 살아 갈 것이다.

우리 주위에 한 때는 지역의 거부(巨富)로 잘 살던 집안이 불과 2대도 못가 몰락하는 것을 본다. 부모의 재산만 믿고 공부를 열심히 하지 않은 아들과 재산만 물려주고 자식 교육을 바로 하지 않은 부모 탓이다. 그러나 교육을 통해 머리속에 들어간 지식은 아무리 써도 마르지 않는 샘과 같다. 자식에게 밥 사먹을 돈을 주는 것은 한 때의 계책(計策)에 지나지 못한다. 돈을 버는 방법을 가르치는 것이야 말로 만년(萬年)의 계책이다.

재산을 물려주려 애쓰는 부모보다 한 가지 기예(技藝)를 가르치는 것이 현명한 부모다. 축구 선수 한 사람이, 야구 선수 한 사람이, 골프 선수 한 사람이 일 년에 수십억 달라 연봉의 수입을 올리는 것은 이를 웅변으로 말해 준다.

● **한자학습**   영(籯)-상자, 광주리, 저통(箸筒). 경(經)-날, 날실, 세로, 조리(條理), 경전(經典). 사(賜)-주다, 하사하다, 은덕, 다하다. 예(藝)-심다, 기예.

● **보충학습**   '不如 ~같지 못하다'는 부정 비교문의 문형이 앞뒤에 거듭 쓰였다.

至樂지락은 莫如讀書막여독서요 至要지요는 莫如敎子막여교자니라.

지극한 즐거움은 책을 읽는 것과 같은 것이 없고, 지극히 중요한 것은 자녀를 가르치는 것과 같은 것이 없느니라.

인생의 즐거움은 사람마다 다르다. 취미는 그 사람의 개성에 따라 다르다. 공자(孔子)께서는 군자(君子)의 즐거움을 성격에 따라 구분하여 설명하신 가운데 산수(山水)의 즐거움을 예로 들어 말씀하셨다.

인자(仁者)는 요산(樂山)하고 지자(知者)는 요수(樂水)한다는 것이다. 어떤 분은 틈만 나면 낚시를 즐기고, 어떤 분은 수영을 즐긴다. 낚시광에게 왜 등산을 좋아 하지 않느냐? 테니스광에게 왜 수영을 즐기지 않느냐? 묻는 것같이 어리석은 일은 없다. 그런데 문제는 많은 사람들이 이력서나 신원진술서의 자기의 취미를 묻는 질문에 '독서(讀書)'라고 쓰는 것이다. 독서가 취미일정도로 과연 책 읽기를 좋아하는 것일까? 우리나라 사람들은 취미는 독서인 사람이 많을지 몰라도 책읽기는 별로 좋아하지 않는다.

어떤 통계를 보니 한 달에 책 한 권도 안 읽는 사람이 국민의 절반을 넘는다고 했다. 그나마 학생들이 읽는 것은 교과서나 입시 참고서가 대부분을 차지하고 일반 교양도서는 거의 읽지 않는다는 것이다. 독서가 취미인 민족 우리의 독서 현주소다. 대학 부근에서 서점을 찾기 힘든 현실은 우리의 젊은이들을 개그 천국의 박수부대로 내몰고 있다.

자녀 교육보다 더 중요한 것이 없음은 췌언(贅言)을 요치 않는다. 서너 살 어린 딸이 TV 쇼를 보고 깜찍하게 춤을 잘 춘다고 박장대소(拍掌大笑) 좋아하는 부모도 딸의 장래 취미가 댄스보다 독서이기를 바라지 않을까?

* **한자학습** 독(讀)-읽다, 소리 내어 읽다, 문장을 풀이하다. 교(敎)-가르치다, 가르침, 교령(敎令), 하여금.

* **보충학습** '莫如'에서 말 막(莫)은 부정사, 같을 여(如)는 동격 비교를 나타낸다. '~과 같은 것은 없다' 즉 최상급의 비교 의미를 가진다.

呂榮公曰여영공왈 內無賢父兄내무현부형하고
外無嚴師友외무엄사우로되 而能有成者이능유성자 鮮矣선의니라

여영공이 말하기를 "집안에 어진 부형이 없고 밖에 엄한 스승과 벗이 없는데도 성공함이 있는 사람은 드무니라" 하였다.

성공한 사람의 뒤에는 반드시 그의 성공을 가능하도록 도운 사람들이 있다. 이율곡 이이 선생의 어머니 신사임당이 그러하고 서포 김만중 선생의 어머니 파평 윤씨가 그러하다.

인간 교육은 태어나면서부터 시작된다. '될성부른 나무는 떡잎부터 안다'는 말은 사람의 타고난 자질(資質)의 중요성을 의미하는 말이지만 어려서 가정교육의 중요성을 의미하는 말이기도 하다. 가정교육의 핵심은 인간교육 특히 예절교육이다. 가정에서 나이 어린 자녀에게 너무 많은 지식과 기예(技藝)를 가르치려 애쓰지 말고 예절교육을 잘 가르치면 평생 반듯한 사람으로 살 수 있다. 밖의 엄한 사우(師友)의 유무(有無)는 학교 교육의 중요성을 말한다. 학교도 많고 교육학자도 많고 교사도 많은 시대에 살고 있다. 대학 입학 정원이 고등학교 졸업자 보다 많은 나라다. 박사 실업자가 넘쳐 난다. 학력 인플레이션이 심각하다. 그러나 학교교육은 위기에 처하여있다. 학교에 청원경찰이 상주(常住)해도 학원 폭력이 끊이질 않는다. 스승 부재(不在)요 교육 부재다. 학교교육의 위기는 단순히 공교육(公敎育) 기관과 그 구성원의 위기만으로 끝나는 것이 아니다.

나라의 명운(命運)이 걸린 문제다. 집에서는 어진 부형(父兄) 노릇을 학교에서는 엄한 사우(師友) 노릇을 잘 하기 위해 전 국민이 나서야 할 때다.

● **한자학습**   영(榮)-꽃, 꽃이 피다, 영화, 영달. 선(鮮)-곱다, 깨끗하다, 드물다, 신선하다.

● **보충학습**   무(無)는 유(有)와 함께 존재와 소유를 나타낸다. 존재를 나타낼 때는 뒤에 보어가 오고 소유를 나타낼 때는 목적어가 온다. 여기서는 존재를 뜻해 보어가 왔다. 여영공(呂榮公)은 북송(北宋)의 학자로 자(字)는 원명(原明) 이름은 희철(希哲)이다. 영국공(榮國公)은 그의 봉호(封號)이다.

太公曰 태공왈 男子失敎 남자실교면 長必頑愚 장필완우하고
女子失敎 여자실교면 長必麤疎 장필추소니라.

태공이 말하기를 "남자가 가르침을 잃으면 장성하여 반드시 완고하고 어리석게 되며, 여자가 교육을 받지 못하면 장성하여 반드시 거칠고 매사에 서툴게 되느니라" 하셨다.

지금 시대는 남자와 여자의 역할을 분리해 사는 시대가 아니다. 남자나 여자나 공부하지 않으면 반드시 장성해 완고하고 어리석게 된다. 자기가 아는 것이 적기 때문에 남이 아는 것을 이해하고 수용하려 하지 않는다.

가르침을 잃었다는 말은 교육을 받지 않았다는 말이나 공부하지 않았다는 말이다. 세상을 살아가는데 필요한 지식을 배우지 않은 것 모두를 의미한다. 어리석다는 말은 총명하지 못하다는 의미가 아니라 세상살이에 어둡다는 의미다.

모르는 것이 많으면 바보 아닌 바보가 된다. 눈과 귀가 있어도 눈 뜨고도 못 보고 들어도 모른다. 지금은 집에 앉아서도 컴퓨터 인터넷을 잘 다룰 줄 아는 사람은 국내는 물론 외국의 친척이나 친구와 실시간대로 대화하고 자료를 주고받고 증명서도 발부받는다. 그러나 컴맹은 아무리 옆에 최신형 컴퓨터가 있어도 쇳덩어리에 불과하다. 컴퓨터를 배운 사람에 비하면 배우지 않은 사람은 바보스러움을 면치 못한다. 아무리 예쁘고 솜씨가 야무진 여자라도 공부하지 않으면 장성해 품격 높은 숙녀가 될 수 없다.

교양이 부족하니 처신이 거칠고 아는 것이 없으니 매사에 서툴다. 이제는 인생의 행복지수 삶의 질을 따지는 시대다.

● **한자학습** 완(頑)-완고하다, 무디다, 둔하다, 재주가 없다. 추(麤)-거칠다, 성질이 과격하다, 소략하다, 대강, 대략, 결이 매끄럽지 못하다, 굵은 베옷. 소(疎)=소(疏)-트이다, 멀다, 서투르다, 친하지 않다, 우활하다.

● **보충학습** 이 글은 문장 앞에 만약 약(若)이 중간에 곧 즉(則)이 생략된 가정문이다. 장(長)이 여기서는 '길다'라는 뜻의 형용사가 아니라 '장성하다'는 의미의 동사로 쓰였다. 시제는 의미에 따라 자연히 미래를 나타낸다.

男年長大남년장대어든 莫習樂醉막습악취하고

女年長大여년장대어든 莫令遊走막령유주하라.

남자가 나이 들어 장성하거든 노래와 술에 취하는 것을 배우지 말고, 여자가 나이 들이 장성하거든 밖에 함부로 놀러 다니지 말게 할지니라.

　　남녀가 유별(有別)하던 시대의 글이다. 그러나 지금은 남녀평등 양성(兩性)시대다. 이미 대부분의 중학교가 남녀 공학으로 바뀌었고 상당수의 신설 고등학교가 남녀 공학을 택하고 있다. 남녀가 소임이 다르고 활동 영역이 다르다고 생각하는 사람은 이미 시대에 뒤떨어진 사람이다. 육해공군 사관학교가 이미 남녀 공학이 돼 해마다 여학생 비행조종사를 비롯한 여군 장교가 배출되고 있다. 여성 장관 여성 야당 대표가 맹활약중이다. 사람이 장성하거든 지나치게 술과 음악과 노는 데 빠지지 말라는 경계다. 본래 우리민족은 낙천적인 민족이다. 고대 문화의 영고(迎鼓) 무천(舞天) 등 제천(祭天) 의식이 노래와 술과 춤이었다. 그래서 그런지 우리나라 사람처럼 노래와 술을 좋아하는 민족도 드물다. 골목골목에 노래방이 있고, 아무리 불경기에도 술 소비량이 줄지 않는다. 낙천적 풍류(風流)가 결코 나쁜 것이 아니다. 다만 지나치지 말아야 한다. 새벽까지 남녀가 술 취해 놀아나는 것은 풍류가 아니다. 노래도 때와 장소를 가려 즐겨야 보기 좋다.
　　차에 오디오 시설을 하는 것이야 어떠랴? 귀가 찢어지게 볼륨을 높이고 방약무인하지는 말자는 것이다. 아무리 술과 노래와 놀이가 좋아도 과유불급(過猶不及)이다. 대학축제 때 술장사하는 것이 언제쯤이면 사라질 것인가? 술과 음악 외에 청년문화가 없는 현실이 안타깝다.

● **한자학습**　유(遊)-놀다, 놀러 다니다, 즐겁게 지내다, 여행하다, 취학하다, 벼슬에 나가다, 자적하다, 사귀다, 틈, 무사.

● **보충학습**　말 막(莫)은 '~하지 말라'는 뜻의 금지사로 이 글의 문형은 금지문이다.

嚴父出孝子엄부출효자하고 嚴母出孝女엄모출효녀니라.

엄격한 아버지는 효자를 내고 엄격한 어머니는 효녀를 내느니라.

엄(嚴)하다는 말의 의미가 '무섭다, 혹독하다'는 뜻보다 '엄격(嚴格)하다'는 뜻으로 풀어야 한다. 과거 가부장(家父長) 제도 아래의 부모는 통솔자의 의미가 강했다. 그러다 보니 자연히 엄한 가풍(家風)을 세워 가문의 질서를 세우는 것을 중시했다. 농경사회의 가장(家長)은 가족 구성원의 삶을 지배하는 절대적 존재였다. 가장(家長)과 부모의 역할에 따라 그 가문의 성패(成敗)가 좌우되고 가족 구성원의 행복과 불행에 절대적 영향을 미쳤다.

자녀들의 기초적 인간교육이 전적으로 부모에 의해 이뤄졌다. 지금 같이 복잡하고 다양한 생활양식에서는 부모의 역할이나 교육적 영향력이 과거 전통사회와 같을 수는 없다. 그러나 인간 형성에서 가장 일찍 그리고 가장 깊이 가장 오래 영향을 끼치는 유아(幼兒) 성장기에 선행(先行) 학습을 보고 배우는 대상은 여전히 부모이다. 부모의 가정교육 인성교육의 중요성은 과거와 크게 다르지 않다. 엄격하다는 것은 '무섭다' 와 다르다. 엄격은 철저하게 법에 맞는다는 말이다.

허술하지 않고 법도(法度)에 충실하다는 말이다. 엄격한 보모는 부모가 부모로서 인간으로서 매우 충실하다는 말이다. 부모가 자녀에게 모범을 보인다는 말이다. 아무리 자녀에게 좋은 사람이 되라고 가르치면서 부모가 하는 나쁜 짓을 자녀에게 보여 준다면 그 자녀가 좋은 사람이 될 수 없다는 말이다. 부모가 엄격하면 자녀에게 자신의 모범을 보여 자녀로 하여금 효자도 효녀도 되게 하고 훌륭한 인간이 되게도 한다는 의미다.

부모의 삶은 마치 수레의 앞바퀴와 같다. 부모의 삶이 앞바퀴가 엄격하게 바른 방향으로 가면 자연히 자녀인 뒷바퀴는 엄격하게 바르게 뒤를 따라 간다는 말이다. 부모의 솔선수범(率先垂範)을 경계하고 있다.

- **한자학습**   효(孝) – 효도, 효도하다, 부모의 상을 입다, 보모.
- **보충학습**   두 문장이 대구(對句)를 이루고 있다.

憐兒연아어든 多與棒다여봉하고 憎兒증아어든 多與食다여식하라.

아들을 사랑하거든 매를 많이 주고 아들을 미워하거든 먹을 것을 많이 주어라.

부모에게 어찌 사랑하는 아들과 미워하는 아들이 있겠는가? 열 손가락 깨물어서 안 아픈 손가락이 없다는 속담이 있다. 사람이기에 정이 더 가는 자식이 있고 덜 가는 자식이 있을 수 있으나 이는 때로 환경이 만든 불균형이 잠시 존재할 뿐 부모의 자식 사랑에는 차이가 없다. 이 글은 이렇게 바꿔 이해하는 것이 옳다. "부모가 자식을 사랑하거든 매를 때려서라도 올곧게 가르쳐라. 자식에게 먹을 것이나 많이 주는 것은 바르게 사랑하는 것이 아니다" 우리 사정은 지금 자식을 차별해 사랑할 형편이 아니다.

딸 아들 구별 없이 한 자녀 가정이 많고 젊은 부부 사이에는 급속도로 자식을 낳지 않는 풍조가 만연해 가고 있다. 중국은 한족(漢族)의 경우 한 자녀 출산을 법으로 규정하고 있어 소수민족(少數民族)을 제외하고는 모든 가정이 한 자녀 세대다. 이 외 자녀가 소황제(小皇帝)로 키워져 많은 사회 문제를 야기(惹起)하고 있다. 이 소황제들은 장차 자기 밖에 모르는 오만(傲慢)하고 방자(放恣)한 인간이 되리라는 우려(憂慮)다.

우리나라도 마찬가지다. 젊은 세대들 가운데 유약(幼弱)하고 독선적(獨善的)이고 참을성 없고 남을 배려할 줄 모르는 유아독존(唯我獨尊)인 이들이 많다는 지적이다. 자식의 장래를 진정으로 생각하거든 밥을 많이 주는 맹목적 사랑을 버리고 매를 많이 주는 엄격한 사랑으로 절제와 인내와 공동선(共同善)을 함께 추구하는 법을 가르쳐야 한다. 이 어찌 가정만의 문제이랴?

● **한자학습** 련(憐) - 불쌍히 여기다, 어여삐 여기다, 가엾이 여기다, 사랑하다. 여(與) - 주다, 베풀다, 동아리, 무리, 동아리가 되다, 따르다, 돕다, 허락하다, 편을 들다, 좋아하다, 더불어. 봉(棒) - 몽둥이, 막대기, 몽둥이로 때리다. 증(憎) - 미워하다, 미움.

● **보충학습** 여(與)가 허사(虛辭)로 쓰일 경우 '~와(과)'와 같이 대등 접속사로 쓰인다.

人皆愛珠玉인개애주옥이나 **我愛子孫賢**아애자손현이니라.

사람들은 모두 주옥(珠玉)을 사랑하나 나는 자손이 어진 것을 사랑하느니라.

사람들은 누구나 돈을 사랑한다. 돈을 사랑하는 것이 꼭 나쁜가? 그렇지 않다. 돈이 있으면 마음먹기에 따라 돈 없을 때보다 사람 노릇을 더 잘 할 수 있으니 돈은 쓰기에 따라 좋은 것이다. 돈을 어떻게 쓰느냐가 문제다. 공자께서도 말씀하시기를 "가난하면서도 비굴하지 않고 도를 즐기는 것은 훌륭하다. 그러나 돈이 있고도 교만하지 않고 겸손해 남에게 덕을 베푸는 것만 같지 못하다"고 하셨다. 또 "無恒産者無恒心(무항산자무항심) 有恒産者有恒心(유항산자유항심)"이라는 말도 있다. 넉넉하고 일정한 재산이 있어야 변하지 않는 안정된 마음을 가질 수 있고, 재산이 불안정하고 생활이 불안정하면 마음도 늘 불안하여 믿음이 부족하다는 말이다. 가난한 사람이 마음이 어질면 자신은 군자답게 살 수 있으나 남에게 덕을 베풀지는 못한다. 가능하면 부자가 되고 어진 삶을 사는 것이 좋다.

굳이 비교해 말하자면 재산과 돈이 아무리 중해도 자손이 잘 되는 것만 같지 못하다는 말이다. 주옥(珠玉)은 보배로우나 써버리면 없어진다. 때로는 그것 때문에 가족이 불화해 집안이 불행해지는 경우도 있다. 그러나 자손이 어질면 유형의 재화인 덕(德)이 있어 아무리 써도 다함이 없고 쓰면 쓸수록 가족이 화목하고 남과 더불어 정신적으로 행복한 삶을 살게 된다.

● **한자학습** 인(人)-주어로 쓰였을 때는 범칭(凡稱)으로 '인간이, 사람이'로 해석하고 문장의 중간에 들어간 때는 '타인(他人)'으로 해석하는 경우가 많다.

● **보충학습** 두 문장이 대구(對句)를 이루고 있다. 앞의 문장은 '주어+부사어+술어+목적어'의 확장문형이고, 뒤의 문장은 '주어+술어+목적어'인데 목적어가 '주어+술어'로 된 성분(成分) 절(節)을 가진 단문이다.

성심편 상

景行錄云경행록운 寶貨보화 用之有盡용지유진이나
忠孝충효는 享之無窮향지무궁이니라.

경행록에 이르기를 "보화는 쓰면 다함이 있으나, 충효는 누려도 다함이 없느니라" 하였다.

아무리 많은 보화도 쓰기만 하면 결국 다 없어지고 만다. 재물이 많은 것만은 자랑할 것이 못된다. 그 재물을 어떻게 유지하고 늘리고 쓸 것인가가 중요하다. 재물은 어떻게 쓰느냐에 따라 약이 되기도 하고 독이 되기도 한다. 재물을 잘 써서 덕과 명예를 얻는 것은 어려운 일이다. 재물은 아무리 잘 쓰려고 해도 재물을 소유하는 것 자체가 사람의 마음대로 되는 것이 아니다. 재운(財運)이란 말이 있다.

수십 년 농사짓던 전답(田畓)을 팔고 나니 그곳에 아파트 단지가 개발돼 가슴 치는 사람도 있고, 헐값에 산 자갈밭 부근에 공공기관 청사(廳舍)가 이전돼 보상금 받고 아파트 단지 우선 입주권 받아 갑자기 부자 되는 사람도 있으니 이를 어찌 인력(人力)으로 된다 하랴?

재물은 있어도 써버리면 없어지고 있다가도 하루아침에 잃기도 한다. 충효는 가치 있는 삶의 덕목(德目)이다. 충(忠)이란 무엇인가? '진기지위충(盡己之謂忠)'이라 했다. 효(孝)는 무엇인가? '백행지원(百行之源)'이라 했다. 모든 일에 최선(最善)을 다하는 삶이 충효(忠孝)다. 충효의 사람은 성실하고 겸손하고 믿음직하고 어질다. 이런 가치는 아무리 욕심을 내어 누린들 다함도 없고 금할 이도 없다.

이런 삶은 가난하거나 부자거나 유식하거나 무식하거나 차별이 없다. 오직 내 맘 먹기 나름이다. 하고자 하면 누구나 언제고 할 수 있다. 충효는 보화와 다르고 보화보다 귀하다.

● **한자학습** 보(寶)-보배, 보물, 보배롭게 여기다. 화(貨)-재화, 물품, 뇌물을 주다. 궁(窮)-다하다, 끝나다, 그치다, 끝, 떨어지다. 막히다, 어려움을 겪다, 가난하다, 궁구하다.

● **보충학습** 갈 지(之) 자(字)는 때로 지시대명사로 쓰인다. 여기서 앞의 것은 보화를 뒤의 것은 충효를 의미하는 지시대명사이다.

家和貧也好가화빈야호어니와 不誼富如何불의부여하오
但存一子孝단존일자효니 何用子孫多하용자손다리오

집안이 화목하면 가난해도 좋지만 정의(情誼)가 좋지 않으면 부유한들 무엇하리오. 단지 한 명의 아들이라도 효도하는 자식을 둘 것이니 그렇지 않으면 자손이 많은들 어디에 쓰리요?

    가정의 행복과 불행이 재물과 전혀 관계가 없다고 말할 수는 없다. 가난 때문에 남이 겪지 않는 어려움을 겪으면서 행복하다고 말할 수는 없다. 가난해서 꼭 가고 싶은 상급학교에 진학을 못한다든지, 가난해서 몸이 아픈데도 병원에 가지 못한다면 이는 불행이다. 그러나 재물만 있다고 행복해지지도 않는다. 문제는 가족간의 화목(和睦)과 정의(情誼) 여하에 달려있다. '가족이 화목하면 가난해도 좋다'는 것은 화목이 가난을 얼마든지 극복할 수 있다는 말이다. 가족이 화목하기만 하면 가난해도 나름대로 행복할 수 있다는 뜻이다.
    '부자라도 가족이 정의(情誼)가 좋지 않으면 어찌 하랴?'는 것은 재물보다 가족간의 정의(情誼)가 행복한 가정의 중요한 요소라는 말이다. 자갈논 몇 마지기를 가지고 가난할 때는 가족끼리 돕고 아끼고 정의가 좋던 집안이, 어쩌다 그 논이 개발지역에 편입돼 졸지에 부자가 된 뒤에는 형제간에 불화하는 것을 주위에서 본다. 자손이 많은 것은 좋은 일이다.
    그러나 불효하는 아들 많은 것은 효도하는 한 아들만 같지 못하다. 효도할 줄 모르는 아들 많은 것은 무거운 짐이요 근심이다. '자효쌍친락(子孝雙親樂)'이니 효도하는 아들 하나는 부모의 행복이요 기쁨이다. 그러나 효도(孝道)는 의무(義務)가 아니다. 사랑이다.

● **한자학습**   의(誼)-옳다, 의논하다, 다스리다, 우애(友愛)=(親好).

● **보충학습**   의문사 어찌 하(何)는 어느 때는 의문부사로 어느 때는 의문대명사로 쓰인다. '여하(如何)'에서는 '어찌 하랴?'는 뜻의 의문부사로 쓰였고 '하용(何用)'에서는 '어느 곳에'라는 뜻의 의문대명사로 쓰였다.

父不憂心因子孝부불우심인자효요 夫無煩惱是妻賢부무번뇌시처현이라.
言多語失皆因酒언다어실개인주요 義斷親疎爲錢의단친소지위전이니라.

아버지가 마음에 근심하지 않음은 자식이 효도하기 때문이요, 남편이 번뇌가 없음은 아내가 어질기 때문이라. 말이 많고 말을 실수함 모두 술 때문이요 의리가 끊어지고 친하던 사이가 멀어짐은 돈 때문이니라.

무사(無事) 무탈한 자식을 둔 부모, 제 할 일 알아서 제 앞가림하는 자식을 둔 부모, 나이 차서 건강하고 변변한 직업 가지고 부모에게 부담주지 않는 자식을 둔 부모는 복 많은 사람이다.

갈수록 생존경쟁은 치열해지고 고용은 불안정한 시대에 우리의 자식들이 살아 보려고 고군분투(孤軍奮鬪)하고 있다. 마음은 부모에게 효도하고 싶고, 좋은 직장 가지고 돈 벌어 부모님에게 떳떳하고 싶은데 갈수록 깊어만 가는 청년 실업(失業)으로 우리의 착하고 똑똑한 자식들이 괴로워하고 있다. 지금은 부모의 근심이 자식의 불효 때문이 아니라 자식이 일 하고 싶은데 취업난으로 괴로워하는 것을 지켜봐야 하는 마음고생 때문이다. '어진 아내를 둔 남편은 마음 편하다'는 말은 내조(內助)를 강조한 말이다.

지금은 양성(兩性) 평등의 시대다. 어진 남편의 외조(外助)가 성공한 아내를 만든다. 술이 과(過)하면 말이 많고 말이 많으면 실수가 많다. 술은 사람이 즐기는 음식일 뿐이다. 술 취해 자신이 한 말, 자신이 한 행동을 술 깬 뒤 모른다면 그런 사람은 머지않아 술 때문에 인생을 망치고 후회하게 될 것이다. 돈 거래가 불명(不明)하면 돈 잃고 사람 잃는다. 돈이 의리(義理)와 정의(情誼)를 잃게 하는 것이 아니다. 돈을 쓰는 사람의 마음이다. 돈 주고도 상대의 마음을 상하게 하면 의리는 끊어지고 소원(疎遠)해 진다. 얼마나 어리석은 일인가.

● **한자학습** 번(煩) – 괴로워하다, 답답하다, 번거롭다, 귀찮다, 욕보이다.

● **보충학습** 문장의 마지막 부분 '위전(爲錢)'에서 위(爲)의 용법은 앞의 '인(因)'과 같이 원인을 나타낸다. 위(爲)의 용법은 '하다, 되다, 삼다, 만들다, ~을 위해, ~이다, ~ 때문에' 등 다양하다.

旣取非常樂기취비상락이어든 須防不測憂수방불측우니라.

이미 몹시 큰 즐거움을 취했거든 반드시 헤아릴 수 없는 근심을 방비해야 하느니라.

　흥진비래(興盡悲來)라는 말이 있다. 기쁜 일이 다 하면 슬픈 일이 온다. 그러기에 고진감래(苦盡甘來)다. 오늘이 힘들고 괴로울수록 기쁜 일이 가까이 다가오고 있다 생각하라. 사람이 살다보면 때로 남이 부러워할 몹시 큰 기쁨을 누릴 경우가 있다.
　그럴 때 자만(自慢)하거나 기쁨에 취해서 희희낙락(喜喜樂樂)만 해서는 안 된다. 중국 변방 만리장성 부근에 한 노인이 살았다. 어느 날 기르던 말 한 필이 장성을 넘어 달아났다. 이웃들은 얼마나 슬프냐고 노인을 위로 했다. 노인은 세상일은 모르는 것이라며 대수롭게 여기지 않았다. 얼마 후 달아났던 말이 호(胡)의 준마(駿馬) 한 마리를 데리고 왔다. 호(胡)의 준마는 귀한 것이다. 이웃들은 달려와 노인을 축하했다. 그러나 노인은 좋아만 할 일이 아니라고 담담히 말했다. 얼마 후 노인의 외아들이 준마를 타다가 낙마해 다리가 부러졌다. 역시 이웃들은 얼마나 슬프냐고 노인을 위로했다. 그러나 역시 노인은 그럴 수도 있지 하며 담담했다. 오랜 후 전쟁이 나서 마을의 젊은 남정네는 모두 전쟁에 나가 전사했다. 그러나 노인의 아들은 다리가 부러진 까닭에 전쟁에 나가지 않아 죽음을 면했다. 준마를 얻은 큰 기쁨이나 아들이 낙마해 다리가 부러진 측량할 수 없는 근심은 누구도 알 수 없는 인생사다.

※ **한자학습**　기(旣)-이미, 벌써, 원래, 그러는 동안에, 이윽고. 수(須)-모름지기, 마땅히, 수염, 기다리다. 방(防)-둑, 말리다, 방비하다, 방비, 수비. 측(測)-재다, 헤아리다, 맑다, 알다.

※ **보충학습**　이미 기(旣)는 과거 시제를 나타내는 부사, 비상(非常)은 몹시, 대단히, 매우 등의 뜻을 가진 부사어다.

得寵思辱득총사욕하고 **居安慮危**거안려위니라.

총애를 얻거든 버림받아 욕(辱)될 것을 생각하고 편안함에 거하거든 위태로움을 생각할 지니라.

인생행로는 기복(起伏)이 있고 양지(陽地)와 음지(陰地)가 있다. 임금의 총애를 얻어 영광을 누린다고 항상 그러리란 보장은 없다. 총신(寵臣)이었던 사람이 역신(逆臣)이 되기도 하고 지존(至尊)이 변해 폐주(廢主)가 되기도 했다. 우리역사에 명암(明暗)의 반전은 흔히 있었다.

지금 잘되어 영광을 누린다고 교만할 일이 아니다. 조심하고 경계해 내일 있을 지도 모를 어려움을 대비(對備)하는 것이 현명하다. 지금 평안한 삶을 산다고 늘 평탄하기만 바랄 수는 없다. 위태로움에 처했을 때를 생각해 삼가고 근신하며 어려움에 대처할 준비를 함이 지혜롭다. 서포(西浦) 김만중(金萬重)의 어머니 윤씨(尹氏)는 어진 어머니로 유명하다. 그녀는 장남(長男)인 김만기(金萬基)가 임금의 장인(丈人)인 국구(國舅)가 돼 부원군(府院君)의 어머니가 되고 작은 아들 김만중(金萬重)이 대제학(大提學)에 이르러 정경부인이 됐건만 남편 김익겸(金益謙)이 병자호란에 순절해 유복자 서포를 키워야 했던 어려운 때를 잊지 않고 손수 길쌈을 하는 등 근검(勤儉)을 몸소 실천했다고 한다. 훗날 숙종(肅宗)의 인현왕후(仁顯王后) 폐비사건에 연루돼 두 아들이 모두 참화(慘禍)를 당해 어려움에 처하였을 때도 의연히 가도(家道)를 지켜 안위의 바뀜에 흔들리지 않아 세인(世人)의 귀감(龜鑑)이 됐다. 조금만 상황이 바뀌어 어려워도 전전긍긍(戰戰兢兢)하는 작금(昨今) 세태(世態)를 경계(警戒)할 좋은 본보기라 하겠다.

* **한자학습** 총(寵)-괴다, 사랑하다, 첩. 욕(辱)-욕되게 하다, 욕보이다, 욕, 수치. 려(慮)-생각하다, 근심하다, 꾀하다. 위(危)-위태하다, 위태롭게 하다, 두려워하다, 높다.

* **보충학습** 문장구조를 보면 득총(得寵), 사욕(思辱), 여위(慮危) 모두가 '술어+목적어' 구조이고 거안(居安) 은 '술어+보어' 구조로 돼 있다.

榮輕辱淺영경욕천하고 利重害深이중해심이니라.

영광이 가벼우면 욕도 얕고, 이익이 무거우면 해도 깊으니라.

이 글의 속뜻은 '영화(榮華)누린 것이 적으면 남에게 욕을 먹는 것도 적을 것이고, 이익 본 것이 중(重)하면 손해 입음이 깊으리라'는 것이다. 사람은 평등하지만 사람살이는 평등하지 않아 빈부와 귀천이 있다. 누구나 영화(榮華)를 누리고 싶고 부자로 살고 싶다. 그러나 내가 남보다 영화를 누리는 자리에 있을 때 결코 간과(看過)하지 말 것이 있다. 남들이 부러워하고 축하하고 높여 준다고 자고(自古) 자만(自慢)하지 말 일이다.

사람들은 누구나 자기의 처지가 남만 못할 때 그 이유가 남보다 내가 못나고 모자라서 그렇다고 생각하지 않는다. 설령 상대방이 자기보다 잘나고 똑똑해서 영광스런 자리에 올랐어도 자기의 처지가 불우하면 칭찬에 너그럽지 못하다. 마치 자신의 불우가 그 사람의 탓인 양 불평한다. 하물며 떳떳하지 못하게 영화를 누렸다면 영화를 누린 경중(輕重)에 따라 욕을 먹거나 당하는 차이가 난다. 이익을 챙기는 것도 마찬가지다. 이익을 남보다 많이 챙겼으면 많이 챙긴 대로 적게 챙겼으면 적게 챙긴 만큼 해를 당하는 것도 다르다. 그러기에 어진 사람은 영화로운 자리에 있을수록 이권을 챙길 자리에 있으면 있을수록 겸손하고 이익을 멀리 하였다.

황희나 맹사성이 그런 삶을 산 청백리로 유명하다. 반대로 광해군 때의 김개시나 명종 때의 정난정은 한때 나는 새도 떨어뜨릴 권세와 나라의 부를 독차지 했으나 몰락한 뒤에는 참담한 최후를 맞았다. 고금의 이치는 순환하는 법이다.

* **한자학습** 영(榮)-꽃, 꽃이 피다, 영화, 영달. 천(淺)-얕다, 물이 깊지 않다, 소견이나 지식이 깊이 않다. 심(深)-깊다, 깊이, 깊게 하다, 매우.
* **보충학습** 간단하고 짧은 문장이나 두 문장 모두 앞에 만약 약(若)이 생략된 가정문이다.

甚愛必甚費 심애필심비요 甚譽必甚毁 심예필심훼요
甚喜必甚憂 심희필심우요 甚藏必甚亡 심장필심망이니라

너무 아끼면 반드시 심히 허비하게 되고, 너무 칭찬하면 반드시 심히 헐뜯게 되고, 너무 기뻐하면 반드시 심히 근심하게 되고, 너무 감추고 쌓아두기만 하면 반드시 심히 잃어버리게 되느니라.

과유불급(過猶不及)을 경계한 글이다. 무슨 일이든지 지나친 것은 모자람만 못하다. 아끼고 절약하는 것은 좋은 일이다. 그러나 지나치게 아껴 모아두기만 한 사람은 언젠가 써야할 때 다른 사람보다 더 크게 허비하고 있다고 느끼게 된다.

누가 칭찬을 지나치게 하거든 경계할 일이다. 그런 사람은 자기 목적이 이뤄지지 않거나 기대가 빗나갔을 때 도리어 비난하고 헐뜯을 사람이다. 자신이 한 일보다 지나친 영광을 얻거든 조심해야 한다. 그렇지 않으면 지나친 영광을 받은 만큼 상황이 바뀌었을때 욕먹을 수 있기 때문이다. 좋은 일이 있다고 너무 기뻐하면 그 사정이 달라졌을 때 남보다 더 크게 실망하고 근심하게 된다.

재물도 검소가 지나쳐 쓰지 않고 쌓아두기만 하면 도둑을 맞아도 남보다 더 많이 잃어버리게 된다. 기쁨도 슬픔도 명예도 자랑도 모두 지나치는 것은 금물(禁物)이다. 지나치게 절약하는 부모를 보고 자란 아들은 부자가 돼도 돈 쓸 줄을 모른다. 매사에 중요한 것은 중용(中庸)이다. 우리 사회가 어지러운 것은 중용(中庸)을 잃었기 때문이다. 저마다 중용(中庸)의 저울대를 바로 잡아야 할 때다.

* **한자학습** 심(甚)-심하다, 성하다, 정도에 지나치다, 두텁다, 중후하다. 비(費)-쓰다, 금품을 소비하다, 소모하다, 닳다, 비용, 용도. 예(譽)-기리다, 칭찬하다, 가상히 여기다, 바로잡다. 훼(毁)-헐다, 상처를 입히다, 무찌르다, 패하게 하다. 장(藏)-감추다, 품다, 간직하다.

* **보충학습** 문장 앞에 만약 약(若)과 중간에 곧 즉(則)이 생략된 가정문.

子曰자왈 不觀高崖불관고애면 何以知顚墜之患하이지전추지환이며

不臨深泉불임심천이면 何以知沒溺之患하이지몰익지환이며

不觀巨海불관거해면 何以知風波之患하이지풍파지환이리오

공자께서 말씀하시기를 "높은 절벽을 보지 않으면 어떻게 굴러 떨어지는 환란(患亂)을 알며, 깊은 샘을 임하지 않으면 어떻게 빠져 죽는 환란을 알며, 큰 바다를 보지 않으면 어떻게 풍파의 환란을 알리오" 하셨다.

사람의 성격을 보면 소극적이고 겁이 많은 사람과 적극적이고 과감한 사람이 있다. 나름대로의 개성이지만 인류 역사는 적극적이고 과감한 사람들에 의해서 발전해 왔다. 흔히 하는 이야기지만 만약 컬럼버스가 신대륙을 찾아 과감히 탐험에 도전하지 않았더라면 아메리카 신대륙은 발견되지 못했을 것이다.

새로운 세계에 도전하려면 때론 위험을 무릅쓰지 않으면 안 된다. '높은 벼랑을 보지 않으면 굴러 떨어지는 환란을 알 수 없다'는 말은 '굴러 떨어지는 어려움을 겪지 않고 어떻게 높은 벼랑에 올라갈 수가 있으랴?' 하는 말과 다르지 않다. 우리나라 등반대(登攀隊)가 세계에서 가장 높은 히말라야 최고봉(最高峰) 등반(登攀)에 성공하기까지는 많은 좌절(挫折)과 희생이 있었다. 그러나 끊임없는 도전이 히말라야는 물론 남극점(南極點)과 북극점(北極點) 정복에 성공할 수 있었다.

경험보다 더 큰 스승은 없다. 어려운 일을 경험해 봐야 극복하는 방법을 찾아 낼 수 있다. 한국은 작은 나라다. 그러나 한국인은 위대하다. 외국 여행을 해보면 실감한다. 세계 어느 곳이나 한국인이 진출하지 않은 곳은 거의 없다. 뉴질랜드 남섬의 작은 마을 농장에서 김치와 된장국을 먹을 수 있고, 노르웨이에서 한국 라면이 슈퍼마켓마다 최고 인기 상품이 된 지 오래다. 도전정신은 우리 미래의 희망이다.

● **한자학습** 전(顚)-꼭대기, 이마, 정수리, 산정(山頂), 목, 고개, 구르다. 추(墜)-떨어지다, 떨어뜨리다, 잃다. 몰(沒)-가라앉다, 물에 빠지다, 숨다, 숨기다. 환(患)-근심, 걱정, 병들다.

● **보충학습** 문형은 모두 '만약 ~할 수 없다'는 가정문이다.

欲知未來욕지미래인대 先察已然선찰이연이니라

미래를 알고 싶으면 먼저 이미 지난 일이 어떠했는가를 살필지니라.

현재가 어려우면 어려울수록 사람들은 미래에 대해 알고 싶어 한다. 요즘 경제 사정이 어려우면서 점집이 성황(盛況)이라고 한다. 과거에는 점을 친다고 하면 혹세무민(惑世誣民)에 빠진 어리석은 사람이라는 인식이 많았다.

초 첨단과학 기계인 컴퓨터 인터넷에 고정 사이트로 사주(四柱) 운세(運勢)가 성업(盛業)이다. 대학가 주변의 점집 카페가 인기가 높다. 모두 미래가 궁금한 것이다. 내일은 어떻게 될 것인가? 내일은 어떻게 살아야 하나? 난세를 살았던 선인(先人)들은 불확실한 미래가 두려워 선지자(先知者)를 갈망했고 예언(豫言)과 계시(啓示)를 목말라 했다. 그러나 어떤 선지자(先知者)도 미래에 대한 구체적(具體的)이고 확실한 예언과 계시를 제시한 적이 없다.

역사는 가장 확실한 미래의 예언서(豫言書)라는 말이 있다. 사람 사는 이치와 사람 사는 경우는 과거나 현재나 미래나 다름이 없다. 삶의 양식만 달라질 뿐이다. 그러므로 미래에 대해 알고 싶거든 이미 지나간 과거의 일이 어떠했는가를 먼저 살피라는 말이다. 역사를 중시하는 민족은 망하지 않는다. 과거 역사에서 미래에 닥칠 역사의 불행을 대비할 지혜를 찾기 때문이다. 국사(國史)가 중·고등학교에서 선택과목인 이 나라의 장래가 심히 걱정된다.

● **한자학습** 래(來)-오다, 장래, 부르다. 본래 이 글자는 보리라는 곡식의 이름이었다. 중국에 본디 보리가 없었는데 서쪽에서 바람에 불려 왔다. 여기서 유추 확대돼 '오다'는 글자로 가차(假借)돼 쓰이고 보리의 뜻을 나타내는 맥(麥)자의 자형은 의미를 분명히 하는 현재의 모양으로 변했다. 찰(察)-살피다, 알다, 조사하다, 생각해 보다.

● **보충학습** 이미 이(已)는 과거 시제 부사이다. 여기서 이연(已然)은 과거가 그러하다는 뜻이다. 연(然)은 여차(如此)의 의미가 내포돼 있다.

子曰자왈 明鏡명경은 所以察形소이찰형이요

往古왕고는 所以知今소이지금이니라.

공자께서 말씀하시기를 "밝은 거울은 형체를 살피는 도구요, 지난 일은 이제를 아는 도구이니라" 하셨다.

거울은 자신의 모습을 비추어 보는 도구다. 형(形)은 형체, 모양의 뜻이다. 형(形)은 얼굴을 포함한 전신(全身)을 말한다. 거울은 특히 얼굴을 살피는 데 주로 많이 사용한다. 얼굴은 밖으로 전신(全身)을 대표하는 곳이기 때문이다. 거울은 거울에 비쳐진 자신의 허물과 흠을 살펴보고 그것을 고치는 데 유용한 물건이다. 자신의 흠을 고치는 것은 거울이 아니라 자기 자신이다.

거울이 있어도 보지 않거나 보고도 자기의 허물을 고치지 않으면 거울은 소용없다. 대중가요에 '거울도 안 보는 여자'라는 노래가 있었다. 여자이기를 포기한 여자라는 뜻이다. 모든 여자는 아름다워지고 싶어 하는 본성(本性)을 가지고 있다. 고로 여자는 시도 때도 없이 거울을 본다. 거울도 안 보는 여자는 죽은 여자가 아니면 그런 여자는 이 세상에 없다. 인생의 거울은 무엇인가? 지난 과거의 일이다. 과거에 대한 냉철한 반성이 자신을 비추는 거울이다.

친일파(親日派) 명단을 발표로 여론이 분분하다. 얼마 전 모 언론에서 일제 시 훈장을 받은 사람들의 명단을 보도했다. 가장 많은 사람이 교육자였다. 그러나 교직자나 교육공로자 가운데는 퇴직 때나 의례적으로 준 훈장을 받은 이도 있었을 것이다. 어떤 경우라도 억울한 피해자가 생겨서는 안 된다. 거울의 생명은 명명백백(明明白白)이다. 옥석(玉石)을 구분 명백한 과거사 반성만이 진정한 거울의 소임(所任)을 다 하는 것이다.

● 한자학습 찰(察)-살피다, 드러나다, 자세하다, 깨끗하다. 왕(往)-가다, 과거, 이따끔, 일찍(이전에), 언제나, 보내다, 향하다. 지(知)-알다, 알리다, 지식, 알림, 대접, 맡다(주재하다).

● 보충학습 소이(所以)는 원인, 도구, 방법, 역할, 구실, 물건 등 다양한 용법이 있다. 여기서는 도구를 나타낸다.

過去事과거사는 明如鏡명여경이요 未來事미래사는 暗似漆암사칠이니라.

과거의 일은 분명하기가 거울과 같고, 미래의 일은 어둡기가 칠흑(漆黑)과 같으니라.

인간의 삶은 과거와 현재와 미래 가운데 존재한다. 그 가운데 가장 확실하고 분명한 것은 과거의 일이다. 그것은 이미 지난 것이기 때문에 한 치의 가감도 있을 수 없다. 현재 역시 분명하다. 그러나 지금 전개되는 일의 결과는 단정할 수 없다. 미래의 일은 아무도 알지 못한다. 다만 과거의 일을 거울삼아 추측할 뿐이다.

지난 런던 테러 사고가 났을 때 어떤 호주인은 사고 현장에 있다가 구조됐는데 그는 이미 미국 뉴욕 폭발 사고와 동남아 지진 해일 등 세 차례 이상의 대형 사고 현장에 있다가 그 때마다 용케도 큰 부상 없이 생존했다고 한다. 그가 미래의 일을 조금이라고 예측할 수 있었다면 그는 그 위험한 사고의 현장 가까이 다가가지 않았을 것이다. 대통령 당선이 거의 확실시 되던 때에 투표 직전 급서(急逝)했던 신익희·조병옥 선생의 일은 세인(世人)의 한탄을 금하지 못했다.

한 치 앞의 일도 알지 못하는 인생이 십년 후 백년 후의 일을 고민하고 욕심 부리고 재물을 쌓아두려 아등바등 대는 것은 참으로 가소(可笑)로운 일이다. 주미대사로 임명받은 홍모씨는 엉뚱하게도 부임 한 달도 못되어 유엔 사무총장에 입후보 하겠다는 입장을 발표해 국민을 어리둥절하게 했다.

그런 그가 지난 97년 대선 당시 자기가 사장으로 있던 언론사 모기업 사주와 불법 선거 자금을 여야에 공여(供與)하며 밀담(密談)한 내용의 도청(盜聽)테이프가 폭로돼 불과 5개월 만에 낙마(落馬) 사퇴(辭退)하였다. 미래사(未來事) 알 수 없음에 실소(失笑)를 금치 못한다. 반대로 외교부장관에서 퇴진이 예견되었던 반기문 장관은 물러나자 곧 유엔 사무총장이 되어 모시던 대통령 보다 더 광영을 누리고 있다. 그래서 인생은 살아봐야 아는 것이다.

● **한자학습** 사(似)-같다, 닮다, 잇다. 칠(漆)-옻, 옻나무, 옻칠하다.

● **보충학습** 정반대의 대조적(對照的)인 내용을 대구(對句)로 구성한 문장이다.

景行錄云경행록은 明朝之事명조지사를 薄暮박모에 不可必불가필이요 薄暮之事박모지사를 晡時포시에 不可必 불가필이니라.

경행록에 이르기를 "내일 아침의 일을 저녁 어두워지기 시작할 때에 기필(期必)할 수 없으며, 저녁 어두워지기 시작할 때의 일을 포시(晡時) 즉 오후 네 시 무렵에 기필하지 못하느니라" 하였다.

사람은 누구도 미래의 일을 모른다. 아침에 건강한 모습으로 출근한 남편이 저녁에 차가운 시신이 돼 돌아오는 수도 있으며, 즐거운 여름휴가 여행이 한 가족의 최후가 되기도 한다. 그러나 이와 같이 부정적인 면만 있는 것은 아니다. 가난한 섬마을 어린 소년이 한 나라의 대통령이 되기도 하며, 부모 몰래 소 판돈을 훔쳐 무작정 상경한 가출 소년이 세계적인 대기업을 창업 총수가 되기도 한다. 누가 사람의 앞날을 단언할 수 있는가?
어떤 종교의 유명한 목회자는 젊어서 주먹 패로 악명이 높던 이였다고 한다. 그러기에 사람은 남보다 잘 산다고 좋은 자리에 있다고 교만해서는 안 된다. 겸허하고 공순한 마음으로 남에게 자신을 낮추며 살아야 한다.
한 대학을 같은 해에 시험보고 한 사람은 합격하고 한 사람은 떨어졌다. 훗날 이십여 년이 흘러 시험에 떨어졌던 사람은 어느 기관의 인사책임자가 돼 있었고, 합격했던 사람은 다른 직업을 전전하다가 뒤 늦게 그 직장에 입사 원서를 냈다. 꾸며낸 이야기 같지만 필자가 직접 겪은 일이다.
오늘 학교 성적이 좀 떨어졌거나, 취업 시험에 실패했을지라도 낙담할 일이 아니다. 비록 오늘 비가 내려도 내일은 광명한 날이 얼마든지 있을 수 있기 때문이다. 내일이 있는 한 인생은 희망이다.

● 한자학습 박(薄)-엷다, 적다, 가볍다, 천하다, 천박하다, 깔보다. 포(晡)-신시(申時), 오후 네 시 전후, 해질 무렵.

● 보충학습 불가필(不可必)은 '꼭~한 것은 아니다. 꼭~할 수는 없다' 부분부정(部分否定)의 의미를 나타낸다.

天有不測風雨천유불측풍우하고 人有朝夕禍福인유조석화복이니라.

하늘에는 예측할 수 없는 바람과 비가 있고, 사람에게는 아침저녁 닥쳐오는 화와 복이 있느니라.

    미국은 해마다 허리케인 때문에 막대한 재산과 인명 피해를 본다. 금년도 플로리다 반도에 불어 닥친 허리케인의 가공(可恐)할 파괴력은 지나간 자리를 거의 초토화(焦土化)했다. 아무리 과학문명이 발달한 미국도 자연의 재앙 앞에서는 어쩌지 못하나 보다. 프랑스를 비롯한 유럽에는 예년에 없는 무더위가 덮쳐 노약자의 인명 피해가 연일 보도되고 있다.
    중국 북경 부근은 40도를 육박하는 혹서가 연일 계속되고 헤이룽장 일대는 대홍수가 나서 많은 인명 피해를 내고 있다. 우리나라의 경우는 금년 여름이 시작되면서 기상대가 100년 만에 가장 무더운 여름이 될 것이라고 예보했으나 실상은 예년 수준에 머물렀다.
    어떤 경우는 같은 청주 시내도 무심천 동쪽에 비가 내리는데 서쪽은 해가 쨍쨍 비치기도 한다. 비록 시군이 다르지만 불과 몇 십리 사이인데 한 쪽은 집중 호우가 내려 길이 끊어지고 집이 침수되는데 한 쪽은 멀쩡하다. 때로는 돌풍이 불어 농작물을 망쳐놓기도 하고 우박이 내려 피해를 주기도 한다. 고로 하늘에는 예측할 수 없는 비바람이 있다는 것이다. 사람 사는 경우도 이와 같다. 아침과 저녁의 일을 모른다.
    즐거운 일이 있어 희희낙락 하지만 그가 언제 슬픈 일을 만날지 알 수 없다. 화(禍)와 복(福)은 백지 한 장 차이다. 마치 동전의 앞뒷면 같다. 사랑과 미움은 한 마음에 비친 두 얼굴이다. 그러기에 인생은 현재가 중요하고 내일을 장담할 일이 아니다.

● 한자학습   측(測)-재다, 헤아리다, 맑다, 알다. 화(禍)-재앙, 근심, 죄, 재화를 내리다.

● 보충학습   두 문장이 대구(對句)를 이루고 있다. '조석(朝夕), 화복(禍福)'은 반대되는 글자끼리 합해 된 복합어(複合語)이다.

未歸三尺土미귀삼척토하면 難保百年身난보백년신이요,

已歸三尺土이귀삼척토라도 難保百年墳난보백년분이니라.

석 자의 흙무덤으로 돌아가기 전에는 백년의 평생 동안 일신을 보전하는 것이 어렵고, 이미 죽어 석 자 흙무덤으로 돌아간 뒤에도 무덤을 백 년 동안 보전하기 어려우니라.

2005년 현재 우리나라의 평균 수명(壽命)은 남자 73.4세 여자 80.4세이다. 이제 인생칠십고래희(人生七十古來稀)는 고전(古典) 글귀로만 남게 됐다. 이는 생활환경이 좋아졌고 의식주가 넉넉해졌으며 의료시설이 향상됐음을 의미한다.

그뿐 아니라 2차 세계대전 이후 인류의 평화에 대한 갈망과, UN을 비롯한 국제기구들의 열성적인 노력으로 전쟁이 현저하게 줄어든 까닭이다. 과거 제왕시대의 정변(政變)은 이기느냐 지느냐의 싸움이 아니라 사느냐 죽느냐의 싸움이었다.

나만 조심한다고 일생을 편히 살다 종신할 수 있는 것이 아니었다. 괴질 등 전염병이 돌면 한 마을이 떼로 죽어나가고 한 가문이 멸문하는 일이 흔했다. 그러니 죽어 무덤에 들어가기 전에는 언제 어떤 불행이 닥쳐 일신을 보전하지 못할지 알 수 없는 노릇이었다. 어찌 옛날만 그러하랴?

지금은 날마다 교통사고로 생떼 같은 목숨들이 얼마나 많이 죽는가? 항상 삼가고 조심하며 살 일이다. 요사이 납골당 조성이 붐을 이루고 있다. 분묘의 폐단을 막는다는 당초의 취지와 다르게 호화 납골당이 우후죽순(雨後竹筍)처럼 세워져 또 다른 문제를 야기하고 있다. 어찌하랴? 아무리 호화 분묘 납골당을 조성해도 자손이 잘 되지 않으면 백년도 못가 황폐화되고 만다. 다 부질없는 일이다. 오늘 최선을 다해 사는 것보다 더 중요한 것은 없다.

* 한자학습　분(墳)-무덤, 언덕, 둑, 제방.
* 보충학습　본 문의 문장들은 '술어+보어'의 구조로 돼 있다. 풀어보면 '귀(歸)=술어, 삼척토(三尺土)=보어. 난(難)=술어, 보백년신(保百年身)=보어'이다.

景行錄云경행록은 木有所養목유소양이면 則根本固而枝葉茂즉근본고이지엽무하여 棟梁之材成동량지재성하고

경행록에 이르기를 "나무가 기르는 바가 있으면 뿌리가 튼튼하고 가지와 잎이 무성해서 동량의 재목이 되고

나무의 기르는 바가 있다는 것은 생명의 근원이 이어지고 보충되며 보살핌이 온전하다는 것을 의미한다. 나무를 심고 나무가 잘 자라도록 보살펴 동량의 재목을 만드는 것은 참으로 가치 있고 보람 있는 일이다.

그러나 생각처럼 나무를 잘 기르는 일은 쉽지 않다. 중국에 곽탁타라는 사람이 있었다. 그는 나무 기르기의 명인(名人)이었다. 그의 손에만 거치면 아무리 시들시들하던 나무도 뿌리가 튼튼하고 잎이 무성해 잘 자라지 않는 것이 없었다. 그는 나무 기르기에 대해 말하기를 첫째 나무는 본래 있던 땅의 흙을 뿌리와 함께 심어야 하고, 흙은 본래 있던 높이를 맞춰 북돋아 줘야 하며, 심을 때는 꼼꼼히 땅을 다져서 자식을 돌보듯이 정성을 기울여야 한다고 했다. 그러나 일단 심은 뒤에는 마치 내버린 물건 취급하듯이 잊어버려야지 너무 자주 가서 나무를 흔들거나 줄기를 만지거나 나무껍질을 벗겨 보거나 하지 말아야 한다고 했다. 즉 이 말은 나무를 기르는 데 정성을 다하는 것이 중요하나 나무 스스로 자연스럽게 자율적으로 자라도록 하는 것이 중요함을 말하고 있다. 사람을 교육하는 것도 마찬가지다.

교육에 정성을 다하는 것은 필요하나 너무 지나치게 간섭하는 것은 오히려 자율적이고 유능한 인간을 기르는데 방해가 된다는 것을 의미한다. 자녀를 동량지재로 만들기 원하거든 귀를 기울여 볼 일이다.

- **한자학습** 무(茂)-우거지다, 왕성하다, 풍성하다. 엽(葉)-잎, 사람이나 지명에서는 음이 섭.
- **보충학습** 유(有)는 소유와 존재를 나타내는 바에 따라 타동사 자동사로 문법적 기능이 달라진다. 여기서는 존재를 나타내므로 자동사가 되고 뒤의 것이 보어가 된다.

水有所養수유소양이면 則泉源壯而流派長즉천원장이유파장하여 灌漑之利博관개지리박하고

물이 기르는 바가 있으면 샘의 근원이 힘차고 물줄기가 길어서 관개(灌漑)의 이익이 넓고

근원을 잘 보존하고 발굴하면 샘의 근원이 힘차게 솟아 그 흐르는 물줄기가 길게 멀리까지 이어져 관개수리 지역이 넓다는 말이다. 물의 근원이 얼마나 깊으냐? 얼마나 잘 보존됐느냐? 얼마나 잘 발굴하느냐? 하는 것에 따라 유파(流波)의 길고 짧음이 다르고 관개할 지역의 이로움의 다소(多少)가 다르게 된다.

용비어천가에 있는 '샘이 깊은 물은 가마래 아니 그칠 새 내히 이러 바라래 가나니'와 같은 의미다. 장마철이면 곳곳에 샘이 솟는다. 그러나 근원이 없는 물, 근원이 계속 길러지고 보존되고 발굴되지 않는 물은 조금만 가물면 물이 말라 버린다. 그런 물은 흐름의 유파가 있을 수 없다. 이것이 어찌 물의 이치뿐이랴? 학문도 마찬가지다. 연구에 게으르고 공부하지 않는 사람은 그 지식의 샘이 늘 가뭄을 타게 마련이다.

유명 강사로 소문나 연수회 수련회의 단골 초청강사로 불려 다니는 모 교수의 강의는 두 시간짜리라는 말이 있다. 그의 강의는 두 번만 들으면 바닥이 난다는 것이다. 물의 근원이 말라 버린 것을 그는 말장난으로 호도(糊塗)하고 있었다. 이것이 비단 그에 국한된 문제겠는가? 사람의 인품도 마찬가지다.

사귀면 사귈수록 정이 깊어지는 사람, 만나면 만날수록 가슴이 뜨거워지는 사람, 가까이 다가갈수록 좋은 면이 더 커 보이는 사람 이런 사람은 물의 근원을 기르듯 자기 세계를 끊임없이 부지런히 계발하는 사람이다.

● 한자학습 관(灌)-물을 따르다, 적시다, 물주다, 정성껏 이르다. 개(漑)-물대다, 씻다, 물 천천히 흐르다.

● 보충학습 말 이을 이(而)의 용법 가운데 이 문장에 쓰인 것은 접속부사의 용법이다. '~해서'의 뜻으로 뒤의 문장을 수식하며 접속하는 문법적 기능을 가진다.

人有所養인유소양이면 則志氣大而識見明즉지기대이식견명하여
忠義之士出충의지사출이니 可不養哉가불양재아

사람이 기르는 바가 있으면 지기(志氣)가 크고 식견이 밝아져 충의의 선비가 나오니 어찌 기르지 않음이 옳으랴?

인유소양(人有所養)의 기르는 대상은 무엇인가? 한마디로 말하면 도(道)다. 이 글의 의미는 사람이 구도적(求道的)인 삶을 살아야 함을 말한다. 하루하루의 안일(安逸)만을 위해 사는 사람이 아니라, 사람다운 사람, 가치 있는 사람의 삶을 뜻한다.

맹자(孟子)는 이것을 호연지기(浩然之氣)라고 했다. 호연지기는 사소(些少)한 승부(勝負)욕에 의리(義理)를 저버리는 삶이 아니라, 대의(大義)를 위해 자기를 희생할 줄 아는 삶이다. 이런 삶은 거저 되는 것이 아니다. 어려서부터 인(仁)과 정의(正義)에 대한 강한 열망과, 불의(不義)에 대한 참을 수 없는 분노를 함양(涵養)해 자기도 모르게 밖으로 체현(體現)함에 이르는 것이다.

지기가 크고 식견이 밝아짐이란 이를 말한다. 이런 삶을 산 이들이 바로 충의지사(忠義之士)다. 국토도 좁고 민족의 수도 많지 않은 우리나라가 수많은 외세 침략에도 불구하고 5천년 역사를 지켜 온 원동력이 어디에 있는가?

위대한 임금들이 많아서 그런가? 잘난 재상들이 정사(政事)를 잘 펴서 그런가? 아니다. 성현(聖賢)의 가르침을 배운 충의지사들이 줄지어 배출되었던 까닭이다. 성현지학(聖賢之學)을 배워야 하는 이유가 바로 여기에 있는 것이다.

● 한자학습 식(識)-알다, 알려지다, 지식, 적다(지), 표하다(지), 표지(지), 음각문자(지).

● 보충학습 '가불양재(可不養哉)'는 '기가불양재(豈不養哉)'에서 어찌 기(豈)가 생략된 문장이다. 뜻은 '어찌 기르지 않는 것이 가하랴?'이다. 문형(文型)은 의문문과 같지만 내용적으로는 '기르지 않을 수 없다'는 강조의 뜻을 가진 반어문(反語文)이다.

自信者자신자는 人亦信之인역신지하여 吳越 오월이 皆兄弟개형제요

自疑者자의자는 人亦疑之인역의지하여 身外신외에 皆敵國개적국이니라.

스스로 자기를 믿는 자는 남도 역시 믿어줘 오나라 월나라 같은 원수 사이라도 모두 형제가 되고, 스스로 자기를 믿지 못하고 의심하는 자는 남도 역시 의심해 자신 이외에는 모두 적국이 되느니라.

나 자신의 정체성을 확립하지 못한 사람, 나 자신을 스스로도 믿을 수 없는 사람들이 많은 사회는 신뢰할 수 없는 사회다. 국가 기밀 취급의 최고위급 정부 기관인 국가정보원의 관리가 도청(盜聽)을 통해 직무 중 취득한 정보를 대량으로 복사해 뒀다가 퇴직 후 사적인 이익을 챙기기 위해 당사자를 협박하고 언론에 폭로하는 등 도저히 있을 수 없는 일이 일어났다.

도청(盜聽) 대상에 정치, 사회, 경제, 문화 전반의 지도급 인사들이 대거 망라됐다니 경악할 일이다. 내용 일부가 공개됐는데도 불법 비리의 정도가 심각함을 미뤄 내용이 모두 공개될 경우 핵폭탄 폭발과 같은 국가적 혼란이 있을 것을 염려하는 이도 있다.

국가의 지도자들이 행한 권모술수(權謀術數)와 흑막을 알고 난 뒤 국민들이 당할 낭패감과 배신감 불신감을 생각하면 보통 심각한 일이 아니다. 국가 지도자는 물론 인간에 대한 믿음이 실종되지 않을까 걱정이다. 나 자신이 신뢰할 만해야 남이 나를 믿어줘 모두 형제같이 믿고 사는 사회가 된다는 말이다.

● **한자학습** 신(信)-믿다, 진실하다, 믿음, 분명히 하다. 의(疑)-의심하다, 의혹하다, 의심.

● **보충학습** 한자어(漢字語) 복합어(複合語)의 조어(造語) 방법에는 관용적(慣用的) 방법이 있다. 오월(吳越)은 중국역사에서 가장 사이가 나빴던 두 국가 이름이다. 이후 관용적으로 원수(怨讐) 사이를 말할 때 오월(吳越) 사이라는 말을 쓰게 되었다. 예를 들면 오월동주(吳越同舟) 같은 말이다.

疑人莫用 의인막용하고 用人勿疑 용인물의니라.

사람을 의심하거든 쓰지 말고, 사람을 썼거든 의심하지 말지니라.

　인재를 등용할 때 사람이 의심스럽거든 쓰지 말라는 것은 인재를 잘 골라 써야 한다는 말이다. 배신할 사람, 속일 사람으로 의심이 가면 처음부터 쓰지를 말아야 한다. 무능한 사람과 의심스러운 사람은 다르다. 무능한 사람은 일의 성과가 적을 뿐 일을 망치거나 손해를 입힐 사람이 아니다. 의심스러운 사람은 비록 유능할 지라도 손해를 입힐 사람이다. 이원익 대감에 관한 재미있는 일화가 있다.
　선조는 임란 중에 의주 행궁에서 급히 인재를 천거하도록 중신들에게 명했다. 어느 날 한 신하가 천거돼 배알(拜謁)하는데 키가 너무 작고 왜소(矮小)해 관복이 땅에 끌리고 관모가 눈을 덮을 지경이었다. 선조는 처음 혀를 끌끌 차며 녹만 축내게 됐다고 한탄했다. 그러나 그의 하는 일을 보고 자신의 경솔함을 후회했다. 그가 처음 맡은 일은 수라간 감독하는 말직(末職)이었는데 그가 온 후 때마다 수라상 올리는 것이 지체됐다 중신들은 성화(星火)를 냈지만 선조는 그의 충직함을 보고 책하지 않았다. 사연인즉 그는 임금의 수라 음식을 먼저 맛본 후 따뜻한 방에 누워 한참을 지난 뒤에야 올리도록 했다. 전란 중이라 독을 넣었을까 의심해 자신이 맛보고 독이 있으면 빨리 퍼지도록 따뜻한 곳에 누워 시험했던 것이다.
　만약 선조가 그의 한 일을 알아보고 이해하지 못해 의심했더라면 임금의 안위(安危)도 보장할 수 없었을 것이요 큰 인재를 잃었을 것이다. 이분이 바로 임란 후 영의정이 돼 피폐한 나라를 재건하는데 혁혁한 공을 세운 오리 이원익 대감이다. 작은 일에 충성하는 자가 큰일에도 충성하는 법이다.

* **한자학습**　막(莫) – 없다(막), 저물다(모), 고요하다(맥), 말다.
* **보충학습**　말 막(莫)과 말 물(勿)은 보통 금지사로 쓰이나 때로는 부정사로도 쓰인다.

諷諫云풍간운 水底魚天邊雁수저어천변안은 高可射兮低可釣 고가사혜저가조어니와 惟有人心咫尺間유유인심지척간에 咫尺人心不可料지척인심불가료니라.

풍간에 이르기를 "물밑의 고기와 하늘가의 기러기는 높이 있으나 쏴 잡을 수 있고, 낮게 있으나 낚시질해 잡을 수 있지만, 오직 사람의 마음은 지척 간에 있으나 지척의 사람 마음은 헤아릴 수가 없느니라" 하였다.

본문은 '열 길 물속은 알아도 한 길 사람 속은 모른다'는 속담과 같은 내용이다. 태봉(泰封)국을 세운 궁예는 스스로 미륵부처라 참칭(僭稱)하고 관심법(觀心法)으로 사람의 마음을 들여다 볼 수 있다고 호언했다.

멀쩡한 사람을 잡아다 역심(逆心)을 품었다고 몰아세우면 누구나 억울함을 발명(發明)하는 것이 당연지사다. 그럴 때 궁예는 자신의 관심술(觀心術)을 모르고 속인다며 무고(無辜)한 사람들을 죽였다. 심복(心腹)이었던 왕건(王建)까지도 의심하기에 이른 궁예는 어느 날 갑자기 왕건을 잡아다 "어찌 반역할 마음을 품었느냐?"고 힐문(詰問)했다. 왕건을 아끼던 궁예의 측근이 귀뜸해준 대로 그는 자신이 아무도 모르게 잠간 역심을 품은 것을 알아낸 궁예의 관심술을 거짓말로 극구 칭찬하며 살려주기를 간청했다.

궁예는 자신의 관심술을 정말인양 속이기 위해 거만(倨慢)을 떨며 왕건을 살려주었다. 그러나 궁예는 왕건의 변심도 눈치채지 못하고 그에게 망하고 말았다. 이를 두고 왕건의 지략(智略)에 궁예가 진 것이라고 말하는 이들이 있다. 이와 같은 것이 정치(政治)라고 말하는 것은 정치의 참 뜻이 아니다. 정치 술수(術數)일 뿐이다.

● 한자학습   풍(諷)-외다, 풍자하다, 풍간하다, 사물에 비해 말하다. 간(諫)-간하다, 간하는 말. 사(射)-궁술, 활을 쏘다. 조(釣)-낚시, 낚시질 하다. 지(咫)-길이, 짧은 길이의 비유, 단지. 료(料)되질 하다, 헤아리다, 자료.

● 보충학습   풍간(諷諫)-연대 작자 미상인 사람을 풍자(諷刺)해 간(諫)하는 내용을 기록한 책.

畵虎畵皮難畵骨화호화피난화골이요

知人知面不知心지인지면부지심이니라.

호랑이를 그리되 가죽은 그릴 수 있으나 뼈는 그리기 어려운 것이요, 사람을 안다는 것이 얼굴은 알지만 마음은 알지 못하느니라.

사람을 사귀기 어려움을 경계한 글이다. 사람과 사람이 서로 알고 지낸다는 것은 어찌 보면 그 사람의 얼굴을 알고 지내는 것이지 그 사람의 속마음을 안다고 말할 수 없다. 퇴계 선생과 정인홍에 관한 일화가 있다. 정인홍은 수재(秀才)였다. 그가 퇴계 선생을 찾아가 수학(修學)을 청한 일이 있었다. 퇴계 선생은 결정을 미루고 일단 도산서당에 머물기만을 허락했다. 때는 팔월 무더운 계절이었다. 어느 날 퇴계 선생이 가까운 예안에 출타하시며 제생들에게 자습할 것을 명했다. 선생이 도산서당 아래 천운대 밑을 내려가시자마자 유성룡·김성일·조목 등 제생들은 의관을 벗어던지고 도산서당 옆 토계의 계곡 물에 가 등목을 하고 물놀이를 하며 더위를 식혔다. 그러나 정인홍은 경상(經床) 앞에 단정히 앉아 땀을 비 오듯이 흘리면서도 미동도 하지 않았다. 퇴계 선생이 돌아와 이 모습을 봤다. 다른 제생들은 선생님에게 꾸지람 들을 것이 두려워 전전긍긍하는데 정인홍은 오연(傲然)히 책 읽기만 계속했다.

며칠 후 퇴계 선생은 정인홍을 불러 굳이 내게 더 배울 것이 없으니 돌아가라며 문하(門下)에 둘 것을 사양했다. 훗날 정인홍은 광해군 때 인목대비 폐비사건을 주도해 인조반정 후 대역죄로 처형당했다. 그때 그를 제자로 받아준 조식 선생과 덕천서원은 화를 당했고 그의 사람됨을 미리 알아본 퇴계 선생과 도산서원은 화를 면했다. 이를 지인지감(知人知鑑)이라 한다. 정인홍의 위선(僞善)으로 그 마음을 알아본 것이다. 얼마나 어려운 일인가?

● 한자학습 화(畵)-그림, 그림 그리다, 채색, 색을 칠하다, 긋다(획).

● 보충학습 두 문장은 비유와 대구를 이뤄 내용을 강조하고 있다.

對面共話대면공화하되 **心隔千山**심격천산이니라.

얼굴을 마주 대하고 이야기하되 마음은 천 겹의 산처럼 멀리 거리가 있느니라.

사람이 서로 얼굴을 마주 대하고 대화를 나누는 가까운 사이라 할지라도 그 마음은 측량하기 어렵다는 말이다. 얼굴을 대면하고 대화하는 사이는 매우 가까운 관계를 뜻한다.

그러나 관계가 가깝다고 마음까지 꼭 가깝다고 말할 수 없다. 삼국지의 유비·관우·장비 세 사람의 도원결의(桃園結義)처럼 철석(鐵石)같은 의리의 맹약도 있지만 대사(大事)를 함께 결의한 동지를 밀고(密告)해 역사를 바꾼 인물도 있다.

조선 초 사육신(死六臣)의 단종(端宗) 복위(復位) 모의(謀議)를 고변(告變)한 김질은 성삼문과 절친한 친구로 같은 집현전 학사였다. 성삼문은 그의 우정과 겉 사람만을 알았을 뿐 그의 속마음은 알지 못했다.

수양대군은 또 어떤가? 그는 형님인 문종(文宗)이 살았을 때 입궐하면 어린 세자 단종을 등에 업고 다녔다고 한다. 그는 입버릇처럼 중국의 주나라 주공(周公)이 어린 조카 성왕(成王)을 등에 업어 키워 성군(聖君)을 만든 고사(故事)를 들먹이며 조선의 주공이 되리라 다짐하곤 했다. 그러나 그는 형님 문종이 승하(昇遐)하자마자 계유정난(癸酉靖難)을 일으켜 집권하고 끝내 어린 조카 단종의 왕위를 찬탈(簒奪)했다.

이 같은 일이 어찌 과거사에서만 있겠는가? 의좋은 형제 경영으로 소문났던 두산 그룹도 경영권 싸움으로 날마다 상대방 비리를 폭로하는 기자회견을 하고 국가정보원 도청 파문 수사로 어제의 한 몸 동지였던 민주당과 열린우리당이 정치적 음모론으로 서로를 비난하는 것을 보면 고금일반(古今一般)이 아니랴?

● **한자학습** 격(隔)-사이가 뜨다, 사이를 떼다, 나누다, 가리다, 거리.

● **보충학습** 문장의 앞에 비록 수(雖)가 생략된 문장이다.

海枯終見底해고종견저나 人死不知心인사부지심이니라

바다는 마르면 마침내 그 밑바닥을 볼 수 있으나, 사람은 죽어도 그 마음을 알지 못하느니라.

해저탐사의 기술 발달과 첨단 장비의 발명으로 깊은 바다 속을 거울 같이 들여다 볼 수 있게 됐다. 우리나라의 경우 망망한 인도네시아의 바다 밑에 매장된 석유와 천연 가스를 우리 기술진이 탐사 확인해, 그 나라와의 협약에 따라 직접 채굴(採掘)해 국내로 들여오고 있다. 인공위성으로 바다 속 대륙붕(大陸棚)에 매장된 자원을 탐사 촬영하는 기술은 이미 실제 천연자원 개발에 널리 이용되고 있다. 과학 기술의 놀라운 발달은 우주에 정거장을 만들어 놓고 우주선이 도킹해 물자나 연료를 수송하거나 고장 난 우주선을 수리하기도 한다. 그러나 사람의 마음속을 들여다보는 기술은 여전히 만들지 못하고 있다.

광복 60주년 남북 기념 축전에 참석차 서울에 온 북한 대표단 일행이 국립현충원을 참배했다. 국립현충원은 순국선열과 6·25의 전몰 국군장병의 영령이 잠들어 있는 곳이다. 참배 소감을 묻는 기자의 질문에 북한 대표단 김기남 단장은 "광복에 힘쓰신 분들이 계시다기에"라고 했다. 6·25에 대한 사과, 사죄, 역사적 반성, 유감표시 운운(云云)과는 거리가 먼 이야기다. 남북 문제 특히 통일 문제는 너무 흥분하지도 말고 너무 부정적으로 비판하지도 말 일이다. 더구나 그 마음을 모르면서 저들의 국립현충원 참배를 마치 통일의 문이 열린 듯 감개무량(感慨無量)하여 허둥대는 것은 성급하고 위험한 일이다.

● **한자학습** 고(枯)-마르다, 물이 마르다, 야위다, 죽다, 오래 되다. 저(底)-밑, 바닥, 이르다.

● **보충학습** 종(終)은 동사로 쓰일 때는 '마치다, 죽다'의 뜻이 되고 부사로 쓰일 때는 '마침내'의 뜻이 된다. 한자(漢字)는 놓이는 위치에 따라 문법적 기능이 달라진다.

太公曰태공왈 凡人범인은 不可逆相불가역상이요

海水해수는 不可斗量불가두량이니라

태공이 말하기를 "무릇 사람은 그 미래를 미리 점칠 수 없는 것이요, 바닷물은 말[斗]로 헤아릴 수 없느니라" 하였다.

한 때 우리는 과감한 도전정신을 고취하기 위해 '하면 된다'는 구호를 열창한 적이 있다. 당시 우리는 봄이면 보릿고개를 허기진 배를 움켜쥐고 넘어야 했고 우리의 누이들은 봉제공장에서 영양실조로 쓰러져 가며 억척같이 돈을 벌어야 했다.

독일 광부로 가기위해 광화문 해외개발공사 문 앞에는 대졸 젊은이들이 실업에 지쳐 장사진을 치고 늘어서 차례를 기다렸다. 후진 약소국을 면치 못하던 그 당시 누구도 우리나라가 오늘의 경제 번영을 달성하리라고 예측한 사람은 없다. 물론 작금의 나라 경제가 어렵고 실업률이 높아 국민들은 고통을 받고 있다. 그러나 얼마 전 통계청의 발표를 보니 우리나라 경제력이 세계 11위요, 국민 소득이 31위라고 한다.

역사상 우리가 지금보다 더 부강하고 잘 산 때가 있었던가? 집집마다 승용차를 굴리고 중고생도 디카와 휴대전화가 필수품(必需品)이 되었다. 지금은 실망할 때가 아니다. 금년은 광복 60주년이다. 광복 60주년의 진정한 의의는 새 역사의 장엄한 출발이다. 환희의 춤사위는 이제 접고 새로운 미래에 도전하려는 강한 다짐이 필요하다. 인간의 미래는 누구도 점칠 수 없다.

어떤 역사의 시련도 극복하려는 강한 용기가 필요하다. 강한 의지의 인간 앞에 미래는 언제나 가능성과 희망이다. 동시에 바닷물을 말로 헤아릴 수 없듯이 대자연과 역사의 순리(順理) 앞에 언제나 겸손함도 잊지 말 일이다. 허욕(虛慾)은 금물이다. 굳은 땅에 물이 고이는 법이다.

● **한자학습** 범(凡)-무릇, 모두. 역(逆)-거스르다, 배반하다, 맞다, 불러들이다, 오는 것을 막다. 상(相)-서로, 보다, 자세히 보다, 재상, 재상을 지내다. 량(量)-헤아리다, 길이, 좋다.

● **보충학습** 범(凡)은 문장의 앞에 쓰이는 발어사(發語詞)로 특별한 의미를 가지지 않는다.

景行錄云경행록운 結怨於人결원어인을 謂之種禍위지종화요
捨善不爲사선불위를 謂之自賊위지자적이니라.

경행록에 이르기를 "남과 원한을 맺는 것을 '재앙의 씨를 심는다' 고 말하고, 선을 버리고 하지 않는 것을 자신을 해친다 말하느니라" 하였다.

사람은 사회적 동물이다. 산다는 것은 어느 의미에서 매일 인간관계의 연속이라고 말할 수 있다. 어떤 사람을 만나느냐? 만난 사람과 어떤 관계를 맺느냐? 그 내용에 따라 인생의 성공과 실패 행복과 불행이 좌우된다. 그러기에 사람을 잘 사귀라고 말한다. 사람을 잘 사귀어 덕을 보면 인덕(人德)이 있다고 기뻐하고 사람을 잘 못 만나 손해를 보면 인덕(人德)이 없다고 탓한다.

세상 누구도 손해를 끼칠 사람, 답답하고 우울한 사람을 만나기 원하는 사람은 없다. 그러나 역지사지(易地思之)해 보자. 나는 어떤 사람인가? 남에게 덕을 주는 사람인가? 아니면 남에게 손해를 끼치는 사람인가? 문제는 내가 남에게 인덕(人德)있는 사람이 되는 것이 중요하다. 남과 원수 맺는 일은 바로 내게 재앙의 씨를 심는 일이다. 남과 원한을 맺으면 그가 나를 해치지 않더라도 늘 내 마음이 답답하고 우울하다. 건강도 나빠지고 하는 일마다 안 된다.

좋은 만남 좋은 인간관계가 행복한 삶의 단초(端初)다. 착한 일을 하지 않고 외면하는 것은 나의 행복을 허는 자해(自害) 행위다. 선행(善行)은 작은 일도 나를 기쁘게 한다. 보람 있게 한다. 이는 경험해 본 사람은 누구나 아는 일이다. 선행은 포기하면 그 만큼 내가 손해다. 그러기에 행복은 내가 짓는 것이다.

● **한자학습** 종(種)-씨앗, 핏줄, 동물의 씨, 종류, 근본, 원인, 종류. 적(賊)-도둑, 해치다, 상하게 하다, 죽이다.

● **보충학습** 어(於)는 개사(介詞)로 명사나 명사구의 앞에 와서 장소, 시간, 상대, 피동 등을 나타낸다. 여기서는 상대(相對)를 나타내어 '~에게'의 의미로 쓰인다.

若聽一面說약청일면설이면 **便見相離別**변견상이별이니라

만약 한 쪽의 말만 들으면 곧 서로 이별을 당하느니라.

   남의 말을 들을 때는 불편부당(不偏不黨)한 입장에서 듣고 바르게 판단해야 한다는 말이다. 이것은 참으로 어려운 일이다. 사인(私人)의 경우 그 판단이 잘못되면 개인적인 손해나 낭패로 끝난다. 그러나 국정 책임자가 한 쪽 말만 듣고 판단을 그르치면 나라가 큰 어려움을 당한다. 대개 사람들은 팔이 안으로 굽는다며, 학연(學緣) 지연(地緣) 혈연(血緣)의 친소(親疎)에 따라 좌우돼 오판하는 경우가 많다.
   어느 쪽 말을 듣는 것이 내게 이익이 되고 안일한가에만 관심을 가지고, 그 말의 옳고 그름을 판단하는데 소홀하면 결국 낭패를 당한다. 임진왜란이 일어나기 전 일본에 통신사로 다녀온 정사 황윤길과 부사 김성일의 일본 정세에 대한 보고가 정반대였을 때, 선조와 조정이 한 판단과 선택의 잘못으로 7년 간 참혹한 전란을 겪었다. 한 쪽 편의 말만 듣고 안일하게 편한 잠을 자다가 화(禍)를 당한 것이다. 2백 여 년 전에 겪은 임란의 치욕이 전혀 역사 발전에 도움이 되지 못하고 2백여 년 후 결국 일본에게 나라가 망했다.
   남북문제도 남북의 화해 협력이 발전할수록 국가 안보에 대한 의식은 더욱 공고해야 한다. 남북의 경제 균형이 깨져 북이 남에 손을 내민다고 우리가 힘의 균형을 스스로 무너뜨리면 자유도 민주도 남북의 평화통일도 지킬 수 없다. 한 쪽 말만 들으면 이별을 면치 못한다. 국론분열 탓을 말고 새겨들을 말이다.

● **한자학습** 면(面)-낯, 얼굴, 앞, 겉, 표면, 쪽 방향. 변(便)-곧, 문득, 오줌, 똥, 편하다(편), 편의(편), 소식(편), 쉬다(편), 익히다(편), 뚱뚱하다(편), 말 잘하다(편), 아첨하다(편).

● **보충학습** 문형(文型)은 가정문. 견(見)은 피동보조사로 뒤에 오는 동사가 피동사가 된다.

飽暖포난에 思淫慾사음욕하고 飢寒기한에 發道心발도심이니라.

배부르고 따뜻하면 음욕을 생각하고 배고프고 추우면 도심을 일으키느니라.

배부르고 등 따시면 이란 의식(衣食)이 넉넉함을 말한다. 의식이 넉넉한 사람이 주거가 불안할 리가 없다. 사람이 먹고 사는 데 아무런 근심이 없으면 음욕을 생각한다는 말은 부정적인 말이다. 물론 일리가 있다. 먹고 살기도 힘든데 무슨 음욕이 생각나겠는가? 춥고 배고프면 도심(道心)이 일어난다는 것은 춥고 배고픈 사람이라야 인간이 어떻게 살아야 하는가에 대해 생각한다는 말이다.

이러한 판단은 금욕주의적인 도덕률에 의해 인간을 판단하는 것이다. 마치 안빈낙도(安貧樂道)를 군자는 가난해야 도를 즐거워할 수 있는 것처럼 해석하는 편견이다. 배고프고 추위에 떨면서 사랑 타령하는 것이 어쩌면 남에게 비웃음을 살 일인지 모른다. 그러나 꼭 그럴까? 배고픔이나 추위는 물론 죽음도 불사하는 사랑도 있지 않은가? 배부르고 등 따습다 해 다 음욕을 생각하는 것도 아니고 배고프고 추운 사람이라고 다 도심(道心)이 발하는 것도 아니다.

가난하고 부유함 때문이 아니라 얼마나 구도적(求道的) 자세로 인생을 사느냐가 관건(關鍵)이다. 공자께서는 제자 안회(顔回)가 가난하면서도 도(道)를 행하기에 독실(篤實)함을 칭찬하셨다. 아울러 유항산자(有恒産者)가 유항심(有恒心)이라고 넉넉한 재산에서 변치 않는 인심이 나옴도 말씀하셨다. 곡간에서 인심난다는 우리 속담과 같은 말이다. 풍요한 삶은 인간 누구나 바라는 소망이다. 인간은 생활이 풍요할 때 정신적 여유가 생기고, 정신적 여유가 생길 때 행복한 삶을 꿈꾼다. 이 글의 속뜻은 가난하더라도 도심(道心)을 잃지 말고, 부유하더라도 타락하지 말라는 것이다.

● **한자학습** 음(淫) - 음란하다, 간사하다, 도리에 어긋나다, 어지럽히다.
● **보충학습** 문장의 앞에 각각 만약 약(若)이 생략된 가정문이다.

疏廣曰소광왈 賢而多財則損其志현이다재즉손기지하고
愚而多財則益其過우이다재즉익기과니라.

소광이 말하기를 "어질면서 재물이 많으면 그 뜻을 손상하고, 어리석으며 재물이 많으면 그 허물을 더하느니라" 하였다.

　식칼은 음식을 만드는 데 꼭 필요하다. 그러나 무사(武士)가 그것으로 전쟁을 할 수는 없다. 연필을 깎기도 불편하다. 아무리 요긴한 도구라도 그 것을 사용하는 사람이 누구인가에 따라 이로운 연장이 되기도 하고, 무용지물이 되기도 하고, 해로운 물건이 되기도 한다. 재물은 사람이 살아가는데 꼭 필요하다.
　유가적(儒家的) 가치관을 논하면서 맹자(孟子)는 인(仁)과 상반되는 개념으로 이(利)를 말했다. 도(道)는 심성(心性)을 수(修)하는 것이고 외물(外物)의 이(利)를 종(從)하는 것이 아니라 했다. 재물(財物)을 인간의 덕을 닦는데 해(害)로운 존재로 봤다. 그러기에 어진 사람이 재물이 많으면 그 뜻을 잃게 된다 하고, 어리석은 사람이 재물이 많으면 오히려 그 악(惡)을 더하게 된다고 했다.
　우리는 이 문제에 대해 비록 선현(先賢)의 말씀이라도 시대의 변화와 달라진 상황에 따라 심사숙고(深思熟考)할 필요가 있다. 재물은 생활의 편리한 도구다. 마치 앞에 예로든 식칼과 같다. 어진 사람이 재물이 많으면 좋은 일을 한다. 불우이웃도 돕고, 장학사업도 하고, 공익(公益)을 위한 선한 일을 한다. 어리석은 사람이 재물이 많은 것이 문제다. 마치 어린아이가 식칼을 들고 휘두르는 것과 같아서 그 허물을 더 하게 된다. 재물은 결코 나쁜 것이 아니다. 어떤 사람이 관리하는가가 문제다. 부자 만덕(萬德)은 굶어죽는 제주도 사람을 살렸고, 악덕(惡德) 졸부(猝富)는 제 배만 불리려 사회를 병들게 한다. 재물을 탓하지 말고 어진 부자가 되자.

※ 한자학습　손(損) – 덜다, 줄이다, 감소하다, 손해를 보다.

※ 보충학습　말 이을 이(而)의 용법 가운데 가장 많이 쓰이는 것이 역접접속사와 순접접속사인데 여기서는 모두 순접접속사로 쓰였다.

人貧智短인빈지단하고 **福至心靈** 복지심령이니라.

사람이 가난하면 지혜가 부족하고 복이 이르면 마음이 영통(靈通)해 지느니라.

사람이 먹고 살기에 급급하면 지혜로운 삶을 살 여유가 부족하다. 가난은 부끄러운 것이 아니다. 가난하다고 실망할 것도 아니다. 가난은 극복하면 그만이다. 그러나 가난에 오래 찌들면 생각이 궁색해져 너그러움이 부족하다. 부자가 돼도 궁상을 떨치지 못한다. 돈을 손에 쥐고도 꼭 써야 할 때 쓰지 못한다. 과도히 아껴 자신을 힘들게 하고 주위 사람을 지치게 한다. 필요 없는 물건을 쌓아두고 버려야 할 것을 버리지 못한다. 가난한 나라에 예술이 발전할 수 없고 가난한 나라에 학문이 발달할 수 없다.

근래 한국의 연예인들이 중국 일본 동남아 등지에서 큰 인기를 얻고 있다. 所謂 한류(韓流)란 신종(新種) 시사용어(時事用語)가 생겨났다. 이는 우리 연예인들의 탁월한 능력 때문이리라. 그러나 그것만이 다는 아니다. 우리나라 경제 능력이 그를 뒷받침할 만큼 성장했기 때문이다. 한 때 노벨상 수상자를 다수 배출했던 동구권 나라들이 경제 침체로 낙후하고 있는 것이 좋은 예다. 헝가리 부다페스트 공대는 단과대학 차원에서 노벨상 수상자가 세 명 이상 배출한 것으로 유명하다. 그러나 지금은 실험실 시약(試藥)을 사기도 힘들다니 어떻게 훌륭한 연구 성과를 기대할 수 있겠는가? 그들의 사정이 얼마나 심각하면 멀고 먼 우리나라 청주에 있는 대학까지 공동 연구라는 이름으로 재정적 도움을 빌리려 하겠는가? '복(福)이 이르면 심령(心靈)이 영통(靈通)해진다'는 것은 넉넉해야 궁리(窮理)가 활발해지고 남이 미처 생각지 못하는 지혜를 발휘하게 된다는 말이다.

지난 역사를 돌아보면 그 의미가 자명(自明)해진다. 전쟁(戰爭)과 난정(亂政)으로 고통 받던 시절이나 흉년(凶年)과 온역(瘟疫)으로 곤궁하던 시절은 학문과 예술이 침체되고, 태평성대에는 문치(文治)가 성(盛)했다. 이것은 나라나 개인이나 마찬가지다. 경제가 어려워 백성은 죽겠다는데 정치 개혁(?)만 외치는 것은 경국(經國)의 대도(大道)를 모르는 공(空) 염불이다.

● **한자학습** 령(靈)-신령, 영혼, 목숨, 명수(命數), 신령하다.
● **보충학습** 모든 문장의 구조가 '주어+술어'로 이뤄진 기본문형이다.

不經一事불경일사면 不長一智부장일지니라.

한 가지 일을 겪지 않으면 한 가지 지혜가 자라지 않느니라.

인간은 경험을 통해 그 지혜가 자람을 강조한 글이다. 경험은 간접경험과 직접경험이 있다. 원시 인류는 직접경험을 통해 사물에 대한 지혜를 터득했다. 그러나 직접경험만으로 지혜를 터득하는 것은 한계가 있다. 인간은 그 한계를 극복하기 위해 언어라는 전달 수단을 통해 발명 인문의 급속한 발달을 가져왔다. 언어의 공간적 시간적 한계를 극복함으로써 한꺼번에 대량의 지혜를 전수할 수 있는 수단으로 문자가 발명됐다. 이후 인문의 발달은 폭발적인 발전을 이룩했다. 언어와 문자에 의한 지식과 지혜의 전수가 교육이다. 교육은 간접 경험 방법으로 선인들의 지식과 지혜를 전수하는 것이다. 본문은 직접경험의 중요성을 강조하고 있다. 자신이 직접 경험해 터득한 지식과 지혜는 간접경험으로 취득한 것과 그 생생함이 비교가 되지 않는다. 그 것을 한자말로 표현하면 '자득(自得)'이다. 남에게 듣고 배운 것과 다르게 자득(自得)한 지식과 지혜는 육비(肉碑)와 골수(骨髓)에 새겨져 잃지도 잊지도 않는다.

조선시대 강희맹 선생이 지은 도자설(盜子說)이란 글에 보면 도둑의 고수(高手)가 자식에게 도둑질하는 비법을 전수하는 이야기가 있다. 도둑 아들이 자신의 기술을 뽐내며 오만하자 아버지 도둑은 어느 날 아들 도둑이 부자 집의 광속에 물건을 훔치러 들어간 사이 문을 잠그고 먼저 도망 왔다. 도둑 아들은 곤경에 처해 천신만고 끝에 자신의 지혜를 총동원 탈출해 돌아왔다. 자신을 원망하는 아들 도둑에게 아버지 도둑은 말하기를 참다운 지식, 참다운 능력은 오직 자득(自得)에서만 얻어지는 것이니 너는 이제 진정한 도둑의 고수가 될 것이라 했다. 쉽게 배운 것은 쉽게 잊어버리는 법이다.

※ **한자학습** 경(經)-날, 날줄, 조리, 도로, 법, 경험, 경험하다.
※ **보충학습** 문형은 문장 앞에 만약 약(若)이 생략된 가정문이다.

是非終日有시비종일유라도 不聽自然無불청자연무니라.

옳으니 그르니 다툼이 하루 종일 있더라도 듣지 않으면 저절로 없어지느니라.

사람이 살다보면 시비에 휘말릴 경우가 있다. 전혀 없는 말로 모함을 하는 경우도 있고, 적당히 추측해 말을 퍼뜨리는 경우도 있다. 사안에 따라서는 시비를 가려 누명을 벗어야 할 경우도 있으나 대부분은 그 시비의 진원을 밝히다 보면 오히려 더 얽히는 경우가 많다. 성현(聖賢)들은 시비(是非) 자체(自體)에 연연하지 말고 시비(是非)를 말하는 사람이 어떤 사람인가를 살피라고 했다. 나를 그르다고 평하는 사람이 사람답지 못한 사람이면 그가 말하는 시비(是非)는 귀담아 들을 필요가 없다.

반면에 사람다운 사람이 나를 사람답지 못하다고 시비(是非)한다면 이는 화낼 일이 아니다. 사람다운 사람이 나를 사람답다고 평하면 기뻐할 일이다. 그러므로 시비(是非) 자체가 중요한 것이 아니다. 근거 없는 시비(是非)는 뜬구름과 같아서 저절로 없어진다. 그러나 '~라고 하더라'는 시비(是非)가 온 나라에 분분(紛紛)한 것은 정치(政治)가 불안정한 까닭이다. 국가정보원의 전화 도청설(盜聽說)은 시비(是非)가 또 새로운 시비(是非)를 낳아 갈수록 태산이다. 검찰이 국가 최고 보안기관인 국가정보원을 압수 수색하는 초유의 사태까지 이르렀다. 설상가상 대통령의 이 문제에 대한 언급이 수사(搜査) 중단 시비(是非)를 또 일으키고 있으니 이를 어찌하면 좋은가. 언제까지 우리 정치(政治)가 과거(過去) 일의 시비(是非)에 휘말려 끌려다닐 것인지 안타깝다.

● **한자학습** 시(是)-옳다, 바르다, 옳다고 인정하다, 바로잡다, 이것, ~이다.
● **보충학습** 한자어 조어방법 가운데는 서로 반대되는 말을 조합해 만든 복합어가 많다. 시비(是非), 주야(晝夜), 시종(始終) 진퇴(進退), 장단(長短), 노소(老少) 등이 그 예이다.

來說是非者래설시비자가 便是是非人 편시시비인이니라.

와서 시비(是非)를 말하는 자가 바로 시비(是非)하는 사람이니라.

　남의 말을 옮기는 사람, 남의 험담을 전하는 사람, 남이 나를 욕한다고 알려주는 사람이 모두가 래설시비자(來說是非者)다. 남이 나를 헐어 말한다고 내게 와서 그것을 알려주는 사람은 결코 고마운 사람이 아니다. 겉으로는 무척 나를 생각해 주고 아껴주는 사람 같지만 실상은 나의 덕을 허물게 하는 자이다. 내게 유익한 자 같으나 해로운 자이다. 나와 다른 사람 사이를 이간(離間)하는 자이다. 너니까 말해준다거나 너에게만 말한다는 것은 모두 진실이 아니다. 펴놓고 이야기 할 수 없는 내용은 대개 사실이 아니거나 진실성이 결여된 것들이다.
　그가 진실로 나를 위하고 아끼는 사람이라면 내게 와 말을 옮길 것이 아니라 나에 대해 잘못 이야기 하거나 험담하는 이에게 나를 위해 해명(解明)해야 한다. 해명(解明)은 변명(辨明)과 다르다. 잘못 알려진 진실을 밝혀주는 것 이것이 해명(解明)이다. 그리고 나에게는 자기가 나를 위해 해명한 것을 굳이 공치사 하지 않아야 한다. 시비(是非) 거리를 가져와 말하는 사람은 언필칭 시비(是非)를 바로 잡으려고 하는 듯이 말한다. 그러나 대부분 그 말을 들으면 오히려 시비가 더 가열되기 십상이다. 나를 위해 시비를 해명하지 못하면 차라리 내게 와 옮기지 않음만 같지 못하다. 듣고 옮기지 않으면 시비가 확산되지는 않을 것이다.
　말은 옮기다 보면 점점 불어난다. 고로 남의 말을 옮김은 시비를 부채질하고 새로운 시비의 불씨를 만든다. 그러기에 옛 시인은 '말로써 말 많으니 말 말을까 하노라' 했다. 말은 아낄수록 좋은 것이다. 나는 어떤 사람인가? 남의 말을 옮기는 사람은 아닌가? 돌아볼 일이다.

* **한자학습**　설(說)-말씀, 도리, 이야기하다, 달래다(세), 기쁘다(열).
* **보충학습**　'주어+술어'의 기본 문형이다. 놈 자(者)가 주격을 나타낸다.

擊壤詩云격양시운 平生평생에 不作皺眉事부작추미사면 世上세상에 應無切齒人응무절치인이라. 大名대명을 豈有鐫頑石기유전완석가 路上行人口勝碑노상행인구승비니라.

격양시에 이르기를 "평생에 눈살 찌푸릴 일 하지 않으면 세상에 응당 이를 갈 사람이 없으리라. 큰 명예로운 이름을 어찌 견고한 돌에 새길 것인가? 길 가는 사람의 입이 비석 보다 나으니라" 하였다.

평생 동안 남에게 눈 찌푸릴 하지 않으며 산다는 것이 쉬운 일이 아니다. 때로는 본의 아니게 오해 받을 일을 하기도 하고, 잘 한다고 한 일이 남의 비위에 어긋나 욕을 먹기도 한다. 아무리 조심해도 실수하기 쉬운 것이 인생이다. 그러나 남과 원한을 사서 이를 갈게 해서는 안 된다. 남의 눈살을 찌푸릴 일이란 남에게 고의로 손해될 일을 한다는 말이다. 자기 이익을 위하여 남을 손해 보게 하는 일을 말한다. 상대방이 잘 못한 것도 없는데 고의로 손해 보게 하면 원한을 사게 된다. 이를 가는 사람이란 원한을 품은 사람이란 뜻이다. 원만하게 살아서 남에게 원한을 사지 말라는 말이다. 좋은 끝은 있어도 악한 끝은 없다고 했다.

고을 입구 마다 옛날의 그 고을 수령들이 이임할 때 세운 소위(所謂) 공덕비(功德碑) 영세불망비(永世不忘碑)라는 것이 지금도 즐비하게 남아 있다. 오늘에 이르러 그 누구도 지나며 그 비석을 읽어 보고 그 주인공의 공덕을 칭송하는 사람은 찾아보기 어렵다. 물론 그 비석들 가운데는 정말 선정(善政)을 베풀어 주민들이 자발적으로 세운 공덕비도 있다. 그러나 대부분 떠나는 수령 자신이 떠나기도 전에 아전들을 부추겨 억지로 세운 것들이 많다. 무슨 소용인가? 백성들 입으로 전하는 선정의 칭송만이 진정한 영세 불망비이다.

● **한자학습**   추(皺)-주름, 주름잡히다, 찌푸리다, 마른대추. 전(鐫)-새기다, 쪼다, 끌(구멍 뚫는 연장), 폄출하다. 완(頑)-완고하다, 무디다, 재주가 없다.

● **보충학습**   豈~? '어찌~있으랴, 하랴?'는 반어문(反語文) 문형이다. 강조법의 어법이다. 口勝碑는 口勝於碑과 같다. 입으로 전하는 말이 비석 보다 더 낫다는 뜻이다.

有麝自然香유사자연향이니 何必當風立하필당풍립고

사향이 있으면 자연히 향기롭거늘 어찌 꼭 바람을 향하여 서리요?

 사향을 가지고 있으면 자연히 사향 향기가 풍기므로 굳이 그 향기가 잘 나도록 바람을 향해 설 필요가 없다는 말이다. 문제는 사향을 가지고 있느냐 없느냐가 중요하다. 사향을 가지고 있으면 굳이 바람을 향해 서지 않음은 물론 감춘다고 해도 그 향기를 숨길 수가 없다. 이것은 사람이 어떤 인격을 갖추고 있느냐에 따라 그 평판이 달라짐을 뜻한다. 사람들은 누구나 남이 나를 알아주기를 바란다. 혹자는 세상이 자신을 알아주지 않을 때 원망하며 분노한다. 그래서 공자(孔子)께서는 "사람이 나를 알아주지 않아도 화내지 않으면 어찌 군자(君子)가 아니랴?"고 하였다. 사향(麝香)은 아름답고 짙은 향기를 내는 향료다. 아무리 볼품없는 주머니에 담아도 그 향기는 아름답다. 아무리 깊이 감추어도 그 향기를 숨길 수가 없다. 사향을 지닌 사람은 다른 사람에게 사랑을 받는다는 속설이 있다. 사향은 아름다운 사람의 미덕(美德)이다. 군자(君子)나 요조숙녀(窈窕淑女)의 덕형(德馨)이다.

 현대는 자기 PR의 시대라고 한다. 취업을 위한 입사 지원서의 필수적 구비서류가 된 자기소개서는 이런 세태를 잘 반영한다. 그러나 긴 세월 한 평생 어떻게 살아야 하는 가는 사향 같은 인격의 덕형(德馨)을 함양(涵養)하는 삶이 고귀하다. 저 깊은 산속의 난은 아무도 자신을 알아주는 이 없어도 향기롭게 피어 있다. 유곡지난무인이무불방(幽谷之蘭無人而無不芳)이라 했다.

● 한자학습   사(麝)-사향, 사향노루, 수 사향노루의 향랑에서 취한 향료.

● 보충학습   문형(文型)으로 보면 앞의 문장은 가정문이고 뒤의 문장은 반어문이다.

有福莫享盡유복막향진하라 福盡身貧窮복진신빈궁이요

有勢莫使盡 유세막사진하라 勢盡冤相逢세진원상봉이니라.

복이 있어도 다 누리지 말라. 복이 다하면 몸이 빈궁해지는 것이요. 권세가 있어도 다 행사하지를 말라. 권세가 다하면 원수와 서로 만나느니라.

사람은 언제 어떤 경우를 당할지 알 수 없는 까닭에 늘 삼가고 조심해야 한다. 비록 지금 복(福)을 누리고 산다고 해서 복에 겨워 지나치게 호사(豪奢)를 누리며 살아서는 안 된다. 달이 차면 기우는 것처럼 복도 어느 땐가는 다할 때가 있다. 복을 유지하려면 지금 누리는 복을 낭비하지 말고 아끼며 살아야 한다. 복이 다하면 누구나 빈궁한 처지가 되기 때문이다. 아무리 큰 복을 누리며 살아도 복을 아낄 줄 모르면 곤궁한 신세 되는 것은 시간문제다.

마음이 가난한 사람이 사치하고 분수에 안 맞는 허장성세(虛張聲勢)를 하는 법이다. 현재의 부(富)를 믿고 허랑방탕 하는 것이 복을 다 누리는 행위다. 있어도 검소하고 절약하는 것이 복을 아끼는 일이다. 권세도 마찬가지다. 권세가 있다고 그 권세를 다 행사하면 야박(野薄)하다. 남에게 원성(怨聲)을 듣는다. 권세를 아껴 쓰는 것은 관용(寬容)이다. 권세가 있다고 그 권세를 다 행사해 남에게 원한을 사면 권세가 다했을 때 원한 산 사람을 만나면 그 낭패스러움을 어찌 할 것인가?

최치원 선생이 지은 토황소격(討黃巢檄)에 보면 대조영전 굴법신은(大朝令典 屈法伸恩)이 라 했다. 큰 조정의 법을 시행하는 것은 법을 굽혀 은혜를 베푸는 것이라는 말이다. 검약(儉約)과 관용(寬容)의 가르침이다.

* **한자학습** 향(享)-누리다, 드리다, 제사지내다. 원(寃)-원통하다, 원한, 불평, 굽다.
* **보충학습** 문장 마다 앞에 비록 수(雖)가 생략된 양보문(讓步文)이 쓰인 글이다.

福兮常自惜복혜상자석하고 勢兮常自恭세혜상자공하라

人生驕與侈 인생교여치는 有始多無終유시다무종이니라.

복을 누리거든 항상 스스로 아끼고 권세를 누리거든 항상 스스로 공손 하라. 인생에서 교만과 사치는 시작은 있으나 끝이 없는 경우가 많다.

복과 권세란 유한(有限)한 것이다. 지금 남다른 부와 권세를 누린다고 사치와 교만한 처신을 한다면 그 끝이 불행하다. 특히 스스로 노력해 얻은 부와 권세가 아니라 부모의 덕으로 누리는 경우는 더욱 그러하다. 근자에 보면 차라리 재벌 2세들은 철저한 후계자 교육으로 이런 우(愚)를 극복하고 있다. 어정쩡한 부자들 졸부들이나 그 2세들의 사치와 방탕 교만이 더욱 심하다.

최고 집권자의 2세들이 한 때 소위 소통령(小統領)이란 이름으로 권력을 남용(濫用)해 자신은 물론 부친의 명예와 정치적 업적을 일거에 망치는 경우를 보았다. 그 뿐인가 별것도 아닌 미미(微微)한 권력을 누리는 자리에 앉아 오만(傲慢)방자(放恣)하고 위아래 없이 교만한 소인배(小人輩)가 우리 주위에는 뜻밖에 많다. 그런 자들일수록 강한 자에게는 약하고 약한 자들에게는 강해 자신의 이익만 추구하고 낮고 약한 자들에게는 손해와 상처만 입힌다. 그러나 그들은 지금 누리고 있는 부와 권세가 자신의 사람됨이나 능력과 무관함을 알지 못한다. 자신에게 어느 날 부와 권세가 사라지면 평범한 남들보다 더 못난 존재요 더 초라한 사람이 돼 남들에게 천대받을 수 있음을 생각하지 않는다.

조선시대 광해군은 폐위돼 죄인의 몸으로 오래 살아 병자호란 때는 이리 저리 거처를 옮겨 끌려 다니며 천덕꾸러기 신세로 연명하다 죽었다. 그 초라함과 천함은 철없는 여항(閭巷) 소년배의 비웃음거리가 되었다. 근래 우리 주위의 만 석군 부자 김모(金某) 민모(閔某) 선모(宣某) 한모(韓某) 제씨의 거부(巨富) 누만금(累萬金)이 지금 어찌 됐는가를 보면 자명(自明)하다.

● 한자학습   석(惜)-아끼다, 아까워하다, 가엽다. 교(驕)-교만, 교만하다, 무례하다, 속이다.

● 보충학습   혜(兮)-감탄조사. 여(與)-병렬접속사(~와, 과)

王參政四留銘曰 왕참정사류명왈 有有餘不盡之巧 유유여부진지교하여 以還造物 이환조물하고 有有餘不盡之祿 유유여부진지록하여 以還朝廷 이환조정하고

왕참정의 사류명에 이르기를 "다 쓰지 않은 재주를 남겨 뒀다가 조물주에게 돌려보내고 다 쓰지 않은 녹(祿)은 남겨 뒀다가 조정에 돌려보내고

    자기가 가진 재주라고 남용해 조물주의 뜻에 반하고 세상에 해악을 끼쳐서는 안 된다. 사람이 타고 난 재주는 조물주가 주신 것이다. 만물은 조물주의 창조 섭리에 따라 지어졌다. 사람도 한 사람 한 사람 모두 저마다 남다른 조물주의 창조 의지가 따로 있다. 노래를 잘하는 사람은 노래를 잘 해 사람들을 기쁘게 하고 행복하게 하라는 조물주의 창조 의지가 있고 그림을 잘 그리는 사람은 그 솜씨로 세상을 아름답게 하고 사람들을 행복하게 하라는 조물주의 창조 의지가 있다.
    음악을 잘하는 사람이 그 재주를 선한데 쓰지 않고 나쁜 음악을 만들거나 나쁜 음악을 노래해 세상을 문란하게 하고 사람을 타락하게 한다면 이는 조물주의 창조 의지에 반하는 것이다. 그림을 잘 그리는 사람이 그 솜씨로 명화를 위조해 가짜 작품을 만들어 사람을 속여 돈을 번다면 이는 재주를 남용해 조물주의 창조 의지에 역행하는 것이다. 사람이 다 쓰고 남은 재주를 언젠가 조물주의 창조 의지에 따라 쓸 때까지 남겨두는 것이 바로 조물주에게 돌려보내는 것이다. 공직자는 공무를 집행하면서 공금을 함부로 남용하지 말아야 한다. 비록 공무 수행을 위해 주어진 공금일지라도 적절하게 집행할 것이요 허비해서는 안 된다. 다 쓰고 남은 록(祿)을 조정에 돌려보내라는 것은 공금을 공정히 집행하고 국고를 낭비하지 말라는 뜻이다.
    인간이 할 수 있다고 해서 조물주의 섭리를 허는 자연 환경 파괴행위는 하지 말 것이요, 주어진 공금을 절약해 쓰지는 못 할지라도 공금을 도둑질 하지는 말 일이다.

* **한자학습**   록(祿)-복, 행복, 녹봉, 녹을 주다. 정(廷)-조정, 관청, 공변되다.
* **보충학습**   명(銘)은 운문 문체의 하나. 왕참정은 북송의 정치가 겸 문신 왕단(王旦)이다.

留有餘不盡之財유유여부진지재하여 以還百姓이환백성하고
留有餘不盡之福유유여부진지복하여 以還子孫이환자손이니라.

다 쓰지 않고 여유 있는 재물은 남겨두어서 백성에게 돌려주고, 다 누리지 않고 여유가 있는 복은 남겨둬서 자손에게 돌려줄 것이니라.

돈을 많이 벌어 부자가 되는 것은 좋은 일이다. 돈이 많아야 좋은 사업도 할 수 있고, 돈이 많아야 남에게 베풀 수 도 있다. 부자(富者)라고 남의 욕을 먹는 것은 천만 부당하다. 자신의 노력으로 성공해 복을 누리든지 부모님을 잘 만나 팔자가 좋아 복을 누리든지 복을 누리는 것은 좋은 일이다.

사람들은 복 많은 이를 부러워한다. 그런데 세상에는 욕을 먹는 부자와 욕을 먹는 복 많은 사람들이 있다. 그 이유는 무엇인가? 내가 번 돈이라 해 안하무인(眼下無人) 어려운 백성들은 생각하지 않고, 돈을 물 쓰듯 낭비 사치 과소비하기 때문이다. 팔자 좋아 복을 누리는 이를 왜 욕하겠는가? 무위도식(無爲徒食) 남이 고생하며 일할 때 빈둥빈둥 놀면서 과도(過度)한 향락(享樂)을 일삼기 때문이다. 쓰고 남은 재산을 남겨두어 백성에게 돌려주라는 것은 재산(財産)의 사회 환원(還元)을 뜻한다.

내가 번 돈일지라도 나 혼자만의 욕심대로 다 쓰지 않고, 내가 돈을 벌도록 기회와 여건을 제공한 사회에 되돌려 주는 것이다. 따지고 보면 자신이 이룩한 부(富)는 백성들이 벌도록 해준 것이요 본래는 백성들의 것이다. 백성을 위해 쓰도록 환원하는 것은 지극히 옳은 일이다. 그러나 그것이 어찌 쉬운 일인가? 제약회사인 유한양행의 설립자 유일한 박사가 별세하면서 개인 재산과 회사를 자녀에게 상속하지 않고 공기업(公企業)으로 사회에 환원해 귀감(龜鑑)이 됐다.

복도 자신만이 다 누리지 말고 남겨두어 자손에게 돌릴 일이다. 검약(儉約)한 부자(富者)만이 그 자손이 복을 이어 받는 법이다.

◈ 한자학습 여(餘)-남다, 넉넉하다, 여가, 말미, 결말, 남김없이 죄다.
◈ 보충학습 여기서 이(以)의 용법은 접속부사로 '~해서'로 해석 앞의 문장을 뒤에 연결시켜 준다.

黃金千兩황금천냥이 未爲貴미위귀요
得人一語득인일어가 勝千金승천금이니라.

황금 천 냥이 귀한 것이 아니요, 사람의 교훈되는 한 마디 말을 얻는 것이 천금보다 나으니라.

    황금의 귀함을 폄하는 말이 아니다. 황금이 귀하기는 하지만 황금을 사용하는 사람이나 목적에 따라 선악(善惡)의 다름이 있다. 때로는 황금이 젊은이의 장래를 망치기도 하고 때로는 성인(成人)의 덕을 헐어 망신(亡身)하게도 한다. 고로 황금은 귀한 물건이나 예로부터 사람이 경계해야 할 것으로 조심했다. 오죽했으면 최영 장군이 황금을 보기를 돌 같이 하라고 했겠는가? 본문에서 '사람의 한 마디 말'이란 일생을 두고 교훈으로 삼을 가르침 한마디를 뜻하는 것이다.
    소크라테스를 만난 청년 플라톤은 언변이 뛰어난 괴변가였다. 플라톤 아테네를 누비며 만나는 사람마다 붙들고 자신의 철학을 유세(遊說)했다. 그러던 그에게 소크라테스는 말했다. "너 자신을 알아라." 이 한마디 말은 괴변가 플라톤을 위대한 철학자로 변하게 했다.
    갈릴리 바닷가에서 고기 잡던 일개 어부 베드로는 예수님을 만났다. 그에게 예수님은 말씀하셨다. "나를 따르라 너를 사람을 낚는 어부가 되게 하겠다." 베드로는 그리스도의 수제자가 돼 천국의 열쇠를 맡는 사도가 됐다.
    한말 청주의 불량 청년 손모는 동학의 제이대 교주 최시형을 만났다. "사람이 곧 하늘이니라." 그가 들은 이 한마디 말은 깡패 청년을 민족지도자가 되게 했다.
    사람의 운명을 바꿔줄 한마디 말은 결코 남이 모르는 특별하고 기이한 말이 아니다. 깊이 자신을 성찰하는 사람에게는 평범한 말도 어느 순간 천둥 같은 깨달음의 큰 소리로 들리는 법이다.

● 한자학습   승(勝)-이기다, 낫다, 뛰어나다. 량(兩)-둘, 짝을 하다.
● 보충학습   량(兩)의 용법이 본문에서는 수량 단위를 나타내는 수사(數詞)로 쓰였다.

巧者교자는 拙之奴졸지노요 苦者 고자는 樂之母낙지모니라.

재주 있는 사람은 재주가 모자란 사람의 심부름꾼이 되고, 괴로움은 기쁨의 어머니니라.

　재주 있는 사람과 재주 없는 사람이 경쟁하면 재주 있는 사람이 이길 것이다. 그러나 세상살이는 그렇게 단순하지 않다. 오히려 그 반대가 비일비재(非一非再)하다. 그 좋은 예(例)가 촉한(蜀漢)의 제갈공명(諸葛孔明)과 유비(劉備)다. 재주의 있고 없음을 따진다면 유비는 제갈공명과 비교가 되지 않는다. 출사표(出師表)에 보면 제갈공명 자신이 유비를 위해 견마지로(犬馬之勞)를 다 하리라 다짐했으니 제갈공명은 유비의 노(奴)를 자처했다. 이 글은 단순히 졸한 사람을 두둔한 것이 아니다. 교(巧)한 사람이 범하기 쉬운 교만(驕慢)을 경계한 글이다. 재주가 많다고 남을 무시하거나 자랑할 것이 못된다. 재주란 남을 위해 쓰일 때 가치가 있는 것이다.

　자신이 가진 뛰어난 재주가 자신의 이익만을 위해 사용된다면 그 효용은 별로 대단한 것이 아니다. 그러나 그 재주가 남을 위해 널리 사용될 때 그 효용 가치는 크고 높아진다. 그런 의미에서 재주 있는 사람이 재주 없는 사람에게 쓰임 받는 것은 지극히 당연하다. 졸(拙)한 사람은 재주가 없으니 재주 많은 교(巧)한 사람을 고용할 수밖에 없다. 지금은 교(巧)한 사람과 졸(拙)한 사람이 주종(主從) 관계가 아닌 협력(協力) 관계로 이해해야 한다.

　고진감래(苦盡甘來)를 생각하면 지금의 괴로움은 장차 올 기쁨의 어머니다. 현재의 고(苦)는 내일의 낙(樂)을 여는 문고리다.

※ **한자학습**　교(巧) - 공교하다, 재주가 있다, 예쁘다, 아름답다, 기교. 졸(拙) - 서투르다, 모자라다, 운이 없다, 쓸모가 없다.

※ **보충학습**　간단한 '주어+술어' 기본 문형 둘이 이어진 글이다.

小船소선은 難堪重載난감중재요 深逕심경은 不宜獨行불의독행이니라.

작은 배는 무겁게 싣는 것을 감당하지 못하고 으슥한 소로(小路)는 홀로 다니기에 마땅치 않으니라.

그릇은 저마다 크고 작음에 따라 용도가 정해져 있다. 간장 종지에 국을 담을 수 없으며 밥사발에 국을 담지 않는다. 접시에 물을 담을 수 없으며 함지박에 술을 담지 않는다. 작은 배는 작은 배가 쓰일 용도가 따로 있다. 작은 배는 선적 용량이 정해져 있어 그 이상을 실으면 항해를 감당하지 못하고 침몰한다. 만약 작은 배의 선주가 욕심을 내어 감당할 수 없는 화물을 선적하면 소탐대실(小貪大失)을 면치 못한다.

사람도 나름대로 국량(局量)이 있다. 자신의 국량보다 작은 일을 하는 사람의 마음은 불만스럽다. 입에 불평이 떠나지 않는다. 하는 일이 시시하고 보람이 없다. 반대로 자신의 국량보다 큰일을 하는 사람은 불안하다. 마음에 걱정이 떠나지 않는다. 허둥지둥하고 남의 눈치를 살피고 자신감이 없다. 밤잠을 설치고 하는 일이 부담스럽고 짐스럽다. 일을 하면서도 기쁨이 없다. 작은 실수에도 크게 낙담한다.

지나치게 비굴하고 지나치게 경직되고 지나치게 권위적이다. 자신의 모자람을 감추려는 포장술에 교활하다. 그러나 군자(君子)는 불기(不器)다. 끊임없는 자기 수양과 자기 성찰로 구도적인 삶을 사는 군자는 국량의 틀이 고착돼 있지 않다. 경륜이 자유자재한 인물이다. 경륜을 키우기에 힘쓰고 자리에 연연하지 말 일이다. 군자대로행(君子大路行)이다. 군자는 위방불입(危邦不入)이다. 심경소로(深逕小路)는 위험하고 떳떳하지 못한 길이다. 군자가 마땅히 피할 길이다. 군자의 길은 광명대로(光明大路)다.

● 한자학습   감(堪)-헤아리다, 따져 묻다, 죄인을 심문하다, 감당하다. 경(逕)-소로, 지름길, 당장, 지금. 의(宜)-마땅히, 마땅히 해야 한다, 화목하다.

● 보충학습   두 문장이 대구(對句)를 이루고 있다.

黃金황금이 未是貴미시귀요 安樂안락이 値錢多치전다니라.

황금이 귀한 것이 아니요, 편안하고 즐거운 것이 돈보다 가치가 많으니라.

돈을 지나치게 천하게 여기는 유가(儒家)의 가치관도 돈을 지나치게 중시하는 황금만능주의도 시비(是非)가 반반이다. 의리와 도덕은 더 없이 중요하다. 그러나 명분(名分)만 높고 경제 능력이 없으면 허상(虛像)에 불과하다. 어려움을 당한 이를 불쌍히 여겨라, 가난한 이웃을 도와줘라, 아무리 성자 같은 말을 하더라도 실천할 능력이 없으면 한낱 구두선(口頭禪)에 그칠 뿐이다.

가상해 추운 겨울날 거리에서 껌을 파는 가난한 어린 소녀 행상에게는 다음 몇 부류의 손님이 있을 수 있다. 첫째는 어린 것이 얼마나 고생이 많으냐. 밥은 먹었느냐. 온갖 친절한 말은 다하고 그냥 가버리는 사람, 둘째는 동정어린 눈빛으로 혀를 끌끌 차며 동전 몇 푼을 집어주고 가는 사람, 셋째는 길에서 이런 것 팔면 못 쓴다. 껌 하나 값이 얼만데 그렇게 비싸게 받느냐. 어린 것이 벌써부터 그렇게 살면 안 된다. 호되게 꾸짖고 이거 몽땅 얼마냐. 물은 뒤 껌 값 보다 많은 돈을 주고 산 뒤 빨리 집으로 가라고 호통 치는 사람, 그 외에 무심히 지나는 사람, 괴롭히는 사람 등이 있다. 과연 그 중에 누가 그 불쌍한 어린 소녀에게 진정으로 고마운 사람인가. 돈은 귀한 것이다.

그러나 돈이 전부는 아니다. 돈 때문에 심신(心身)의 안락(安樂)을 잃는다면 무슨 소용인가. 돈 때문에 부모 자식의 정(情)이 소원(疎遠)해지고, 진심으로 사랑하는 사람을 슬프게 하고, 친구를 잃고, 의리를 배반하고, 남을 속이고 거짓에 매여 불안(不安)하게 산다면 얼마나 어리석은 일인가. 황금은 진실한 사랑보다 귀한 것이 아니며 의리와 정보다 중한 것이 아니다. 황금은 사람을 쉬이 변하게 하고 쓰다가 다 떨어지면 초라한 자신의 허무만 남는다.

* 한자학습   시(是)-이것, 옳다, ~이다. 치(値)-값, 값지다, 가지다.
* 보충학습   치전다(値錢多)는 비교 개사(介詞) 어(於)가 전(錢) 앞에 생략됐다.

在家재가에 不會邀賓客불회요빈객이면 出外출외에 方知少主人방지소주인이니라.

집에 있을 때 손님을 맞이할 줄 모르면 밖에 나가서 맞아줄 주인이 적은 것을 비로소 알게 되느니라.

    손님을 잘 대접할 줄 아는 사람은 사교적인 사람이다. 인간관계가 원만한 사람이다. 남을 위할 줄 아는 사람이다. 사람을 좋아해 남에게 호감을 사는 사람이다. 그런 사람의 집에는 늘 손님이 많이 찾아온다. 사람을 좋아해 남을 초청하기 좋아해 밖에 나가면 반기는 사람이 많고 남에게 초청을 많이 받는다. 손님을 잘 맞이할 줄 모르는 사람은 역시 손님 초청하는 일을 잘 하지 못한다. 사회성 사교성이 부족한 사람이다.
    늘 문호(門戶)가 쓸쓸하다. 찾는 이 없으니 찾아 갈 집도 없다. 잘 되는 사람의 집은 빈객이 들끓고 기우는 집은 문호가 적막하다. 손님 대접하기를 즐기고 손님이 많이 찾는 사람은 집 밖에 나서면 찾아갈 곳이 많아 즐겁다. 그러나 이는 보통 세상살이 이야기다. 사람이 좋아 함께 도락(道樂)을 즐기려 손님이 찾아오는 유붕자원방래(有朋自遠方來)는 군자의 즐거움이다. 그러나 지위(地位)와 이권(利權)을 찾아 손님이 많은 것은 군자의 부끄러움이다. 오히려 한가한 가운데 유유자적(悠悠自適)하는 삶이 군자의 미덕(美德)이다. 시끌벅적 탐욕(貪慾)과 명리(名利)를 좇는 속객(俗客)이 많이 찾아오는 것이 어찌 자랑이랴.
    본문은 원만한 인간관계를 권하는 뜻이다. 세상이 너무 번잡하여 수정(守靜)과 한거(閑居)의 삶이 귀하다. 야은(冶隱) 길재(吉再) 선생의 시구(詩句) "외객불래산조어(外客不來山鳥語) 이상죽오와간서(移床竹塢臥看書) 찾는 이 없이 산새만 지저귀는 데, 평상을 대밭에 옮겨놓고 누워 책을 읽는다"가 더 멋지지 않는가.

● **한자학습**   요(邀) – 맞다, 오는 것을 기다리다, 부르다, 초대하다, 요구하다, 만나다.
● **보충학습**   회(會)는 '할 수 있다'는 뜻의 보조동사이다. 백화(白話)에서 많이 쓴다.

貧居鬧市無相識빈거료시무상식이요

富住深山有遠親부주심산유원친이니라.

가난하면 시끄러운 시내에 살아도 아는 이가 없고, 부유하면 깊은 산에 살아도 멀리서 찾아오는 친한 이가 있느니라.

인간 세태(世態)를 적시(摘示)한 글이다. 가난하면 친구도 멀리하고 친척도 멀어진다. 남이 멀리 하려 하지 않아도 스스로 피하게 된다. 아는 사람은 멀어지고 새로이 사람을 사귈 수 없어 외롭고 고단한 처지가 된다. 가난한 사람을 멀리 하는 세태는 나쁘다. 그러나 저자 거리의 복잡한 곳에 살아도 아는 사람이 없는 고독한 처지가 되는 원인이 가난이라면 떨치고 일어나야 한다. 세태를 원망할 일이 아니다. 최선을 다 하고도 가난한 것은 결코 부끄러운 것이 아니다.

그러나 노력하지 않고 게을러서 호구(糊口)를 해결하지 못함은 자신의 허물이다. 가난은 극복해야 할 장애(障碍)라는 말이 있다. 참으로 옳은 말이다. 가난은 선악(善惡)의 대상이 아니다. 시비(是非)나 호불호(好不好)의 대상이 아니다. 불편한 생활의 장애다. 장애를 타고난 팔자로 알거나 게을러서 자포자기(自暴自棄)하면 불편한 장애는 영원히 고쳐지지 않는다. 장애는 노력하면 가능한 최소화(最小化)할 수 있다. 그 정도 차이는 사람마다 다르고, 형편 따라 다르다. 부유하면 어느 곳에 살든지 주위에 사람이 모여든다. 멀리 있는 친구나 친척도 수고를 마다하지 않고 찾아와 가까이 하려 한다. 득을 보려함이다. "수양산 그늘이 강동 팔십 리를 간다"는 속담이 있다. 큰 산의 그늘이 멀리까지 그늘을 지어 많은 사람에게 득을 준다는 뜻이다. 부유한 사람의 덕을 보는 것은 당연하다. 청부(淸富)는 미덕(美德)이다. 먼 곳의 어려운 이들이 덕을 보러 찾아오는 후덕(厚德)한 청부(淸富)가 많아야 좋은 세상이다.

* **한자학습**   료(鬧) – 시끄럽다. 흐트러지다. 산만하다.

* **보충학습**   문장의 앞에 양보를 나타내는 비록 수(雖)가 생략된 양보문(讓步文)이다.

人義인의는 盡從貧處斷진종빈처단이요

世情세정은 便向有錢家편향유전가니라.

사람의 의리는 다 가난한 데로부터 끊어지고, 세상의 인정은 곧 돈 있는 집으로 향하느니라.

인간은 사회적 동물이다. 인간은 다른 동물과 달리 그가 처한 환경에 따라 잘 적응해 적자생존(適者生存)의 자연 법칙을 자신에게 유리하도록 수용(受容) 또는 극복(克服)해 만물의 영장이 됐다. 그러나 인간은 때로 주어진 환경을 거부하고 자신의 신념을 위해 목숨을 버리기도 한다. 정의로운 신념에 따라 죽음도 불사하는 정신 이를 의리(義理)라고 한다.

의리는 대의(大義)와 소의(小義)가 있다. 정의를 위해 작은 이익을 버리는 정신은 소의다. 정의로운 신념을 위해 생명까지도 버리는 것은 대의다. 한마디로 정의로운 신념을 실천하는 올곧은 정신이 의리다. 본문은 보통 사람의 인지상정(人之常情)을 말한 것이다. 집이 가난해 사람으로서 마땅히 주고받아야 할 정표도 표현할 수 없으면 사람 노릇을 다 하지 못해 인간관계의 의리가 끊어지게 된다는 말이다.

관혼상제(冠婚喪祭)의 부의(賻儀)와 축의(祝儀)를 보면 이를 쉽게 알 수 있다. 준대로 받고 받은 만큼 주는 것이 상례(常例)다. 남에게 받기만 하고 갚지 않으면 의리 없는 처사라고 한다. 가난 때문에 부득이 그러하더라도 인간관계의 의리가 소원해지기는 마찬가지다. 세상 인심이 돈 많은 집으로 향하는 것도 같은 이치다. 돈 많은 사람은 영향력이 큰 사람이다. 돈 많은 사람에게 인심이 쏠리는 것은 그 영향력과 능력 때문이다. 덕을 보려는 마음과 돈의 위세에 약하기 때문이다. 이런 속물(俗物)주의가 팽배한 세상이 실상 의리 없는 세상이다.

● **한자학습** 세(世) – 대, 세상, 때.

● **보충학습** 종(從)은 실사로는 '좇다, 순직하다, 따르다'는 의미로 쓰이나 허사로는 '~로부터'의 의미로 쓰인다.

寧塞無底缸영색무저항이언정 難塞鼻下橫난색비하횡이니라.

차라리 밑바닥이 없는 항아리를 막을 수 있을지언정, 사람의 코 아래 가로 놓인 것(입)은 막기 어려우니라.

가난은 나라도 못 구한다는 속언(俗諺)이 있다. 그 만큼 경제가 중요하다. 밑 빠진 독에 물을 채운다는 것은 불가능한 일이다. 그것보다 사람의 입을 채우기가 어렵다는 것은 가난을 해결하는 것이 어렵고도 어려움을 강조한 말이다.

사람의 입을 막는 것은 의식주(衣食住) 가운데 식(食)을 말한 것이다. 식이란 생명체의 본능적인 욕구이며 생명 보존의 최소한의 조건이다. 잘 입고 좋은 집에 사는 것은 적어도 먹는 것이 해결되고 난 뒤의 문제다. 식위천(食爲天)이란 말이 있다. 먹는 것이 하늘이라는 말은 백성들에게는 먹는 것이 하늘만큼 중요하다는 의미다. 민족의 명절인 추석(秋夕)이 즐거운 것은 풍년(豊年) 농사의 풍요(豊饒)로움 때문이다. 수해(水害)로 농사를 망친 농민들에게 추석은 이미 명절이 아니다.

아무리 TV에서 명절 특집을 방영하고 출연자들이 화려한 한복으로 호사(豪奢)를 부려도 배고픈 이에게는 그림의 떡이다. 북한은 수년째 식량난으로 시달리고 있다. 오죽하면 미제 원수라고 이를 갈던 미국에게도 기회 있을 때마다 식량 원조를 호소한다. 구걸하듯 식량 외교를 펼치는 북한이 안쓰럽다. 북한은 더 이상 배고픈 백성을 정치볼모로 삼아 핵무기 개발을 무기로 세계 평화를 위협하는 일은 하지 말아야 한다.

* **한자학습** 항(缸)-뜻은 항아리, 장군 부(缶)가 뜻을 나타내는 형부(形符) 장인 공(工)이 소리를 나타내는 성부(聲符)로 이뤄진 형성자(形聲字)이다.

* **보충학습** 색(塞)은 막는다는 뜻의 글자로 변방이란 뜻으로 쓰일 경우는 음이 새로 난다.

人情인정은 **皆爲窘中疎**개위군중소니라.

인정(人情)은 모두 군색(窘塞)한 가운데서 소원(疎遠)하게 되느니라.

오는 정이 있어야 가는 정이 있다. 인정(人情)이란 오고 가는 것이다. 사람과 사람 사이의 정분(情分)이란 마음의 작용(作用)이다. 그 마음을 표현하는 방법은 일차적으로 정다운 말을 전한다. 그러나 말만으로는 부족함을 느껴 정표(情表)를 주고받는다. 정을 담은 정표가 선물이다. 선물을 보내는 것은 정을 보내는 것이다. 선물의 생명은 정성이다. 선물은 보내는 이의 정분과 정성이 담길수록 좋은 선물이다. 선물은 보내는 이의 정분이 받는 이에게 전달돼 감동을 줘야 한다. 서로 정분이 가득 담긴 선물을 주고받는 것은 아름다운 일이다. 그럴수록 정분은 더욱 돈독해진다. 선물을 준비하는 데는 물질이 필요하다. 그러나 선물의 생명은 물질의 과다가 아니다. 보내는 이의 분수에 넘치는 선물이나 지나치게 비싼 선물은 받는 이를 당황하게 한다. 그럴 경우 그것은 선물이 아니다. 선물은 보내는 이나 받는 이가 기쁘고 즐거워야 한다.

그러나 선물이 뇌물로 둔갑해 사회문제가 되는 것은 정표가 아니라 자신의 이익 성취를 위한 수단으로 악용되기 때문이다. 가난하다고 누구나 다 정분이 멀어지는 것은 아니다. 가난한 가운데도 얼마든지 돈독한 정을 표할 수 있다. 형편이 어려운 가운데 물질로 표현할 수 없는 정성을 담아 정을 표하면 그것이 오히려 더 상대방에게 감동을 줄 수 있다. 본문은 군색하다보면 자연히 정분을 나눌 여유가 없어 소홀하게 되고, 당연히 정표를 나눌 처지에 그러하지 못하는 일이 많다보면 사이가 멀어짐을 걱정한 글이다. 가난해도 인정이 넘치는 사회가 부유하면서 각박한 사회보다 훨씬 아름답다.

- **한자학습** 군(窘)-막히다, 궁해지다, 닥쳐오다, 고생하다. 소(疎)-트이다, 통하다, 멀다, 친하지않다, 서투르다, 우활하다, 늦다, 길다.
- **보충학습** 위(爲)의 용법은 ~이다, ~이 되다, ~을 하다, ~을 위하여, ~때문에 등이 있다.

史記曰사기왈 郊天禮廟교천례묘는 非酒不享비주불향이요 君臣朋友군신붕우는 非酒不義비주불의요 鬪爭相和투쟁상화는 非酒不勸비주불권이라 故고로 酒有成敗而不可泛飮之주유성패이불가범음지니라

사기에 이르기를 "하늘에 교제(郊祭)를 지내고 사당에 제례(祭禮)함에 술이 아니면 제향을 올리지 못하고, 임금과 신하 벗과 벗 사이에는 술이 아니면 정의(情義)가 이뤄지지 못하고, 싸움을 하고 화해함에는 술이 아니면 권할 수 없으니 그런 까닭에 술에는 성공과 실패가 있으니 함부로 지나치게 마셔서는 아니 되느니라" 하였다.

    선인은 술을 신령한 음식으로 생각했다. 신성한 의식에는 반드시 술이 있어야 했다. 제사(祭祀)에 술이 없으면 신(神)이 흠향(歆饗)하시지 않는다고 생각해 위로는 천자가 지내는 교제(郊祭) 봉선제(封禪祭) 종묘제(宗廟祭)로부터 아래로는 백성의 기제(忌祭)나 고사(告祀)에 이르기까지 술은 필수적 제수(祭需)였다. 술은 사람 사이의 막힌 감정을 풀어주는 촉매 역할을 한다. 싸우고 화해할 때 술은 화해주(和解酒)가 된다. 그러나 술이 좋은 점만 있는 것이 아니다. 예로서 절제하지 않으면 술은 정신을 잃게 한다. 지나치면 광기(狂氣)를 발동해 실언(失言), 실수(失手), 폭언(暴言)으로 품위를 잃고 심하면 망신(亡身)하는 처지에 이른다. 술은 좋은 음식이나 적당히 마셔야 한다. 지나치면 영육(靈肉)을 병들게 하고 죽음에 이르게 한다.
    요즘 젊은이들의 음주문화는 술이 정신을 마비시켜 퇴폐(頹廢) 향락(享樂)으로 치닫게 하는 마약(痲藥)이 되고 있다. 술은 적당히 즐기면 영약(靈藥)이요 지나치면 마약(痲藥)이다.

- **한자학습** 범(泛)-뜨다, 띄우다, 물이 가득 찬 모양, 물을 붓다, 물을 뿌리다.
- **보충학습** 교제(郊祭)는 천자(天子)가 천지(天地)에 지내는 제사로 동지(冬至)에는 남교(南郊)에서 하늘에 제사지내고 하지(夏至)에는 북교(北郊)에서 땅에 제사 지냈음.

子曰자왈 士志於道而恥惡衣惡食者사지어도이치악의악식자는
未足與議也미족여의야니라.

공자께서 말씀하시기를 선비가 도에 뜻을 두고도 좋지 않은 옷과 좋지 않은 음식을 꺼리고 싫어하는 자는 더불어 도를 의논하기에 부족하다고 하셨다.

선비의 삶의 목표는 도를 실현하고자 함이다. 도는 내적인 성(性)의 문제이므로 외적인 물(物)에 좌우되지 않는다. 외물(外物)인 먹는 것과 입는 것에 정신이 흔들리는 사람이 어찌 도를 이룰 수 있겠는가. 입는 것과 먹는 것은 본능에 관련된 것이다. 좋은 음식은 도를 충족시키는 것이 아니라 입맛을 충족할 뿐이다. 정신적인 깨달음이 아니라 감각의 느낌에 지나지 않는다. 순간적(瞬間的)인 것이며 말초적(末梢的)인 것이다.

좋은 옷도 마찬가지다. 시각적인 눈요기에 불과하다. 정신적 희열(喜悅)과 영적 법열(法悅)과는 다르다. 위기(爲己)적인 듯하나 실상은 위인(爲人)적인 것이요 남의 단순한 평가에 나를 의존하는 것이다. 옷 타박, 음식 타박하는 사람은 정신적으로 공허(空虛)하거나 성정(性情)이 부화(浮華)하기 쉽다. 성격이 까다로운 사람이다. 착목하는 것이 원대(遠大)하지 못하다. 가치관이 단순하고 협소해 큰 그릇이 되기 어렵다.

작은 일에 분주해 인생을 허비하기 십상이다. 그러나 일부러 악의악식(惡衣惡食)을 더 좋다고 고집하는 것은 위선(僞善)이다. 동가홍상(同價紅裳) 같은 값이면 다홍치마라고 하지 않는가. 어찌 좋은 옷이 허물이 되랴. 기왕이면 좋은 음식이 좋은 것이다. 다만 옷이나 음식에 연연하는 자는 도를 이루기 어려움을 강조하신 것이다.

● **한자학습** 악(惡)-미워하다, 헐뜯다, 부끄러워하다. 탄식사로 쓰일 경우는 '오'로, 모질다, 흉년들다, 똥의 뜻으로 쓰일 경우는 '악'으로 독음(讀音)한다.

● **보충학습** 문맥으로 보아 본문 이(而)의 앞과 뒤는 내용상 반대이므로 '그러나'의 뜻으로 푸는 역접접속사이다.

荀子曰 순자왈 士有妬友則賢交不親 사유투우즉현교불친하고
有妬臣則賢人不至 군유투신즉현인부지니라.

순자가 말하기를 "선비가 질투하는 친구가 있으면 어진 이와 친하게 사귀지 못하고, 임금에게 투기하는 신하가 있으면 어진 사람이 이르지 못하느니라" 하였다.

투기는 사랑의 병적 현상이다. 남녀 사이의 사랑도 투기가 좋지 않은 것인데 하물며 친구 사이에 투기란 가당치 않은 일이다. 투기하는 친구는 진정으로 그 친구를 아끼는 친구가 아니다. 정말 좋아하는 친구라면 그에게 더 많은 훌륭한 이들이 벗으로 사귀어 그가 잘 되기를 소망함이 옳다. 투기하는 친구는 친구가 잘 되는 것도 꺼린다. 다만 자신의 이익을 위해 친구를 독차지할 뿐이다. 관포지교(管鮑之交)를 보라. 포숙(鮑叔)은 친구 관중(管仲)과 섬기던 주인이 달랐다. 포숙이 섬기던 주인 환공이 제나라 제후가 되자 그를 대적하다 감옥에 갇힌 관중을 천거해 자기의 윗자리에 앉게 하고 관중이 정사를 책임지어 제환공(齊桓公)을 제후의 우두머리인 패자(覇者)가 되게 했다. 포숙은 관중을 투기하지 않고 진정으로 아낀 사람이다.

초나라 굴원(屈原)은 회왕(懷王)의 총애와 신임을 받아 국정을 맡아 치적이 높았다. 그러나 상관대부 근상이 투기해 모함함으로 회왕에게 버림을 받아 귀양 가 결국 자살하고 말았다. 이로부터 회왕에게는 어진 신하가 없어 항우(項羽)에게 죽임을 당하는 비극을 맞는다. 어찌 굴원뿐이랴. 동서고금의 난국(亂國)과 망국(亡國)의 원인은 충신을 투기하는 소인(小人) 때문이다. 그러나 투기하는 친구가 있음도 투기하는 신하가 있음도 그 원인은 내게 있음을 알아야 한다. 남을 탓할 일이 아니라 반구저기(反求諸己)할 일이다.

❋ **한자학습** 투(妬) – 새암하다, 시새우다, 투기하다.

❋ **보충학습** 순자(荀子)는 전국시대(戰國時代) 조(趙)나라의 유학자로 이름은 황(況) 지위가 상경(上卿)에 이르러 순경(荀卿)이라 일컬었다. 예학(禮學)에 조예가 깊었고 맹자의 성선설(性善說)을 부정하는 성악설(性惡說)을 주장했다.

天不生無祿之人천불생무록지인하고

地不長無名之草지부장무명지초니라.

하늘은 녹(祿)이 없는 사람을 내지 않고, 땅은 이름 없는 풀을 기르지 않는다.

사람은 다 저 먹을 것은 타고 난다는 말이다. 그러므로 이전 어른들은 너무 돈 돈 돈 하지 말라거나 가정이 어려워 자식을 낳지 못한다는 말은 하지 말라고 했다. 지금 우리나라가 겪고 있는 가장 심각한 문제가 출생률 저하다. 1970년대 국가 인구 시책이 산아제한이었든 나라가 2005년도에 신생아 출생률이 1인당 1.7명으로 세계 최하위가 되었다. 2007년 보다 2008년은 초등학교 입학예정자 수가 9만 명이 줄었다고 한다. 그 숫자인 40여만 명은 현재 대학정원 60여만 명보다 약 20만 명이 적은 수가 된다. 결국 이대로 가면 12년 후에는 대학은 대규모 결원 사태로 많은 대학이 문들 닫아야 하고 20년 후에는 절대 인구가 줄어든다는 것이다. 요즘 젊은이들의 평균 결혼 나이는 30세 40대의 미혼 남녀가 흔하다. 직장마다 남녀 독신자의 수가 증가하고 있다. 결혼한 부부도 아이 낳기를 꺼린다. 그 이유를 들어보면 늦게 결혼한데다 아이 양육비가 많이 들어 경제적으로 쪼들리면서 어렵게 살고 싶지 않다는 것이다. 아이 양육비가 많이 들뿐만 아니라 교육비는 또 얼마나 많이 드는가. 제대로 가르치지 못하면 치열한 경쟁 사회에서 사람구실도 하기 힘들 것이 불을 보듯 뻔한 형편에 어떻게 아이를 마음 놓고 낳을 수 있겠느냐는 것이다. 자원도 부족한 나라가 지금같이 나름대로 선진 부강한 나라를 만든 것은 전적으로 인적자원 덕(德)인데 인구가 감소한다는 것은 나라의 장래가 위험한 일이다. 지상의 모든 풀이 다 이름이 있다는 것은 만물이 저마다 각자의 역할과 소질이 있다는 말이다. 사람도 마찬가지다.

　나라의 할 일은 이 땅에 태어난 국민이 마음 놓고 저마다 타고난 소임과 능력을 마음껏 발휘하며 살도록 하는 일이다. 위정의 근본이 바로 이것이다. 국민이 아이 낳기를 싫어하는 것이 아니라 두려워하는 나라가 됐다면 이는 잘못돼도 한참 잘못돼 가고 있는 것이다. 경국제민(經國濟民)은 선거제도나 제도 개혁보다 당연히 우선한다.

● 한자학습　녹(祿)-복, 행복, 녹봉(祿俸), 녹봉을 주다.

● 보충학습　앞 뒤 문장이 절묘한 대구(對句)와 대조법(對照法)으로 구성됐다.

大富대부는 由天유천하고 小富소부는 由勤유근이니라.

큰 부자는 하늘이 내고 작은 부자는 부지런한데서 말미암느니라.

　천명(天命) 사상에 입각한 인생관이라고 할 수 있다. 큰 부자는 사람이 되고 싶다고 되는 것이 아니다. 하늘의 뜻이 있어야 가능하다. 그러므로 분수에 넘치는 욕심은 가지지 말라. 이 말은 사람의 허욕과 과욕을 경계하는 것이다. 세상에 누가 부자가 되고 싶지 않은 사람이 있겠는가. 그러나 어떤 사람은 태어나면서부터 재벌의 아들이 된 사람이 있고 어떤 사람은 고아가 돼 만리타국에 입양(入養)가는 사람이 돼 있으니 이를 어찌 인력으로 감당할 수 있으랴.

　중국의 인구를 통상 11억이라고 한다. 정부는 인구 증가를 억제하고자 법률로 한족(漢族)은 자녀를 1명밖에 낳을 수 없도록 하고 있다. 그러나 농촌은 남아선호 사상의 잔재나 노동력 확보를 위해 1명 이상의 아들과 딸을 낳고 있다. 이들은 호구(戶口)도 가질 수 없어 민적(民籍)도 없는 백성이다. 중국도 개혁 개방 이후 자본주의 경제가 도입돼 상공업이 발달하고 도시 상공업에 종사하는 사람은 부를 축적해 신흥 부자가 증가하고 있다. 중국 도심에 외국산 승용차가 달리는 것을 보면 이를 잘 알 수 있다. 며칠 전 방문학자로 중국에서 1년을 거주하다 귀국한 이래 10년 만에 중국을 다녀왔다. 2008년 북경 올림픽을 준비하느라 대형공사가 한창이었다.

　골목길 후통(胡洞)에서도 주거환경을 고치는 모습이 눈에 띄었다. 돈 한 푼이라도 벌려고 거리를 누비는 행상과 아침 시장에 몰려든 농민들, 그들의 부지런함은 소부가 되기에 족하다. 그러나 가난뱅이가 대부가 된 이도 적지 않으니 부지런한 이에게 실망은 금물(禁物)이다. 이미 중국은 세계의 대부국(大富國)이 되고 있지 않은가.

● **한자학습**　유(由)-곡절, 사정, 연유, 말미암다, 인연하다, 따르다, ~에서, ~에서부터.

● **보충학습**　유(由)는 이유 원인을 나타낸다. 같은 경우 인(因)이 쓰이기도 한다.

成家之兒성가지아는 惜糞如金석분여금하고
敗家之兒패가지아는 用金如糞용금여분이니라.

집안을 이루는 아이는 똥을 아끼기를 금과 같이 하고, 집안을 망치는 아이는 돈(금) 쓰기를 똥 같이 여기느니라.

이 세상에 많은 사람이 살고 있지만 그 성향(性向)은 크게 둘로 나눌 수 있다. 선악(善惡), 시비(是非), 긍정적(肯定的)인 것과 부정적(否定的)인 것이다. 집안을 이루는 아이는 가난한 집안을 일으키는 아이요 가난한 집을 부자가 되게 하는 아이다. 어떤 사람이 부자가 되는가하는 문제의 해답이 여기에 있다. 지금 비록 가난하더라도 더럽고 천한 똥을 아끼기를 마치 금처럼 하는 사람은 장차 부자가 된다. 금은 돈과 같은 의미다. 똥은 지금은 천하고 버릴 것이지만 과거 농경사회에서는 쓰기에 따라 소중한 비료가 돼 자원으로 활용돼 돈이 될 수 있었다.

아무리 작고 보잘 것 없고 남들이 천하게 여기는 것이라도 돈이 될 수 있는 것이면 아끼고 소중히 여기는 사람은 돈을 모을 수 있다. 작은 돈일지라도 티끌 모아 태산이 된다. 부자와 가난한 사람의 가장 큰 차이는 작은 돈이나 큰 돈이나 돈 아끼기는 태도가 다르다고 한다. 얼핏 생각하면 부자가 돈을 쉽게 쓸 것 같지만 전혀 다르다. 졸부(猝富)가 아닌 성가(成家)한 부자는 돈을 무조건 아끼는 것이 아니라 꼭 써야 할 때가 아니면 철저히 절약한다. 반대로 집안을 망치는 아이는 어떤가. 지금은 비록 부자 집에 태어나 아쉬운 것이 없는 처지라 할지라도 돈 쓰기를 마치 똥 같이 가볍게 여겨 낭비하면 가난은 하루아침거리다. 돈처럼 무정한 것이 없다. 쓰기만 하면 천금이 얼음 녹듯 순식간이다. 자신이 힘들여 돈을 벌어 보지 않은 까닭에 돈 귀한 줄을 모른다. 낭비는 가난의 지름길이다. 이런 사람에게 가난은 도둑처럼 찾아온다. 돈을 소중히 여기는 사람은 부자가 되고 돈 쓰기를 허수히 여기는 사람은 훗날 돈이 없어 천하게 된다. 경계할 일이다.

● 한자학습 석(惜)-아끼다, 아까워하다, 아깝다, 가엾다. 분(糞)-똥, 더러운 것을 제거하다.
● 보충학습 두 문장은 대구(對句)·대조(對照)법으로 구성됐다.

康節邵先生曰 강절소선생왈 閑居 한거에 愼勿說無妨 신물설무방하라. 纔說無妨便有妨 재설무방변유방이니라.

강절 소선생이 말하기를 "편안하고 한가롭게 살 때에 삼가 해로움이 없다고 말하지 말라. 이제 막 해로움이 없다고 말하고 나니 문득 해로움이 있느니라" 하였다.

문장이 길어 나눠 싣는다. 사람은 내일 일을 모르는 존재다. 경솔하게 속단해 단정적으로 인생살이를 해서는 안 된다. 지금 한가롭고 아무런 어려운 일이 없다고 조심성 없이 입바른 소리를 할 것이 못된다.

지난달에 고향에 다녀오다 마주 오던 승용차와 마주치는 접촉 사고가 있었다. 뒷좌석에서 졸며 오다 당한 일이라 나는 별로 다치지 않았지만 중앙선을 넘어 오는 차를 보고 최대한 옆으로 피해 차의 옆을 받혀 다행이었지 하마터면 정면충돌로 대형 사고를 당할 뻔 했다. 아무리 이쪽이 운전을 잘 해도 얼마든지 교통사고는 당할 수 있다. 운전 잘 한다고 자만(自慢)은 금물이다. 무방(無妨)과 유방(有妨)은 백지(白紙) 한 장 차이다.

오랜만에 만난 사람과 근황(近況)을 묻는 인사를 나누다 보면 겸연쩍은 표정으로 "늘 그래, 별 일 있나? 어제가 오늘이고 오늘이 내일이지"라고 대답하는 경우를 흔히 본다. 별 일 없는 상태가 곧 무방(無妨)이요 한거(閑居)다. 오늘 무방(無妨)하다고 늘 그런 것이 아니다. 금방 무방(無妨)하던 이가 큰 불행을 만나 쩔쩔매며 어려움을 겪는 것을 얼마든지 볼 수 있다. 무방(無妨)한 하루하루에 감사하자.

● 한자학습 한(閑)-막다, 막히다, 문지방, 한가하다. 방(妨)-방해하다, 꺼리다. 재(纔)-겨우, 방금, 이제 막, 한 번 물들인 명주. 변(便)-문득(변) 오줌 똥(변) 편하다(편), 소식(편) 쉬다(편), 뚱뚱하다(편) 아첨(편).

● 보충학습 물(勿)-금지사로 ~하지 말라. 무방(無妨)에서 무(無)는 존재를 나타내는 서술어 방(妨)은 보어이다.

爽口物多能作疾상구물다능작질이요　快心事過必有殃쾌심사과필유앙이라. 與其病後能服藥여기병후능복약으론 不若病前能自防불약병전능자방이니라.

입에 상쾌한 물건이 많으면 병을 만들고, 마음에 상쾌한 일이 지나치면 반드시 재앙이 있다. 병든 후에 약을 먹는 것 보다는 병이 나기 전에 스스로 막는 것만 같지 못하니라.

　　입맛에 당기는 것만 좋아 하면 병이 생긴다. 사람의 몸은 다양한 영양을 필요로 한다. 편식(偏食)은 영양의 불균형을 초래해 신체의 이상을 가져온다. 근자에 우리나라 사람의 최대 관심은 건강이다. 웰빙이란 말이 대 유행이다. 보양식은 물론 어떤 건강식품이 몸에 좋다고 소문이 나면 없어서 못 팔 지경이다. 건강에 좋은 음식도 과식(過食)하면 부작용이 생긴다. 살(肉)과의 전쟁이란 해괴한 전쟁이 우리나라 도처에서 벌어지고 있다.
　　병원도 소아과 산부인과는 출생률 감소로 경영난을 겪는다는 소문이지만 비만 클리닉에는 문전성시다. 입맛 나는 음식을 과다 섭취한 결과다. 술은 적당히 마시면 몸에 이롭다. 그러기에 약주(藥酒)라고 했다. 그러나 과음은 백해무익(百害無益)이다. 젊어서 과음한 사람치고 나이 들어 고생하지 않는 사람이 없다고 한다.
　　내가 좋은 일, 내 기분에 맞는 일도 지나치면 화(禍)가 된다. 적당한 기호품을 즐기는 것, 적당한 취미생활은 좋은 일이다. 인생을 즐겁게 하고 여유롭게 한다. 그러나 지나치면 병이다. 경마(競馬)로 가산(家産)을 탕진(蕩盡)하기도 하고 인터넷 게임 중독으로 죽기도 한다. 병들어 영약(靈藥)을 먹는 것 보다 예방이 최선이다. 건강은 건강할 때 지켜야 한다.

● **한자학습**　질(疾)-병, 병을 앓다, 버릇, 성벽(性癖), 하자(瑕疵), 괴로워하다.
● **보충학습**　'與其 갑~不若 을'은 비교문형의 하나다. "갑 하는 것보다는 ~을 하는 것만 같지 못하다" '與其 갑 ~寧을'은 "갑 하는 것보다는 차라리 을 하는 것이 낫다" 이다.

梓潼帝君垂訓曰재동제군수훈왈 妙藥묘약도 難醫冤債病난의원채병이요 橫財횡재는 不富命窮人불부명궁인이라.

재동제군이 내린 교훈에 말하기를 "신묘한 약도 원한 때문에 생긴 병은 치료하기 어렵고, 횡재는 운명이 궁한 사람을 부자가 되게 하지는 않는다" 하였다.

재동제군(梓潼帝君)은 도교의 성인(聖人)이다. 명심보감에 도교(道敎)의 인물이 많이 나오는 것 때문에 율곡(栗谷) 선생이 쓴 서문(序文)에 대해 의심을 하는 이들이 많다.
  명심보감은 유가(儒家)의 학습서라기보다 인격 수양(修養)을 위한 폭넓은 교양서라고 봄이 옳다. 원한 때문에 생긴 병은 묘약이나 의술로도 치료하기 어렵다. 마음에 생긴 병은 백약(百藥)이 무효(無效)라는 말이 있다. 실연(失戀) 때문에 생긴 병에 산삼 녹용이 무슨 소용이 있겠는가. 상사병으로 죽어가는 이에게는 정인(情人)의 사랑만이 약인데 의원의 침술이 신묘한들 효험이 있을 이치가 없다. 가장 어려운 병이 정신과 진료를 요하는 병이라고 한다. 병적 증상은 있으나 특별한 병인이 없는 경우 대부분 신경성 질환이라고 한다. 신경성 위염, 신경성 대장염 등 신경성 증후군이 현대인을 괴롭히는 가장 많은 질환이라는 것이다. 마음의 병은 때로 임신하지도 않은 아이를 배어 입덧을 하는 상상 임신도 있고 오진으로 암 진단을 받은 환자가 암에 걸린 것같이 앓다가 죽기도 한다. 마음을 편안히 가지고 사는 것이 건강하게 사는 비결이다. 공짜로 생긴 돈으로 부자 되는 법은 없다.
  땀 흘려 번 돈이 모여 재산이 된다. 운명이 궁한 사람이 따로 있나. 자신은 노력하지 않고 감나무 밑에서 감 떨어지기만 기다리는 사람이 바로 그런 사람이다. 하늘은 스스로 돕는 자를 도울 뿐이다.

◉ **한자학습** 원(冤)-원통하다, 굽다, 구부리다, 원한, 불평. 채(債)-빚, 빌다, 빌림, 빌린 금품.

◉ **보충학습** '難醫'의 구조는 술어+보어로 어렵다는 불완전한 술어를 보충해 주는 말이 치료라는 보어이다. 무엇이 '어려운'가 치료가 어렵다는 뜻이다.

生事事生생사사생을 君莫怨군막원하고 害人人害해인인해를 汝休嗔여휴진하라. 天地自然皆有報천지자연개유보하니 遠在兒孫近在身원재아손근재신이니라.

일을 만들면 일이 생기는 것을 그대는 원망하지 말고, 남을 해치면 남이 해치는 것을 그대는 욕하지 말라. 천지자연에는 모두 갚음(應報)이 있으니 멀리는 자손에게 있고 가까이는 자신에게 있느니라.

일이란 만들면 생기는 것이고, 대인 관계에서 내가 남을 해치면 남도 나를 해치게 마련이다. 그런데도 사람들은 자신이 남에게 한 일은 생각하지 않고, 남이 나에게 하는 일만 탓한다. 일이 많아진 것은 내가 일을 만들었기 때문이요, 남이 나를 해친 것은 내가 남을 해쳤기 때문이다. 모두 그 원인이 나에게 있다. 천지자연의 법은 인과응보(因果應報)니, 원인 없는 결과가 없다. 도교(道敎)의 가르침이지만 불교의 인연설(因緣說)과 별반 다름이 없다. 선한 인연을 맺으면 선한 응보가 악한 인연을 맺으면 악한 응보가 반드시 있다. 이것은 한 치의 오차도 없어서 그 보응이 자신에게 돌아오고, 혹 자신에게 돌아오지 않더라도 멀리는 자손에게 보응한다는 것이다. 세상에는 불공평하다고 생각되는 일이 많다. 악한 일을 저지른 악인이 출세하고, 부귀영화를 누리다 종신(終身)하는 것을 보면 천도(天道)가 있는가. 의심하기도 한다.

그러나 길게 보면 의인의 자손은 잘되나 악인의 자손이 잘되는 법은 없다고 한다. TV 역사 드라마를 보며 저토록 악한 인간이 내 조상이라니 하며 얼굴을 붉히는 이들의 심정을 생각해 보라. 조상을 바꾸고 싶은 자손을 만들지 말아야 한다.

● **한자학습** 진(嗔)-성내다, 욕하다, 기운이 성한 모양.
● **보충학습** 생사사생(生事事生)과 해인인해(害人人害)에서 일 사(事)자와 사람 인(人)자의 문법적 쓰임이 앞에서는 목적어로 뒤에서는 주어로 그 성분이 다르게 쓰였다.

花落花開又落화락화개우락하고 錦衣布衣更換着금의포의경환착이라. 豪家호가도 未必常富貴미필상부귀요 貧家빈가도 未必長寂寞미필장적막이라.

꽃이 졌다 꽃이 피고 또 핀 꽃이 다시 지며, 비단옷 삼베옷을 교대로 바꾸어 입느니라. 부호의 집도 항상 반드시 부귀한 것이 아니요, 가난한 집이라고 반드시 계속 적막한 것은 아니니라.

세상 이치는 돌고 돈다. 꽃이 피었다가 또 지고, 그 씨앗을 심으면 꽃이 또 피고, 핀 꽃이 또 진다. 자연은 순환(循環)한다. 어떤 꽃도 피어서 영원히 시들지 않는 꽃은 없다. 꽃이 지고 열매가 맺히면 익어 땅에 떨어진다. 땅에 떨어진 열매는 썩어 그 안에 있는 씨앗에서 다시 싹이 자라고 성장해 꽃이 피고 열매를 맺는다. 신생 성장 소멸의 순환이 계속되는 것이다. 만약 꽃이 시들지 않는다면 그 꽃은 열매를 맺을 수 없다. 열매가 땅에 떨어져 썩기를 거부한다면 새싹이 자랄 수 없고, 새로운 꽃을 피게 할 수 없다. 영원히 시들지 않는 꽃은 조화요, 떨어지지 않는 열매는 인공의 모조품일 뿐이다. 조화(造花)와 모조품(模造品)은 생명이 없다. 생명체인 사람도 성공과 실패의 기복(起伏)이 있다.

왕정시대 절대 권력의 제왕도 나이 들어 죽음에 이르면 평범한 하나의 인간으로 돌아간다. 부자나 가난함도 마찬가지다. 부자라고 항상 부자가 아니며, 가난한 사람도 언제나 길이 가난하지는 않는다. 문제는 현재다. 나는 어떻게 살고 있는가. 지금 부자라고 교만할 일이 아니며 가난하다고 기죽어 살 일이 아니다. 일년 삼백육십오 일도 비 오는 날, 맑은 날, 바람 부는 날, 눈 오는 날이 있다. 성실하게 최선을 다하여 살다 보면 누구나 좋은 날이 있는 법이다. 인생은 새옹지마(塞翁之馬)다. 양지와 음지가 따로 있는 것이 아니다.

* **한자학습** 경(更)-고치다, 다시, 재차, 개선하다, 새로워지다, 고쳐지다, 교대하다.
* **보충학습** '未必~'은 '꼭 ~은 아니다'는 의미의 부분부정을 나타낸다.

扶人부인에 未必上靑霄미필상청소요 推人추인에 未必塡溝壑미필전구학이라. 勸君凡事권군범사를 莫怨天막원천하라. 天意於人천의어인에 無厚薄무후박이니라.

사람을 도와준다고 해서 꼭 푸른 하늘에 오르는 것이 아니요, 사람을 민다고 반드시 도랑과 골짜기에 빠지는 것이 아니다. 그대여! 범사에 하늘을 원망하지 말라. 하늘의 뜻은 사람에 대해 후한 것도 박한 것도 없느니라.

사람을 도와준다고 꼭 성공하는 것이 아니다. 돕는 사람이 있으면 성공하는 데 힘이 된다. 그러나 배경이나 믿고 노력하지 않으면 성공할 수 없다. 가정환경이 좋고 주변에 영향력이 큰 조력자가 있는 사람도 성공하지 못하는 사람이 있고, 주변에 힘이 돼 줄 강근지친(强近之親) 하나 없는 사람도 성공하는 사람이 있다. 그것은 사람의 힘으로 어쩔 수 없는 부분이 존재한다는 것이다. 이를 가리켜 운수(運數) 소관(所關)이라고 한다. 운수란 운명론적 패배주의자들의 변명이 아니다. 사람이 최선을 다해도 미칠 수 없는 절대자의 섭리를 인정하는 것이다. 지적 실력만으로 성패가 좌우된다면 지능지수가 높은 사람, 학별이 좋은 사람은 성공해야 한다.

그러나 세상일은 그렇지만은 않다. 공부도 못하고 머리도 좋지 않은 사람이 성공해 학별 좋고 머리 좋은 사람을 부리는 사람도 있다. 하늘은 공평무사(公平無私)해서 미운 사람도 이쁜 사람도 없다. 비가 올 때 선악(善惡) 간에 사람 차별해 내리는 법은 없기 때문이다. 실패한 뒤 하늘을 원망하는 것은 어리석은 일이다. 행도 불행도 사람 마음먹기에 달렸다. 하늘의 섭리를 사람이 어찌 할 수 없다면 주어진 일에 최선을 다 하면 그만이다.

※ 한자학습 소(霄)-하늘, 진눈개비, 태양 곁에 일어나는 운기. 전(塡)-메우다, 채우다. 구(溝)-봇도랑, 하수도, 해자(垓字). 학(壑)-골, 개천, 해자(垓字).

※ 보충학습 '未必~'은 '꼭 ~하지는 않는다'로 부분부정을 나타내고 '莫~'은 '~하지 말라'로 금지사이다.

堪歎人心毒似蛇감탄인심독사사라 誰知天眼轉如車수지천안전여거요
去年妄取東隣物거년망취동인물터니 今日還歸北舍家금일환귀북사
가라.

사람의 마음이 독한 것이 뱀과 같음을 한탄할 만하다. 하늘의 눈이 수레바퀴와 같음을 누가 알리요. 지난 해 망령되이 동쪽 이웃의 물건을 취하더니, 금일에 도로 북쪽 집으로 가누나.

맹자(孟子)는 성선설(性善說)을 주장, 사람의 천성(天性)이 착하니 악에 물들지 말고 천성을 지켜 착하게 살아야함을 말했다. 반대로 순자(荀子)는 성악설(性惡說)을 주장, 사람의 본성(本性)은 악(惡)하므로 부단히 수양(修養)하지 않으면 악한 인간이 된다고 주장했다. 이 두 선현(先賢)의 말씀은 서로 반대인 듯하나 실상은 인간의 악함을 경계하고 있다. 같은 수양하지 않고 그대로 두면 악하게 된다는 점에서는 차이가 없다. 오죽하면 인간의 마음이 악독해 뱀과 같을 수 있다고 했으랴. 폭군 걸(桀)과 주(紂)는 악하되 사람 죽이기를 파리 목숨같이 했고, 아비 앞에서 자식을 끓는 가마솥에 던지기도 했으며, 아비와 아들을 한 가마솥에 넣어 탕을 끓이기도 했다.

근래 김대두나 유영철은 개인적인 원한이 없는 사람들을 참혹하게 살해 했고 심하면 인육(人肉)을 먹거나 시신(屍身)을 불태우기도 했다. 인간이 악해지면 이 지경까지 가는 것이다. 어찌 두렵지 않으랴. 경계하고 또 경계할 일이다. 재물은 수레바퀴 같이 돌고 돈다. 영원히 내 것이란 없다. 남의 물건을 악하게 빼앗아 본들 곧 또 남에게 빼앗기게 된다. 재물 잃고 원한만 남는다. 인간은 공수래공수거(空手來空手去)가 아닌가. 그러기에 자고로 선한 끝은 있어도 악한 끝은 없다고 했다.

● **한자학습** 감(堪)-견디다, 뛰어나다, 낫다, 하늘, 천도. 인(隣)-이웃, 이웃하다, 도움.

● **보충학습** 수(誰)는 의문대명사이다. 의문문은 의문대명사 의문부사가 문장 앞에 오거나 의문조사가 문장의 끝에 온다. 때로는 긍정과 부정이 연속으로 오기도 한다.

無義錢財무의전재는 湯潑雪탕발설이요 儻來田地당래전지는 水推沙수추사라 若將狡譎爲生計약장교휼위생계면 恰似朝開暮落花흡사조개모낙화니라.

의롭지 않은 돈과 재물은 끓는 물에 눈을 뿌림이요, 갑자기 뜻밖에 온 전답은 물이 모래를 밀어버림이라. 만약 교활함과 속임수로 생계를 삼는다면 아침에 피었다가 저녁에 지는 꽃과 흡사하리라.

의롭지 못한 수단으로 취득한 재산은 마치 끓는 물에 눈을 뿌림같이 쉽게 탕진하게 되고, 불노소득으로 생긴 전답은 마치 큰물이 모래를 밀어버림 같이 쉽게 없어진다는 말이다. 정권이 바뀔 때마다 전 정권의 실세 정치인들이 불법으로 취득한 큰 돈 때문에 감옥으로 가는 모습을 종종 본다. 전대(前代)의 일을 타산지석(他山之石)으로 삼지 않고 어째서 같은 일이 반복 되는 것일까. 아마도 재물에 대한 유혹이 그만큼 크기 때문일 것이다.

우리는 한 때 우리나라 1위 2위를 자랑하던 재벌 대우의 창업자가 불법으로 기업을 경영하다가 기업은 망하고 노구(老軀)의 몸으로 검찰에 구금 수사도중 지병 악화로 구급차에 실려 가는 초라한 모습을 보았다. 한 시절 한국 경제 발전의 신화(神話)로 부러움과 존경을 받던 그가 왜 부당한 방법으로 치부(致富)하려 했을까. 안타까운 일이다.

고 정주영 현대그룹 회장을 도와 남북 경협을 이끌어낸 실질적 공로자인 김모 부회장이 회사의 자체 감사 결과 수십억을 횡령한 혐의로 회사에서 축출됐다. 회사는 물론 남북간 경협에도 갈등과 차질을 빚고 있다. 역시 검은 돈 때문이다. 굳은 땅에 물이 고인다고 했다. 성실히 노력해 번 돈이 아니면 모두 바람 앞에 검불이다. 부자라고 다 부자가 아니다. 청부(淸富)만이 진정한 부자다.

● **한자학습**   탕(湯)-끓인물, 온천, 목욕간, 끓이다, 탕약, 물이 세차게 흐르는 모양. 당(儻)-갑자기, 만일, 혹시. 교(狡)-교활하다, 간교하다, 빠르다, 미치다. 휼(譎)-속이다, 속임수, 변하다, 바뀌다. 흡(恰)-마치, 흡사, 새우는 소리.

● **보충학습**   장(將)은 가지고, 장차, 장군 등의 뜻으로 쓰인다. 여기서는 가지고의 의미다.

無藥可醫卿相壽무약가의경상수요

有錢難買子孫賢유전난매자손현이라.

정승의 죽어가는 목숨을 치료할 약은 없으며, 돈이 있다고 자손의 어진 것은 사기 어려우니라.

독자의 건의 메일이 와서 오늘부터 본문인 한문(漢文)을 앞에 독음(讀音)을 뒤에 표기하기로 했다. 원문(原文)이 한문(漢文)이므로 앞에 오는 것이 옳지 않을까 생각하신다는 의견에 전적으로 동의(同意)하며 독자의 고견(高見)에 감사를 드린다. 아무리 신분이 고귀하고 권세가 많은 정승 판서라도 죽을병이 들었을 경우 이를 치료해 목숨을 늘려줄 약은 없다. 만약 의약으로 사람의 병을 다 고칠 수 있다면 편작이나 화타 같은 명의(名醫)가 어찌 죽었으랴. 진시황은 인간의 분수를 모르고 천수(天壽)를 연장하고자 불로초를 구했건만, 서불과 동남동녀의 아까운 목숨만 바다의 불귀객(不歸客)을 만들었다.

우리나라 같이 건강보조 식품이 잘 팔리는 나라가 없다고 한다. 요즈음 미국에서 개발된 퇴행성관절염 보조 치료 물질이 우리나라에서는 마치 노인들의 관절염을 완치하는 약품처럼 선전되고 있다. 그러나 미국에서 온 분의 말을 들으니 그 건강 보조물질이 미국에서는 별로 널리 알려지지 않았다는 것이다.

의약의 남용(濫用)은 물론 과신(過信)도 경계할 일이다. 돈이면 무엇이고 다 할 수 있다는 황금만능주의가 21세기 인간을 황폐화 시키고 있다. 그러나 자손이 어리석으면 아무리 고생해 모은 억만금이 순간에 물거품이 되고 마니 부질없는 일이다. 진짜 농사는 자식 농사가 으뜸이다.

● **한자학습**　의(醫)-의원, 치료하다, 무당. 경(卿)-벼슬, 정승 판서 이상의 고관.

● **보충학습**　무(無)와 유(有)는 모두 불환전한 서술어로 뒤에 보어를 취하고 있다.

一日淸閑일일청한이면 一日仙일일선이니라.

하루 동안 마음이 맑고 한가롭게 지내면 하루 동안 신선이니라.

사람의 행복과 불행 기쁨과 슬픔은 오직 마음가짐에 따라 달라진다. 불교는 이것을 유심론(唯心論)이라 해 마음이 곧 법이요 마음 밖에 다른 법이 없다 했다. 최치원 선생의 황소격(黃巢檄)에 보면 만사주심(萬事主心)이니 시비가변(是非可辨)이라는 말이 있다. 만사는 마음이 주장하는 것이요 옳으니 그르니 하는 분별도 모두 마음이 하는 일이라는 뜻이다. 하루 동안 마음이 깨끗하고 한가로우면 그것이 신선의 삶이라는 말이다. 사람은 마음 갖기에 따라 신선(神仙)도 되고 악마(惡魔)도 될 수 있다.

서양 학자 파스칼은 사람을 중간자(中間子)라 했던가. 사람은 천사와 사탄의 중간자(中間子), 호인과 악한의 중간자, 구두쇠와 자선가의 중간자라는 것이다. 중간자는 마음이 움직이는 방향에 따라 천사가 되기도 하고 사탄이 되기도 한다.

고로 천사가 되기 위해 교육이 필요하고 부단한 자신의 수양과 기도가 필요하다고 했다. 기독교도 천국이 여기 있다 저기 있다 해도 믿지 말라. 천국은 네 마음에 있느니라 했다. 누실명(陋室銘)이란 글에 이르기를 사람이 도심 한복판 시끄러운 곳에 살아도 마음먹기에 따라 깊은 산속 외진 곳과 같다 했다. 몇 년 전 중국에 방문학자로 일 년 동안 가 있으며 좁은 아파트 불편한 교통수단을 체험하고 돌아온 직후는 이전에 좁다고 느꼈던 내 집이 넓어 보이고 소형차가 편해 보였다.

그러나 몇 년도 못가 집이 좁아 불편함 때문에 새로 지었다. 외물은 항상 그대로 이거늘 이 모두 마음의 조화가 아니랴. 오늘 하루 청한(淸閑)한 마음으로 신선의 삶을 살고 싶다.

● **한자학습**   한(閑)-막다, 막히다, 문지방, 마구간, 가로막다, 크다, 익다, 한가하다. 문을 가로지른 문지방 또는 빗장과 대문 문(門)이 합한 회의자(會意字)다.

● **보충학습**   문장 앞에 만약 약(若)이 생략된 가정문(假定文)이다.

眞宗皇帝御製曰진종황제어제왈 知危識險지위식험이면 終無羅網之門종무라망지문이요 擧善薦賢거선천현이면 自有安身之路자유안신지로라.

진종황제 어제에 말하기를 "위태함을 알고 험한 것을 알면 끝내 그물에 걸리는 일이 없을 것이요, 착한 사람을 들어 쓰고 어진 사람을 천거하면 스스로 몸을 편안히 할 길이 있느니라" 하였다.

사람에게는 기미(機微)를 미리 깨닫는 능력이 있다. 단순히 어떤 일이 일어날 것을 느끼는 예감(豫感)이 아니라 매사에 일의 추이를 내다보는 선지(先知)적 능력이다. 그물의 문(門)이란 불행의 문이다. 누군들 불행의 문(門)을 들어가기 좋아하는 이가 있으랴. 그러나 어떤 이는 내내 다른 일을 하다가 막상 새로운 일을 시작해 변을 당하는 이도 있고, 다른 사람과 다른 자리에 있다가 홀로 자리를 옮겨 화를 당하는 이도 있다.

본문은 위험을 미리 살펴서 화를 당하지 않도록 조심하자는 내용이다. 군자(君子)는 위방불입(危邦不入)이라고 했다. 임금이나 윗자리에 있는 사람이 착한 사람을 들어 쓰고, 인사관리를 책임 맡은 이가 어진 인재를 천거하면 편안한 정사(政事)를 할 수 있다. 대소(大小) 정사(政事)는 순리(順理)로 물 흐르듯 편해야 한다. 개혁(改革)도 추진단계에서의 불편함이 오래가면 성공하지 못한다. 유익한 개혁은 비록 추진 당시 다소 불편했더라도 시행되면서 모두에게 편안하게 하는 것이다.

개혁은 제도에 있는 것이 아니다. 민주주의가 꼭 공화정(共和政)으로만 가능하다면, 영국은 독제국가란 말인가. 요순(堯舜) 시대는 임금이 있는지 없는지 모르게 편안해 격양가에 '제력재아하유재(帝力在我何由哉)'리요 라고 노래했다. 백성을 불편하게 하는 정치는 좋은 정치가 아니다. 사람의 개혁 없는 정치 개혁은 공염불(空念佛)에 불과할 뿐이다.

● **한자학습** 어(御)-거느리다, 부리다, 마술, 마부, 아내, 천자 임금에 대한 일의 경칭. 천(薦)-드리다, 올리다, 천거하다, 자리, 자리를 깔다, 거듭.

● **보충학습** 두 문장 모두 문장 앞에 만약 약(若)이 생략된 가정문이다.

施仁布德시인포덕은 乃世代之榮昌내세대지영창이요

懷妬報寃회투보원은 與子孫之爲患여자손지위환이라.

인을 베풀고 덕을 펴는 것은 곧 대대로 내려가는 영광과 창성함이요, 질투하는 마음을 품고 원한을 갚는 것은 자손에게 물려주는 근심이 되리라.

남에게 인을 베풀고 덕을 펴는 것은 아름다운 일이다. 집안이 복 받는 비결이다. 남에게 인정을 베풀면 그 인정은 메아리 돼 돌아온다. 골짜기에 가 소리쳐 보라. 작게 외치면 작은 소리로 크게 외치면 큰 소리로 메아리가 돌아온다. 인정을 베풀어도 보상이 없다 실망하지 마라. 보상할 능력이 없는 이에게 덕을 베풀어도 보상은 있다. 다만 보상하는 주체와 시간과 장소가 다를 뿐이다. 텅 빈 골짜기일수록 메아리는 크다. 갚을 길 없는 이에게 인정과 덕을 베풀수록 보상은 크다.

제주도 의인(義人) 만덕(萬德)을 보라. 흉년으로 제주도민이 굶주려 죽어갈 때 그는 힘들여 모은 재산을 기울여 구휼(救恤)했다. 장리(長利)로 빌려 준 것이 아니다. 사람의 형편을 보고 셈해 준 것이 아니다. 만덕은 기생의 몸이요 장사꾼이었으나 인을 베풀고 덕을 펴는 데 성현의 글을 읽은 사대부보다 훌륭했다. 역사에 기록됨은 물론 제주도민이 대대로 영광과 칭송을 올리고, 임금과 대신들이 머리를 숙였다. 이보다 더 큰 보상이 어디 있으랴.

남이 잘됨을 시기하고 질투하는 것은 소인배의 짓이다. 남과 원수를 맺고 원한 갚는 일은 자손에게 재앙을 물려주는 것이다. 좋은 일을 하며 살아도 순탄하지 않은 것이 세상이다.

하물며 남과 원한을 맺고야 어찌 마음 편할 수 있으랴. 원수는 외나무다리에서 만난다. 이는 험한 세상에서 본인은 물론 자손까지 근심의 감옥에 갇혀 사는 불행을 자초할 뿐이다.

● 한자학습　투(妬)-질투하다, 시샘하다. 원(寃)-원통하다, 불평, 원한, 굽다, 구부리다.

● 보충학습　여(與)는 '주다, 함께하다'는 실사(實辭) 외에 '~와'의 접속사로 쓰인다.

損人利己손인이기면 終無顯達雲仍종무현달운잉이요

害衆成家해중성가면 豈有長久富貴기유장구부귀리오.

남을 손해 보게 하여 자기를 이롭게 하면 끝내 현달한 자손이 없을 것이요, 많은 다른 사람을 해롭게 해서 집안을 이루면 어찌 오래 가는 부귀가 있으랴?

인간의 삶은 생존경쟁의 연속이다. 모든 생명체는 적자생존의 자연 법칙에서 벗어날 수 없다. 고로 선의(善意)의 경쟁(競爭)은 누구나 피할 수 없는 일이다. 경쟁에서 승리자가 되던 패배자가 되던 경쟁 자체는 힘들고 어렵다. 그런 까닭에 사람들은 가능하면 경쟁을 피하려 한다. 그러나 경쟁이 꼭 나쁜 것만은 아니다. 경쟁을 통해 우열(優劣)이 가려지고 노력한 성과(成果)가 들어난다. 아마 인간에게 경쟁이 없었다면 오늘날의 인류가 누리는 고도로 발전된 문화는 기대할 수 없었을 것이다. 교육인적자원부는 오는 2008년부터 중·고등학교에서 수준별 학급 편성에 의한 교수학습을 실시할 계획이라고 한다. 이에 대해 일부 교원단체는 부정적 견해를 내놓고 있다. 그 핵심은 경쟁력에서 뒤진 학생들을 보호하고 수준에 맞는 수업을 하는 것이 교육적이라는 견해와 이 제도가 학생을 우열반으로 구분, 경쟁력에서 뒤진 학생들을 열등한 사람으로 기정사실화하는 비교육적인 것이라는 점의 대립이다. 경쟁이 없을 수는 없으나 상처받은 경쟁 낙오자를 양산하는 것은 옳지 않다. 남을 해롭게 하면서 자기 이익을 추구하는 것은 선의의 경쟁이 아니다.

자기 잘 되려고 남을 해치는 것은 악한 일이다. 일시는 성공자(成功者) 같으나 그 끝이 오래가지 못한다. 당당한 패배자는 제기할 수 있다. 그러나 부당한 승리자는 그 허상(虛像)이 무너질 때 제기할 수 없다. 남에게 손가락질 당하는 부끄러운 승리자보다 지고도 박수 받는 당당한 패자가 아름답다.

● 한자학습 잉(仍)-인하다, 따르다, 기대다, 오히려, 자주, 이에, 칠대 손.

● 보충학습 운잉(雲仍)은 먼 자손을 뜻한다.

改名異體개명이체는 皆因巧語而生개인교어이생이요

禍起傷身화기상신은 皆是不仁之所개시불인지소니라.

이름을 바꾸고 몸을 달리함은 모두 교묘한 말로 말미암아 생겨나고, 재앙이 일어나고 몸을 다치는 것은 모두 어질지 못함이 부르는 것이니라.

사주팔자(四柱八字)가 운명을 좌우한다고 믿는 이들이 아직도 적지 않다. 산부인과에서는 길일 길한 시간을 받아 그 시각에 아들을 낳으려는 이들 때문에 산부인과 의사들이 곤혹스럽다고 한다. 제왕 절개 수술을 통해 아들을 낳는 경우는 일반적으로 산모와 아이의 건강이 원인이지만 간혹 사주팔자의 출생 시간을 맞추기 위해 원하기도 한다는 것이다. 그러다 보니 수술 순위를 바꾸기 위해 적지 않은 신경을 써야 하고 때로는 조숙아가 태어나는 경우도 있다. 과연 그렇게 인위적으로 조작한 사주팔자가 사람의 행복과 불행에 영향을 끼칠 수 있을까 의심스럽다.

물론 통계와 확률의 이치로 설명하면 망언요설이라고 욕할 수만은 없을지 모른다. 작명(作名) 개명(改名)이나 성형수술로 운명이 달라진다면 이 땅에 불행한 사람은 한 사람도 없을 것이다. 재앙과 몸을 다치는 일은 대부분 어질지 못함이 부른 사고가 많다. 인자무적(仁者無敵)이요, 덕불고필유린(德不孤必有隣)이라고 했다. 어진 사람은 적이 없고 덕 있는 사람은 돕는 이가 많다는 뜻이다. 열등감 때문에 하는 성형수술은 당연지사다. 놀림감이 되는 이름을 고치는 것도 탓할 바가 아니다. 이글은 사람의 행복과 불행이 자신의 어질고 어질지 못함에 기인(起因)함을 경계하자는 뜻이다.

● **한자학습**　교(巧)-공교하다, 예쁘다, 아름답다, 꾸미다, 기교, 재주.

● **보충학습**　인(因)은 원인 이유를 나타내며 '~때문에, ~으로 말미암아'로 해석한다.

神宗皇帝御製曰 신종황제어제왈 遠非道之財 원비도지재하고
戒過度之酒 계과도지주하며 居必擇隣 거필택린하며 交必擇友 교필택우하며
嫉妬 질투를 勿起於心 물기어심하며

신종황제 어제에 말하기를 "도리에 합당하지 않은 재물은 멀리하고 도에 지나친 음주는 경계하며 반드시 이웃을 가려 살고 벗을 가려 사귀며 질투를 마음에서 일으키지 말고.

　사람의 재물에 대한 욕심은 참으로 자제하기 어려운 것 같다. 불의한 재물 때문에 패가망신(敗家亡身) 당하는 것을 수 없이 목격하고도 정치가나 기업가가 여전히 뇌물을 받고 불법 비자금을 조성하다 법의 심판을 받는다. 신종황제는 조정의 관리들에게 뇌물(賂物)을 특히 경계한 것으로 생각된다. 불의(不義)한 재물은 비록 당장은 먹기에 달지만 결국은 독약이다. 탐관오리란 불의한 재물의 유혹에 마음이 무너진 사람일 뿐 우리와 다른 이들이 아니다. 순간의 유혹을 물리치지 못한 이들일 뿐이다.
　근자에 지방의 모 경찰서장이 카지노 도박으로 무려 54억원을 탕진하고 부하들로부터 돈을 빌려 달아났다가 검거됐다. 수사가 진행되면서 인사청탁으로 받은 뇌물이 속속 밝혀지고 있다. 도리에 어긋난 돈이 여러 사람의 신세를 망치게 됐다. 지금은 이웃을 가려가며 거주할 수 있는 상황이 아니다. 이웃과의 사귐을 잘 하라는 뜻이다. 벗을 보면 그 사람을 안다고 했다. 좋은 친구를 사귀고 나도 좋은 친구가 돼야 한다.
　질투는 인지상정(人之常情)이다. 그러나 이를 잘 다스리지 못하면 형제의 정리(情理)가 소원해 지며, 벗을 잃고, 이웃이 무정(無情)해 진다. 지나친 질투는 미움이다. 미움은 남을 해(害)치고 자신을 악(惡)하게 한다. 어찌 경계하지 않으랴.

● 한자학습　제(製)-짓다(글, 옷, 약) 만들다(기물). 제(制)-마르다(옷), 누르다, 억제하다.
● 보충학습　신종황제는 북송(北宋)의 6대 황제이다.

讒言참언을 勿宣於口물선어구하며 骨肉貧者골육빈자를 莫疎막소하고
他人富者타인부자를 莫厚막후하며

남을 헐뜯는 말을 입에서 드러내지 말며 가난한 친척을 멀리하지 말고 다른 사람 부자를 (정도 이상으로) 후대하지 말며.

남을 중상(中傷)모략(謀略)하는 참언(讒言)은 범죄행위다. 참언은 사소(些少)한 것이라도 하지 말아야 한다. 참언은 하는 사람 자신의 덕을 허물고 인격을 무너뜨리는 악(惡)한 행위다. 참언은 하는 당사자 자신이 누구보다 그 일이 얼마나 부끄럽고 온당치 못한 일인가를 잘 안다. 참언은 시간이 지나면 반드시 그 진실이 밝혀진다. 참언을 하는 사람과는 중요한 일을 함께 도모할 수 없다. 참언을 하는 사람이 있는 조직은 신뢰성이 무너진다.

인간관계의 생명은 신의(信義)다. 참언을 하는 순간에 신의는 살아진다. 가난한 사람을 소홀히 하고 부자를 중히 여김은 세상 박(薄)한 풍조(風潮)다. 가난한 혈육을 소홀히 하고 부자인 타인을 중히 여김은 본말(本末)이 전도(顚倒)된 어리석은 짓이다. 무실(無實)한 행위요 지탄받을 비행(非行)이다.

수년전에 모 사립학교의 이사장이며 저명한 사회사업가가 가난한 조카에게 칼에 찔려 죽은 사건이 있었다. 그 이사장은 불우한 이웃을 위해 거금을 쾌척(快擲)해 세상에 훌륭한 분이란 평판(評判)을 들으면서도 일찍 부모를 잃은 가난한 조카가 전세금을 빌려 달라는 것을 야박하게 거절하다가 조카가 휘두른 과도에 변을 당했다.

군자는 독근거원(篤近擧遠)이다. 골육과 타인을 구별하지 못한 것은 공심(公心)이 아닌 사의(私意)다. 내 가까운 이에게 잘하고 난 연후에 먼 이웃을 생각함이 옳다는 말이다.

● 한자학습 참(讒)-참소하다, 해치다, 중상하다, 거짓말하다, 큰소리치다.

● 보충학습 물(勿)과 막(莫)은 동사 앞에서 '~하지 말라'는 뜻의 금지(禁止) 보조사이다.

克己극기는 以勤儉爲先이근검위선하고
愛衆애중은 以謙和爲首이겸화위수하며

자기의 사욕(私慾)을 이김에는 부지런함과 검소함을 먼저하고 남을 널리 사랑함에는 겸손함과 온화함이 으뜸이다.

극기(克己)는 극기복례(克己復禮)의 뜻이다. 사람은 끊임없는 도전(挑戰)과 직면(直面)하고 싸운다. 그 가운데 가장 어렵고 중요한 싸움은 자기와의 싸움이다. 극기(克己)는 자기와의 싸움에서 이김을 말한다.

산중(山中)의 적(敵)은 이기기 쉽지만 마음의 적(敵)은 이기기 힘들다고 했다. 사치(奢侈)와 방탕(放蕩)은 자신을 실패로 몰아가는 선봉장(先鋒將)이다. 극기의 주적(主敵)은 사욕(私慾)이다. 사욕의 갑주는 사치와 방탕이다. 이와 싸워 이기는 최선의 전략은 부지런함과 검소함이다.

부(富)를 대(代) 물림한 부자(富者)가 아닌 자수성가(自手成家)한 부자(富者)의 예외(例外) 없는 공통된 특징은 부지런함과 검소함이다. 여러 대(代)를 변함없이 부(富)를 대물림하는 부자의 공통된 특징도 부지런함과 검소함이다. 아무리 선대(先代)가 부자였더라도 자손이 부지런하지 않고 검소하지 않은 집안은 부(富)를 오래 유지하지 못한다. 군자는 범애중(凡愛衆)하라 했다. 그리고 힘이 남거든 글 공부를 하라고 했다. 널리 대중을 사랑하는 사람은 인자(仁者)다. 인자(仁者)는 어떤 사람인가. 한마디로 겸손(謙遜)하고 온화(溫和)한 사람이다. 남을 무시하고 잘 난척하는 사람은 어진 사람이 아니다. 사사건건(事事件件) 남과 시비(是非)하고 화내는 사람은 어진 사람이 아니다. 소위(所爲) '트러블 메이커'는 어진 사람이 아니다. 겸손하고 온화한 사람이 진정한 강자(强者)요 최후의 승리자다.

● **한자학습** 근(勤)-부지런하다, 일, 근심. 검(儉)-검소하다, 적다, 흉작. 겸(謙)-겸손하다, 덜다, 감하다. 화(和)-화하다, 합치다, 서로 응하다.

● **보충학습** 제 일인칭 대명사가 목적어가 될 때는 '기(己)'를 쓰고 사람 '인(人)'이 중간에 목적어로 쓰일 때는 대부분 타인(他人)이라는 의미다.

常思已往之非상사이왕지비하고 每念未來之咎매념미래지구하라.
若依朕之斯言약의짐지사언이면 治國家而可久치국가이가구니라.

항상 지나간 잘못을 생각하고 늘 미래의 허물될 일을 염려하라. 만약 나의 이 말을 의지하면 나라와 집안을 잘 다스림이 오래 갈 것이니라.

역사를 중시하는 것은 단순한 과거의 기록이 아니기 때문이다. 과거의 잘못을 거울삼아 오늘 또 다시 같은 잘못을 되풀이 하지 않기 위함이다. 항상 지나간 잘못을 생각하라는 것은 오늘을 위한 경계로 삼으라는 말이다. 과거의 잘못을 쉽게 잊어버리는 사람은 여전히 같은 잘못을 다시 범할 뿐만 아니라 개선과 발전의 희망이 없는 사람이다. 이는 개인뿐만 아니라 국가와 민족의 경우도 마찬가지다.

우리는 임진왜란 때 얼마나 많은 인명이 왜적에게 참혹한 죽음을 당했던가. 임금은 국경을 넘기 일보 전까지 패퇴 피난하는 수모를 겪었고 전란으로 목숨을 잃은 군사들의 코를 베어 소금에 절여 일본으로 가져가는 치욕을 당했다. 왕자들이 적의 포로가 되기도 했으며 허다한 이들이 포로로 일본에 잡혀가 그곳에서 죽거나 서양 노예 상인에게 팔려 통한의 피울음을 울며 짐승처럼 끌려갔다. 그러나 안타까운 것은 이 역사적 비극을 거울삼자는 서애 유성룡 선생의 징비록(懲毖錄)을 기록한 정신을 잊어버리고 불과 300년도 못돼 다시 일본에게 나라를 망하고 만 일이다.

이미 지나간 잘못을 잊고 산 업보라 할 것이다. 미래에 닥칠지도 모를 허물을 늘 염려하는 사람은 유비무환(有備無患)의 지혜로운 사람이다. 삼가고 조심하며 돌다리도 두드려 보고 건너는 사람은 실수가 없다. 특히 국가를 다스리는 지도자는 앞을 내다보는 선견지명(先見之明)이 필수적이다. 앞에 열거한 말씀은 황제 자신이 깨우친 지도자의 길이다. 작게는 한 가정 크게는 국가가 오래도록 잘 다스려질 방도가 여기에 있다 하겠다.

◉ **한자학습** 구(咎)-허물, 재앙, 근심, 걱정거리.

◉ **보충학습** 앞의 두 문장은 대구(對句)를 이루고 뒤의 문장은 가정법 문장이다.

성심편 하

高宗皇帝御製曰고종황제어제왈 一星之火일성지화도 能燒萬頃之薪능소만경지신하고 半句非言반구비언도 誤損平生之德오손평생지덕이라

고종황제의 어제에 말하기를 "별 하나만한 작은 불씨도 만경의 넓은 잡초를 태울 수 있고 반 마디 어구의 그릇된 말도 평생의 덕을 그르치고 훼손하느니라" 하셨다.

동양적인 임금과 신민(臣民)의 관계는 성군(聖君)과 우민(愚民)의 관계에서 출발한다. 천명(天命)을 받은 성인(聖人)이 어리석은 백성을 성인의 덕(德)으로 교화(敎化)하는 것이 치민(治民)이요 위정(爲政)이다. 성군 세종대왕께서 지으신 훈민정음(訓民正音) 어제(御製) 서문(序文)에 우민(愚民)이 하고 싶은 뜻이 있어도 이것을 쉽게 글로 표현하지 못함을 안쓰럽게 여기셨다는 구절이 있다. 위정(爲政)의 정(政)은 바를 정(正)과 칠 복(攵)이 조합해 만든 글자다. 어리석은 백성이 잘못하면 쳐서 다스려 바르게 한다는 뜻이다.

그러므로 임금은 스스로 먼저 수덕(修德)하지 않으면 안 된다. 제왕시대에도 임금이 패덕(悖德)하면 천명을 잃어 임금 노릇을 할 수 없는 것이다. 이 어제문(御製文)은 백성을 덕으로 교화(敎化)하려는 성심이 담긴 글이다. 교수 한 사람의 말 한 마디가 온 나라를 혼란스럽게 하고 있다. 6·25 전쟁이 통일 전쟁이며 미군의 개입이 민족의 통일을 방해한 것이라는 그의 생각은 자기 소신일 수 있다. 그러나 그 말을 공공연한 장소에서 주장했다면 이는 평화적 자유 민주주의 통일을 바라는 국민의 염원과 상치된다.

6·25 전쟁으로 공산통일이 됐어도 좋다면 그 전쟁에서 목숨을 바친 호국 영령들의 죽음은 무엇이 되는가. 이런 말은 남북 평화 교류에도 전혀 도움이 안 된다. 통일은 말로 되는 것이 아니라 남북 겨레의 공감과 합의에서 시작되는 것이기 때문이다. 말 한마디가 천 냥 빚을 갚기도 하지만 말 한마디가 나라를 그르치기도 한다. 삼가고 또 삼갈 일이다.

● **한자학습** 소(燒)-사르다, 불태우다, 타다, 익히다. 신(薪)-섶, 땔나무, 잡초. 손(損)-덜다.

● **보충학습** 본문의 고종(高宗) 황제는 중국 남송(南宋)의 초대 황제를 말한다.

苟貪妬損구탐투손이면 終無十載安康종무십재안강이요
積善存仁적선존인이면 必有榮華後裔필유영화후예니라.

구차스럽게 탐내고 투기해 남에게 손해를 끼치면 끝내 십년의 편안함이 없을 것이요, 선한 행적을 쌓고 어진 마음을 보존하면 반드시 영화로운 후예가 있게 되리라.

구차히 남의 것을 탐내는 것은 장부답지 못한 짓이다. 구차스럽다는 말 속에는 정정당당하지 못함이란 의미가 포함돼 있다. 남이 잘 되는 것을 투기하는 것은 부끄러운 일이다. 그러기에 구차스럽다고 한 것이다. 떳떳한 자신의 노력과 방법으로 남보다 더 잘되려 하지 않고, 남의 성공을 투기하고 그 성공을 해치려는 것은 소인배(小人輩)의 악행(惡行)이다. 그런 사람은 오래 행복할 수 없다. 남을 해롭게 하는 자는 적(敵)이 많아 언제 누구로부터 어떤 해를 당할지 모른다. 늘 불안하고 편안하지 못하다. 마음이 편하지 않으니 건강이 좋을 리 없다. 남에게 좋은 일을 하고 덕을 베풀고 살면, 남이 잘돼 좋고 내가 정신적으로 즐거워 행복하다. 착한 일을 많이 하고 어진 마음을 잘 보존하면 자신의 당대가 행복할 뿐 아니라 자손이 잘 된다.

재산을 지키는 방법은 오직 절약하는 것만이 능사(能事)가 아니다. 지나치면 인색(吝嗇)하고 야박(野薄)한 사람이 된다. 오히려 보답 받지 못할 어려운 이에게 베풀면 당장은 손해(損害)가 되는 것 같으나 후(厚)한 보응(報應)이 자손에게 돌아와 영화(榮華)를 3대(代)뿐만 아니라 오래도록 유전(遺傳)할 수 있다. 積善之家必有餘慶(적선지가필유여경)은 이를 두고 하는 말이다.

● **한자학습** 투(妬)-투기하다, 시샘하다, 투기, 질투. 예(裔)-후손, 자손, 옷자락.
● **보충학습** 문장 앞에 만약 약(若)이 생략된 가정문 두 개가 이어진 대구(對句) 글이다. 재(載)는 년(年)의 의미다. 유(有)와 무(無)는 뒤에 보어(補語)가 오고 해석은 주어(主語)같이 한다.

福緣善慶복연선경은 多因積行而生다인적행이생이요

入聖超凡입성초범은 盡是眞實而得진시진실이득이니라.

복(福)은 선경(善慶)에서 인연함이니 선행을 많이 쌓음에서 생겨남이 많고 성인(聖人)의 경지에 들어가서 범인(凡人)을 초월(超越)함은 모두 진실(眞實)함에서 얻어지느니라.

선행을 쌓으면 복을 받는다. 복이란 거저 오는 것이 아니다. 스스로 선한 일을 많이 한 까닭에 그 보응으로 복이 온다. 이 같은 유가(儒家)적 인생관은 스스로 노력해 착한 사람이 되는 것이다. 착한 일을 한 사람은 복을 받고 악한 일을 한 사람은 벌을 받는다는 말은 불가(佛家)의 자업자득(自業自得)이나 인과응보(因果應報)의 정신과 다름이 없다. 오히려 유가(儒家)는 종교가 아니기 때문에 인간 스스로의 실천을 중시(重視)한다. 유가의 인도(人道)나 천도(天道)는 사람이 중심이다. 사람이 선행(善行)을 하면 이 세상에서 복을 받고, 악행(惡行)을 하면 벌(罰)을 받아 불행(不幸)하게 된다는 것이다.

정도전(鄭道傳) 선생의 불씨화복지변(佛氏禍福之辯)을 보면 악을 행하고도 부처님을 믿는다는 이유(理由)로 벌(罰)을 면(免)할 수 있다는 것은 공도(公道)가 아니라고 주장한다. 성선설(性善說)이든 성악설(性惡說)이든 관계없이 오직 인간은 자신의 행함에 따라 화복(禍福)이 결정된다는 것이다. 절대자(絶對者)인 신(神)의 도움으로 복(福)을 받거나 군자(君子)와 성인(聖人)이 되는 것이 아니라는 것이다. 평범한 인간이 성인(聖人)의 경지(境地)에 들어가는 것은 그 누구의 도움도 아닌 자기 자신의 진실(眞實)함으로써만 가능하다는 주장이다. 진실함은 곧 거경(居敬)을 의미한다.

인생을 솔직(率直)하고 진지(眞摯)하게 구도(求道)적 자세로 사는 것을 말한다. 성화(聖化)의 첫걸음이다. 악(惡)을 행하고도 복을 달라 천지신명(天地神明)께 비는 것은 인형에게 구애(求愛)하는 어리석음이다.

● 한자학습　연(緣)-가선, 가장자리, 말미암다, 좇다, 두르다, 연줄, 연분, 인연.

● 보충학습　이 문장에 쓰인 말 이을 이(而)는 순접을 나타내는 접속부사이다.

王良曰왕량왈 欲知其君욕지기군인대 先視其臣선시기신하고 欲識其人욕식기인인대 先視其友선시기우하고 欲知其父욕지기부인대 先視其子선시기자하라. 君聖臣忠군성신충하고 父慈子孝부자자효니라

왕량이 말하기를 "그 임금을 알고자 하면 먼저 그 신하를 보고 그 사람을 알고자 하면 먼저 그 친구를 보고 그 아버지를 알고자 하면 먼저 그 자식을 보라. 임금이 성스러우면 신하가 충성스럽고 아버지가 자애로우면 자식이 효도하느니라" 하였다.

군신(君臣)·붕우(朋友)·부자(父子) 사이의 의리(義理)를 말한 글이다. 임금의 도리는 성(聖)이요 신하의 도리는 충(忠)이다. 패악한 임금에게 충성을 하는 것이 과연 옳은가. 폭군에게 충성을 하는 것은 한계가 있다. 잘못을 고치도록 충간(忠諫)할 뿐 그가 계속 패악을 저지르며 임금 노릇을 하도록 내버려 두는 것은 충이 아니다. 천명을 잃은 임금은 버리고 새로이 천명을 받은 성군(聖君)을 모시는 것이 도리어 충이다.

이것이 맹자의 천명(天命) 사상이다. 그러나 이것이 역성(易姓) 혁명의 빌미를 줄 수도 있으니 쉽게 판단할 일은 아니다. 임금은 임금답고(聖) 신하는 신하다워야(忠) 한다는 말이다. 성군 밑에는 반드시 충성스러운 신하가 있다. 신하가 모두 충성스러우면 그 임금은 틀림없이 성군이다. 폭군에게도 충신은 있을 수 있다.

그러나 대부분이 간신(奸臣)들이고 그 속에 어쩌다 충신이 섞여 있다. 유유상종(類類相從)이란 말이 있다. 친구는 동류(同類)다. 그 친구를 보면 그가 어떤 사람인지 알 수 있다. 친구를 잘못 사귀어 잘못 됐다는 것은 어불성설이다. 그들과 친구가 된 것은 자신이 이미 그와 같은 사람이었음이다. 아버지가 자애로우면 자식은 효도하게 마련이다. 사랑이란 단물을 먹고 자란 나무가 쓴물을 내지 않기 때문이다. 아버지는 아버지답고 자식은 자식다워야 한다. 자효(慈孝)는 둘이 아니다. 어느 한 쪽만 강요한다고 되는 것이 아니다. 천륜(天倫)이란 무한한 사랑의 관계다.

● **한자학습** 량(良)-좋다, 어질다, 뛰어나다, 경사스럽다, 순진하다, 잘, 능히, 진실로.

● **보충학습** 왕량은 춘추시대 진(晉)나라 사람이다. 욕(欲)으로 시작한 글은 일반적으로 가정문이다.

家語云가어운 水至淸則無魚수지청즉무어하고
人至察則無徒인지찰즉무도니라.

가어에 이르기를 "물이 지극히 맑으면 고기가 없고 사람이 지극히 살피면 따르는 무리가 없느니라" 하였다.

환경오염이 날로 심해 내와 강물이 더러워져 물고기가 살기에 부적합한 곳이 많다. 생활폐수와 공장의 독성물질이 함유된 폐수가 방류돼 물고기가 떼죽음을 당하는 일이 흔하다. 근래 이에 대한 심각성이 사회문제화 돼 환경 보호차원에서 내와 강 살리기 운동이 전개됨은 참으로 다행이다. 정부도 폐수처리에 예산을 투입, 적극적으로 나서고 있어 죽어가던 도시의 내와 강이 살아나고 있다. 맑은 내란 이름이 무색하게 도심의 각종 폐수로 썩어가며 복개된 지하에서 죽어가던 서울의 청계천이 복원돼 물고기가 헤엄치며 노는 맑은 내가 된 것은 얼마나 기쁜 일인가. 서울시의 쾌거에 경의를 보낸다. 청주의 무심천도 폐수 처리에 성공, 이제는 물고기과 백로가 자연스럽게 노니는 옛 모습이 회복됐다. 물은 맑아야 한다. 그러나 물이 맑아서 물고기 먹이가 없고 적을 피해 숨을 곳이 없으면 물고기는 살지 못한다. 사람이 자기 주변을 살펴 깨끗이 하는 것은 좋은 일이다. 주변이 맑아야 깨끗한 삶을 살 수 있다. 그러나 너무 주변을 살펴 가까운 사람의 작은 실수나 허물도 용납하지 않으면 가까이 하려는 사람이 없어진다. 아무리 성실한 사람 깨끗한 사람도 살다 보면 본의 아니게 실수할 때가 있다.

  그것을 이해하고 관용하고 덮어주지 않고 인정사정없이 원리 원칙만 앞세워 단죄(斷罪)하면 등을 돌리게 된다. 사람은 까다로운 사람보다 너그러운 사람이 인복(人福)이 많은 법이다. 좋은 것도 적당히 좋은 것이 참으로 좋은 것이다.

* 한자학습 찰(察)-살피다, 알다, 조사해 보다. 도(徒)-무리, 동아리, 걷다, 보병
* 보충학습 가어(家語)는 공자가어(孔子家語)를 말하며 공자의 언행을 기록한 책이다.

許敬宗曰허경종왈 春雨如膏춘우여고나 行人행인은 惡其泥濘오기니녕하고 秋月揚輝추월양휘나 盜者도자는 憎其照鑑증기조감이니라.

허경종이 말하기를 "봄비는 마치 기름과 같으나 (농사에는 이로우나) 길 가는 사람은 그 진흙탕을 싫어하고 가을 달이 밝게 빛나나 (아름다우나) 도둑은 그 것이 밝게 비춤을 싫어하느니라" 하였다.

어느 고을에 두 아들을 둔 어머니가 살았다. 큰 아들은 짚신 장사를 하고 작은 아들은 우산 장사를 했다. 어머니는 비가 오면 짚신 장사하는 아들이 장사가 안 되니 걱정이고 날이 개이면 우산 장사하는 아들이 장사가 안 돼 걱정이었다. 세상일은 이렇게 양면성이 있다. 쌀 수입이 개방 되면 쌀값이 하락한다. 이 때문에 농민들은 결사적으로 쌀 수입 개방을 반대 한다.

국회는 쌀 수입 개방 법안을 입법할 예정이라 한다. 정부 여당은 국익을 위해 더 이상 법안 통과를 미룰 수 없다는 입장이다. 급기야 농민들이 벼를 불태우고 경제 부총리가 농촌 행사에 갔다가 봉변을 당했다. 정부의 입장이 진퇴양난이다. 우리나라 공산품을 외국에 팔면서 그 나라의 수출품을 수입 안 한다고 할 수가 없다. 우리가 파는 공산품은 그들의 농산물과 값이 비교가 안 되게 비싸다. 싼 농산물을 수입하고 비싼 공산품을 팔아야 나라 경제에 이롭다. 우리가 그 나라 농산물 수입을 금하면 그 나라도 우리나라 공산품 수입을 막을 것이다. 누가 더 큰 손해인가.

그러나 나랏일이 그렇게 단순한 것이 아니다. 수입쌀과 우리나라 쌀은 가격 경쟁이 되지 않으니 소비자는 값싼 수입쌀을 좋아할 것이고 농민은 쌀 값 폭락으로 망하게 된다. 외국의 개방 압력도 갈수록 높아지고 있다. 농촌이 망하면 혹 있을지 모를 식량 무기화에는 또 어찌 대처할 것인가. 정부는 지금 한가한 정치개혁 운운 할 때가 아니다.

* **한자학습** 고(膏)-살찌다, 살찐 살, 기름진 땅. 니(泥)-진흙, 진창, 흐리다, 더럽혀지고 썩다. 증(憎)-미워하다, 미움. 감(鑑)-거울, 거울에 비춰 보다, 살피다.

* **보충학습** 허경종은 당나라 때의 재상이다.

景行錄云경행록운하되 大丈夫대장부는 見善明故견선명고로 重名節於泰山중명절어태산하고 用心剛故용심강고로 輕死生於鴻毛경사생어홍모니라.

경행록에 이르기를 "대장부는 착한 것을 분명하게 보기 때문에 명예와 절개를 태산보다 더 중히 여기고, 마음 씀이 굳세기 때문에 죽고 사는 것을 새털보다 더 가벼이 여기느니라" 하였다.

대장부(大丈夫)는 품은 뜻이 원대(遠大)한 사람이다. 지조(志操)가 굳고 인격(人格)이 고상(高尚)하며 외유내강(外柔內剛)해 의지(意志)는 강하나 대인 관계는 관후(寬厚)한 사람이다. 배포가 커서 소소한 일에 구애(拘碍)됨이 없고 결단력과 추진력이 비상(非常)하다. 의협심(義俠心)이 강해 불의를 보면 참지 못하고 재물(財物)에 대한 욕심이 없다. 남자와 여자의 역할이 다르던 시대에 남자의 이상적(理想的) 인간형이다. 대인(大人) 또는 장자(長者) 군자(君子) 장자(壯者)의 장점(長點)을 갖춘 인물이다. 쩨쩨한 소인(小人)과 정반대의 인간상(人間像)이다. 그들은 불의(不義)와 타협(妥協)할 줄 모른다. 단선적(單線的)이고 색깔이 분명해 이중성(二重性)과 간색(間色) 즉 회색(灰色)을 배격한다. 못하면 못할지언정 적당히 얼버무리는 것을 죽기보다 싫어한다. 대장부란 기골(肌骨)이 장대(長大)한 사람이 아니다.

외모와 관계없이 용심(用心)이 강한 기골이 장대(壯大)한 사람이다. 자신들이 옳다고 생각한 선(善)과 정의(正義)를 위해 목숨까지 버린다. 신라의 박제상, 백제의 계백, 고려의 정몽주, 조선의 성삼문, 한말의 안중근 등이 이러한 분들이다. 작은 이 나라가 5천년 역사를 누리고 세계에 우뚝 선 것은 모두 이 대장부들의 공덕(功德)이다.

● 한자학습 강(剛)-굳세다, 굳다, 강철. 홍(鴻)-큰 기러기, 성하다, 번성하다.
● 보충학습 어(於)가 여기서는 '~보다'는 뜻의 비교를 나타내는 개사(介詞)로 쓰였다.

悶人之凶민인지흉하고 樂人之善낙인지선하고

濟人之急제인지급하고 救人之危구인지위니라.

남의 흉사를 민망히 여기고 남의 잘 된 일을 기뻐하고 남의 급한 처지를 구제하고 남의 위험한 경우에 구해야 하느니라.

사람은 사회적 동물이다. 사람은 아무리 유능하고 잘 났어도 저 혼자는 살 수 없다. 재물이 많은 부자라도 무인도에 혼자 산다면 그 재물이 무슨 소용인가.

얼마 전 미국에 가서 성공한 분을 만나 이야기를 나눌 기회가 있었다. 그 분은 미국에서 어느 정도 부자가 되고 난 뒤 기회만 있으면 고국에 자주 온다고 한다. 그 이유가 재미있다. 미국에서는 자기가 부자가 된 것을 알아주는 이가 없다는 것이다. 부자 된 실감이 나지 않아 재미가 없다고 한다. 고국에 와 고향사람들을 만나야 부자가 된 보람과 기쁨을 누린다는 것이다.

수의야행(繡衣夜行)은 이를 두고 한 말이다. 출세해 돌아갈 고향이 없는 것은 비단 옷 입고 밤에 길을 다니는 것과 같다는 뜻이다. 사람은 자기 혼자만 행복하다고 행복할 수 없다. 나 혼자 부자가 돼 호의호식을 하고 주위 사람들이 모두 가난해 굶주린다면 그 부자의 행복은 오래 갈 수 없다. 머지않아 가난한 이웃들의 질시(嫉視)의 대상이 되고 더 심해지면 원망과 공격의 대상이 된다. 혼자 누리는 행복은 독선과 같아서 결국은 자기를 찌르는 가시가 된다.

남이 흉사(凶事)를 당하면 불쌍히 여기는 것은 인지상정(人之常情)이다. 생전에 고약을 떨던 평판 나쁜 사람도 죽었다고 하면 애석히 여기는 것이 우리네 인심이다. 남이 잘되면 같이 기뻐하고 남이 위급에 빠지면 구제하는 것이 사람 사는 도리다. 진정한 의미의 행복은 이웃과 함께 누릴 때 가능한 것이다. 이 평범한 이치를 모르면 내가 아무리 성공했다고 해도 행복한 삶을 편히 향유할 수 없다. 더불어 사는 행복한 공동체가 복지사회다.

● **한자학습** 낙(樂) – 음악(악), 풍류(악), 악기(악), 연주하다(악), 즐기다(낙), 좋아하다(요).

● **보충학습** 이 문장에 쓰인 '지(之)'는 앞의 말을 관형어로 만들어 뒤의 말을 수식하게 하는 관형격 보조사이다.

經目之事경목지사도 恐未皆眞공미개진이거늘

背後之言배후지언을 豈足深信기족심신이리오.

눈으로 직접 본 일도 모두 진실이 아니라고 의심되거늘 등 뒤에서 하는 말을 어찌 깊이 믿기에 충족 하리오.

눈감으면 코 베 간다는 말이 있다. 서울 가본 사람과 가 보지 않은 사람이 싸우면 가 보지 않은 사람이 이긴다는 우언도 있다. 경목(經目)지사란 눈으로 보고 경험한 일을 뜻한다. 세상일은 자기가 눈으로 보고 경험해 확인한 사실도 시간이 지난 뒤 보면 사실이 아닌 것이 적지 않다. 요즘 우리나라는 중국 농산물의 수입이 범람(氾濫) 하면서 국산과 중국산의 시비가 많다. 국산에 비해 중국산은 값이 저렴한 반면에 질이 떨어진다. 장사하는 이들이 이를 악용해 중국산을 국산으로 생산지를 속여 팔아 폭리를 취해 말썽이 되고 있다. 들리는 말로는 산에서 나는 임산물의 경우도 일부 상인들은 중국산을 수입해 다가 산에 옮겨 놓고 산에서 채취하는 것처럼 속여 판매다고 한다. 설마 그러랴. 중국에서 1년 여 사는 동안 중국의 값싼 농수산물을 애용한 입장에서 중국산이 국산보다 나쁘다고 매도하는 것을 수긍하기 어렵다. 질은 떨어지더라도 값싼 중국산을 마음 놓고 먹을 수 있도록 식품 안전검사와 품질 관리 가격 등에 대해 유통 과정을 선명하게 관리할 것을 정부에 촉구한다.

이렇게 실물을 눈으로 보고 사도 믿지 못하는 것이 많은데 뒤에서 이러쿵저러쿵 떠도는 말을 어떻게 다 믿을 수 있으랴. 유언비어(流言蜚語)나 남을 헐뜯는 비방(誹謗)은 믿을 것이 못 된다. 이런 일에 귀 기울이는 것은 백해무익(百害無益)할 뿐이다.

● **한자학습** 경(經)-날, 날실, 세로, 길, 도로, 조리. 공(恐)-두려워하다, 두려움, 협박하다, 으르대다, 아마, 의심컨대.

● **보충학습** 기(豈)가 문장의 앞에 오고 문장 끝에 의문조사가 오면 '어찌~ 이랴.'의 반어문이 된다. 의문조사가 흔히 생략되기도 한다. 반어문은 강조법의 한 가지다.

不恨自家汲繩短불한자가급승단하고

只恨他家苦井深지한타가고정심하느니라.

자기 집 물 긷는 두레박 끈이 짧은 것은 한스러워 하지 않고, 단지 남의 집 우물 깊은 것만 한(恨)하느니라.

성공하는 사람과 실패하는 사람은 무엇이 다른가. 능력의 차이 노력의 차이 환경과 조건의 차이 성격의 차이 등 그 원인은 여러 가지가 있을 것이다. 그 가운데 하나가 성공한 사람은 일이 잘 되면 남의 도움 덕택이라 생각하고 일이 안 되면 자기의 허물이라 반성한다. 반대로 실패하는 사람은 일이 잘 되면 자기 공(功)이고 일이 잘 안되면 남의 탓을 한다. 성공하는 사람은 남에게 늘 감사하는 마음을 가지고 대하니 인간관계가 좋아진다. 주위에 돕는 사람이 많아지니 하는 일마다 더 성공하게 된다. 돕는 이가 많으니 일하기도 힘들지 않는다. 실패하는 사람은 자기의 허물은 고칠 생각을 하지 않고 다른 사람의 허물만 탓한다. 남을 믿지 않는다. 주위에 돕는 사람이 없고 가까운 사람이 없어진다. 인간관계가 좋지 않으니 늘 외톨이로 산다. 무슨 일이고 혼자서 힘겹게 고생하며 한다. 어쩌다 성공해도 함께 기뻐해줄 사람이 없다. 만약에 한 나라를 다스리는 지도자가 이러면 어찌 하겠는가. 나는 잘하는데 국민들이 왜 나를 이해하지 못하느냐 원망하고 비판적 충고를 들으면 화가 나서 어쩔 줄 모른다. 국민들은 다 경제가 어렵다고 걱정하는데 도무지 그 심각성을 알지 못하고 무엇이 문제냐고 반문한다.

　국정(國政)의 어려움을 지적하면 공연히 트집 잡아 혼란을 조장(助長)한다며 찡그린다. 그러니 갈수록 더 민심이 등을 돌리는 것이다. 위정자(爲政者)는 항상 나 자신을 성찰(省察)하는 반구저기(反求諸己)를 잊지 말아야 한다.

* **한자학습**　급(汲)-긷다, 물을 긷다, 당기다, 분주하다. 승(繩)-줄, 새끼, 법도.
* **보충학습**　두 문장은 대구(對句)를 이루고 있다.

贓濫장람이 滿天下만천하하되 罪拘薄福人죄구박복인이니라.

부정하게 재물을 많이 취한 사람이 천하에 가득하되 박복한 사람만이 죄로 잡히느니라.

본문은 역설적(逆說的) 탄식(歎息)이다. 이 세상에는 부정한 뇌물을 받은 사람이 천하에 가득한데도 박복한 사람만이 죄에 걸려 구속된다는 한탄(恨歎)이다. 근자에 유행하고 있는 유전무죄(有錢無罪) 무전유죄(無錢有罪)라는 말과 같은 의미를 담고 있다. 국민의 혈세로 조성된 공적(公的) 자금(資金) 수십억 수백억 원을 착복하고도 공기업을 파산으로 몰고 간 부도덕한 기업인이나 노벨상을 받은 대통령을 아버지로 두고도 출처 불명의 수십억 현찰을 아파트 베란다에 쌓아두고 쓰던 아들은 법의 처벌이 솜방망이다.

반면에 생활고(生活苦)로 은행 빚을 갚지 못한 이에게 법은 추상(秋霜)같다. 소시민 월급쟁이는 무거운 세금에 허리가 휘는 데 세도가는 부동산 투기를 하고도 벌금은커녕 재상 자리에서 요지부동이다. 서울 사는 고관 부인이 강원도 강릉에 땅을 산 것이 들어났건만 국민 앞에 죄송해 하기는커녕 뭐가 잘못됐냐며 합법 타령만 늘어놓는다. 부동산 투기와 전쟁도 불사하겠다는 그의 부동산 정책 발표가 허공을 치는 메아리로 들릴 뿐이다. 국정의 요직을 담당한 사람이 자기 아들의 이중국적 처리에 있어서 너무도 손쉽게 대한민국의 국적 포기를 결정하고도 그것은 아들의 인생이지 내가 관여할 문제가 아니란다.

이런 사람에게 나랏일을 맡긴 인사(人事)의 허물을 국민 앞에 송구(悚懼)하게 여기기는커녕 국제화 시대에 그럴 수도 있다는 임명권자는 소시민의 억울함을 아는지 모르겠다. 이글은 우리의 비뚤어진 모습을 비춰 보는 반면(反面)의 거울로 삼아야겠다.

● **한자학습** 장(贓)-장물, 감추다, 숨기다. 뇌물을 받다. 구(拘)-잡다, 잡히다, 체포하다, 체포되다, 거리끼다, 한정하다. 박(薄)-얇다, 등한히 하다, 천박하다, 정이 박하다.

● **보충학습** '滿天下'는 '滿於天下'의 처소격 개사(介詞) '於'가 생략된 것이다.

天若改常천약개상이면 不風則雨불풍즉우요

人若改常인약개상이면 不病則死불병즉사니라

하늘이 만약 상도(常道)를 바꾸면 바람불지 않으면 비가 오고, 사람이 만약 상도(常道)를 바꾸면 병들지 않으면 죽느니라.

천도(天道)는 자연의 법칙이다. 자연은 언제나 변하지 않는 법도(法度)에 따라 운행한다. 어두운 밤이 지나면 밝은 아침이 오고 추운 겨울이 지나면 따뜻한 봄이 온다. 봄에 새순이 돋으면 가을에 단풍이 진다. 보름달이 지나면 반달이 되고 열매가 맺히면 익어 땅에 떨어진다. 이는 변하지 않는 상도(常道)다. 천도(天道)가 변한다는 것은 이변(異變)을 뜻한다. 추워야 할 겨울이 따뜻하면 이듬해에 해충(害蟲)이 극성을 부리고 눈이 오지 않으면 봄 가뭄이 든다.

기상이변(氣象異變)으로 비가 오고 바람 부는 것이 문제가 아니다. 근래 지구(地球)의 처처(處處)에서 자연 재해(災害)가 빈발하고 있다. 서남아시아에서 지진 해일로 수천 명의 사상자가 났고, 미국에서는 허리케인이 유서 깊은 도시 뉴올리온스를 참혹하게 파괴하고 수만 명의 사상자를 아비규환의 생지옥으로 몰아넣었다. 세계 최강의 문명국이 자연 재해 앞에서 속수무책(束手無策)이었다. 자연 재해는 해가 갈수록 더 심해진다. 과학자들은 그 원인을 인간의 환경오염 때문이라고 진단하고 있다. 천도비상(天道非常)은 하늘 탓이 아니다.

사람이 평소에 하지 않던 짓을 하면 죽는다고 한다. 사람이 평상심(平常心)을 잃으면 하는 일이 생소해 서툴고 허둥댄다. 실수하거나 일을 망친다. 정신적으로 스트레스가 쌓인다. 결국 병이 나거나 심하면 죽음에까지 이른다. 평상심으로 상도(常道)를 따라 어제나 오늘이나 변함없는 삶이 행복한 인생이다.

※ **한자학습** 개(改)-고치다, 따로, 다시, 새삼스럽게, 바뀌어지다.

※ **보충학습** 두 문장 모두 '若~則'의 구조로 된 가정문이다.

壯元詩云장원시운 國正天心順국정천심순이요 官淸民自安관청민자안이라. 妻賢夫禍少처현부화소요 子孝父心寬자효부심관이니라.

장원시에 이르기를 "나라의 정사(政事)가 바르면 천심(天心)이 순(順)하고 관리(官吏)가 청렴(淸廉)하면 백성이 저절로 편안하게 되느니라. 아내가 어질면 남편이 화(禍)가 적고 자식이 효도하면 아버지 마음이 너그러워지느니라" 하였다.

인심(人心)이 천심(天心)이라는 말이 있다. 하늘의 마음을 어떻게 살필 수 있는가. 민심을 헤아리면 알 수 있다. 국정이 바르면 나라가 태평하고 나라가 태평하면 자연히 민심이 순해진다. 반대로 난정(亂政)에 이르면 나라가 어지럽고 백성은 불안해 사납게 된다. 위정자(爲政者)가 국민들이 자신의 개혁의지를 몰라줘 답답하다고 한다. 이런 경우 왕조시대는 혹 어리석은 백성이 성심(聖心)을 알지 못함이라고 말할 수 있다.

그러나 지금은 국민이 주인인 시대다. 천심인 국민의 마음을 읽지 못하고 국민과 동떨어진 정치를 하기 때문이다. 이런데도 국민을 탓하는 것은 시대착오적인 위장자의 독선(獨善)이다. 민주주의 시대에 위정자의 독선은 정치를 혼란으로 몰고 갈 뿐이다. 가정맹어호(苛政猛於虎) 즉 탐관오리가 호랑이 보다 무섭다는 말이다. 관리들이 청렴하면 백성이 편하다. 민주주의 시대 관리(官吏)는 공복(公僕)이다. 국민을 위해 무한 봉사가 그 소임(所任)이다. 아직도 국민을 눈 아래로 보는 이들이 있어 국민은 고달프다. 가화만사성(家和萬事成)은 가족들이 제 본분을 다 하는 데서 가능하다. 아내가 어질면 남편이 행복하고 자녀가 효도하면 부모님의 마음이 즐겁다. 역시 남편이 어질면 아내가 행복하고 부모가 자애로우면 자녀들이 즐겁다. 나는 잘못하면서 너만 잘하라고 하면 가화만사성은 한낱 공염불(空念佛)이요 백년하청(百年河淸)이다.

* 한자학습　장(壯)-씩씩하다, 장하다, 기상이 굳세다. 화(禍)-재앙, 불행, 죄, 재화를 당하다.
* 보충학습　문장의 기본 구조인 '주어+술어'가 연속된 문장이다. 국정(國正)=나라가 바르다.

子曰자왈 木從繩則直목종승즉직하고 人受諫則聖인수간즉성이니라.

공자께서 말씀하시기를 "나무는 먹줄을 좇으면 곧아지고 사람은 간하는 말을 받아들이면 성스러워지느니라" 하셨다.

    나무를 곧게 자르려면 먹줄을 긋고 그 먹줄을 좇아 톱질을 해야 바르게 자를 수 있다. 아무리 곧은 나무라도 꼭 필요한 재목이 되려면 먹줄을 좇아 자르고 다듬어야 된다. 먹줄은 나무 다듬는 법도를 상징한다. 목수는 나무를 다듬는 전문가다. 목수가 먹줄을 좇아 톱질하는 것이 귀찮고 성가시다해 먹줄을 무시하고 톱질을 하면 꼭 필요한 재목을 만들지 못한다. 먹줄대로 나무를 자르지 않으면 아무리 좋은 목재라도 집짓는 데 필요한 자재(資材)가 될 수 없다.
    사람이 아무리 천성(天性)이 착하다고 해도 교육을 받지 않으면 세상이 필요로 하는 인재가 될 수 없다. 교육을 받는 것은 먹줄을 좇는 것과 같다. 정해진 교육과정을 이수(履修)해야 하고 정해진 평가(評價) 절차를 밟아야 한다. 이를 지키지 않으면 아무리 두뇌가 명석(明晳)하고 수완(手腕)이 뛰어나다고 해도 정해진 자격을 필요로 하는 자리에 임직할 수 없다. 사람은 자기를 칭찬하는 말을 좋아하고 자기의 허물과 약점을 지적하는 것을 싫어한다. 그러나 인간은 불완전한 존재이므로 허물과 약점이 없을 수가 없다. 문제는 자기의 허물과 약점을 간(諫)하는 것을 긍정적으로 수용하는 사람과 반발하고 거부하는 사람의 차이다.
    군자는 간하는 말을 듣고 고치는 것을 주저하지 않는 사람이다. 그러므로 군자는 그 성스러움이 더욱 성스럽게 된다. 반면에 소인(小人)은 간하는 말을 노여워하고 거부하는 까닭에 그 어리석음이 더욱 어리석어진다. 성군(聖君)과 폭군(暴君)의 차이도 마찬가지다. 이 이치는 동서고금(東西古今)에 차이가 없다. 언론과 시비하며 국민의 비판을 거부하는 치자는 자성(自省)할 일이다.

* **한자학습**   승(繩)-줄, 새끼, 먹줄, 법도. 간(諫)-간하다, 간하는 말.
* **보충학습**   내용적으로 두 문장의 앞에 만약 약(若)이 생략된 가정문이다.

一派靑山景色幽일파청산경색유러니 前人田土後人收전인전토후인
수라 後人收得莫歡喜후인수득막환희하라 更有收人在後頭갱유수인
재후두니라.

한 줄기 청산의 경치가 그윽하더니 앞 사람의 밭과 토지를 뒷사람이 거두는 구나.
뒷사람은 거두어 얻은 것을 너무 기뻐하지 말라. 다시 거둘 사람이 바로 뒤에 있느니라.

　　인생은 유한(有限)한 존재임을 경계하는 말이다. 젊어서는 당장 눈앞에 전개되는 현상에
급급해 뒤를 돌아볼 여유가 없다. 열심히 돈 벌어서 집을 장만하느라 과로도 하고 먹을
것 제대로 먹지도 못하고 자식들이 원하는 것도 채워주지 못하며 허둥지둥 살다가 갑자기
병으로 쓰러지는 이들이 많다. 대개의 경우 동분서주(東奔西走) 이리저리 몇 번 이사 다니
다 보면 노년에 이르고 만다. 처음 집을 사서 그렇게 기뻐했건만 세월이 지나 그 집 앞을
지나노라면 이미 그 집은 내 집이 아닌 지 오래다. 인생은 나그네란 말이 실감나는 순간이
다. 땅을 사고 기뻐하지만 이 땅도 머지않아 또 다른 사람의 땅이 될 것이다.
　　학생들과 명현(名賢) 유적지를 답사하다 보면 역사에 빛나는 인물의 허물어진 종가(宗
家)를 자주 방문하게 된다. 당대는 조선 팔도를 쩡쩡 울리던 고관대작(高官大爵)의 종가가
초라한 모습으로 기울어져 있고 종손은 궁색(窮塞)한 촌로(村老)에 불과하다. 종손이 보여
주는 빛바랜 과거 급제 홍패(紅牌)나 좀먹은 정승 판서 임명 교지(敎旨)가 인생의 무상(無
常)함만을 말해 준다. 오늘 비록 출세하고 성공했다고 교만(驕慢)할 일이 아니다.
　　내 자리를 차지할 사람이 바로 뒤에서 기다리고 있기 때문이다. 내일 일에 목숨 걸고
악착떨지도 말고 이미 지난 일에 너무 집착할 일도 아니다. 인생은 지금 이 순간이 가장
소중(所重)한 것이다.

● **한자학습**　경(景)-볕, 햇살, 해, 밝다. 환(歡)-기뻐하다, 기쁨, 즐거움.
● **보충학습**　'更'은 고치다, 교대하다, 갚다, 잇다, 겪다, 시각을 나타낼 경우는 '경'으로 소리 나고 다시,
　　　　　재차의 뜻으로 쓰일 경우는 '갱'으로 소리 난다.

蘇東坡曰소동파왈 無故而得千金무고이득천금이면
不有大福불유대복이라 必有大禍필유대화니라.

소동파가 말하기를 "까닭 없이 천금을 얻으면 큰 복(福)이 있음이 아니라 반드시 큰 화(禍)가 있음이니라" 하였다.

불로소득(不勞所得)을 횡재(橫財)라고 한다. 횡재는 복(福)이 아니라 오히려 화(禍)가 된다는 말이다. 국민의 사행심(射倖心)을 조장하는 경제 정책으로 자금을 모아 나라 경제를 발전시키는 데 쓴다는 복권은 문제가 많다. 서양에서 나라마다 다 하는 것인데 왜 나쁘냐고 반문하는 이가 있을 것이다.

그러나 서양 나라가 하고 서양 나라가 성공했다고 다른 나라가 다 한다고 꼭 우리가 따라 해야 하는 것은 아니다. 하루아침에 복권이 당첨돼 수십억을 벌었다는 이들의 이야기가 인생 역전이란 신선한 충격으로 서민들에게 다가올 수 있다. 단 돈 천원에 산 복권이 수십억 부자가 되게 해줄 수 있다. 얼마나 가슴 설레는 이야기인가. 어떤 이는 복권 사서 추첨을 기다리는 일주일간의 행복을 말하는 이도 있다. 그러나 복권으로 거액을 횡재한 이들이 착실하게 돈을 관리해 부자 됐다는 이야기 보다 부부가 이혼하고 가정이 파괴되고 형제간에 불화하게 됐다는 이야기가 더 많다. 갑자기 생긴 돈으로 무위도식하며 사치와 향락에 젖어 사는 것이 과연 보람이 있는 삶인가. 생각해 볼 일이다.

국민의 정신이 건강해야 나라가 건강한 것이다. 지금의 경제 부흥이 어디에서 왔는가. 새마을 노래 부르며 토요일도 일요일도 모르고 열심히 일한 70년대 근면의 결실이다. 땀 흘려 일해 돈을 벌어 본 사람만이 돈의 가치를 안다. 진정한 성공자는 공든 탑이 무너질 수 없고 천리 길도 한 걸음부터라는 말을 알고 실천하는 사람이다.

● **한자학습** 소(蘇)-차조기, 꿀풀과의 풀이름, 소생하다, 쉬다.

● **보충학습** 소동파는 북송(北宋)의 문인으로 당송(唐宋) 팔대가(八代家)의 한 사람이다. 고려 한문학에 지대한 영향을 끼쳤다. 고려 때 과거 급제가 쉰 명이 나오면 소동파가 쉰 명이 나왔다고 할 정도였다.

康節邵先生曰강절소선생왈 有人來問卜유인래문복하되 如何是禍福여하시화복고 我虧人是禍아휴인시화요 人虧我是福인휴아시복이니라.

강절 소선생이 말하기를 "어떤 사람이 찾아와 점을 치며 묻기를 "어떠한 것이 화와 복입니까?" 함에 내가 답하길 "내가 남을 해롭게 한 것이 화요 남이 나를 손해 끼친 것이 복이니라" 하였다.

사람은 누구나 복 받기를 원하고 화를 피하고자 한다. 화(禍)는 무엇이고 복(福)은 무엇인가? 누구에게나 궁금한 일이다.

강절 선생은 화(禍)의 시작은 내가 남에게 못할 일을 하여 손해를 끼치는 데서 비롯된다고 하였다. 남에게 피해를 주는 것은 그를 억울하게 하여 분한(忿恨)을 심는 일이다. 남에게 분하고 한스럽게 하면 그는 언제고 내게 그것을 보복(報復)하려 한다. 고로 남을 해롭게 한 일이 작으면 작은 화로 되돌아오고 크면 큰 화(禍)로 되돌아온다. 남의 눈에 눈물나게 하면 내 눈에 피 흘리게 된다는 말이 있다. 내 이익을 위해 남을 해치는 것이 화(禍)의 씨를 뿌리는 일이다. 그러면 무엇이 복(福)인가? 남이 내게 손해를 끼친 일이 오히려 복이라 하였다. 왜 그런가? 지금은 비록 그 때문에 손해(損害)를 당했지만 그는 항상 내게 미안해하고 기회만 있으면 좋은 관계를 맺으려 노력하니 내게 유익이 됨이다.

화(禍)를 입고도 도리어 그에게 앙갚음을 하지 않고 그를 용서하고 그와 좋은 관계를 맺으면 화를 당한 것이 복이 되는 것이다. 남에게 손해를 입고 분하거든 이것이 복 받을 조짐(兆朕)이라 생각하라. 분노로 심신이 괴롭던 것이 마음 편하여 지니 벌써 복이 깃들기 시작함이다.

● **한자학습**   휴(虧) - 이지러지다, 줄다, 손해 끼치다, 덕택으로.
● **보충학습**   문장 앞에 유(有)는 굳이 '있다'라고 해석하지 않고 '어떤'으로 해석한다.

大廈千間대하천간이라도 夜臥八尺야와팔척이요

良田萬頃양전만경이라도 日食二升일식이승이니라.

천 칸의 큰집에 살더라도 밤에는 여덟 자에 누워 자고 좋은 밭이 만 이랑이 있더라도 하루에 두 되 곡식을 먹느니라.

　　백년도 못 사는 인생이 천년의 근심을 한다는 말처럼 아무리 큰 집에 살아도 밤에 잠잘 때는 겨우 팔 척의 좁은 자리를 차지하고 누워 자는 것이 인생이다.
　　옛말에 땅 아흔아홉 마지기 가진 사람이 땅 한 마지기 가진 사람의 것을 빼앗아 백 마지기를 채우려 한다는 말이 있다. 수백억 수천억 재산을 가졌다고 하루에 네 끼 다섯 끼 밥을 먹는 것이 아니며 기름 진 좋은 밭 만 이랑을 가진 사람이라도 하루 먹는 곡식은 겨우 두 되에 불과하다. 부자라고 밥을 더 많이 먹는가. 부자라고 더 기름진 식사를 하는가. 오히려 그 반대다. 건강을 위해 소식(小食)을 하고 건강 식사니 선식(仙食)이니 하며 잡곡밥을 먹고 거친 음식을 먹는다. 사람이 욕심에 얽매이면 물질의 노예가 된다.
　　돈 벌 욕심에 눈이 어두워지면 체면(體面)도 의리(義理)도 자신의 건강(健康)도 망각한다. 돈 때문에 사람으로서 당연히 할 노릇을 못하고 사니 체면을 잃고 돈 때문에 부모 형제간에 마땅히 해야 할 본분을 다 하지 못하니 의리와 정분(情分)이 없는 사이가 된다. 먹는 것 입는 것 돌아보지 않고 악착을 떨며 큰 재산을 모았으나 건강을 해쳐 억만금이 허사(虛事)가 된다. 임종을 앞에 두고 서둘러 장학금이다 기부금이다 적선(積善)하며 허망함을 달랠 뿐이다.
　　굳이 도잠(陶潛)의 귀거래사(歸去來辭)를 들먹일 필요도 없이 우리 주위에 고루거각(高樓巨閣)의 명문(名門) 대가(大家)가 불과 3대(代)를 넘기지 못하고 허물어지는 것을 수 없이 보아 왔다. 부귀공명(富貴功名)은 무상(無常)한 것이다. 지족불욕(知足不辱)이다. 안분(安分)이 행복이다.

● **한자학습**　하(廈)-큰 집. 처마를 사방으로 빼서 만든 방.

● **보충학습**　문장의 앞에 양보를 나타내는 비록 수(雖)가 생략된 글이다.

久住令人賤구주영인천이요 頻來親也疎빈래친야소라
但看三五日단간삼오일에 相見不如初상견불여초라.

오래 머물면 사람으로 하여금 천하게 하고, 자주 오면 친함이 멀어진다. 다만 사나흘만 봐도 처음만 같지 못하느니라.

인간관계에서 염량(炎涼) 세태(世態)의 부정적 면을 드러낸 이야기다. 남의 집에 손님으로 가서 오래 머물면 귀한 대접을 받지 못한다. 처음은 귀하게 여기나 오래 머물면 점점 소홀해지고 심하면 귀찮은 존재가 된다. 더구나 먹고 살기 힘든 시대에 남의 집에 식객이 돼 오래 머물면 천덕꾸러기가 된다. 친하던 사이도 멀어진다. 부담스러워 하게 되고 어서 가기를 바란다.

물론 인정이 그럴 수 있느냐고 말할지 모른다. 이 이야기는 사람의 심리를 적나라하게 드러내 놓은 것이다. 아무리 오랜 만에 온 친척 손님도 사나흘이 지나면 처음 만났을 때와 같이 간절하지 못하다. 지금같이 핵가족화 한 상황에서는 더욱 그렇다. 사실 오랜 만에 만난 친구를 집으로 스스럼없이 데리고 가 잠을 잘 수 있는 처지가 그리 흔하지 않다. 우리 속담에 "가는 손님 뒤통수가 그리 예쁠 수가 없다"는 말은 이를 두고 하는 말이다. 이를 야박하다 탓할 일이 아니다. 인정(人情)이 본디 그런 것을 어쩌랴. 수년 전 처음 중국과 문호가 열리고 중국에 사는 동포 소위 조선족들이 대거 모국의 친척을 찾아 온 일이 있었다.

이들은 와서 보통 서너 달 이상 친척집에 머물렀다. 처음은 잔치를 열고 환영했다. 그러나 한 달 두 달 지나면서 사정은 달라졌다. 오히려 서운한 마음으로 돌아가는 이도 있었다. 이는 사람 탓이 아니다. 반가운 마음을 오래 간직하려면 아쉬울 때 떠나고 보고플 때 다시 만나는 것이 좋다. 나는 어떤 사람인가. 그립고 아쉬운 사람인가 아니면 귀찮은 사람인가.

● **한자학습** 빈(頻)-자주, 빈번히, 급박하다, 절박하다. 소(疎)-트다, 소원하다, 멀다, 서툴다.

● **보충학습** 하여금 영(令)은 사동보조사이다. '~으로 하여금 ~하게 하다'로 쓰인다.

渴時一滴갈시일적은 如甘露여감로요

醉後添盃취후첨배는 不如無불여무니라.

목마를 때 한 방울의 물은 감로수(甘露水)와 같고 취한 뒤의 술잔을 더 하는 것은 없는 것만 같지 못하느니라.

　　목마를 때 한 방울의 물은 그 시원함이 감로수(甘露水)와 같다. 배고픈 이에게 한 그릇의 식사 대접은 큰 공양(供養)이다. 남을 돕고 덕을 베푸는 것은 돈이 많아서 하는 것이 아니다. 적선(積善)은 크고 작고에 따라 가치가 달라지는 것이 아니다. 꼭 필요할 때 주는 것이 값지다. 국민들은 지금 목이 타고 있다. 실업문제가 심각하다. 한 예를 들어보자. 4년제 대학을 졸업한 이들이 초등학교 교사가 되기 위해 교육대학에 다시 일학년으로 입학하거나 학사편입을 하고 있다. 대학을 8년 다녀서라도 취업할 수만 있다면 마다할 형편이 아니다.

　　그나마도 경쟁자가 쇄도해 재수 삼수하며 시험 준비를 하고 있다. 저명(著名) 대학의 졸업생이라도 대학 성적이 장학생 수준이 아니면 합격을 기대할 수 없다. 소위 교원 사관학교를 자임하며 설립한 대학을 졸업하고도 교육대학에 편입하는 기현상이 빚어지고 있다. 이 같은 일이 언제까지 계속돼야 하는가. 대기업과 공사(公社) 입사 시험은 이미 200대 1, 1천300대1을 오르내리고 있다. 선거구 조정도 좋고 지자체 의원 유급제도 좋다.

　　그러나 지금 시급한 것은 목 타는 실업난 해소와 경기 부양이다. 술 취한 이에게 첨잔은 없는 것만도 못하다. 정부가 구두선(口頭禪)처럼 되 내는 정치개혁은 청년 실업과 경제 회생을 해결하지 못하는 한 술 취한 이의 첨잔(添盞)에 불과하다. 정치제도 때문에 국민이 못살던 시대는 지나갔다. 적선하는 셈치고 정부는 이일에 성의 있는 결과를 이 해가 다 가기 전에 국민 앞에 내놓기 고대한다.

● **한자학습**　적(滴)-물방울, 물방울이 떨어지다. 첨(添)-더하다, 맛을 내다.

● **보충학습**　'如~, 와 不如~' ~와 같다, ~와 같지 않다. 비교문으로 긍정문과 부정문이다.

酒不醉人人自醉주불취인인자취요

色不迷人人自迷색불미인인자미니라.

술이 사람을 취하게 하는 것이 아니라 사람이 스스로 취하는 것이요, 색(色)이 사람을 미혹시키는 것이 아니라 사람이 스스로 미혹되는 것이니라.

성공하는 사람과 실패하는 사람의 차이점은 여러 가지가 있다. 그 가운데 하나가 확고한 자아(自我)의 정립(定立) 여하(如何)다. 술 때문에, 술을 못 이겨서 등 술이 취해 어떤 낭패를 당한 사람이 항용(恒用) 늘어놓는 핑계다. 그러나 엄격히 말하면 술은 내가 먹은 것이지 술이 나를 취하게 한 것이 아니다. 혹자는 술이 어느 정도를 넘으면 술이 술을 마신다고 말한다. 그러나 그 정도에 이르기 까지 술을 마신 사람 역시 바로 자기 자신이다. 술을 과음(過飮)해 인생의 실패자가 된 이들을 종종 본다. 요즘에 흔한 것이 음주(飮酒) 운전(運轉)이다. 평소에 책임감도 강하고 유능한 공직자가 음주운전으로 사람을 죽게 하고 신세를 망치는 경우다. 직장에서 앞길이 양양해 부러움을 사던 사람이 술을 다스리지 못해 자신도 망하고 무고한 남의 생명도 잃게 했으니 이보다 더 큰 불행이 어디 있으랴. 술을 즐기는 사람과 술에 곯은 사람은 다르다. 이는 자아정립의 문제다. 색(色)도 마찬가지다. 색이 사람을 미혹(迷惑)한다고 하지만 실제에 있어서 미혹의 주체(主體)는 자기 자신이다. 색을 원망할 일이 아니다. 색에 자기 자신을 잃어버린 것인가 색을 스스로 기뻐하는 것인가는 근본적으로 다르다.

역시 자아 정립의 문제다. 예로부터 영웅은 주색(酒色)을 좋아한다고 한다. 그러나 진정한 영웅은 주색(酒色)의 노예(奴隸)가 아니라 행복한 주색의 주인(主人)이었다. 말술을 즐겼다는 항우(項羽)가 죽음 앞에서 우미인에게 생사(生死)를 초월한 사랑의 시를 읊어주는 모습이 그러하다.

◉ **한자학습** 미(迷) – 미혹하다, 헤매게 하다, 전념하다, 열중해 빠지다.

◉ **보충학습** 두 문장은 대구(對句)를 이루고 있다.

公心공심을 若比私心약비사심이면 何事不辨하사불판이며
道念도념을 若同情念약동정념이면 成佛多時성불다시니라.

공(公)을 위하는 마음을 만약 사(私)를 위하는 마음에 비교해 같이 한다면 무슨 일이든 다스리지 못할 것이며, 도(道)를 향하는 생각을 만약 정인(情人)을 생각하는 마음과 같이 한다면 성불한 시간이 많이 지났으리라.

    사람은 누구나 자기 자신을 귀하게 여긴다. 이것은 순자(荀子)의 성악설(性惡說)을 거론하지 않더라도 나쁜 것이 아니다. 인지상정(人之常情)이요 사람마다 본래 타고난 마음이다. 물론 맹자(孟子)의 성악설(性惡說)에 의하면 측은지심(惻隱之心)이 사람마다 있어서 남의 불행을 내일처럼 가엾게 여긴다 했으나 보통 사람은 그 우선순위(優先順位)가 아무래도 내가 먼저고 남이 그 다음일 것이다. 웃자고 하는 이야기에 남의 죽음이 내 감기보다 못하다는 말이 있다.
    그러나 독근거원(篤近擧遠)이라 했으니 나를 생각하는 마음이 남을 생각하는 마음보다 먼저인 것이 당연하다. 세상이 악하다고 하지만 낯모르는 사람이 지하철에 떨어져 생사(生死)가 위급할 때 제 몸을 던져 구하는 이들이 있어 세상은 아름답고 희망이 있는 것이다. 진리를 생각하는 구도의 마음이 간절한들 사랑하는 이를 생각하는 마음처럼 간절할 수는 없다. 앉으나 서나 잠을 자나 눈에 밟히는 정인을 향한 마음이 연정이라면 구도자의 마음이 이와 같을진대 누군들 성불하지 않으랴. 지금은 인스턴트식품이 판을 치는 시대다. 사랑도 컵라면처럼 쉽게 즐기고 쉽게 버리니 어찌 구도 운운 하리요.

● **한자학습**   판(辨) – 다스리다, 힘쓰다, 갖추다, 주관하다, 판별하다.
● **보충학습**   의문대명사가 목적어로 쓰일 때 도치된다. '何事不辨'에서 '何事'는 목적어다.

濂溪先生曰렴계선생왈 巧者言교자언하고 拙者黙졸자묵하며 巧者勞교자노하고 拙者逸졸자일하며 巧者賊교자적하고 拙者德졸자덕하며 巧者凶교자흉하고 拙者吉졸자길하나니 嗚呼오호라 天下拙천하졸이면 刑政형정이 撤철하여 上安下順상안하순하며 風淸弊絶풍청폐절하리라

염계 선생이 말하기를 "재주와 꾀가 많은 사람은 말을 잘 하고 재주가 없고 모자란 듯한 사람은 말이 없으며, 교자는 수고롭고 졸자는 편하고 한가하며, 교자는 남을 해치고 졸자는 남에게 덕을 입히며 교자는 흉하고 졸자는 길하나니. 오호라 천하가 졸하면 형벌을 다스림이 없어져 윗사람은 편안하고 아랫사람은 순종하며 풍속이 맑고 폐단이 근절되리라" 하였다.

교자(巧者)는 재주와 능력은 뛰어나지만 덕(德)이 모자라고 꾀가 많아 남보다 영리하나 실천이 부족한 사람이다. 이런 사람은 처세술이 좋아 남의 비위를 잘 맞추고 임기응변을 잘 한다. 군자(君子)와 상반된 인생(人生)의 모습이다. 말만 앞세우고 말에 대한 책임은 지지 않는다. 재주를 자랑하나 재주 때문에 늘 고달프다. 덕이 부족하니 남에게 덕을 베풀기보다 남을 이용해 제 잇속을 챙긴다. 결국 남에게 손해를 입힌다.

그러니 좋은 일보다 나쁜 일이 많다. 반대로 졸자(拙者)는 우직(愚直)하고 겸손하며 늘 자신의 모자람을 깨달아 삼가 덕(德)을 닦기에 힘쓰는 사람이다. 남 앞에 나서기를 좋아하지 않으니 남과 경쟁하지 않고 남을 이기려 하지 않으니 적이 없다. 할 수만 있으면 남에게 베풀고 남에게 손해를 끼치는 법이 없다. 남과 다툼이 없으니 적이 없고 겸손하니 남들이 도울지 언정 해치지 않는다. 그러니 나쁜 일보다 좋은 일이 많다. 천하의 사람이 이와 같으면 죄주고 벌 받을 일이 없으니 상하가 모두 행복해 좋은 세상이 된다. 영악한 깍쟁이보다 우직한 졸자가 행복한 세상을 만든다.

● **한자학습** 일(逸) - 달아나다, 없어지다, 잃다, 숨다, 한가하다. 폐(弊) - 헤지다, 옷이 떨어지다, 넘어뜨리다, 나쁘다, 폐단. 철(撤) - 거두다, 치우다, 그만두다, 폐하다.

● **보충학습** 렴계(濂溪)는 북송(北宋)의 유학자(儒學者) 주돈이(周敦　)선생의 호(號)이다. 소위 송학(宋學)의 시조라고 불리며 태극도설(太極圖說)의 저자로 유명하다.

易曰역왈 德薄而位尊덕박이위존하고 智小而謀大지소이모대하고 力小而任重역소이임중이면 無禍者鮮矣무화자선의니라.

주역에 말하기를 "덕이 적고 지위기 높으며 지혜가 적은데 큰일을 꾀하며 능력이 적은데 중책을 맡으면 화(禍)가 없는 자가 드무니라" 하였다.

덕(德)이 적은 사람이 지위가 높으면 무례(無禮)하고 교만(驕慢)하다. 아래 사람을 대함에 인정이 없고 원칙만 고수하며 융통성이 없다. 혹 아래 사람이 실수하면 관용할 줄 모르고 야박(野薄)하다. 고집불통이고 화를 잘 내며 권위적이고 사무적이다. 사람은 보이지 않고 자리만 보인다. 남에게 덕을 입히지 못함은 물론 남을 해치는 일도 서슴없이 한다. 그 지위가 높으면 높을수록 해로움이 크다.

역사상 이이첨이나 이완용 연산군이나 광해군이 그런 사람이다. 지혜가 적은데 큰일을 도모하면 실패할 수밖에 없다. 자기 지적 능력을 모르고 사법고시에 무작정 도전하다 수없이 낙방하고 인생의 낙오자가 된 이들이 있다. 자기 지적능력에 맞은 다른 일을 했으면 고생도 안하고 성공했을 텐데 페인이 된 것을 보면 참으로 안타깝다. 한 나라의 국정을 맡은 이가 성사도 못할 무모한 정책을 남발해 정국을 혼란스럽게 하고 국민을 불안하게 하는 것도 마찬가지다. 그 무엇보다 가장 불행한 일은 자기의 능력과 분수에 넘치는 큰 중책을 맡아 전전긍긍(戰戰兢兢)하는 것이다. 자기 능력 밖의 중책을 맡는 것은 행운이 아니다.

어린아이가 어른의 도포를 입고 어른의 큰 갓을 쓴 것과 같다. 시쳇말로 자기 몸에 맞지 않는 남의 옷을 입고 남의 모자를 쓰고 남의 신발을 신은 것과 같다. 얼마나 불편하고 얼마나 어색하고 얼마나 스트레스가 쌓일 일인가. 건강한 사람도 병이 생기고 명랑한 사람도 우울증에 빠진다. 화를 잘 내고 매사가 답답하고 웃음이 사라진다. 경계 또 경계할 일이다.

● 한자학습　박(薄)-엷다, 적다, 가볍다, 야박하다, 깔보다, 천하다, 낮다, 좁다.

● 보충학습　이 문장의 말이을 이(而)는 모두 역접 접속사로 쓰였다. 주역(周易) 계사전(繫辭傳)의 원문에는 '智'가 '知'로 '無禍者鮮矣'가 '鮮不及矣'로 돼 있다.

說苑曰설원왈 官怠於宦成관태어환성하고 病加於小愈병가어소유하며 禍生於懈惰화생어해타하고 孝衰於妻子효쇠어처자니 察此四者찰차사자하여 愼終如始신종여시니라.

설원에 말하기를 "관리는 벼슬이 뜻하는 대로 성취되는 데서 게을러지고 병은 나은 데서 더 악화되며 화(禍)는 게으른데서 생기고 효도가 쇠함은 처자 때문이니 이 네 가지를 살펴서 삼가 마침을 처음과 같이 해야 하느니라" 하였다.

처음 관리가 되면 누구나 훌륭한 관리가 되려는 마음의 서원(誓願)을 굳게 한다. 그러나 벼슬이 높아지면 교만한 마음이 들어 처음의 다짐을 잊어버리게 된다. 관리가 게을러지는 원인은 벼슬이 마음먹은 대로 올라감에서 비롯된다. 사람은 이럴 때 삼가 조심해야 한다. 호사다마(好事多魔)란 말도 있지 않은가. 승진에서 남보다 앞서면 시기하는 사람도 있고 모난 돌이 정 맞는다고 예상하지 않은 시련이 닥칠 가능성이 높은 것이다.

병도 좀 나았다 싶을 때 조심하지 않다가 악화되는 경우가 많다. 화(禍)는 게으름에서 비롯된다. 고인물이 썩는 이치와 다름이 없다. 부지런한 사람은 고민할 시간이 없으니 정신 건강에 문제가 생길 이가 없다. 현대인의 고급병인 우울증도 심신을 편하게 한 사람이 걸린다. 치열한 삶을 사는 이가 어느 여가에 우울하겠는가.

효도가 무너짐은 부모보다 처자식을 사랑함에서 생긴다. 처자식을 생각하는 마음 반만 있어도 효자 되기 어렵지 않다고 한다. 관리의 초심, 연인의 첫사랑, 신혼의 다짐, 초지일관(初志一貫)은 어렵다. 그러나 시종여일(始終如一) 처음 마음을 변하지는 인생의 모습이 아름답고 귀하다.

● 한자학습 태(怠)-게으르다, 업신여기다, 쇠약하다, 위태롭다. 환(宦)-벼슬, 관직, 벼슬살이하다. 유(愈)-낫다, 병이 낫다, 일정한 대상 보다 더 뛰어나다, 점점, 더욱. 해(懈)-게으르다, 느슨하다. 타(惰)-게으르다, 업신여기다, 불경스럽다. 쇠(衰)-쇠하다, 여위다, 힘이 약해지다.

● 보충학습 설원(說苑)은 한(漢)의 유향(劉向)이 명인(名人)들의 일화(逸話)를 수록한 책이다.

器滿則溢기만즉일하고 人滿則喪인만즉상이니라.

그릇이 가득 차면 넘치고 사람은 차면 잃느니라.

    사람의 욕망은 끝이 없다. 집이 없어 남의 집에 세(貰) 들어 사는 사람에게 소원이 있다면 내 집을 갖는 것이다. 그러나 고생해 집을 장만하면 얼마동안은 행복하지만 오래지 않아 좀더 큰 집을 가지고 싶어진다. 다시 좀더 큰 집을 사서 이사하지만 역시 기쁨도 잠시 좀더 크고 좋은 집을 욕심낸다.
    그러다 얼마 지나지 않아 장성한 자녀들은 분가(分家)해 늙은 내외만 남으면 큰 집은 짐스러울 뿐이다. 어찌 집뿐이랴. 얼마 전 모 대학의 교수가 자살한 일이 있었다. 사연인즉 교수는 시간강사로 전전하다 어렵게 전임 교수가 된 기쁨으로 연구와 강의에 정신이 없었다. 뜻밖에 부인이 경제적 여유가 생기자 경매(競賣)에 손을 대었다. 시가보다 훨씬 싼 값으로 큰 건물을 낙찰 받았다. 그러나 자신이 가진 돈으로는 도저히 살 수 없는 거금이었다. 고금리(高金利)의 급전(急錢) 대출을 받아 값을 지불하고 다시 시가로 되팔면 큰 돈을 벌 수 있으리라 생각하고 일을 저질렀다.
    그러나 경기 하락으로 건물은 팔리지 않고 급전의 이자 빚은 눈덩이 같이 늘어나 급기야는 채권자들이 학교에 찾아와 소란이 일어나는 지경에 이르렀다. 패가망신이 남편까지 죽게 한 불행으로 만족할 줄을 모르는 욕망이 불러온 화(禍)였다. 사람의 소유(所有)는 차면 잃는다. 분수(分數)에 모자란 듯 사는 것이 소망(所望) 있고 활력 있는 삶이다.

● 한자학습   일(溢)-넘치다, 차다, 가득하다, 정도를 지나치다. 상(喪)-죽다, 상제, 상을 입다.

● 보충학습   문장 앞에 만약 약(若)이 생략된 가정문이다.

尺璧非寶척벽비보요 寸陰是競촌음시경이니라.

한 자 크기의 벽이라는 구슬이 보배가 아니요 한 치의 짧은 시간을 다투어야 하는 것이니라.

척벽(尺璧)은 진귀한 보배다. 실제로 화씨지벽(和氏之璧)은 한 나라의 역사를 좌우할 만큼 귀한 보배였다. 척벽이 아무리 귀하기로 척벽만이 보배는 아니다.

척벽보다 인간에게 더 귀한 보배는 시간이다. 척벽은 누구나 다 소유할 수 있는 것이 아니다. 소유한 한 두 사람만의 보배에 지나지 않는다. 옥으로 만든 국보(國寶)가 아무리 귀한들 그것을 소유한 이나 국가의 보배로운 한 물건일 뿐이다. 아무리 가지고 싶어도 누구나 다 가질 수는 없다. 그러나 시간은 누구나 다 가진 것이고 그 시간을 잘 관리한 사람은 누구나 다 성공할 수 있다. 그런 까닭에 시간이 척벽보다 더 값진 보배다.

오늘 2학기 강의를 종강했다. 모든 학생에게 두 달이 넘는 시간의 방학이 기다리고 있다. 그러나 학생이 방학을 어떻게 보냈는가에 따라 사람이 달라진다. 그럭저럭 시간을 보낸 사람과 치밀한 계획에 따라 시간을 충실하게 보낸 사람은 외적 자아(自我)는 변한 것이 없지만 내적 자아는 다르다. 시간은 아껴 쓰는 사람일수록 일분일초가 귀하다. 성공하는 사람과 실패하는 사람의 차이는 무엇인가. 촌음(寸陰)을 다투며 사는 사람이 바로 성공하는 사람이다. 누구나 사십이면 불혹(不惑)하고 오십이면 지명(知命)하는 것은 아니다. 지금 나는 어떤 모습으로 인생을 살고 있는가. 무늬만 불혹이고 지명은 아닌지 자아 성찰이 필요한 시간이다.

● **한자학습** 벽(璧)-둥근 옥, 아름다운 것의 비유. 경(競)-겨루다, 향해 가다.

● **보충학습** "척벽이 보배가 아니다"는 말은 모순이다. 척벽만이 보배가 아니라는 말이다. '白馬非馬' 역시 흰말은 말이 아니라는 뜻이 아니다. 흰말만이 말이 아니라는 뜻이다.

羊羹양갱이 雖美수미나 衆口중구는 難調난조니라.

양고기국이 비록 맛이 좋으나 많은 사람의 입맛을 맞추기는 어려우니라.

양고기국은 중국인들이 좋아하는 음식이다. 중국은 옛날부터 양을 많이 길러 양고기를 즐겨 먹는 것이 습관이 됐으나 우리나라는 양을 가축으로 기르지 않아 식육으로 하지 않았다. 지금은 대관령 지리산 등 목장에서 양을 대량으로 기르고 있다. 양털의 경우 현재는 흔한 것이지만 조선시대는 양호(羊毫)로 만든 붓이 귀물(貴物)이었다. 양을 많이 기르는 지금도 여전히 양고기는 우리 식탁에 오르지 않는다.

우리는 소고기를 돼지고기보다 귀하게 여기고 더 좋아한다. 중국인들은 소고기보다 돼지고기를 훨씬 더 좋아하고 더 많이 먹는다. 우리가 곰탕으로 즐겨먹는 소꼬리를 중국인들은 먹지 않는다. 얼마 전까지도 중국의 고기 파는 가게에서 소꼬리는 찾을 수 없었다. 1996년 1년간 북경에 머물 때 한국 돈으로 불과 2천~3천원에 소꼬리를 사다가 고아서 포식한 일이 있다. 우리가 보양식(補陽食)으로 즐겨먹는 소꼬리 곰탕이 그들의 구미에는 맞지 않는다. 널리 알려진 이야기지만 중국의 사천성 요리는 맵기로 유명하다.

두보(杜甫)의 유적(遺蹟)을 찾아 사천성의 수도인 성도를 찾아갔다가 그곳의 이름난 토속음식점에서 사천성 전통요리를 시켰다가 매워서 먹지 못했다. 좀 심한 이야기지만 병아리가 부화(孵化)되다만 달걀 삶은 것을 맛있게 먹거나 파리의 애벌레 구더기를 볶아 맛있게 먹는 것을 보면 나라마다 사람마다 입맛은 천차만별임을 알 수 있다. 이것이 어찌 음식 맛뿐이랴. 사람마다 얼굴모양, 입맛, 생각, 취미, 재능 모두 다르다. 내가 좋아하는 것을 다른 사람이 싫어하기도 하고 그 반대 경우도 있다. 개성을 존중하고 다양성을 인정하는 마음이 평화의 마음이다. 그런 마음을 가진 이들이 어울려 사는 세상이 대동세계(大同世界)다.

● **한자학습** 갱(羹)-국, 지명. 조(調)-고르다, 조절하다, 어울리다, 꼭 알맞다.

● **보충학습** '雖~' 비록~하다는 의미의 양보문형을 이룬다.

益智書云익지서운 白玉백옥은 投於泥塗투어니도라도 不能汚穢其色불능오예기색이요 君子군자는 行於濁地행오탁지라도 不能染亂其心불능염란기심하나니 故고로 松柏송백은 可以耐雪霜가이내설상이요 明智명지는 可以涉危難가이섭위난이니라

익지서에 이르기를 "흰 옥은 진흙에 던져도 그 빛을 더럽힐 수 없고 군자는 혼탁한 땅에 가더라도 그 마음을 어지럽게 오염시킬 수 없나니 고로 소나무와 잣나무는 눈서리를 견디어 낼 수 있고 명철한 사람은 위태롭고 곤란한 경우를 건너갈 수 있느니라" 하였다.

본바탕이 흰 옥은 더러운 진흙에 던져도 그 본색을 더럽게 할 수가 없고 군자는 그 사람됨이 어질면 혼탁한 처지에 이르더라도 그 마음이 어지럽힘을 당하지 않는다.
　환경에 따라 사물은 변하고 사람도 형편에 따라 달라진다. 그러나 그 본색과 타고난 바탕까지 달라지는 것은 아니다. 그런 까닭에 소나무, 잣나무는 매서운 겨울이라도 그 푸른빛을 잃지 않고 모진 추위를 견디어낸다. 그것은 소나무와 잣나무가 타고난 물성(物性) 때문이다. 사람도 지위, 신분, 재산이 그 사람의 성향에 영향을 준다. 그러나 그것들은 그 조건이 변하면 그 사람의 성향에 더 이상 영향력을 행사하지 못한다.
　높은 지위와 권세 때문에 세도를 부리던 사람은 그 지위와 권세가 떠나면 필부(匹夫)가 된다. 오히려 형세(形勢) 때문에 힘을 과시(誇示)하던 사람은 그 힘이 없어지면 더 나약하고 초라해 진다. 명철한 지혜를 가진 사람, 지성을 타고난 사람, 본 바탕 사람됨이 훌륭한 사람은 지위가 높거나 낮거나 부유하거나 가난하거나 언제나 의연하다. 형세가 어렵다고 비굴하지 않으며 남의 약함을 타고 누르지 않는다. 그런 까닭에 비록 위난(危難)을 만나더라도 당황하지 않으며 차분하고 의연히 극복한다. 연암 박지원 선생이 쓴 한문소설 허생전의 주인공이 바로 이런 사람이다.
　가난뱅이 선비가 생면부지의 거부 변부자에게 만금을 빌리면서도 당당한 모습에서 명지(明智) 군자의 모습을 본다. 시세(時勢)에 휩쓸리지 않는 이 시대 허생은 누구인가.

● **한자학습**　예(穢)-더럽다. 거칠다. 잡초. 섭(涉)-건너다, 돌아다니다, 미치다.

● **보충학습**　'於'는 장소를 나타내는 개사(介詞). '可以'는 ~할 수 있다는 뜻이다.

入山擒虎입산금호는 易이나 開口告人개구고인은 難난이니라.

산에 들어가 호랑이를 잡는 것은 쉬우나 입을 열어 남에게 말하기는 어려우니라.

　대인 관계에서 말하기가 얼마나 어려운가를 말하고 있다. 얼마나 어려우면 산에 들어가 호랑이를 잡는 것보다 더 어렵다고 말하겠는가. 침묵은 금이요 웅변은 은이라는 서양 격언도 있거니와 선인(先人)들은 말은 많이 하는 것보다 적게 하는 것을 미덕으로 생각했다. 더구나 말 한마디가 화근(禍根)이 돼 역모죄인(逆謀罪人)으로 몰리거나 사문난적(斯文亂賊)이 돼 자신은 물론 가문이 패가망신(敗家亡身)에 이를 수 있었던 왕조시대는 말조심이 강조됐다. 연산군 때 임금의 허물을 감히 입에 담기만 해도 목숨을 잃던 무렵에는 조정 중신들과 내관들이 목에 '설시참도(舌是斬刀)'라는 목패(木牌)를 달고 다녔다는 웃지 못할 일화가 전한다. 혀가 제 목을 베는 칼이란 뜻이니 말조심하라는 경고문이다.
　말이란 한 번 해 버리면 돌이킬 수가 없다. 남에게 상처준 말은 설령 취소하고 사과한다고 해도 그 말로 인한 마음의 상처는 치유되지 않는다. 한동안 잊었다가도 생각나면 다시 마음이 아프고 괴롭다. 군자(君子)는 직언(直言)을 한다. 불의한 권력에 굴하지 않고 목숨을 걸고 직언을 한 충신들의 말은 귀하다.
　한편 친한 친구 사이라도 단점을 지적하는 말을 하면 처음은 받아들이나 거듭되면 사이가 멀어진다. 천륜(天倫)인 부모자식도 허물을 자주 나무라고 책망하면 정(情)이 멀어진다. 엄부(嚴父)의 훈계는 좋으신 말씀이나 지나치면 천륜도 상한다. 칭찬은 고래도 춤을 추게 한다고 칭찬하는 말은 유익한 것이나 마음에 없는 칭찬은 위선(僞善)이 된다. 더욱이 권귀(權貴)에게 하는 가식의 칭찬은 아첨(阿諂)이다. 말이란 참으로 어렵다. 성현(聖賢)의 언고행행고언(言顧行行顧言)하라 하신 그 말뜻을 알만하다.

* 한자학습　금(擒)-사로잡다. 생포하다.
* 보충학습　두 문장이 대우(對偶)를 이루고 있다.

遠水원수는 不救近火불구근화요 遠親원친은 不如近隣불여근린이니라.

멀리 있는 물은 가까운 곳의 불을 끄지 못하고 먼 친척은 가까운 이웃만 같지 못하느니라.

이웃의 소중함을 강조한 말이다. 친척은 가까운 혈육을 뜻한다. 아무리 가까운 혈육이라도 멀리 살면 급한 일이 생겼을 때 도움이 되지 못한다. 국제화 시대인 지금은 자녀들이 외국에 사는 이들이 적지 않다. 부모의 상(喪)을 당하고도 오지 못하는 경우도 있고 외국 생활에 적응하지 못해 자녀들과 떨어져 고향에서 홀로 여생을 보내는 혼자 사는 노인들도 있다.

원친(遠親)이란 뜻은 멀리 사는 친척이란 의미 외에 정이 먼 친척이라는 의미로도 해석할 수 있다. 촌수(寸數)가 아무리 가까우면 무엇 하나. 남만도 못한 친척도 없지 않다. 의외로 부유하고 출세한 사람 가운데 재산 문제로 의리가 상해 척을 지고 사는 사람들이 많다. 정이 없는 친척은 인정 있는 이웃만도 못하다는 의미다.

우리 사회가 복지문제에 관심이 높아지면서 이웃돕기 행사가 많아졌다. 자녀가 없는 혼자사는 노인이나 결식아동들에게 식사와 반찬을 배달하는 사회복지 프로그램은 복지한 국의 발전을 보여 준다. 정다운 이웃들이 돕고 사는 나라, 어려운 이웃들이 소외받지 않고 더불어 사는 나라, 요순(堯舜)시대인들 이보다 더 아름다웠으랴.

간혹 자갈밭이 도시 개발지역이 돼 졸부(猝富)가 된 이들이 재산 분배로 형제간에 피를 보는 불상사가 간혹 일어나지만 그래도 정말 어려운 일을 당하면 가장 먼저 달려오는 것이 친척이다. 정이 먼 친척을 탓하기에 앞서 나는 얼마나 좋은 친척인가 생각해 보자. 이웃과도 정답게, 친척과도 우애(友愛) 있게, 어느 것 하나도 소중(所重)하지 않은 것은 없다.

● **한자학습** 린(隣)-이웃, 이웃하다, 보필.

● **보충학습** 두 문장이 대우(對偶)를 이루고 있다.

太公曰태공왈 日月일월이 雖明수명이나 不照覆盆之下부조복분지하하고 刀刃도인이 雖快수쾌나 不斬無罪之人불참무죄지인하고 非災橫禍비재횡화는 不入愼家之門불입신가지문이니라

태공이 말하기를 "해와 달이 비록 밝으나 엎어 놓은 동이의 밑은 비추지 못하고, 칼날이 비록 잘 들어도 죄 없는 사람을 베지는 못하고, 나쁜 재앙과 갑자기 닥친 불행은 조심하는 가문에는 들어가지 못하느니라" 하였다.

햇빛과 달빛이 아무리 밝아도 엎어진 화분이나 단지의 밑을 비출 수는 없다. 세상에는 불가능한 일도 있다는 이야기다. 기우(杞憂)의 고사(故事)처럼 근심하기로 말하면 잠시 반시도 이 세상은 마음 편히 살 수 있는 곳이 아니다. 비행기를 타고 수 만 피트 상공을 날고, 자동차를 타고 100Km 이상으로 고속도로를 질주하고, 케이블카에 매달려 고산을 오르고, 수십 층 빌딩을 엘리베이터로 오르내리고, 어느 것 하나라도 사고 위험이 없는 것이 없다.

사람들은 언제 어디서 불특정 다수를 노리는 정신병자의 횡액에 목숨을 잃을지 몰라 무섭고 사고가 연발하는 지하철 타기가 두렵다고 한다. 그러나 우리가 사는 세상이 아무리 험하고 예측할 수 없는 불행이 비일비재(非一非再)하지만 무작정 두려워 할 일만은 아니다. 처형장의 망나니 칼날이 아무리 예리한들 무죄한 사람의 목숨을 빼앗지는 못한다.

크고 작은 사고가 인명을 앗아가지만 대부분 알고 보면 천재(天災)가 아니라 인재(人災)다. 사전에 조금만 조심했으면 막았을 사고들이다. 근심하고 걱정하는 것만으로는 불행을 막아주지 못한다. 삼가고 조심하는 유비무환(有備無患)만이 가장 확실한 안신(安身)의 길이다.

* **한자학습** 복(覆)-뒤집히다, 전도되다, 망하다. 신(愼)-삼가다, 진실로, 이루다.
* **보충학습** 이 문장의 아닐(不)는 '~아니다'가 아닌 '~할 수 없다'는 의미로 쓰였다.

太公曰태공왈 良田萬頃양전만경이 不如薄藝隨身불여박예수신이니라.

태공이 말하기를 "좋은 밭이 일만 경이라도 자기 몸에 지닌 하찮은 재주만 같지 못하느니라" 하였다.

재산이 아무리 많아도 자기가 지닌 하찮은 재주 하나만 같지 못하다는 말이다. 재물은 스스로 재생산을 하지 못한다. 재물은 많아도 쓰기만 하면 언젠가는 다 없어지고 만다. 만경의 넓고 좋은 밭이 있다한들 농사지을 재주가 없으면 한 낱 땅에 불과하다. 씨를 뿌리고 김을 매고 가꿀 재주가 있어야 양곡을 거둘 수 있다. 만경의 양전도 남에게 팔리면 내 것이 아니고 재물은 한 순간에 도둑을 맞으면 남의 것이 되고 만다.

그러나 내 몸이 지닌 재주는 남이 빼앗을 수도 빚에 넘어갈 수도 도둑맞을 염려도 없다. 고로 선인들은 자식에게 황금을 물려주려 하지 말고 한 가지 재주를 물려주라고 했다. 즉 돈을 물려주려 하지 말고 돈 버는 재주를 물려주라는 말이다. 재물을 많이 물려받은 아들 가운데는 무위도식(無爲徒食)하며 인생을 허송하다가 재물이 다하면 무능한 가난뱅이가 되는 이들도 있다. 재주를 몸에 지닌 사람은 자기 스스로 살아갈 수 있는 능력을 갖춘 사람이다. 세상이 점점 치열한 능력 경쟁 사회가 되고 있다. 능력은 재주에서 나온다. 재주가 없는 사람은 무능한 사람이다. 경쟁에서 살아남으려면 남다른 재주가 있어야 한다.

이제는 한 직장에서 평생 고용개념이 점차 사라지고 있다. 직무의 형태도 급속히 변하고 있다. 사무 자동화가 빠르게 발전해 첨단화 하고 있다. 자기 개발을 통해 사무능력을 제고하고 경쟁력을 키우지 않으면 남에게 밀려난다. 재주를 고급화하고 활용도를 높이지 않으면 무능한 낙오자가 된다. 남다른 재주는 곧 경쟁력이다. 눈치 보며 남의 흉내나 내는 무재주로는 성공할 수 없다. 내일의 행복을 위해 부지런히 타고난 재주를 갈고 닦자.

● 한자학습 경(頃)-밭 넓이 단위, 기울다, 요사이, 근래. 예(藝)-심다, 기예, 궁극.

● 보충학습 문장 앞에 양보를 뜻하는 비록 수(雖)가 생략됐다.

性理書云성리서운 接物之要접물지요는 己所不欲기소불욕을 勿施於人물시어인하고 行有不得행유부득이어든 反求諸己반구저기니라.

성리서에 이르기를 "외물(남)을 대하는 요체는 자기가 하고 싶지 않은 것을 남에게 베풀지(시키지) 않는 것이요, 행하고도 얻지 못하거든 돌이켜 자기 자신에게서 (그 원인을) 찾아야 하느니라" 하였다.

사람은 누구나 자기를 중히 여긴다. 이는 탓할 일이 아니다. 그러나 내가 중하면 남도 중한데 이를 잊는 이가 많다. 내가 하기에 힘든 것 고역스러운 것은 남도 마찬가지다. 그런 일을 자기는 하기 싫어하면서 남이 해주기를 바라는 것은 이기주의다. 소위 3D 업종이라는 것이 있다. 위험하고 더럽고 힘든 일을 말한다. 우리나라에 청년 실업(失業)이 큰 사회문제가 되고 있지만 한 편에서는 3D 업종은 일할 사람이 없어 외국인 근로자를 대거 입국시켜 종사하게 하고 있다. 종소기업의 대부분 공장, 축산 농가, 어선에서 일하는 노동자들의 대다수는 외국인 근로자다. 작업 환경이 열악하거나 힘든 곳이면 한국인 청년 근로자를 찾아보기 어렵다.

이런 가운데 외국인 근로자들의 인권 침해 사례가 빈번해 한국의 이미지를 먹칠하는 경우가 적지 않게 발생하고 있다. 임금을 몇 달씩 주지 않거나 산업재해를 당해도 조치를 취해주지 않아 불구가 되거나 심하면 인간 이하의 학대를 가해 국제적인 소송을 빚기도 한다. 이는 내가 하기 힘든 일을 부득이 남에게 시키는 입장에서 취할 태도가 아니다. 개중에는 외국인 근로자들이 잘못한 경우도 많을 것이다.

그러나 그들은 약자(弱者)요 빈자(貧者)의 처지가 아닌가. 그들은 남이요 손님이다. 내가 인(仁)과 덕(德)으로 잘 하면 처음은 잘못하더라도 차차 감화(感化)함이 있을 것이다. 이것이 반구저기(反求諸己)요 장자지풍(壯者之風)이다.

● **한자학습** 시(施) - 베풀다, 퍼지다, 널리 전하여지다.

● **보충학습** 기(己)는 나를 인(人)은 타인을 나타낸다. 제(諸)는 겸사(兼詞)로 之 + 於 이다.

酒色財氣四堵墻주색재기사도장에 多少賢愚在內廂다소현우재내상이라. 若有世人跳得出약유세인도득출이면 便是神仙不死方편시신선불사방이니라.

술과 색(色)과 재물과 기운의 네 담장 행랑 방안에 얼마나 많은 어진 이와 어리석은 이가 갇혀 있는가. 만약 세상 사람이 여기서 뛰쳐나올 수 있다면 이것이 곧 신선의 죽지 않는 방법이리라.

주색(酒色)과 재물과 기운은 사람이 모두 좋아하는 것으로 한 번 빠지면 쉽게 벗어나지 못한다. 마치 사방으로 둘러싸인 담장 안의 행랑방에 갇혀 있는 것과 비슷하다. 문제는 현우(賢愚)의 차이가 크지 않다는 것이다. 천하의 시인 이백은 호주(好酒)로 이름이 나 시선(詩仙)이자 주선(酒仙)이라는 명예를 얻었으나 술 때문에 실수도 많았다.

당나라 현종은 즉위 초에 어진 임금으로 세인의 칭송을 들었으나 양귀비의 미색(美色)에 혹(惑)해 안록산의 난으로 나라가 기울어지는 지경에 이르렀다. 누가 감히 색(色)을 싫다 할 수 있으랴. 세종 같은 성군도 후궁의 수가 열 손가락 가까웠다. 오죽 했으면 대 원나라의 황제가 고려에서 잡혀간 공녀(貢女)를 황후에 봉했으랴. 재물은 인간이 사용하는 물건에 불과하나 사람의 욕심 때문에 도리어 재물이 인간을 지배하는 역리(逆理)를 낳는다. 처음에는 사람이 쓰기 위해 돈을 벌지만 돈은 쌓일수록 마성(魔性)이 생겨 나중에는 인간을 노예로 만들어 버린다. 기운이 강한 것은 좋은 일이다.

그러나 강한 기운을 절제하지 못하고 함부로 휘두르면 폭력배 불한당이 된다. 이것들을 과감히 떨쳐 벗어나는 것은 불로장생의 신선이 되는 비방을 얻음과 같이 어려운 일이다. 이 올무에 걸려 갇히지 않도록 삼가고 또 조심하자.

● 한자학습　도(堵)-담, 담장, 거처, 이것, 저것. 장(墻)-담장. 상(廂)-행랑, 몸체의 동서 벽.

● 보충학습　다소(多少)는 백화(白話)의 '얼마나'라는 뜻이다. 문어(文語)의 기(幾)와 같다.

십
프
펄

子曰자왈 立身有義입신유의하니 而孝爲本이효위본이요 喪祀有禮상사유례하니 而哀爲本이애위본이요 戰陣有列전진유열하니 而勇爲本이용위본이요.

공자께서 말씀하시기를 "몸을 세움에 의(義) 즉 도리가 있나니 효가 그 근본이요, 상사(喪事)에 예(禮)가 있나니 슬퍼함이 그 근본이요, 전쟁에서 진열(陳列)을 정비함에 있어서는 용맹이 그 근본이요,

    유가(儒家)에서는 입신의 근본이 효임을 강조하고 있다. 인간 사회의 질서가 가정의 질서에서 시작함을 뜻한다. 실제 군신(君臣)간의 도리도 군부(君父) 신자(臣子)의 관계로 정의하고 있다. 충효(忠孝)는 둘이 아니다. 나라에서 효를 숭상하고 효자를 상찬(賞讚)하며 효자를 포상(褒賞)하고 벼슬을 내린 까닭은 효자 집안에서 충신이 나온다고 생각했기 때문이다. 효자(孝子)가 장자(長者)에게 불손할 이 없고 효자가 나라에 불충할 이가 없다는 말이다. 그런 까닭에 효(孝)를 백행지원(百行之源)이라 한 것이다. 상사(喪事)를 치르는 데는 예법(禮法)이 있다. 예법을 잘 알아 준행하는 것은 훌륭한 일이다. 그러나 아무리 예법을 잘 알아 척척 상사를 치른다 한들 돌아가신 이에 대한 간절한 슬픔이 없다면 이는 속 빈 강정이다. 진심어린 애도(哀悼)가 근본이다. 공자님을 가리켜 혹자는 예법을 중시하는 형식주의자라고 한다.
    이는 공자님을 몰라도 너무 모르는 사람이다. 공자님은 실질을 중시했다. 너무 슬퍼서 예법을 제대로 감당하지 못함을 탓하지 않으시고 오히려 애도함이 상사의 근본이라고 말씀하신 것이다. 지금은 시대가 변해 볼 수가 없지만 출가한 딸이 부모상을 당하여 친가로 갈 때 머리의 비녀를 뽑고 풀어진 채로 달려갔다. 이는 슬픔이 커서 머리단장을 할 예모(禮貌)를 차릴 수 없다는 것이니 예(禮)보다 슬픔을 앞세운 뜻이다. 전쟁에서 전열을 가다듬는 근본이 무엇인가. 아무리 좋은 무기나 아무리 많은 군사가 있다한들 용맹함보다 더한 것은 없다.

● 한자학습   기(紀)-벼리, 작은 벼릿줄, 실마리를 잡다. 진(陣)-줄, 진영, 방비.
● 보충학습   문장이 길어 신문 연재 편의상 둘로 나누었음. 상사(喪祀)가 공자가어(孔子家語)에는 상기(喪紀)로 돼 있음.

治政有理치정유리하니 而農爲本이농위본이요 居國有道거국유도하니
而嗣爲本이사위본이요 生財有時생재유시하니 而力爲本이력위본이니라.

정사를 다스림에는 이치가 있으니 농사가 근본이요, 나라를 유지함에는 도가 있으니 후사(後嗣)가 근본이요, 재물을 생산함에는 때가 있으니 힘씀이 근본이니라.

농업이 산업의 중심이었던 당시는 정사(政事)의 이치가 농업을 근본으로 했다. 농자천하지대본(農者天下之大本)이다. 백성이 농사를 잘 지을 수 있도록 농번기에는 전쟁이나 부역을 피하고 풍년과 흉년에 여하히 대처해 백성을 잘 살게 하느냐가 치란(治亂)을 평가하는 기준이 됐다. 그 때는 농민의 마음을 얻는 것이 천하의 마음을 얻는 것이었다. 오늘날은 상공업의 발달로 농업의 비중이 약화되고 있다. 우리나라의 경우 선거에서 1970년대 이전은 농촌에서 득표하는 정당이 집권당이 됐다.

그러나 2005년 지금은 농촌인구가 전 인구의 20% 내외에 불과해 농촌은 더 이상 정치인들의 표밭이 아니다. 왕정이 세습되던 시대는 나라를 지키는 도리가 후사(後嗣)를 튼튼히 함에 있었다. 신라와 고려의 멸망 원인이 후사를 바로 하지 못함이며, 조선시대 계유정난(癸酉靖難)으로 단종(端宗)이 불행을 당한 것이나 을사사화(乙巳士禍)로 선비들이 화를 당한 이유도 후사 문제였다. 재물을 생산함에는 때가 있다.

농사의 경우 씨앗을 뿌려야 할 때가 따로 있고, 김을 맬 때가 따로 있다. 추수할 때를 놓치면 일년 농사가 수포로 돌아간다. 재물을 생산함은 산업을 일으킴이요, 나라와 백성의 부를 이룸이다. 정치가 무엇인가. 바로 경국제민(經國濟民)이다. 때를 따라 힘씀이 근본이다.

● **한자학습** 사(嗣) - 잇다, 상속자, 후임자.

● **보충학습** 본문의 유(有)는 모두 존재를 나타내는 술어로 뒤에 보어를 가진다. 위(爲)는 '~이다'로 쓰인 계사(繫辭)이다.

景行錄云경행록운 爲政之要위정지요는 曰公與淸왈공여청이요 成家之道성가지도는 曰儉與勤왈검여근이니라.

경행록에 이르기를 "위정(爲政)의 요점은 공평함과 청렴함이요, 집을 이루는 방법은 검소함과 부지런함이니라" 하였다.

위정(爲政)이란 공무를 담담해 처리함이다. 위정(爲政)을 맡은 관리가 명심해야 할 요점은 공평함과 청렴함이다. 정사가 사사로운 이익에 좌우되면 억울한 사람이 생기고 기강이 무너진다. 유능한 사람은 밀려나고 무능한 사람이 득세해 경쟁력이 약화된다. 소외된 능력자들의 불평불만이 높아져 사회가 불안하다. 불공정한 직장, 불공정한 사회, 불공정한 국가는 발전하지 못한다.

불공정한 조직의 구성원은 창의성을 발휘하기보다 윗사람의 눈치 보기에 급급하다. 성실히 일하지 않고 윗사람의 비위 맞추기에 힘쓴다. 윗사람이 보면 열심히 일하고 보지 않으면 일하지 않는다. 겉보기에는 흥성하나 결과를 보면 망한다. 청렴은 공부담당자가 반드시 가져야할 마음가짐이다.

공평하지 못한 대부분의 이유는 청렴하지 못한 까닭이다. 청렴한 관리는 당당하고 공평하다. 자고로 청백리(淸白吏)는 지위(地位) 고하(高下)에 관계없이 백성의 존경을 받았고 국가가 귀히 여겼다. 우리나라는 황희나 맹사성 같은 청백리(淸白吏)의 자랑스러운 역사를 가지고 있다. 그 많은 뇌물수수(賂物授受) 독직(瀆職) 사건으로 나라가 들썩거렸어도 이만큼 나라가 발전하고 뜬뜬히 서 가는 것은 빛도 없이 이름 없이 제 한구석을 밝히는 수많은 청백리가 성실히 일하기 때문이다. 큰 부자가 되고 안 되고는 단정할 수 없지만 가난한 이가 반드시 성가(成家)할 수 있는 비결이 있다. 이는 검소함과 부지런함이다. 사치와 낭비를 좋아하면서 성가하기를 바라는 것은 연목구어(緣木求魚)요 목불방광(木佛放光)이다. 평범하나 진리다.

● 한자학습 도(道)-길, 이치, 근원, 방법, 사상, 인의, 덕행, 말하다.

● 보충학습 본문에서 왈(曰)은 '~이다'라는 뜻의 계사(繫辭)이며 여(與)는 '와(과)'를 뜻하는 대등 병렬접속사이다.

讀書독서는 起家之本기가지본이요 循理순리는 保家之本보가지본이요 勤儉근검은 治家之本치가지본이요 和順화순은 齊家之本제가지본이니라.

독서는 집을 일으키는 근본이요, 이치를 따름은 집을 보존하는 근본이요, 부지런하고 검소함은 집을 다스리는 근본이요, 화목하고 순함은 집안을 가지런히 하는 근본이니라.

독서는 단순히 책을 읽는다는 의미가 아니다. 중국어에서 독서는 공부한다는 의미다. 공부를 열심히 해 성공하면 가난한 사람이 부자가 될 수 있고 고위 관리도 될 수 있다. 독서는 한 사람의 운명을 바꿔 놓기도 하고 한 가문의 흥망을 좌우하기도 한다. 지금 우리나라는 공부만 하면 무엇이고 될 수 있는 나라다. 그런 의미에서 독서는 한미한 가문을 일으키는 근본이다.

어려운 시대 혼란한 시대를 순탄하게 살아가는 현명한 방법은 순리적인 삶을 사는 것이다. 즉 무리수(無理數)를 두지 않는 것이다. 모험이나 오기(傲氣)로 분수에 넘치는 일을 하지 않는다. 재산을 늘려 큰 부자가 되려면 재리에 밝고 상재를 타고 나야 한다. 그러나 집안 살림을 잘 해 넉넉한 집이 되는 것은 누구나 근면하고 검소하면 가능하다. 반면에 아무리 부자 집이라도 근검하지 않으면 오래지 않아 가난을 면할 수 없다.

그러므로 치가(治家)의 근본은 근검이다. 집안이 잘 되려면 가족들이 화목하고 온순해야 한다. 한마디로 가화만사성(家和萬事成)이다. 집안이 화목하고 온순함은 저절로 되지 않는다. 가족이 서로 배려하고 희생할 때 가능하다. 사랑이 없으면 가족도 의무의 대상에 지나지 않는다. 사랑의 젖을 먹이며 눈물 뿌려 가슴으로 품어 기른 자식이 불효하는 경우가 없다고 한다. 진정한 화순(和順)은 사랑하는 마음에서 나온다.

※ **한자학습** 순(循)-좇다, 돌다, 빙빙돌다, 말하다. 제(齊)-가지런하다, 갖추다, 모두, 다.

※ **보충학습** 본문은 '주어+술어'의 여러 문장이 연결돼 있다. '명사+명사' 사이에 오는 '之'는 관형격을 나타낸다.

孔子三計圖云공자삼계도운 一生之計일생지계는 在於幼재어유하고 一年之計일년지계는 在於春재어춘하고 一日之計일일지계는 在於寅재어인이니 幼而不學유이불학이면 老無所知노무소지요 春若不耕춘약불경이면 秋無所望추무소망이요 寅若不起인약불기면 日無所辦일무소판이니라

공자 삼계도에 이르기를 "일생의 계획은 어릴 때에 있고, 일 년의 계획은 봄에 있고, 하루의 계획은 인시(寅時)에 있으니, 어려서 공부하지 않으면 늙어서 아는 것이 없고, 봄에 밭 갈지 않으면 가을에 바랄 것이 없고, 새벽에 일어나지 않으면 하루를 다스릴 수 없느니라" 하였다.

공자께서 말씀하신 삼계도(삼계도)는 사람이 살아가는 데 꼭 필요한 계획 세 가지를 말한다. 일생의 계획은 어려서 세워야 한다. 빠르면 빠를수록 좋다. 계획이 있어야 삶의 목표가 분명해 진다. 삶의 목표가 분명한 사람과 목표 없이 막연히 하루하루를 사는 사람과는 그 삶의 질과 성과가 다르다.

성공하는 사람은 목표가 확실한 사람이다. 공부를 열심히 하는 사람은 공부하는 목표가 확고한 사람이다. 공부하는 것이 비록 힘들더라도 자신이 세운 목표를 달성하기 위해 기꺼이 참고 극복한다. 목표가 없는 사람은 일시적으로 열심히 공부하다가도 힘들면 쉽게 주저 앉는다. 공부하지 않으면 늙어서 무지하게 된다. 봄에 씨 뿌려 농사하지 않으면 가을에 추수를 기대할 수 없다.

근래 '아침형 인간'이란 말이 유행했다. 새벽에 일어난 새가 모이를 먹는다는 서양 격언도 이와 같은 말이다. 아침에 일찍 일어나면 하루 일과를 점검하고 남보다 먼저 일에 착수할 수 있다. 시간이 곧 돈인 현대에 남보다 더 많은 시간을 일한다는 것은 곧 남과의 경쟁에서 앞서가는 것이다. 게으른 사람은 남이 일하는 시간에도 늦잠을 잔다. 아침의 황금 같은 시간에 잠을 자고 남과의 경쟁에서 이기려는 것은 허욕이다. 계획성 있는 생활로 하루의 시간 시간을 치열하게 사는 사람은 자기 인생의 경영에서 성공하는 사람이다.

※ **한자학습** 판(辦)-힘쓰다, 주관하다, 판별하다.

※ **보충학습** 인시(寅時)는 새벽 3시부터 5시까지로 새벽을 뜻한다.

性理書云성리서운 五敎之目오교지목은 父子有親부자유친이며 君臣有義군신유의이며 夫婦有別부부유별이며 長幼有序장유유서이며 朋友有信붕우유신이니라.

성리서에 이르기를 다섯 가지 조목의 가르침은 부자 사이에는 친함이 있는 것이며, 임금과 신하 사이에는 의리가 있는 것이며, 부부 사이에는 분별이 있는 것이며, 어른과 어린이 사이에는 순서가 있는 것이며, 붕우 사이에는 신의가 있는 것이니라.

아버지와 아들은 천륜(天倫) 간이다. 혈육(血肉)을 주고받은 지친(至親)이다. 천성적으로 아버지는 아들을 사랑하는 부성애(父性愛)를 가지고 있다. 자식의 마음에도 천연적으로 아버지를 향한 혈육의 끈끈한 정이 있다. 이것은 정도의 차이와 표현 방법의 차이는 있을지라도 모든 생명체가 다 가지고 있다. 하물며 만물의 영장인 사람은 더욱 지극하다. 친함이란 무엇인가? 바로 혈육(血肉) 사이의 사랑을 말한다. 만약 사랑이 없으면 아무리 부자 사이라 해도 남과 다를 것이 없다. 고로 부모는 어려서 자식을 키울 때 자식이 부모에게 사랑 받고 있음을 충분히 느끼며 자라도록 양육해야 한다.

부모의 지극한 사랑을 느끼며 자란 자녀는 저절로 부모를 사랑하게 된다. 군신유의를 현대적 의미로 해석한다면 직장 상사와 부하 간의 의리라고 말할 수 있다. 의리(義理)를 잃으면 사회의 상하 질서는 무의미하다. 의리는 상하 간 상호관계이며 일방적으로 강요할 수 없다. 부부 간의 분별은 현대와 같은 양성(兩性) 존중시대에는 의미가 달라져야 한다. 부인이 아이를 출산하는 일 말고는 부부가 동등하다. 즉 상호 배려와 분담(分擔)이어야 한다. 어른을 공경하고 젊은이가 공손히 함은 인간사회의 변함없는 도리다. 우정은 신의를 바탕으로 한다. 좋은 벗을 가진 자는 행복하다. 나는 다른 사람의 좋은 벗인가? 벗은 유유상종(類類相從)하는 법이다.

* **한자학습** 붕(朋)-벗, 친구, 떼, 무리를 이루다. 무리지어 다니는 붕이란 새의 뜻이 가차됨.
* **보충학습** 위의 글은 오륜(五倫)으로 유가(儒家)의 인간의 최고 가치 덕목(德目)이다.

三綱삼강은 君爲臣綱군위신강이요

父爲子綱부위자강이요 夫爲婦綱부위부강이니라.

삼강은 임금은 신하의 벼리가 됨이요 아버지는 자식의 벼리가 됨이요 남편은 아내의 벼리가 됨이니라.

임금은 신하를 총괄하는 근본이다. 민주주의 시대인 현대 사회에서 임금은 대통령과 같지 않다. 군신(君臣)의 의리(義理)가 존재하지 않는다. 그러나 국가를 경영하기 위해 법률이 정하는 바에 의해 업무 책임의 경중(輕重)에 따라 상하 질서가 없을 수 없다. 국가 전체를 책임져야 하는 대통령은 직무상 모든 공직자의 벼리가 된다. 아무리 민주사회라고 해서 대통령이 한 말을 총리가 뒤집고 총리가 한 말을 장관들이 무시한다면 국가의 기강이 서지 않는다. 내각(內閣)에 몸담고 있으면서 대통령의 벼리 됨을 무시하는 월권(越權)을 차기(次期) 대권(大權)을 노리는 정치적 방편(方便)으로 삼는 사람은 대통령 될 자격이 없다.

요즘 아버지는 있는 데 가장(家長)이 없다는 말을 자주 듣는다. 아버지가 실직(失職)하거나 명퇴(名退)해 어머니가 돈을 벌어 사는 집의 아버지는 아버지일 뿐 가장(家長) 노릇을 못한다는 말이다. 아버지가 자식의 벼리가 되지 못하니 가법(家法)이 물러지고 가도(家道)가 내려앉는다. 그럴수록 모든 식구들은 아버지의 위상을 세워주고 아버지는 벼리 됨을 포기해서는 안 된다. 가난하되 가법(家法)이 바로 선 집은 희망이 있지만 가도(家道)가 무너진 집은 부유해도 희망이 없다. 21세기에 남편과 아내는 누가 벼리 되는 상하(上下)의 관계가 아니다. 상호 존중 배려 협력 사랑의 관계다. 남자 위주(爲主)의 호적법이 폐지된 마당에 부위부강(夫爲婦綱)이 될 말인가?

● 한자학습   강(綱) – 벼리, 과녁줄, 대강, 줄, 근본, 도덕, 법칙, 규율, 총괄하다, 매다.

● 보충학습   삼강(三綱)은 유가(儒家)의 질서 윤리 규범의 근본(根本)을 말한다.

王蠋曰왕촉왈 忠臣충신은 不事二君불사이군이요
烈女열녀는 不更二夫불경이부니라.

왕촉이 말하기를 "충신은 두 임금을 섬기지 않고 열녀는 두 남편을 바꾸지 아니하느니라" 하였다.

충신이 두 임금을 섬기지 않는다는 것은 왕조시대 신하가 지켜야 할 최고의 덕행(德行)이며 임금의 입장에서는 군국(君國)을 지키기 위한 절실한 요구였다. 그런 의미에서 유가(儒家)는 왕권 수호의 통치 질서를 확립·유지하는 데 크게 기여하였다. 물론 유가사상은 충(忠)만을 강조한 것이 아니다. 성군(聖君)의 왕도정치(王道政治)를 위한 인의(仁義)의 정치를 끊임없이 주장하였다. 두 임금을 섬기지 않는다는 것만을 과연 충이라고 할 수 있을까? 광해군 때 영의정이었던 박승중은 광해군의 인목대비 폐모론을 극력 반대하고 나름대로 충간(忠諫)을 한 인물이다. 그는 인조반정이 나자 아들과 함께 자결하였는데 세인(世人)들은 그의 죽음에 대해 광해군을 위한 쓸데없는 불사이군(不事二君)이라고 비웃는 이가 많았다.

진정한 충(忠)은 애국(愛國)이다. 신라 박제상의 충절은 일본 땅에서 순국의 피를 흘렸고, 정몽주의 단심가(丹心歌)는 충(忠)이 무엇인가를 만고(萬古)에 지워지지 않는 소리로 전하고 있다. 임진왜란과 한말 의병(義兵)의 항쟁은 충(忠)이 먹물로 배워서 하는 것만이 아님을 역사에 불멸의 함성으로 외치고 있다. 일제 강점기 그 많은 순국열사의 애국심으로 오늘날 우리나라가 세계에 우뚝 선 것이다. 이혼율이 세계에 5위로 높은 나라가 된 오늘 열녀(烈女) 타령이 무슨 잠꼬대인가?

남성(男性) 위주의 가부장(家父長) 시대의 지난 이야기일 뿐이다. 남녀의 신의(信義)와 성실(誠實)한 책임(責任)이 중요시 될 뿐이다. 사랑의 순수성(純粹性)을 귀하게 생각하는 여인이 진정한 열녀(烈女)가 아닐까?

● **한자학습** 촉(蠋)-나비 애벌레. 경(更)-고치다(경), 다시(갱), 바꾸다, 새로워지다.

● **보충학습** 王蠋(왕촉)은 중국 전국시대(戰國時代) 제(齊)나라의 충신으로 제(齊)나라가 연(燕)나라에 패망할 때 자결하여 순국(殉國)한 인물이다.

忠子曰충자왈 治官치관에는 莫若平막약평이요
臨財임재에는 莫若廉막약렴이니라.

충자가 말하기를 "관청 일을 다스림에는 공평함과 같은 것이 없고, 재물에 임하여는 청렴함과 같은 것이 없느니라" 하였다.

치관(治官)은 '관청 일을 처리하다, 관리 노릇을 하다, 벼슬을 다스리다'는 의미이다. 관청(官廳)이 일을 처리함에 공평(公平)하면 백성이 무사(無事)하게 된다. 백성이 무사(無事)하면 나라가 태평하다. 고을을 맡은 관리가 공평하면 고을이 태평하고 조정(朝廷) 일을 맡은 관리가 공평하면 나라가 태평하다. 고을고을이 태평하면 나라가 역시 태평하다. 한 작은 고을이 공평하지 못하면 고을 백성의 원성(怨聲)이 점차 나라 안에 퍼져 나라 전체가 태평을 잃게 된다.

임오군란(壬午軍亂)의 화근(禍根)은 군인들 녹봉(祿俸) 쌀 배급의 불공평이며 이괄(李适)의 난은 반정(反正) 공신들 공신책봉의 불공평이 도화선(導火線)이었다. 영조대왕이 당쟁(黨爭)의 고질(痼疾)을 다스리고자 성균관(成均館) 입구 반교(泮橋) 옆에 탕평비(蕩平碑)를 세웠다. 비문(碑文)을 보면 "周而不比君子之公心(주이불비군자지공심) 比而不周小人之私意(비이불주소인지사의)"라 하였다. 주(周)는 두루 공평하여 원만함이요, 비(比)는 편벽되고 공평하지 못한 사사로움이다. 공평하여 편벽되지 않음은 군자의 공정한 마음이고, 편벽되어 치우쳐 공평하지 못함은 소인의 사사로운 뜻이라는 의미이니 당쟁이 공평함을 잃은 사사로움 때문임을 경계하고 있다.

공직자는 공무집행에서 오는 재물의 유혹을 여하(如何)히 물리쳐 극복하느냐가 공직 성패의 전부라 해도 과언(過言)이 아니다. 최영 장군의 "황금 보기를 돌같이 하라"는 청백리(淸白吏)의 귀감(龜鑑)이다.

● 한자학습   렴(廉) – 청렴하다, 검소하다, 곧다.
● 보충학습   '莫'은 금지사이다. '莫若'은 '~과 같음이 없다'로 최상급 비교문이다.

張思叔座右銘曰 장사숙좌우명왈 凡語범어 必忠信필충신하며 凡行범행을 必篤敬필독경하며 飮食음식을 必愼節필신절하며 字畫자획을 必楷正필해정하며

장사숙의 좌우명에 말하기를 "무릇 말은 반드시 진실하고 믿음성이 있어야 하며 무릇 행실은 반드시 독실하고 경건해야 하며 음식은 반드시 삼가고 절제해야 하며 글씨 쓸 때는 자획을 법에 맞게 바르게 써야 하며

    선현(先賢)께서는 일일삼성오신(一日三省吾身)을 말했다. 하루에 세 가지를 반성한다 했으니 "남을 위해 무슨 일을 도모함에 최선을 다했는가? 벗과 사귐에 신의를 지켰는가? 스승에게 배운 바를 익혀 체득(體得)함이 모자라지 않았는가?"이다.
    본문은 장사숙이 이를 더 구체적인 절목(節目)을 제시해 좌우명으로 삼은 것이다. 첫째 언어는 반드시 충신(忠信)할 것을 말했다. 충(忠)은 무엇인가? 진기지위충(盡己之謂忠)이라 했으니 자기 최선(最善)을 다함이다. 한자의 구조를 보면 마음 심(心)과 가운데 중(中)이 합한 회의자(會意字)다. 언제나 중도(中道)를 지켜 마음을 항상 꼭 올바른 데에 두는 것이 충이다. 거짓이 없고 진실함을 이른다. 신(信)의 한자(漢字) 구조는 사람 인(人)과 말씀 언(言)이 합한 형성자(形聲字)다. 사람의 말을 들어보면 그 사람됨의 믿음성을 알 수 있다는 뜻이다. 음식을 먹고 마심에도 삼가고 절제(節制)함이 있어야 한다. 심정필정(心正筆正)이라 했다. 해정(楷正)한 글씨란 또박또박 정자로 정성껏 쓴 글씨를 말한다. 볼펜으로 휘갈겨 쓴 글씨는 성실하지 못한 인상을 준다. 삼갈 일이다.

● **한자학습**   독(篤)-도탑다, 굳다, 인정이 많다, 신실하다, 오로지, 말이 천천히 걷다. 해(楷)-공자 묘에 자공이 손수 심었다는 나무 이름, 본, 본보기, 법식, 모범, 본받다.

● **보충학습**   범(凡)은 발어사(發語詞)로 별 의미가 없다. 장사숙(張思叔)은 북송(北宋)의 성리학자(性理學者)로 이름은 역(繹) 사숙은 자(字)이다. 좌우명(座右銘)은 자신을 경계하는 격언.

容貌용모를 必端莊필단장하며 衣冠의관을 必肅整필숙정하며

步履보리를 必安詳필안상하며 居處거처를 必正靜필정정하며

용모를 반드시 단정하고 엄숙히 하며, 의관을 반드시 엄숙히 하고 바르게 하며, 걸음걸이를 반드시 편안하고 얌전히 하며, 거처를 반드시 바르고 고요히 하며

장사숙 좌우명의 계속이다. 용모는 반드시 단정하고 엄숙히 하라 하였다. 한동안 젊은이들 사이에 머리 염색이 유행하였다. 노랑 머리, 파랑 머리, 갈색 머리는 물론 무지개처럼 알록달록 여러 가지 색을 염색한 머리도 있고 하얀 색으로 염색하여 백발노인같이 하고 다니는 사람도 있다. 이유인즉 그것이 개성(個性)이란다. 근래에는 남자 대학생이 여학생처럼 귀고리를 하고 다니는 모습도 흔히 볼 수 있다. 심한 사람은 화장까지 한다.

의복은 어떤가? 속옷을 밖으로 내놓고 다니는 여학생도 있고 다 떨어진 청바지 차림에 무릎이나 허벅지가 맨살로 들어나는 옷을 입고도 대로를 활보하는 세상이다. TV 드라마에서 남자가 여자에게 뺨 맞는 것은 낯 선 풍경이 아니다. 요즘 젊은이 가운데는 요란한 음악이 있어야 오히려 공부가 잘 된다는 이도 있다.

세상이 변해도 너무 많이 변했다. 그럼에도 불구하고 이 좌우명은 여전히 우리 삶을 단속하는 가르침이다. 용모를 단정히 하고 처신을 바르게 하는 사람이 귀한 대접을 받는다. 거처를 정숙히 하고 생각과 마음을 깊게 가지는 사람이 큰 일을 한다. 혹자는 형식은 그리 대단한 것이 아니라고 한다. 그러나 형식 없는 내용은 없다. 형식을 바로 갖추어야 담기는 내용도 바로 갖추게 되는 것이다. 둥근 그릇에 담긴 물은 둥글고 모난 그릇에 담긴 물은 모가 나는 법이다. 경박(輕薄)함을 버리고 형식을 단정히 하자.

● **한자학습** 장(莊)-엄숙하다, 꾸미다, 별장, 한 길 길이, 가게, 풀이 성한 모양. 리(履)-신, 신다, 밟다. 상(詳)-자세하다, 자세히 알다, 자세히 밝히다, 두루 갖추어짐.

● **보충학습** 의관(衣冠)은 대등(對等)한 글자를 조합(組合)한 병렬(竝列) 복합어(複合語)이다.

作事작사를 必謀始필모시하며 出言출언을 必顧行필고행하며
常德상덕을 必固持필고지하며 然諾연락을 必重應필중응하며

일을 함에 있어서는 반드시 처음을 잘 생각해야 하며, 말을 함에 있어서는 반드시 실행할 것을 돌아볼 것이며, 떳떳한 덕을 반드시 굳게 지킬 것이며, 승낙하는 것을 반드시 신중히 응할 것이며

무슨 일이고 일은 그 처음이 중요하다. 이 일은 할 만한 가치가 있는 일인가? 추진하다 어떤 어려움이 있더라도 감수(甘受)할 만한 일인가? 꼼꼼히 챙겨 보고 성공의 확신을 얻고 나서 시작해야 한다. 그렇게 해도 일이란 하다보면 전혀 예기치 않은 난관이 생겨 어려움을 겪을 수 있다. 시작을 헤아리는 것은 신중하면 신중할수록 좋다. 누구나 말하기는 쉽다.

어떤 말을 할 때는 반드시 자기가 한 말에 책임을 질 수 있는가를 생각해야 한다. 인자필유언(仁者必有言)이나 능언자불필유인(能言者不必有仁)이라 했다. 어진 사람은 반드시 들을 말이 있으나 말을 잘 하는 사람이라고 해서 반드시 어짐이 있는 것은 아니라는 말이다. 언제나 변함이 없는 떳떳한 덕(德)을 굳게 지킴은 사람의 도리를 잃어버리지 않는 것이다. 사람이 대인관계에서 '예와 아니오'처럼 중요한 것은 없다. 체면치레로 할 수 없는 일인데도 거절하지 못하고 '예'라 한 뒤에 약속을 지키지 못함은 너그러움도 인정도 아니다. 신의(信義) 없음일 뿐이다. 도저히 할 수 없는 일이면 당장은 거절하는 것이 미안하고 불편할지라도 단호히 '아니오'라 해야 한다.

작은 서운함 때문에 신뢰(信賴)까지 잃을 수는 없기 때문이다. 신중(愼重)히 대답에 응하는 것은 성실(誠實)한 삶의 첫걸음이다.

● **한자학습** 고(顧)-돌아보다, 사방을 둘러보다, 마음에 새기다, 생각하다, 찾다, 방문하다.
● **보충학습** 좌우명은 자리 오른쪽 벽에 써 놓고 항상 자신을 경계하는 글이다.

見善如己出견선여기출하며 見惡如己病견악여기병하라.

凡此十四者범차십사자는 皆我未深省개아미심성이라.

書此當座隅서차당좌우하여 朝夕視爲警조석시위경하노라.

남의 선을 보거든 마치 나에게서 나온 것 같이 생각하고 남의 악을 보거든 나의 병처럼 생각하라. 무릇 이 열네 가지는 모두 내가 깊이 살피지 못한 것이라 이것을 마땅히 자리의 한구석에 써 두고 아침저녁으로 보고 경계하노라.

남의 착함 남의 훌륭함을 보거든 마치 내 일처럼 여기라는 말이다. 남의 칭찬을 잘 하는 사람은 너그러운 사람이다. 남의 흉을 잘 보는 사람은 인색하거나 교만한 사람이다. 남의 잘못을 보거든 마치 내가 가진 병처럼 여기라는 말은 남의 잘못을 보고 내 단점 나의 허물을 속히 고치라는 뜻이다. 병을 가진 사람이 병을 고치는 것을 주저한다거나 병 고치는 일에 게으른 사람은 없다. 아무리 돈에 인색한 사람도 자기 병을 고치는 데 드는 돈은 아까운 줄 모른다. 아무리 게으른 사람도 자기에게 병이 든 것을 알고 치료에 게으름을 피우는 사람은 없다. 남의 악함을 보고 자신을 돌아보아 혹 자신에게도 그와 같은 악함이 있거든 즉시 고쳐 주저하지 말 것이다.

군자는 허물을 깨달으면 즉시 고치는 사람이다. 이를 성현께서는 군자과즉물탄개(君子過則勿憚改)라 하셨다. 장사숙은 앞에 제시한 열네 가지가 자신이 아직 깊이 돌아보지 못한 것이라 하여 자리의 한 구석에 써 두고 경계로 삼는다고 하였다. 이는 고금을 물론하고 누구나 경계로 삼아야 할 덕목들이다. 그러나 시대와 상황이 달라져 문자에 나타난 그대로 실천하기 어려운 것들이 많다. 다만 이와 같은 좌우명을 마음에 새기며 인생을 진지하고 치열한 태도로 사는 것 그 자체가 중요하다 할 것이다.

※ **한자학습** 우(隅)-모퉁이, 구석, 벼랑, 언덕. 경(警)-경계하다, 타이르다, 놀라다.

※ **보충학습** 성(省)은 돌아보다(성) 줄이다(생) 두 가지 음과 뜻이 있다.

范益謙座右銘曰 범익겸좌우명왈 一不言朝廷利害邊報差除 일불언조정이해변보차제요 二不言州縣官員長短得失 이불언주현관원장단득실이요 三不言衆人所作過惡之事 삼불언중인소작과악지사요

범익겸의 좌우명에 말하기를 "일은 조정의 이해와 변방의 기별과 관리 임명을 말하지 말 것이요 둘은 주현의 관원의 장단점과 득실을 말하지 말 것이요 삼은 여러 사람이 저지른 과오와 나쁜 일을 말하지 말 것이요

첫째 조정의 이해득실(利害得失)을 말하지 말라는 것은 자기의 소관(所管) 일도 아니며 자기가 어찌 할 수 있는 능력 밖의 일인데 공연히 이러쿵저러쿵 시비하는 것은 옳지 않다는 말이다. 변방의 기별이나 관리 임명 사실에 관심을 가지는 것은 실상은 누가 어떤 벼슬에 제수되었는가에 대한 관심인 동시에 자기의 벼슬에 대한 욕망을 의미하는 것이다. 자칫 잘못하면 조정의 인사에 불평불만을 품게 되고 불공 불충한 언사를 표출하여 화를 당할 수도 있기 때문이다.

둘째로 주현의 관원의 장단점과 득실을 말하지 말라는 것은 책임 있는 감사나 감독권도 없는 사람이 정확하지도 못한 평판을 늘어놓아 혹 주현의 관원이 인사상 불이익을 당한다면 이보다 더한 낭패가 없는 일인 까닭이다. 어떤 사람이 매우 무능하다고 소문이 났으나 막상 함께 일을 해 보니 오히려 꼼꼼하고 치밀하여 한 치의 오차도 없이 정확하게 일을 마무리하는 사람임을 알게 되었다. 성미 급한 사람들이 그의 업무 방법에 다소 시간이 걸림을 탓하여 잘못 평한 것이다. 남을 평가하는 것은 참으로 어려운 일이다.

셋째로 여러 사람이 한 과오를 말하지 말라고 하였다. 여러 사람의 뜻을 모아 행한 일은 많은 사람의 토론과 논의를 통해 깊이 검토하고 나서 하였을 것이니 함부로 그 잘잘못을 말하지 말라는 것이다.

● **한자학습** 차(差)-어긋나다, 실수, 틀림, 차이, 뽑아내다. 제(除)-섬돌, 길, 벼슬을 주다.

● **보충학습** 소(所)는 뒤에 오는 동사의 수식을 받아 명사구를 만든다. 범익겸은 남송(南宋)의 학자 범충이다.

四不言仕進官職趨時附勢사불언사진관직추시부세요　五不言財利多少厭貧求富오불언재리다소염빈구부요　六不言淫媟戲漫評論女色육불언음설희만평론여색이요　七不言求覓人物干索酒食이니라.

넷째 벼슬해 관직에 나가는 것과 시세를 따라 권세에 아부하는 것을 말하지 말 것이요, 다섯째 재리의 많고 적음과 가난을 싫어하고 부(富)를 구하는 것을 말하지 말 것이요, 여섯째 음란하고 거만하고 희롱하며 함부로 함과 여색을 논하지 말 것이요, 일곱째 남에게 물건을 요구하거나 술과 음식을 토색함을 말하지 말 것이요

선현들은 군자가 벼슬의 승차에 연연하는 것을 덕스럽지 못하게 생각했다. 군자가 수기치인(修己治人)하려면 당연히 학문해 과거를 통해 관직에 나가야 한다. 관직에 나가야 치인(治人)이 가능하고 신민(新民)이나 평천하(平天下)가 이뤄진다.

그러나 환로(宦路)에 나가 어진 임금을 만나지 못해 뜻을 펼 수 없으면 결연히 벼슬을 버리고 물러나 올곧은 덕성(德性)을 지킴을 군자의 본분으로 여겼다. 시세를 따라 권력에 아부하는 것은 선비가 혐오하는 것이다. 그러나 이것이 얼마나 어려운 일인가?

공자(孔子) 같은 성인(聖人)이 천하를 철환(轍環)하며 제후들에게 천하를 다스리는 어진 정치를 유세(遊說)함을 보고도 악평하는 자들은 권력을 구하려 다니는 모습이 상가(喪家)의 개라고 모함했다. 재리의 많고 적음과 가난을 싫어하고 돈 버는 일을 말함을 천하다고 여긴 것이 과거 유가적 가치관이다. 그러나 지금은 시대가 변했다. 정당한 방법으로 부자가 되는 것은 좋은 일이다. 음담패설을 하지 말고 여색(女色)을 논하지 말라는 것은 품위 있고 높은 인격을 가질 것을 강조한 것이다.

남에게 물건을 요구하고 술과 음식을 억지로 구하지 말라는 것은 염치(廉恥)와 예의(禮儀)를 차리라는 말이다.

* **한자학습**　설(媟)-깔보다, 친압하다, 문란해지다. 간(干)-방패, 범하다, 막다, 방어하다.

* **보충학습**　이 문장에서 부(不)는 '~하지 말라'는 의미의 금지사로 쓰였다.

又人附書信우인부서신을 不可開坼沈滯불가개탁침체요

與並人坐여인병좌에 不可窺人私書불가규인사서요

凡入人家범입인가에 不可看人文字불가간인문자요

또 남이 편지를 전해 달라 부탁하거든 뜯어보거나 묵혀두지 말 것이요, 남과 더불어 나란히 앉아 있을 때에 남의 개인적인 글을 엿보지 말 것이요, 무릇 남의 집에 들어가 남의 글을 보지 말 것이요

    남의 편지를 전해달라는 부탁을 받고 남의 편지를 뜯어보는 것은 신의(信義)를 저버린 일이다. 도덕적으로 온당하지 못한 일일 뿐만 아니라 법률적으로 남의 사생활 침해 행위가 되어 처벌 받는다. 부탁한 편지를 묵혀두고 지체하는 것은 몹시 불성실한 행위이다. "잊었다, 실수다, 게으름 때문이다."라고 간단히 변명할 수 있는 것이 아니다. 만약 그 편지에 시각(時刻)을 다투는 내용이 있었다면 부탁한 사람에게 큰 손해를 입힐 수도 있기 때문이다. 사람은 누구나 자기의 사생활을 보호받고 싶어 하고 남에게 노출되는 것을 바라지 않는다. 그런 의미에서 남의 사적인 글을 엿보는 것은 옳지 않다.

    공자께서는 기소불욕물시어인(己所不欲勿施於人)하라 하셨다. 즉 내가 하고 싶지 않은 것을 남에게 하지 말라는 의미다. 무릇 남의 집에 가서 다른 사람이 쓴 글을 주인의 허락 없이 보지 말라는 것은 문학의 독창성과 저작권 보호와 관련 깊은 말이다. 문자(文字)란 단순히 글자란 뜻이 아니다. 글 또는 문학 작품을 의미한다. 글은 작자가 발표하기 전에는 미완성 작품이다. 미완성 작품은 감상이나 비평의 대상이 될 수 없다.

    혹자는 다른 사람의 미발표 작품을 보고 자기 것으로 표절하는 이도 있으니 창작 작품의 저작권 보호 차원에서 남이 쓴 미발표 원고를 주인 몰래 보는 것은 삼가야한다. 더구나 남의 집에 가서 주인의 허락 없이 이것저것 들추어 보는 것은 교양 있는 사람이 할 일이 아니다.

● **한자학습**   탁(坼)-터지다, 갈라지다, 열다, 터진금. 체(滯)-막히다, 빠지다, 골똘하다.

● **보충학습**   사람 인(人)이 문장 중간에 오면 대부분 타인(他人)이란 뜻이다.

凡借人物범차인물에 不可損壞不還불가손괴불환이요

凡喫飮食범끽음식에 不可揀擇去取불가간택거취요

與人同處여인동처에 不可自擇便利불가자택편리요

무릇 남에게 물건을 빌리고 망가뜨리거나 돌려주지 않지 말며, 무릇 음식을 마시고 먹음에 골라서 버리거나 취하지 말며, 다른 사람과 더불어 같은 곳에 함께 있으면서 스스로 자기에게 편리한 것을 취하지 말며

남의 물건을 빌렸으면 반드시 약속된 기일에 반환(返還)해야 하고 빌린 물건이 망가지지 않도록 주의해야 한다. 이는 인간관계의 신용(信用)에 관한 경계이다. 아무리 마음이 착하고 일을 잘 해도 신용이 없으면 사람이 더불어 사는 인간 사회에서 성공할 수 없다. 누구도 그런 사람과는 함께 일하려 하지 않는다. 남의 물건을 소중히 여기지 않고 함부로 다뤄 망가뜨리는 사람에게 무슨 중요한 일을 맡길 수가 있겠는가?

자기 입맛만 생각해 음식을 가려먹는 사람은 남을 배려할 줄 모르는 사람이다. 건강에 좋은 음식을 가려먹는 것을 말하는 것이 아니라 맛 좋은 음식만 찾아 남이 먹기 전에 골라 먹는 것을 말함이다. 음식의 좋고 나쁨을 따지는 사람과 도(道)를 함께 논할 수 없다는 공자님의 말씀은 사람이 보다 차원 높은 가치에 인생의 목표를 둬야 한다는 뜻이다.

다른 사람과 더불어 한 자리에 있으면서 자기 편리한 것만 골라 택하는 것은 이기적인 행동으로 남의 지탄을 받고 미움을 사게 된다. 이런 사람은 아무리 똑똑하고 유능해도 공동체 사회에서 배척을 받아 외톨이가 된다. 고장난명(孤掌難鳴)이다. 성공하지 못함은 물론 소위 왕따 아웃사이더 국외자(局外者)가 될 뿐이다.

✽ 한자학습   손(損)-덜다, 줄이다, 감소하다, 손해를 입히다. 괴(壞)-무너지다, 무너뜨리다. 끽(喫)-마시다, 먹다, 피우다. 간(揀)-가리다, 가려 뽑다, 분별하다.

✽ 보충학습   간택(揀擇)은 '가려 뽑다'는 의미나 명사(名詞)로 왕비(王妃)나 세자빈(世子嬪)을 고르는 일을 말한다.

武王무왕이 問太公曰문태공왈 人居世上인거세상에 何得貴賤貧富하득귀천빈부 不等부등고 願聞說之원문설지하여 欲知是矣욕지시의로이다. 太公曰태공왈 富貴부귀는 如聖人之德여성인지덕하여 皆由天命개유천명이어니와

무왕이 태공에게 물어 말하기를 "사람이 세상에 살아감에 어찌 귀천과 빈부가 같지 않습니까? 원하건데 말씀을 들어서 알고자 합니다. 태공이 말하기를 부귀는 마치 성인의 덕과 같아 모두 천명으로 말미암거니와

인간은 이 세상에 태어날 때 모두 적자(赤子) 맨손으로 태어난다. 그러나 사노라면 빈부와 귀천이 달라져 인생 행로가 각각 다르다. 그 까닭이 무엇인가? 무왕은 태공에게 질문하였다. 아마도 이 의문은 고금의 인생이 품고 있는 불가사의(不可思議) 중 하나일 것이다. 태공은 대답하였다. 부귀는 성인(聖人)의 덕(德)과 같아 하늘로부터 타고나는 것이다.
성인(聖人)은 생이지지(生而知之)니 나면서 저절로 성인(聖人)이다. 타고 난 부귀는 하늘의 뜻이지 사람이 어찌 할 수 있는 것이 아니라는 천명(天命) 사상이다. 같은 가난한 집에 태어나 어려서 나무하고 고기 잡던 소년들 가운데 누구는 하루아침에 철종(哲宗)같이 임금이 되고 누구는 평생 동안 섬마을 어부(漁夫)나 초부(樵夫)로 살아야 하는가? 같은 고려(高麗)의 여인으로 함께 원(元)나라에 공녀(貢女)로 잡혀가 누구는 기황후(奇皇后)처럼 원나라의 황후가 되고 누구는 일평생 타국에서 불쌍한 공녀(貢女)로 늙어 죽어야 하는가? 오직 하늘만이 아시는 일이다.
사람의 만남도 마찬가지다. 수 억의 인생이 태어났다 죽어가는 넓고 넓은 지구에서 억겁(億劫)의 시간 가운데 어쩌다 만나 특별한 인연(因緣)이 되는 것이 어찌 사람의 마음대로이랴? 모두 천명(天命)이다. 가장 소중한 사람은 지금 바로 가장 가까이 있는 사람이다. 가장 소중한 인연은 지금 날 사랑하는 사람과의 인연이다. 인연(因緣)은 아름답게 소중히 가꾸며 사는 것이다. 인연을 쉽게 허무는 사람은 천명(天命)을 잃고 후회한다.

● 한자학습   '由'는 '~ 때문에 ~원인으로'로 해석하고 원인 이유를 나타낸다.

※ **보충학습** 무왕(武王)은 주(周)나라 문왕(文王)의 아들로 은(殷)나라 폭군 주왕(紂王)을 쳐서 멸하고 주(周) 왕조의 천자(天子)가 되었다.

富者부자는 用之有節용지유절하고 不富者불부자는 家有十盜가유십도니라. 武王曰무왕왈 何謂十盜하위십도닛고 太公曰태공왈 時熟不收爲一盜시숙불수위일도요 收積不了爲二盜수적불료위이도요

부자는 쓰는 것에 절제함이 있고 부자가 아닌 사람은 집에 열 도둑이 있느니라. 무왕이 말하기를 무엇을 열 도둑이라 합니까? 태공이 말하기를 곡식이 익었는데도 때맞춰 수확하지 않음이 한 도둑이요, 수확하고도 쌓는 일을 마치지 않는 것이 두 가지 도둑이요

    태어나면서부터 부자인 사람이 아닌 노력해 부자가 된 사람은 절약해 치산(治産)한 사람이다. 사고 싶은 것 다 사고, 먹고 싶은 것 다 먹고, 즐기고 싶은 것 다 즐기고 부자가 될 수는 없다. 굳은 땅에 물이 고인다는 말처럼 돈을 쓰는데 절도가 있어 가능하면 아끼고 절약하는 가운데 적은 돈이 모여 결국에 큰 돈이 되는 것이다. 눈사람을 만들어 본 사람은 잘 알 것이다. 아무리 큰 눈덩어리도 처음은 주먹만한 눈덩이로 부터 굴리기 시작해야 한다. 작은 돈을 아낄 줄 모르는 사람은 큰 돈을 만들지 못한다.
    부자의 공통된 특징은 몸에 밴 절약이다. 태공은 말하기를 부자가 되지 못한 사람의 집에는 열 가지 도둑이 있다고 했다. 부자가 되지 못하는 단점 또는 저해 요인을 말한다. 첫째는 농사를 짓는 사람이 곡식이 익었는데도 때를 맞춰 거둬들이지 않음이요, 둘째는 거두고 저장하는 일을 마치지 않는 사람이라 했다. 한 마디로 게으른 사람이다. 때를 놓치면 끝이다. 공부도 마찬가지다. 시험 때 열심히 공부하지 않다가 시험을 망치고 후회해야 소용없다. 더 어리석은 사람은 시험을 망쳐도 후회만 하고 다시 분발해 열심히 공부하지 않는 사람이다. 때는 언제나 있는 것이 아니다. 젊어서 그 때를 놓치면 영원히 돌이킬 수 없는 것도 있다. 아직 기회와 때가 있거든 행복한 줄 알고 열심히 할 일이다.

※ **한자학습** 숙(熟)-익다, 이루다, 익숙하다, 상세히 생각하다. 적(積)-쌓다, 저축하다.

※ **보충학습** '何謂'에서 '何'는 '무엇을'이란 목적어로 의문사(疑問詞)가 목적어일 때는 술목구조(述目構造)에서 도치(倒置)된다.

無事煙燈寢睡무사연등침수가 爲三盜위삼도요 慵懶不耕용라불경이 爲四盜위사도요 不施功力불시공력이 爲五盜위오도요 專行巧害전행교해가 爲六盜위육도요

하는 일 없이 등불을 켜놓고 자는 것이 셋째 도둑이요, 게을러 농사짓지 않는 것이 넷째 도둑이요, 공력을 들이지 않음(정성을 다해 노력하지 않음)이 다섯째 도둑이요, 오로지 교활하고 해치는 일을 하는 것이 여섯째 도둑이요,

하는 일 없이 등불을 켜 놓고 잠자는 사람은 게으른 사람이거나 재물을 아낄 줄 모르는 사람이다. 게으른 사람은 집안을 가난하게 하는 도둑이다. 일하기 싫어 게으름을 피우는 사람은 부자가 될 수 없다. 생산을 해야 재물이 늘어나는 데 생산을 위한 일은 하기 싫어 게으르니 재물은 늘어날 이 없고 있는 재물을 곶감 꼬지에서 곶감 빼먹듯 빼먹기만 하면 결국은 머지않아 바닥이 날 수밖에 없다.

게으름은 가난으로 가는 지름길이다. 등불의 기름이 아까운 줄 모르는 사람은 재물을 아낄 줄 모르는 부실(不實)한 사람이다. 설령 남의 집 등불이라도 타는 기름은 돈이다. 재물을 아끼는데 내 것과 남의 것의 구별이란 있을 수 없다. 만약 남의 재물은 마구 쓰고 내 재물만 아낀다면 도둑의 마음을 가진 사람이다. 아무리 재벌(財閥)이라도 사치와 낭비가 심하면 가난해지는 것은 시간문제다. 돈이란 쓰는 데 재미 들린 사람과 아끼는데 재미 들린 사람이 있다. 쓰기에 재미 들린 사람에겐 돈이 아무리 많아도 항상 모자란 법이다.

게을러 인생을 적당히 대충대충 살면서 성공하지 못함을 분해 하는 것은 허욕(虛慾)이요 망상(妄想)이다. 사랑도 공부도 사업도 할 때는 진실하고 최선을 다 해야 한다.

※ **한자학습** 수(睡)-자다, 잠, 꽃이 오무라지는 모양. 용(慵)-게으르다, 게으름을 피우다. 라(懶)-게으르다, 나른하다, 의욕이 없다, 미워하다. 공(功)-공, 공로, 일, 공치사하다, 직무.

※ **보충학습** 본문에서 위(爲)는 '~이다'는 의미의 연결사 역할을 한다.

養女太多양녀태다가 爲七盜위칠도요, 晝眠懶起주면라기가 爲八盜위팔도요, 貪酒嗜慾탐주기욕이 爲九盜위구도요, 强行嫉妬강행질투가 爲十盜위십도니이다.

딸을 너무 많이 낳아 기르는 것이 일곱째 도둑이요, 낮잠을 자고 아침에 일어나기를 게을리 하는 것이 여덟째 도둑이요, 술을 탐하고 욕심내기를 좋아하는 것이 아홉째 도둑이요, 질투를 심하게 하는 것이 열째 도둑이니이다.

　　농경사회 가부장(家父長) 남자 중심 사회에서는 딸을 많이 낳아 기르는 것은 가문의 경제적 손실(損失)이었다. 혼수를 장만해 출가(出嫁)시켜야 하니 손실(損失)이요, 낳아 먹이고 길러 성년(成年)이 되어 남의 집에 보내야하니 손해(損害)라고 생각하였다. 그러나 지금은 결혼을 하지 않으려는 젊은이가 많아서 걱정인 세상이다. 결혼해도 아이를 낳지 않거나, 낳아도 딸 아들 구별 없이 하나를 낳거나, 많아야 둘이 고작이다. 머지않아 인구가 자연 감소될 지경이다. 각 지방자치단체마다 다투어 출산(出産) 장려금을 지급하고 있다.
　　경남 김해시는 셋째 자녀 양육비(養育費)를 지급한다고 발표하였다. 딸 많이 낳는 것이 애국(愛國)이요 나라를 부자 되게 하는 길이다. 남이 일하는 시간에 낮잠이나 자고 게을러서 아침에 늦잠이나 자는 사람은 가난할 수밖에 없다.
　　서양 속담에 아침에 일찍 일어난 새가 먹이를 잡는다고 하였다. 갈수록 경쟁이 치열해지고 있다. 적자생존(適者生存)은 불변의 자연의 법칙이다. 술은 기호(嗜好) 식품이다. 그러나 과도하면 망한다. 간암의 첫째 원인이 과음(過飮)이다. 술 욕심내는 사람, 술 많이 마신다고 호기(豪氣) 부리는 사람 같이 어리석은 사람은 없다. 무엇에고 지나친 애착은 질투를 유발하고 질투는 사람의 심신(心身)을 상(傷)하게 한다. 물론 마음대로 안 되는 것이 인생이다. 인간은 동물과 달라 오욕(五慾) 칠정(七情)을 가진 존재라 외롭고 슬프고 사랑하고 질투하며 사는 것이기도 하다.

● 한자학습　질(嫉)-시기하다, 미워하다, 투기하다. 투(妬)-강새암하다, 시샘하다.
● 보충학습　질투(嫉妬)는 유사(類似)한 글자 둘이 합한 단어로 의미가 하나이므로 단일어다.

武王曰무왕왈 家無十盜而不富者가무십도이불부자는 何如하여닛고
太公曰태공왈 人家인가에 必有三耗필유삼모니이다. 武王曰무왕왈 何
名三耗하명삼모닛고 太公曰태공왈 倉庫漏濫不蓋창고루람불개하여
鼠雀亂食서작란식이 爲一耗위일모요

무왕이 말씀하기를 "집에 열 가지 도둑이 없어도 부자가 아닌 것은 무슨 까닭입니까?" 태공이 말하기를 "그런 사람의 집에는 반드시 세 가지 소모(消耗)하는 것이 있습니다" 무왕이 말씀하기를 "무엇을 세 가지 소모하는 것이라 이름 합니까?" 태공이 말하기를 "창고에 틈이 나고 곡식이 넘치는 데도 가리지를 않아 쥐와 참새가 어지러이 곡식을 먹는 것이 첫째의 소모요

위에서 열거한 열 가지 집을 가난하게 하는 도둑이 없는 데도 부자가 되지 못하는 사람의 집에는 소모적(消耗的)인 이유 세 가지가 있다고 하였다. 그 첫째는 곡식을 저장하는 창고에 틈이 나 있고, 저장한 곡식이 넘쳐서 쥐새끼와 참새가 곡식을 먹어버림이다. 재산을 관리함이 허술하여 귀중한 재산이 주인 모르게 축남이 부자가 되지 못하는 이유다. 아무리 많은 곡식을 걷어 들여도 관리를 잘 못하면 재산이 새나가는 것을 막지 못하니 부자가 될 수 없다. 큰 부자가 망하는 이유도 이와 같다. 재산은 버는 것도 중요하지만 지키는 것도 버는 것 못지 않게 중요하다. 어느 큰 부자는 무서운 성품으로 아래 사람들이 무서워 벌벌 떨었다. 부자는 철저하고 엄격하게 재산을 잘 관리하는 것으로 자부했다.
그러나 오래지 않아 부자는 하는 사업마다 기울어져 큰 재산을 유지하지 못했다. 왜 그럴까? 너무 아래 사람을 무섭게만 부리고 호되게만 꾸짖어 앞에서는 눈가림으로 일하고 뒤에서 놀아 사업이 망한 까닭이다. 무서워 억지로 일하게 하는 관리자는 힘만 들고 잃는 것이 많다. 오히려 사랑으로 대해 일하는 사람들의 마음을 사 내 일같이 하도록 하는 것만 같지 못하다. 지키는 이의 마음의 빗장이 풀리면 아무리 두 눈을 부릅떠도 새나가는 재산을 지키지 못한다.

● **한자학습**   모(耗)-줄이다, 없애다, 쓰다. 누(漏)-틈이 나다, 스며들다, 나타나다, 구멍을 뚫다. 람

(濫)-퍼지다, 넘치다, 함부로 하다. 개(蓋)-덮다, 덮개, 뚜껑.

* **보충학습** 문장법을 보면 무왕과 태공의 문답법(問答法) 형식으로 이뤄졌다.

收種失時수종실시가 爲二耗위이모요

抛撒米穀穢賤포살미곡예천이 爲三耗위삼모니이다

익은 곡식을 거두고 씨 뿌리는 시기(時期)를 놓치는 것이 둘째 소모(消耗)함이요, 쌀과 곡식을 내버리고 땅에 흩어 버려 더럽히고 천하게 하는 것이 셋째 소모(消耗)함이니이다.

농경사회(農耕社會)에서 가장 금기시(禁忌視) 하는 것은 농사(農事) 시기를 놓쳐 농사를 망치는 것과 곡식(穀食)을 함부로 취급하는 것이다. 한자문화(漢字文化)의 발상지(發祥地)인 황하(黃河) 유역과 우리나라는 벼농사의 일모작(一毛作) 지역이다. 산과 계곡이 많아 식량이 넉넉지 못하였다. 곡식은 백성의 생존(生存)과 직결되는 식량(食糧)이다. 씨앗 뿌릴 시기를 놓치고 익은 곡식을 제때 거두지 않는 것은 게으름의 극치다. 그러기에 농부아사침궐종자(農夫餓死枕厥種子)라 하여 농부는 굶어죽어도 파종할 씨앗은 베고 죽는다고 했다. 시대가 변해도 이일은 예나 지금이나 마찬가지다.

현재도 농번기(農繁期)면 일손이 모자란 농촌 돕기가 매년 실시되는 것은 이 때문이다. 모든 일은 시작할 때와 마칠 때가 있다. 그 때를 놓치면 일이 성사(成事)되지 않는다. 가난을 탓할 것이 아니라 일할 때를 놓치지 않고 부지런 할 일이다.

양 속담의 '시간은 돈이다.'라는 말도 일할 때의 중요성을 강조한 말이다. 곡식(穀食)을 귀하게 여김은 농부의 피땀 어린 노고(勞苦)를 생각함이요 사람이 사는데 필수적 존재가 되기 때문이다. 식위천(食爲天)이나 '수염이 석자라도 먹어야 양반'이란 속담은 모두 곡식의 귀함을 일컫는 말이다. 세계에는 굶어죽는 사람들이 있다.

우리의 북한 동포도 기아(飢餓)에 고통 받고 있다. 지금 좀 잘 산다고 곡식을 함부로 버림은 죄악이다. 가난은 도적 같이 온다. 여유 있을 때 아끼고 저축하는 사람이 내일의 부자(富者)다.

● **한자학습** 포(抛)-던지다, 내던지다, 투석 전차(戰車). 살(撒)-뿌리다.

● **보충학습** 한문에서는 위의 문장처럼 주격(主格) 조사가 흔히 생략된다.

武王曰무왕왈 家無三耗而不富者가무삼모이불부자는 何如하여닛고
太公曰태공왈 人家인가에 必有一錯二誤三痴四失五逆六不祥
七奴八賤九愚十强필유일착이오삼치사실오역육불상칠노팔천구우십강하여
自招其禍자초기화요 非天降殃비천강앙이니이다.

무왕이 말씀하기를 "집안에 세 가지 소모하는 것이 없는데도 부자가 되지 못하는 것은 어찌 해서 입니까?" 태공이 말하기를 "그런 사람의 집에는 틀림없이 첫째 착오 둘째 과오 셋째 어리석음 넷째 과실 다섯째 거역 여섯째 상서롭지 못함 일곱째 노예근성 여덟째 천함 아홉째 어리석음 열째 옹고집이 있어서 스스로 그 화(禍)를 부른 것이지 하늘이 재앙을 내린 것이 아닙니다."

집안에 세 가지 소모적인 이유가 없는 데도 부유하게 되지 못하는 이유에 대한 무왕의 의문에 대하여 강태공은 다음과 같이 또 다른 열 가지의 이유를 지적하고 있다. 첫째 착오 둘째 그릇됨 셋째 어리석음 넷째 과실 다섯째 거스름 여섯째 상스럽지 못함 일곱째 노예근성(奴隸根性) 여덟째 천덕스러움 아홉째 어리석음 열째 뻔뻔한 옹고집이라 하였다.
한자의 의미는 참으로 무한하다. 예를 들어 노(奴)라는 글자가 여기서는 종이라는 명사가 아니라 종 같이 행동하다, 노예근성 등의 다양한 의미로 쓰인다. 강(强)이란 글자도 강하다, 굳세다 등과 같이 긍정적인 의미도 있지만 사람의 성격을 말할 때는 지나치게 고집스럽다, 옹고집 등과 같이 부정적인 의미로 쓰이기도 한다. 한문의 해석에서 어려운 것은 그 문맥에 따라 한자의 의미와 문법적 기능이 바뀐다는 점이다. 고로 한문을 해석할 때는 획일적이고 고정된 사고를 버려야 한다. 본문에서 강태공(姜太公)은 사람이 당하는 화(禍)는 대부분 사람 자신에게 원인이 있다고 하였다. 재앙(災殃)의 원인을 천재(天災)로 돌려 체념하지 말고 인재(人災)로 여겨 적극적으로 극복할 것을 강조했다.

● **한자학습** 착(錯)-섞이다, 어지러워지다, 등지다, 착오가 나다. 치(痴)-어리석다, 미치광이. 앙(殃)-재앙, 신의 질책, 해치다, 재앙을 내리다.

● **보충학습** 강(降)은 '내리다, 내려오다'는 뜻으로 쓰일 경우는 '강' '항복(降伏)하다'로 쓰일 경우는 '항'으로 독음(讀音)한다.

武王曰무왕왈 願悉聞之원실문지 하노이다. 太公曰태공왈 養男不敎訓양남불교훈이 爲一錯위일착이요 嬰孩不訓영해불훈이 爲二誤위이오요 初迎身婦不行嚴訓초영신부불행엄훈이 爲三痴위삼치요

무왕이 말씀하기를 "그것을 다 듣기를 원합니다" 태공이 말하기를 "아들을 기르면서 가르치고 타이르지 않는 것이 첫째 잘못함이요, 어린 아이를 훈계하지 않음이 둘째 그릇됨이요, 처음 신부를 맞이하여 엄히 훈도하지 않음이 셋째 어리석음이요"

아들을 양육하면서 가르치고 훈계하지 않음이 첫째 잘못이라 하였다. 굳이 아들이라 한 것은 남존여비의 시대적 가치관을 반영한 것이다. 남자와 여자의 차별이 없는 시대를 사는 오늘날은 자녀라는 개념으로 이해함이 옳다. 자녀를 귀하게 여기고 사랑하지 않는 사람이 어디 있으랴. 그런데 자식 농사에 성공한 사람과 실패한 사람이 있는 것은 무엇 때문인가. 무왕은 교훈의 여하에 달려 있다고 말한다. 자녀를 정에만 치우쳐 자녀 교훈을 소홀히 하면 자녀가 바른 사람이 될 수 없다. 요즘 우리 사회에 한 자녀만 둔 가정이 많아 자녀를 금지옥엽(金枝玉葉)인양 키우다 보니 성인(成人)이 돼도 항상 어린애다. 오죽하면 박사과정 입학시험장에도 부모가 따라 오고, 사십이 넘은 사람이 어머니를 부르는데 '엄마'라고 부른다. 나무 키우는 사람이 곁가지 치기를 하지 않으면 쓸모 있는 재목으로 키울 수 없다. 진정으로 자녀를 사랑하면 엄한 교훈에 소홀하지 말 일이다.

둘째도 마찬가지다. 자녀 교육은 어릴 때 할수록 효과적이다. 물론 조기 교육이 다 좋은 것은 아니고 아이의 특성과 발육상태에 따라 적절한 시기와 교육 방법 교육내용이 달라야 한다. 신부(新婦)가 처음 시집왔을 때 엄히 가르쳐야 한다는 말은 남성위주의 가부장적 사고(思考)다. 무슨 일이고 처음 잘 가르치지 않고 후에 흠잡는 것은 어리석은 일이다. 지혜자(知慧者)는 일이 잘못되기 전에 미리 미리 대처하는 사람이다.

● 한자학습   실(悉)-다, 모두, 남김없이, 다하다. 영(嬰)-간난아이 두르다, 둘러치다. 해(孩)-아이, 나이가 어리다. 치(痴)-어리석다, 미치광이.

● 보충학습   원(願), 청(請) 두 동사는 청유형 또는 원망형 보조동사이다.

未語先笑미어선소 爲四失위사실이요 不養父母불양부모 爲五逆위오역이요 夜起赤身야기적신이 爲六不祥위육불상이요 好挽他弓호만타궁이 爲七奴위칠노요.

말하기 전에 먼저 웃는 것이 넷째 과실(過失)이요, 부모를 봉양(奉養)하지 않는 것이 다섯째 거스름(逆)이요, 밤에 알몸으로 일어나는 것이 여섯째 상서롭지 못함이요, 남의 활을 당기기(사용함) 좋아함이 일곱째 점잖지 못함(노예근성)이요.

사람이 말하기 전에 먼저 웃는다는 것은 진중하지 못함이다. 성실해 보이지 않고 진지하지 않아 보인다. 가볍게 보이고 신뢰가 가지 않는다. 그런 사람과는 중요한 일을 의논할 수 없다. 그러니 과실이 된다. 부모를 봉양하지 않는 것이 다섯째 거스름이라 하였는데 거스름은 불손(不遜)의 의미다. 부모를 봉양하지 않음은 사람의 도리를 저버림이니 부자가 되고 못되고의 문제가 아니다. 사람노릇을 제대로 하지 못하는 사람이 부자가 된들 세상에 무슨 유익이 있으랴. 오히려 사람답지 못한 이가 부자가 되면 세상에 해로운 일을 할 가능성이 크다. 돈이란 관리하는 사람에 따라 약이 되기도 하고 독이 되기도 한다.

여섯째는 밤에 알몸으로 일어남이니 이는 상서롭지 않음이다. 상서롭지 않다함은 아름다운 모습이 아니라는 말이다. 밤에 알몸으로 일어나면 갑자기 위급한 일이 생겼을 때 당황하게 되고 신속히 대처하지 못하니 변을 당할 수 있다는 의미다. 사람은 항상 예를 잃지 않고 처신할 수 있도록 몸가짐을 가지라는 경계다. 남의 물건에 함부로 손을 대는 사람은 점잖지 못한 사람이다. 남의 물건을 자기 물건처럼 쓰는 사람이 누구인가? 바로 남의 종이다. 종은 제 것이 없다. 그러니 남의 것에 손대는 것을 별로 주저하지 않는다. 남의 물건을 제 것처럼 함부로 가져가고 제멋대로 사용하는 사람은 노예근성이 몸에 밴 사람이다. 주인 의식이 없다는 말이다. 삼가고 조심할 일이다. 주인의식이 없는데 어떻게 부자가 될 수 있겠는가.

● 한자학습 역(逆)-거스르다, 배반하다, 맞이하다. 상(祥)-상서롭다, 복, 축복.
● 보충학습 노(奴)의 의미는 노예근성(奴隸根性), 점잖지 못함, 천박함이다.

愛騎他馬애기타마가 爲八賤위팔천이요 喫他酒勸他人끽타주권타인이
爲九愚위구우요 喫他飯命朋友끽타반명붕우가 爲十强위십강이니이다.
武王曰무왕왈 甚美誠哉심미성재라 是言也시언야여

남의 말을 타는 것을 좋아함이 여덟째 천박(賤薄)함이요, 남의 술을 얻어먹으면서 타인에게 권함이 아홉째 어리석음이요, 남에게 밥을 얻어먹으면서 친구더러 또 먹으라고 명하는 것이 열 번째 무리하고 뻔뻔함입니다. 무왕이 말씀하기를 "심히 아름답고 진실하도다, 이 말씀이여"하였다.

천(賤)하다는 것은 예의가 없다, 하는 짓이 비루하다, 눈살 찌푸리게 하는 행동 등의 뜻이 있다. 남이 소중히 여기는 것을 주인의 허락 없이 제멋대로 사용하는 것은 천한 행동이다. 말은 예나 지금이나 주인에게 귀한 것이다. 전통사회에서 말은 주인의 사회적 신분을 나타내는 존재였다. 장수(將帥)에게 말은 분신(分身)과 같다. 그런 남의 말을 자주 빌려 달라거나 마음대로 타는 것은 예의 없고 교양 없는 일이요 주인의 마음을 상(傷)하게 하는 비루(鄙陋)한 일이다.

지금이라고 다를 것이 없다. 남의 자동차를 자주 빌려달라거나 주인의 허락 없이 사용하는 것은 큰 결례(缺禮)다. 아무리 너그러운 사람도 그런 사람과는 사귐을 계속하고 싶지 않을 것이다. 다른 사람이 사주는 술을 얻어먹으면서 마치 제 술인 양 남에게 술을 마시라고 권하는 사람은 염치를 모르는 어리석은 사람이다. 누가 그런 사람을 좋아하겠는가. 남들이 자기를 싫어하는지도 모르니 얼마나 어리석은 사람인가. 자기도 남에게 밥을 얻어먹는 주제에 오히려 자기 친구까지 불러 밥을 먹게 하는 것은 염치없는 정도가 아니라 뻔뻔함이다. 강(强)의 의미가 보통 사람의 상식(常識)으로는 할 수 없는 지나침이란 의미다. 부끄러운 줄 모르거나 알면서도 하는 낯 두꺼운 짓이다. 이런 사람은 부유하게 될 수 없다. 왜 그럴까. 더불어 사는 세상에서 남들이 싫어하는 사람이라 무슨 일이고 성공할 수 없기 때문이다. 무왕의 말대로 모두 귀 기울일 옳은 말이다.

● **한자학습** 끽(喫)-마시다, 먹다, 피우다. 권(勸)-권하다, 권하는 일, 좋아하다.
● **보충학습** 시(是)의 용법은 1. ~이다. 2. 옳다. 3. 이것. 여기서는 '이것'이란 뜻이다.

치
정
편

明道先生曰명도선생왈 一命之士일명지사 苟存心於愛物구존심어애물이면 於人어인에 必有所濟필유소제니라.

명도선생이 말씀하기를 "처음으로 벼슬에 나간 선비가 만일 물건을 사랑하는데 마음을 둔다면 사람에게 반드시 구제하는 바가 있느니라" 하였다.

　처음 관직(官職)에 나가는 선비가 사소(些少)한 물건을 아끼는 마음을 가졌다면 그는 만물 가운데 가장 존귀한 사람에 대해 큰 애정의 마음을 가졌을 것은 당연하다. 만물지중유인최귀(萬物之中惟人最貴)는 유가적(儒家的) 인간관(人間觀)이다. 처음 관직(官職)에 나간 사람은 우쭐하여 눈에 보이는 것이 없을 수 있다. 교만에 빠져 만사(萬事)를 경솔하게 처리할 수 있다. 사람을 중히 여기고 사물(事物)을 아낄 줄 모르는 사람은 백성의 어려움을 구제(救濟)해야 할 사명(使命)인 관리(官吏)의 책무(責務)를 제대로 감당(堪當)할 수 없다. 맹자(孟子)께서는 양(梁) 혜왕(惠王)에게 어진 정치를 설명하면서 미물(微物)인 소를 예로 들어 설명하셨다.
　양 혜왕에게 흔종(釁鍾)에 쓰일 소가 도살장(屠殺場)으로 끌려가면서 부들부들 떨고 슬피 우는 것을 보고 측은히 여기는 마음이 있었음을 상기(想起)시키고 그 마음이 곧 인(仁)의 실마리라 하셨다. 처음 벼슬에 나간 관리(官吏)가 관청(官廳)의 물건이나 백성의 물건을 작은 것이라도 중히 여기지 않으면 그 장래가 위험하다.
　관청의 물건을 제 것인 양 취급하여 국고(國庫)를 축낼 것이요, 뇌물(賂物)을 좋아해 탐관오리(貪官汚吏)가 될 것이다. 국고(國庫)를 제 것인 양 도둑질 하고 뇌물(賂物)을 좋아해 탐욕스러우니 언제 백성을 생각하고, 무슨 백성을 구제(救濟)할 선정(善政)을 베풀 수 있겠는가. 마땅히 경계(警戒)할 일이다.

● **한자학습**　구(苟)-진실로, 한때, 임시, 적어도, 구차히도. 제(濟)-건너다, 구제하다, 나루.
● **보충학습**　어물(於物)의 어(於)는 처소격으로 '어인(於人)'의 '어(於)'는 대격으로 '~에게'로 쓰였다.

宋太宗御製云송태종어제운 上有麾之상유휘지하고 中有乘之중유승지하고 下有附之하유부지하여 幣帛衣之폐백의지요 倉廩食之창름식지하니 爾俸爾祿이봉이록이 民膏民脂민고민지니라 下民하민은 易虐이학이어니와 上天상천은 難欺난기니라

송태종이 지은 글에 이르기를 "위에는 지휘하는 이가 있고, 중간에는 말타고 전하는 이가 있고, 아래에는 이를 따르는 이가 있어서 폐백으로 옷을 지어 입고 창고의 곡식을 먹으니 너의 봉록(俸祿)은 백성의 고혈(膏血)이라 아래 있는 백성은 학대하기 쉬우나 위의 하늘은 속이기 어려우니라" 하였다.

정치를 잘 하고 못하고는 백성을 얼마나 살기 좋은 정치를 하느냐 못 하느냐에 달렸다. 관리가 만약 제 배를 불리고 제 욕심을 채우기에 급급하다면 자연히 백성은 고달프고 배를 주리게 될 것이다.

왕정(王政) 하에서는 나라의 녹봉이 임금이 주는 것으로 생각할 수 있다. 임금의 땅이요 임금의 신하요 임금의 백성이니 벼슬도 임금이 주는 것이라 성은이요 녹봉도 임금이 주는 것이라 성은이었다. 그러나 송태종은 관리가 받는 녹봉이 백성의 피와 땀으로 마련된 것임을 밝히고 관리는 녹봉을 받을 때마다 백성의 노고를 잊지 말 것을 경계하고 있다.

어느 시대나 마찬 가지다. 기업주가 직원을 생각할 때 자기가 주는 녹을 받는 자기의 머슴이라 생각하는가, 아니면 그들의 덕으로 기업주가 돈을 번다고 생각하는가, 여기에 노사 화합의 성공 실패가 달려 있는 것이다. 형식이 문제가 아니라 언제나 마음이 문제다.

● **한자학습** 휘(麾)-지휘하다, 손짓하여 오라고 하다. 폐(幣)-비단, 돈. 백(帛)-비단, 풀이름. 름(廩)-곳집, 광, 저장하다, 쌓다. 봉(俸)-녹, 봉급, 급료. 학(虐)-사납다, 해치다, 잔인하다. 기(欺)-속이다, 거짓, 허위, 업신여기다.

● **보충학습** 본래 이 글의 핵심은 '爾俸爾祿 民膏民之'로 관리들에게 너희들이 받는 나라의 녹봉은 바로 백성의 피와 땀으로 마련된 것이니 백성을 위한 정치를 해야 한다는 교훈이다. 이 글은 본래 후촉(後蜀)의 맹창(孟昶)이 지은 것을 송태종이 각 관청의 청사 앞에 돌에 새겨 세워 놓은 것으로 일명 계석명(戒石銘)이라 한다.

童蒙訓曰동몽훈왈 當官之法당관지법이 唯有三事유유삼사하니 曰淸曰愼曰勤왈청왈신왈근이니 知此三者지차삼자면 則知所以持身矣즉지소이지신의니라.

동몽훈에 이르기를 "관직을 맡은 이가 지켜야 할 법이 오직 세 가지 일이 있으니 청렴 신중 근면이라 이 세 가지를 알면 몸 가짐의 방법을 알 것이니라" 하였다.

아이들을 훈계하는 말에 관직을 맡아 지켜야 할 법 세 가지를 제시하고 있다. 첫째는 청렴(淸廉)이다. 관리(官吏)가 청렴해야 함은 두 말 할 필요가 없다. 청렴하지 않으면 공정할 수 없고, 공정하지 않으면 억울한 사람이 나오고, 억울한 사람이 나오면 관을 믿지 않고, 관을 믿지 않으면 국법이 제 대로 시행되지 않는다.

관리가 청렴하면 위정(爲政)이 불편부당(不偏不黨)하여 백성이 관을 믿고 흔쾌히 국법을 따른다. 둘째는 신중함이다. 관리가 국사를 처리함에 신중하지 않으면 실수(失手)가 많게 마련이다. 개인 일도 실수(失手)하지 말아야 하는데 하물며 국사(國事)를 실수해서 되겠는가. 개인 일이 잘못 되면 한 사람의 손해(損害)로 끝나지만 국사(國事)는 온 백성의 삶에 크게 영향을 미친다. 국정(國政)이란 시행착오(施行錯誤)를 거듭하며 연습하며 할 수 있는 것이 아니다. 다음은 근면이다. 맡은 일이 크고 작고 간에 성실 근면해야 한다.

나라의 녹(祿)을 받고 일을 하면서 근면 성실하지 않은 관리는 나라에 손해(損害)를 끼치는 사람이다. 이 세 가지를 알고 신실하게 지키는 사람은 관리로서 해야 할 마땅한 몸가짐이다. 탐관오리의 독직사건이 연속 터지고 부정부패가 만연한 것은 바로 관리가 청렴하지 않음이요, 정책이 혼선을 빚고 조령모개로 법령이 바뀌는 것은 관리가 신중하지 못함이요, 모처럼 좋은 정책을 시행하는 데도 성과가 나지 않음은 관리가 근면하지 않음이다. 이는 아무리 시대가 변해도 변할 수 없는 공직자의 규범이다.

● **한자학습** 몽(蒙)-입다, 입히다, 덮다, 덮어씌우다, 받다.

● **보충학습** 왈(曰)은 동사 '말하다' 외에 계사(繫辭)로 '~이다'로도 쓰인다.

當官者당관자는 必以暴怒爲戒필이폭노위계하여 事有不可사유불가어든 當詳處之당상처지면 必無不中필무불중이어니와 若先暴怒약선폭노면 只能自害지능자해라 豈能害人기능해인이리오

관직을 맡은 사람은 반드시 갑자기 성내는 것을 경계하여 일에 옳지 않음이 있거든 마땅히 자상(仔詳)하게 처리하면 반드시 맞지 않음이 없으려니와 만약 먼저 갑자기 성을 내면 다만 스스로를 해롭게 할 수 있을 뿐이라. 어찌 다른 사람을 해롭게 할 수 있으리오.

 관직을 맡은 사람은 일을 처리함에 있어 침착해야 한다. 아무리 경우가 어긋나고 처사가 온당하지 못해 화가 나더라도 먼저 성을 내면 이성을 잃어 사리 판단이 흐려진다. 화를 낸다는 것은 마음의 평정이 흐트러진 까닭이다. 마음의 평정이 깨지면 이성적 판단을 하기 어렵다. 언쟁에서 지는 사람은 먼저 화내는 사람이다. 끝까지 화를 내지 않고 냉정하게 이성적으로 대처하는 사람이 결국 승자(勝者)가 된다. 더구나 관리가 일을 처리하면서 갑자기 먼저 화를 낸다면 그 처리 하는 일이 공평무사(公平無私)하게 될 수 없다. 아래 사람이나 힘이 없는 백성의 일을 다룰 때 관리가 먼저 화를 내면 저들의 사정을 곡진(曲盡)하게 밝힐 수 없다. 만약 먼저 갑자기 화를 내면 일을 바르게 처리 하지 못하게 되니 결과적으로 자신에게 손해가 된다.
 선비의 강직한 의분(義憤)은 훌륭한 것이지만 관리는 침착하고 신중하게 온화(溫和)한 자세로 일함이 더욱 값지다. 조선 시대 명(名) 재상(宰相)으로 이름난 황희나 맹사성 같은 이들은 하나 같이 호인풍(好人風)의 관리였다. 전쟁에서도 천시(天時)가 지리(地理)보다 중요하지만 천시(天時)는 인화(人和)만 같지 못하다 하였다. 강하면 부러진다는 말도 온화한 성품을 가진 사람이 진정 승자(勝者)임을 강조한 말이다. 성미가 급하여 화를 잘 내는 관리는 장래의 성공을 위해 고칠 일이다.

● **한자학습** 폭(暴)-사납다, 갑자기, 해롭게 하다. 상(詳)-자세히 알다, 자세하다.
● **보충학습** '豈能害人'은 '어찌 남을 해칠 수 있으랴'의 뜻으로 반어법이다.

事君사군을 如事親여사친하며 事官長사관장을 如事兄여사형하며
如同僚여동료를 如家人여가인하며 待群吏대군리를 如奴僕여노복하며

임금 섬기기를 마치 어버이 섬기듯 하며, 관장 섬기기를 마치 형을 섬기듯이 하며, 동료와 함께 더불어 지내기를 마치 집안사람과 같이 하며, 여러 아전 대하기를 마치 자기 집의 노복과 같이 하며

왕조시대는 군사부일체(君師父一體)라 하여 임금과 어버이를 똑 같이 생각했다. 스승은 조금 달랐지만 임금과 백성은 군부(君父) 신자(臣子)의 관계로 정의(定意)했다. 이는 농경사회(農耕社會)의 가부장(家父長) 중심 가족제도가 발전하여 왕조(王朝)가 됐기 때문이다. 유가(儒家) 사상을 통치 이념으로 삼은 동양의 왕조(王朝)는 국가(國家)의 기반(基盤)이 농경(農耕) 위주(爲主)의 가부장(家父長) 중심 가족(家族)이었으므로 부모 섬기듯 임금을 섬기게 했다. 부모와 자식은 천륜(天倫)이고 군신(君臣)은 인륜(人倫)이라 엄연히 다르지만, 임금에 대한 백성의 충성심(忠誠心)을 보장하는 길은 부모 섬기듯 임금을 섬기라는 것 보다 더 확실한 것이 없었다. 직장의 윗사람을 마치 집의 형처럼 진심으로 위하라는 말이다.

직장의 동료(同僚)를 가족처럼 생각하라는 것도 동료를 가족처럼 여기라는 의미다. 이 정신은 이후로 지금까지 동양의 전통적 직장 윤리가 됐다. 즉 "직장을 내 집처럼, 상관을 형님처럼, 동료를 가족처럼"이다. 그러나 근래에 서양의 경쟁력 위주의 경영 이론이 도입(導入)되면서 이 정신이 무너지고 있다. 모든 직장은 전쟁터다. 치열한 경쟁에서 사느냐 죽느냐, 살아남느냐 죽어 밀려나느냐, 총성 없는 전쟁이 처절하다. 이미 동료간의 양보와 희생은 살아진지 오래다. 단기적으로 보면 경쟁력 강화로 직장의 이익은 극대화(極大化)될 것이다. 그러나 우리의 일터는 갈수록 삭막하고 살벌하다. 장기적으로 보면 이것이 과연 옳은가. 이익을 좇아 일하는 일벌레만 양산(量産)사고 직장을 위해 헌신하는 일꾼이 없어지도록 하는 것이 과연 잘 하는 일인가. 깊이 생각해 볼 일이다.

● **한자학습** 료(僚) – 동료, 막료, 벼슬아치, 예쁘다.

● **보충학습** 사(事)가 이곳처럼 동사로 쓰일 경우는 '섬기다'는 뜻이다.

愛百姓애백성을 如妻子여처자하며 處官事처관사를 如家事然後여가사연후에야 能盡吾之心능진오지심이니 如有毫末不至여유호말부지면 皆吾心개오심에 有所未盡也유소미진야니라

백성 사랑하기를 마치 아내와 자식 같이 하며, 관청의 일 처리하기를 마치 집안일 처리하듯 한 뒤에야 나의 마음을 다 할 수 있음이니 마치 터럭 끝만큼이라도 지극하지 아니 함이 있으면 모두 나의 마음에 다하지 아니한 바가 있는 것이니라.

관리의 마음가짐에 대한 이어지는 글이다. 백성 사랑하기를 아내와 자식 사랑하듯 하라. 왕조(王朝)시대 치자(治者)는 백성을 어여삐 여기는 마음을 가져야 했다. 임금은 성인(聖人)으로 천명(天命)에 의하여 백성을 다스리고, 관리(官吏)는 성인(聖人)이신 제왕(帝王)의 명을 받아 백성을 다스렸기 때문이다.

훈민정음(訓民正音) 서문(序文)에 우민(愚民)이란 어휘를 쓴 까닭이 여기에 있다. 우민(愚民)을 교화(敎化)하는 관인(官人)의 마음 자세는 상(傷)한 마음을 가짐이다. 자기 아내와 자식을 어여삐 여기는 마음을 가지고 백성을 교화하려 한다면 폭정(暴政)이나 학정(虐政)이란 있을 수 없다. 공무(公務) 처리를 마치 자기 집 일을 처리 함 같이 한다면 적당히 대충이란 있을 수 없다. 이와 같이 해야 자기 마음을 다했다 할 것이니 그것을 진충(盡忠)이라 말 할 수 있다. 혹 터럭 끝만큼이라도 이와 같이 하지 못하였다면 결국 진충(盡忠)은 아니다. 능갈기력(能竭其力) 있는 힘을 다 하고, 능치기신(能致其身) 그 몸을 바치는 것이라야 가히 진충(盡忠)이라 할 것이다.

우리나라가 내우외환(內憂外患)의 험난한 역사를 겪으면서도 21세기 자랑스러운 국가로 우뚝 설 수 있었던 이유 가운데 하나가 비범(非凡)하고 충직(忠直)한 관리(官吏)들의 활약과 충성(忠誠) 때문임도 잊지 말 일이다.

● 한자학습 처(處)-곳, 머물다, 관직에 있음, 두다, 처리하다. 호(毫)-가는 털, 조금, 붓의 촉.
● 보충학습 같을 여(如)가 쓰인 동등(同等) 비교문(比較文)이 연속된 문장이다.

或問혹문 簿부는 佐令者也좌령자야니 簿所欲爲부소욕위를 令或不從영혹부종이면 奈何내하이고 伊川先生曰이천선생왈 當以誠意動之당이성의동지니라. 今令與簿不和금령여부불화는 便是爭私意변시쟁사의요

어떤 사람이 묻기를 "부(簿)는 현령(縣令)을 보좌하는 사람이니, 부(簿)가 하고자 하는 바를 현령이 혹 따르지 않으면 어찌 합니까?" 하니 정이천(鄭伊川) 선생이 말하기를 "마땅히 성의(誠意)로써 감동시켜야 하느니라. 지금 현령과 부가 불화(不和)한 것은 곧 사사로운 뜻으로 다투는 것이요.

어느 조직(組織)이나 일에 따라 맡은 부서(部署)가 있고 상하(上下) 직책(職責)이 있다. 현(縣)에는 관리자(管理者)인 현령(縣令)과 실무자(實務者)인 부(簿)가 있다. 때로는 현령과 부의 견해가 불일치하는 경우가 있다. 이러할 때 현령은 어찌 할 것인가. 특히 실무자인 하급자 부의 주장이 잘못된 경우 상관인 현령이 어떤 방법으로 원만하게 업무를 추진할 것인가는 매우 중요하다. 그 유형은 대개 세 가지다. 첫째 상관의 권위로 무조건 실무자를 복종하게 하는 경우, 둘째 실무자의 의견을 존중(尊重) 성의(誠意)를 다해 자기의 견해를 이해 시켜 합리적인 결론을 도출 실무자가 상관의 명에 따르게 하는 경우, 셋째 관리자로서의 주관이 전혀 없이 실무자의 주장에 끌려가는 경우가 있다.

본문에서 이천 선생은 두 번째의 경우를 가장 이상적인 방법으로 제시하고 있다. 현명한 관리자는 실무자의 실무적 자료를 바탕으로 관리자의 정책적 의견을 조율하여 이상적 결론을 도출한다. 실무자는 관리자가 자기의 실무적 자료를 중시한 것에 만족하고 성의를 다해 자기를 설득한 상관에 대해 감동을 느낄 것이다. 가장 나쁜 관리자는 셋째의 경우다. 처음의 독선적 관리자도 문제지만 그래도 성공과 실패가 반반이다. 그러나 셋째의 경우 관리자는 무책임하고 무능한 관리자다. 이런 관리자는 일이 잘되면 자기 공이라 으쓱댈 것이고 일이 잘못되면 모두 실무자의 책임으로 허물을 돌릴 것이다. 최악의 상하 관계라고 할 수 있다.

● 한자학습　부(簿)-장부, 문서. 좌(佐)-돕다, 권하다. 이(伊)-저, 그, 어조사.

● 보충학습　혹(或)은 부정칭(不定稱) 대명사(代名詞)

令령은 是邑之長시읍지장이니 若能以事父兄之道약능이사부형지도로 事之사지하여 過則歸己과즉귀기하고 善則唯恐不歸於令선즉유공불귀어령하여 積此誠意적차성의면 豈有不動得人기유불동득인이리오

현령(縣令)은 고을의 장(長)이니 만약 부형(父兄)을 섬기는 도리로써 그를 섬겨 허물이 있으면 자기에게 돌리고, 잘한 것이 있으면 현령에게 돌아가지 않을까 두려워해 이 같은 성의를 쌓는다면 어찌 다른 사람을 감동시키지 못함이 있으리요.

직장의 아래 사람이 상사(上司)를 모시는 법을 말하고 있다. 부형(父兄)의 도리로써 섬기라는 것은 공손히 예를 갖춰 섬기라는 말이다. 하급자가 상급자를 모심에 공경(恭敬)함과 성의(誠意)가 없으면 무례(無禮)하게 되고 업무를 보고함에 철저(徹底)하지 못하게 된다. 그와 같은 하급자는 상급자의 마음에 들지 않아 신임(信任)을 얻지 못 한다. 신임을 얻지 못한 하급자는 능력을 인정받기 어렵고 업무 평가에서 좋은 대우를 받지 못한다. 결국 실패한 직장인이 된다. 건방지고 잘난 척하고 상급자를 무시하는 하급자는 아무리 능력이 탁월해도 성공하지 못한다. 어진 사람은 신분과 지위와 관계가 없다. 대부분의 하급자는 자신이 처리한 일이 성사돼 공(功)을 세우면 자기 공을 과시하고 자랑한다. 그러나 어진 하급자는 그 공을 상급자에게 돌린다. 혹 처리한 일이 잘못되면 그 허물은 자신에게 돌리고 상급자에게는 욕(辱)이 돌아가지 않게 한다. 이 같은 성의(誠意)를 가지고 끊임없이 상급자를 섬기면 어떤 상급자도 감동하지 않을 수 없을 것이다. 현령(縣令)과 부(簿)는 머리와 손발 같은 존재다.
 머리와 손발의 호흡이 일치하지 않으면 어찌 되겠는가. 손발이 머리의 명을 따르지 않으면 이는 불구자(不具者)다. 작은 조직이나 직장은 물론 큰 의미에서 국가도 마찬가지다. 같은 정부 조직끼리 엇박자를 내는 것이나 대통령의 말이 다르고 장관들의 말이 다르고, 지방 정부와 중앙 정부가 대립하는 모습은 국민을 당황하게 하고 불안하게 한다. 이를 열린 정부 참여 정부라고 강변하는 것은 어불성설(語不成說)이다.

● 한자학습 공(恐) – 두려워하다, 두려움, 협박하다, 아마, 의심컨대.
● 보충학습 기(豈)~ '어찌 ~이랴?' 반어문(反語文)으로 강조법의 하나다.

劉安禮問臨民유안례문임민한대 明道先生曰명도선생왈 使民사민으로 各得輸其情각득수기정이니라. 問御吏문어리한대 曰왈 正己而格物정기이격물이니라.

유안례가 백성에게 임하는 법을 물으니 명도선생이 말씀하시기를 "백성으로 하여금 각각 자신의 뜻을 다 펼칠 수 있게 해야 하느니라" 하시고 또 아전(하급 관리)를 다루는 법을 물으니 말씀하시기를 "자신을 바르게 하고 나서 다른 이를 바르게 할 것이니라" 하시다.

백성을 다스리는 바른 도리(道理)는 무엇인가. 어떤 구애(拘碍)도 받음이 없이 자유롭게 자기의 의사(意思)를 밝힐 수 있도록 해야 한다고 했다. 어떻게 하면 가능한가. 첫째 신체적 자유가 최대한 보장돼야 한다. 두 번째 신분에 구애됨이 없이 인격적 대우를 받아야 한다. 세 번째 언로(言路)가 확실히 보장 돼야 한다. 끝으로 위정(爲政)의 근본이 위민(爲民)임을 관리 스스로가 분명히 알아야 한다. 혹 관(官)의 압제(壓制)가 두려워 당장은 할 말을 못할 지라도 백성의 원망(怨望)은 유언비어(流言蜚語)가 돼 세상을 불안(不安)하게 하는 악성(惡性) 풍문(風聞)이 된다. 이 악성 풍문은 처음은 작을 지라도 시간이 흐르면 천하를 뒤흔드는 태풍이 되기도 한다. 백성이 자유롭게 할 말을 하며 사는 세상이 좋은 세상이다.

상관(上官)이 수하자(手下者)를 어떻게 거느려야 하는가. 제 스스로 모범(模範)을 보여 저절로 따라 바르게 되도록 해야 한다. 윗물이 탁(濁)하면 아무리 도랑을 치고 물길을 바르게 해도 물이 맑아질 수 없다. 정권(政權)이 바뀔 때마다 사회 정의(正義)를 외치고 개혁(改革)한다며 야단법석을 떨지만 왜 실효(實效)가 없는가. 권력(權力)을 잡은 자들이 오래지 않아 스스로 탁(濁)한 권력의 늪에 빠져 버리기 때문이다. 도랑만 치다 개혁(改革)은 흐지부지 실종(失踪)되고 마는 것이다.

● **한자학습** 유(劉)-죽이다, 베풀다, 이기다, 이겨내다. 수(輸)-물건을 나르다, 옮기다, 통보하다, 깨뜨리다, 애쓰다. 어(御)-어거하다, 다스리다, 짐승을 길들이다.

● **보충학습** 본문의 정기(正己)는 '술어+목적어'의 구조이다. '바르다' 와 같은 형용사가 동사로 쓰이면 '~라 생각하다'는 의동사(意動詞)나 '목적어와 같이 되게 하다'는 사동사(使動詞)가 된다. 본문의 경우 사동사(使動詞)에 속한다.

抱朴子曰포박자왈 迎斧鉞而正諫영부월이정간하며
據鼎鑊而盡言거정확이진언이면 此謂忠臣也차위충신야니라.

포박자가 말하기를 "도끼를 맞고도 바르게 간(諫)하며, 끓는 솥을 잡고도 할 말을 다한다면 이를 충신(忠臣)이라고 이르느니라" 하였다.

    진(晋)나라 초기의 도가(道家) 학자인 갈홍(葛洪)은 말하기를 충신(忠臣)이란 죽음을 두려워 하지 않고 임금에게 바른 말을 하는 신하라고 했다. 능치기신(能致其身)의 충절(忠節)은 대용(大勇)을 가진 자만이 할 수 있다. 죽음 앞에서 초연(超然)할 수 있는 것은 학식이 많고 적음과 신분이 높고 낮은 것과는 별개다. 조선(朝鮮) 세조(世祖) 때 사육신(死六臣)의 대부분은 집현전의 젊은 학사(學士)들이었다. 오히려 당대(當代) 석학(碩學)이며 대문장가(大文章家)인 정인지나 정승(政丞) 정창손은 시세(時勢)를 따라 편히 살기를 택했다. 충신은 펄펄 끓는 가마솥에 던지는 죽음의 순간에도 할 말을 다하는 이라 했다. 과거 역사에서 우리는 많은 충신(忠臣)을 봤다. 백제의 성충이나 계백장군, 고려의 강조나 정몽주, 조선의 성삼문 등 사육신, 일제 강점기의 안중근이나 유관순 이루 다 헤아릴 수 없다.

    현대를 사는 우리에게 충신(忠臣)은 어떤 모습으로 인식해야 하고 재해석해야 하는가. 그 핵심(核心)은 정간(正諫)과 진언(盡言)이다. 바르게 끝까지 할 말을 다하는 것이다. 근래 국가의 주요 기관에 근무했던 자들이 당시 상관(上官)이 지시한 불법 부당한 일을 수행하고 나서 이제와 양심선언이란 것을 자주 한다. 이것은 진정으로 용기 있는 충신(忠臣)의 모습이 아니다. 그 당시 정간(正諫) 진언(盡言)을 했어야 하고, 만약 뜻이 관철되지 못 했다면 과감(果敢)히 물러났어야 했다. 뒤 늦게 반성(反省)하는 척 옛 상관(上官)의 허물을 드러냄은 비겁일 뿐이다.

● 한자학습   월(鉞)-도끼, 수레의 방울소리, 뛰어넘다. 거(據)-의거하다, 일정한 사실에 근거하다, 의지하다, 의탁하다. 확-가마, 발 없는 큰 솥, 죄인을 삶아 죽이는 형기.

● 보충학습   차(此)는 근칭(近稱) 지시대명사(指示代名詞)이다. 시(是)와 뜻은 비슷하지만 주어와 목적어가 될 수 있는 것이 다르다.

치가
편

司馬溫公曰사마온공왈 凡諸卑幼범제비유는 事無大小사무대소를 毋得專行무득전행하고 必咨稟於家長필자품어가장이니라.

사마온공이 말하기를 "무릇 모든 아래 사람과 나이 어린 이는 일의 크고 작음이 없이 제 마음대로 행동하지 말고 반드시 가장에게 말씀드리고 할지니라" 하였다.

　본문(本文)은 가부장(家父長) 중심 사회에서 가장(家長)의 권위(權威)를 높여 가문(家門)의 기강(紀綱)과 법도(法度)를 세우고자 하는 뜻이 담겨있다.　핵가족 중심의 현대 사회는 가장(家長)의 권위(權威)로 가정(家庭)을 다스리는 시대가 아니다. 남녀의 사회적 지위(地位)가 동등(同等)하고 하는 일도 내외(內外)가 따로 없다.
　결혼을 기피하는 젊은이가 많고 결혼을 해도 자녀를 두지 않으려는 이들도 점차 그 수가 증가하고 있다. 부부 중심 핵가족에서 가장(家長)이란 어휘는 어울리지 않는다. 법률적으로도 이미 호주제도(戶主制度)가 폐지되어 가장(家長)의 존재를 인정하지 않고 있다. 여성 운동 단체들은 여권(女權) 신장(伸張)을 아직도 주장하고 있지만, 아내가 직장에 다니는 집에 남자 전업(專業) 주부(主婦)는 이제 생소(生疎)한 이야기가 아니며, 매 맞는 아내 못지 않게 매 맞는 남편도 있다는 것이 가정문제 상담 전화의 통계 보고에 나와 있는 것이 사실이다. 아무리 사정이 그럼에도 불구하고 손아래 사람이나 나이 어린 사람들이 집안의 어른에게 상의 한 마디 없이 제멋대로 행동하는 것은 있을 수 없는 일이다.
　다만 명령과 복종의 관계에서 대화와 의논의 관계로 그 역할이 바뀌었을 뿐이다. 지금은 이해와 협력, 배려와 사랑이 넘치는 대화를 통한 새로운 의미의 가화만사성(家和萬事成)을 가꾸어야 할 때다.

※ **한자학습**　자(咨)-묻다, 탄식하다, 이, 이것. 품(稟)-여쭈다, 주다, 받다.

※ **보충학습**　무(毋)는 '~하지 마라'는 뜻의 금지사로 쓰였다. '고개 숙인 남자'라는 유행어가 있더니 요즘은 '간 큰 남자'라는 해학적인 말이 인구(人口)에 회자(膾炙)하고 있다. 모두 가장(家長)의 유약(柔弱)한 모습을 해학적(諧謔的)으로 풍자(諷刺)한 것들이다.

待客대객에는 不得不豊부득불풍이요

治家치가에는 不得不儉부득불검이니라.

손님을 접대함에는 풍성하게 하지 않아서는 안 되고, 집안을 경영함에는 검소하지 않아서는 안 되느니라.

    손님을 접대함에는 인심이 후해야 한다는 말이다. 인색하거나 억지로 하지 말라는 뜻이다. 한문 수필 가운데 재미난 이야기가 있다. 옛날에 김 선생이란 이가 친구 집을 방문했다. 친구는 환영하고 즐거운 대화를 나눴다. 뜰에는 많은 닭들이 모이를 쪼아 먹고 있었다. 드디어 식사시간이 되었는데 밥상이 들어온 것을 보니 푸성귀뿐이었다. 집 주인도 좀 민망했던지 "시장이 멀고 가난해 맛있는 반찬을 장만하지 못했소" 하며 미안해했다. 이를 본 김 선생은 껄껄 웃으며 "걱정하지 마시오. 내가 타고 온 말을 잡아 안주로 삼읍시다"고 했다. 그러자 집 주인은 "당신이 타고 온 말을 잡으면 갈 때 무엇을 타고 가려오" 하고 물었다. 김 선생은 천연덕스럽게 말하기를 "갈 때는 저 뜰의 닭을 빌려 타고 가겠소" 했다. 이에 집 주인은 자신이 손님 접대에 소홀함을 알고 허허 웃으며 닭을 잡아 다시 상을 차리게 하고 즐거운 시간을 보냈다고 한다. 두 사람의 허물없는 우정과 소탈한 인격이 감동적이다.
    상대방의 마음을 상하게 하지 않으면서 자신의 마음을 전하는 김 선생의 해학(諧謔)이 놀랍고 친구의 충고를 즐겁게 받아 주며 자신의 허물을 고치는 우정이 대견하다. 좋은 손님과 좋은 주인의 만남도 사람이 인력(人力)으로 할 수 없는 타고난 복(福)이다. 집안 살림을 잘 경영하는 가장 기본적인 방법은 검소(儉素)함이다. 다른 경영의 기법은 상황에 따라 환경에 따라 달라질 수 있다. 아무리 탁월한 경영의 원리도 때론 실패할 수 있다. 그러나 검소(儉素)함은 동서고금(東西古今)의 영원히 변치 않는 치가(治家)의 대경대법(大經大法)이다. 검소하지 않고 가난을 극복한 부자는 이 세상에 존재하지 않는다.

※ **한자학습**   대(待)-기다리다, 대비하다, 막다, 방비하다, 대접하다.

※ **보충학습**   '不得'은 '不能'과 같은 뜻이다. '得' 가능을 나타내는 조동사.

太公曰태공왈 痴人치인은 畏婦외부하고 賢女현녀는 敬夫경부하느니라.

강태공이 말하기를 "어리석은 사람은 부인을 두려워하고 어진 여인은 지아비를 공경하느니라" 하였다.

공처가(恐妻家)라는 말이 있다. 아내를 두려워하는 남편을 일컫는 말이다. 엄처시하(嚴妻侍下)라는 말도 있다. 무서운 아내를 모시고 쩔쩔매며 산다는 뜻이다. 가부장(家父長) 중심의 전통사회에서 공처가(恐妻家)니 엄처시하(嚴妻侍下)니 하는 말은 일반적인 보통 남편을 지칭하는 말이 아니다. 칠거지악(七去之惡)이 사회 통념이고 삼종지도(三從之道)가 여성의 사회 규범이던 시절에 남편과 아내는 하늘과 땅이었다. 남편이 '시앗'을 봐도 감히 질투(嫉妬)도 할 수 없었던 것이 당시 여인(女人)들의 처지였다. 못난이, 바보 남편이 아내에게 쥐여 사는 것을 비웃어 공처가(恐妻家)라 하였다. 그러나 밖으로 드러난 것과 다르게 내부적으로는 많은 남편들이 부인에게 쥐여 사는 경우가 많았다. 저 유명한 조선 초의 문신 권람 같은 분은 수양대군을 도와 계유정난을 성공시킨 혁명가이면서도 집에만 들어가면 성격이 불같은 부인에게 쥐여 살았다고 한다.

오죽했으면 당시 사대부들은 소실(小室) 들이는 것이 법으로도 허용되던 때인데도 젊은 정인(情人)을 두고 속만 태우다 친구 한명회의 기지(機智)로 중병 때문에 어쩔 수 없이 젊은 여인과 동침해야 치료된다 해 부인의 허락을 받았다는 전승(傳承) 고사(故事)가 있다. 더구나 지금은 남녀가 동등하고 여성의 사회적 경제적 지위가 남자와 비슷해진 상황에서 남편이 부인보다 열등하다면 공처가(恐妻家)가 되는 것은 별스러운 일이 아니다. 그러나 진정한 부부 관계나 애인 관계는 사랑의 관계이므로 높고 낮음이 없다.

사랑하기 때문에 그 사람이 소중하고 소중한 사람이기에 무엇이든 아낌없이 준다. 어진 여인은 사랑하는 이를 공경한다. 공경은 소중히 여김이다. 사랑이 없이는 희생과 섬김이 있을 수 없다.

● 한자학습   치(痴)-어리석다, 미치광이. 외(畏)-두려워하다, 옥사(獄死)하다.

● 보충학습   대구(對句)로 이뤄진 문장이다.

凡使奴僕범사노복에 先念飢寒선념기한이니라.

무릇 노복을 부림에는 먼저 그들의 춥고 배고픔을 생각해야 하느니라.

　노복(奴僕)을 부리는 이가 명심해야 할 것을 말하고 있다. 지금은 종을 두고 부리는 시대가 아니다. 그러나 자본주의 현대사회는 돈이 상전(上典)이다. 돈이 많으면 사람을 부리는 세상이다. 지식이 있고 없고 인격이 높고 낮고 나이가 젊고 늙고 이런 것들은 문제가 되지 않는다. 돈이 사람을 지배한다. 욕심 많고 비인격적인 자가 돈이 많아 사람을 부리면 고용인을 종처럼 생각한다. 때로는 돈 때문에 고용인 스스로 종처럼 고용주에게 아첨하기도 한다.
　노사문제(勞使問題)가 우리 사회를 때로 불안하게 하지만 실제로 사람과 사람 사이의 대부분 문제는 인격적인 것이 핵심이다. 아무리 돈을 많이 줘도 고용인을 비인격적으로 대우하면 노사가 평화로울 수 없다. 무시하고 모욕하고, 체면을 깎아 내리고, 능력을 인정하지 않고, 종 다루듯 하면 고용인은 늘 반감과 불만이 팽배하게 된다. 사람은 감정의 동물이다. 형편이 어려워 비록 돈은 적게 줄지라도 인격적으로 대우하고, 정을 느끼게 하고, 형편과 처지를 배려해 주고, 아껴주며 다독거리는 고용주는 노사관계에서 늘 자유롭다. 종은 피곤하게 일하고도 주인과 동석(同席)해 쉴 수가 없다. 주인에게 보상(報償)을 받을 수도 없다. 마음대로 집을 뛰쳐 나갈 수 도 없다. 억울해도 주인을 원망할 수 없고 항의할 수도 없다. 주인이 사랑하지 않으면 사랑받을 수 없는 불쌍한 존재다.
　이 세상에는 종처럼 어려운 이들이 있다. 도움의 손길을 벌려도 도와 줄 사람이 없고, 도와준다 해도 전혀 보상할 능력이 없다. 이 같은 춥고 배고픈 이웃들을 생각하자는 말씀이다. 값비싼 외투를 입고 기름진 식탁에 앉아 가난한 이웃을 화제로 삼는 부끄러움에 얼굴이 뜨겁다.

● **한자학습**　기(飢) - 주리다, 주리게 하다, 주림, 기아.
● **보충학습**　범(凡)은 발어사(發語詞)로 해석하지 않아도 전혀 뜻에 문제가 되지 않는다.

子孝雙親樂자효쌍친락이요 家和萬事成가화만사성이니라.

자녀가 효도하면 부모님께서 즐거워하시고, 집안이 화목하면 모든 일이 이루어지느니라.

이 문장은 너무 유명(有名)해 자식을 훈계(訓戒)하는 명언(名言)으로 인구(人口)에 널리 회자(膾炙)하고 있다. 어떤 분은 가화만사성(家和萬事成)을 이발소 현판(懸板) 글이라고 농담(弄談)하기까지 했다. 동네 이발소나 구멍가게에 먼지를 뒤집어쓰고 벽에 흔히 걸려 있다는 뜻이다. 그러나 이 말처럼 가정의 화목과 행복을 분명하게 가르쳐 주는 말도 드물다. 효도하는 자녀가 있으면 늙으신 어버이는 즐겁고 행복하다. 반대로 불효하는 자녀가 있는 집은 아무리 돈이 많고 좋은 주택에 살아도 불행하다. 좋은 옷이 몸에 깔끄럽고 기름진 음식이 입에 달지 않다.

효도는 먹고 입는 것에 있지 않다. 소위(所謂) 색양(色養)이라 해 부모님의 얼굴에 '기쁜 빛이 있나 없나, 근심하시는 빛이 있나 없나'를 잘 살펴 섬기는 것이 참다운 효도라 했다. 효도를 모르는 사람이 어디 있으랴. 효도를 하기 싫은 사람이 어디 있으랴. 이 세상에 어느 부모님이 자식이었던 시절이 없었던 분이 있는가. 자신이 자식이었을 때와 부모가 되었을 때 효도에 대한 마음이 한결같은 이가 몇이나 되랴. 기회 있을 때마다 여러 번 언급한 바 있지만 효도는 부모와 자식간의 윤리를 넘어서 사랑의 문제다.

금과옥조(金科玉條) 같은 효도의 훈계를 아무리 줄줄 외운들 부모와 자식간에 사랑이 없으면 공염불(空念佛)에 불과하다. 부모가 먼저 자식을 뜨거운 사랑으로 품어 기르고 자식이 그 사랑에 감동하며 자라 서로 사랑하는 것이 효도다. 집안이 가족애로 화목하면 하는 일마다 잘 된다. 앤돌핀이 넘치는 가족에게 무엇이 걱정이랴.

● **한자학습** 락(樂) – 즐거울 락, 좋아할 요, 풍류 악. 일자(一字) 다의어(多意語).

● **보충학습** 효(孝)의 뜻 가운데 축문(祝文)에서 효자(孝子) 모(某)가 아룁니다. 할 때 효(孝)는 맏아들이란 의미다. 스스로 효자(孝子)라고 자신을 자랑하는 것이 아니다.

時時防火發시시방화발하고 **夜夜備賊來**야야비적래니라.

때때로 불이 나는 것을 막고, 밤마다 도적이 오는 것을 방비할 것이니라.

재난(災難)은 언제 일어날지 잠시도 방심(放心)할 수 없다. 그러기에 '때때로'라고 한 것이다. 재난 가운데 가장 흔하고 심각한 것이 화재다. 누구도 예외가 될 수 없으며 아무리 화재가 무섭고 두려워도 하루도 불을 쓰지 않고 살 수는 없다. 겨울이면 크고 작은 화재로 많은 인명이 희생을 당한다. 정부는 행정자치부 산하 소방(消防) 본부를 소방재난방재청(消防災難防災廳)으로 格上시키고 화재 예방과 조기 소화(消火)에 예산과 인력을 해마다 증가시키고 있다. 평생을 피땀 흘려 모은 재산이 한 때의 부주의로 순간에 잿더미가 되고 고귀한 인명이 처참한 죽음을 당하는 화재는 한 개인에게 있어 이 보다 더한 불행은 없으며 국가적으로도 무엇보다 심각한 재난이다.

어린 자녀만 집에 두고 부모가 모두 심야(深夜)에 일 하러간 사이 화재(火災)로 집이 전소(全燒)되고 두 자녀를 화마(火魔)에 잃은 부모의 처절한 울부짖음은 화재가 얼마나 무섭고 큰 불행인가를 실감(實感)하게 한다. 이를 본 이들은 얼마동안 불조심에 누구나 많은 신경을 쓴다. 그러나 오래지 않아 또 화재가 일어난다. 해마다 봄이면 대형 산불로 수십 년 혹은 수백 년 가꾼 산림(山林)이 초토(焦土)로 변하고 수백 년 살아온 마을이 잿더미가 된다. 그럴 때마다 화재 원인의 대부분은 등산객 또는 마을 주민의 부주의나 지나는 자동차에서 버린 담배 불이었다. 화재가 무서운 것이 아니라 사람들의 방심(放心)과 부주의(不注意)가 무서운 것이다. 밤마다 도적이 들까 걱정하며 살아서야 되겠는가. 소 잃고 외양간 고치는 어리석음을 범하지 말자는 말이다.

● **한자학습** 방(防)-둑, 막다, 말리다, 대비하다, 방호하다, 덮다, 수비, 방비.

● **보충학습** 시시(時時) 야야(夜夜)처럼 명사가 겹칠 경우 복수(複數)의 의미를 지닌다.

景行錄云경행록운 觀朝夕之早晏관조석지조안하여
可以卜人家之興替가이복인가지흥체니라.

경행록에 이르기를 "아침과 저녁에 일찍 일어나고 늦게 자는 것을 보아 그 집의 흥하고 쇠함을 점칠 수 있느니라" 하였다.

    부지런 한 사람과 부지런 한 집이 흥(興)한다는 말이다. 빈부귀천은 하늘의 뜻에 달렸다고는 하지만 주어진 상황에서 더 흥하고 쇠하는 것은 자신의 노력 여하에 따라 달라진다. 하늘이 게으른 자를 부자 되게 하지 않으며 사치하고 낭비하는 자를 부유하게 하지 않는다. 비록 조상(祖上) 덕에 현재 부자로 산다할지라도 게으른 자는 그 재산이 오래 가지 않는다. 부지런하다고 꼭 부자가 되지는 못하지만 게으른 자는 반드시 가난하게 된다.
    남이 아직 자고 있는 시간에 일찍 일어나 남보다 한두 시간 더 일하는 사람, 남이 자는 시간에 자지 않고 남보다 한두 시간 더 열심히 일하는 사람 그런 사람의 집은 점을 쳐 보나 마나 부자가 될 집이다. 공부하는 사람도 마찬가지다. 아무리 타고난 천재라 하더라도 노력이 없으면 성공하지 못한다. 하물며 보통 사람이 남다른 노력 없이 어떻게 성공하겠는가. 다 같은 조건에서 경쟁하는 상황이라면 남을 앞설 수 있는 길은 오직 시간과 노력을 얼마나 더 많이 쏟아 부었는가에 달려있다.
    남보다 더 많은 시간 일하고 남보다 더 많이 공부하고도 성공하지 못할 수 있다. 그 경우는 방법이 틀렸거나 천운(天運)이 따르지 않음이다. 방법이 틀렸으면 방향을 전환해야 한다. 실패했던 방법을 여전히 되풀이 하는 것은 어리석다. 최선을 다하고도 뜻을 성취(成就)하지 못했으면 후회할 일이 아니다. 천명(天命)을 알았으니 이는 나름대로 성공이다. 하늘이 사람을 낼 때는 반드시 그를 쓰고자 하는 뜻이 있다. 이것이 곧 천명(天命)이다. 천명(天命)은 멀리 있지 않다. 나 자신을 성찰(省察)하면 보인다.

※ **한자학습**   안(晏)－늦다, 하루해가 저물다, 편안하다, 하늘이 맑다. 체(替)－쇠퇴하다, 쓸모없게 되다, 버리다, 폐하다, 폐지하다, 멸망하다.

※ **보충학습**   명사 사이에 쓰이는 '지(之)'는 '～의'로 앞의 명사를 관형어가 된다.

文中子曰 문중자왈 婚娶而論財 혼취이논재는 夷虜之道也 이로지도야니라.

문중자가 말하기를 "혼인하고 장가드는 데 혼수(婚需) 재물을 논하는 것은 오랑캐의 도니라" 하였다.

혼수(婚需)의 과다(過多)한 비용(費用)이 종종 사회문제가 된다. 이는 사람을 최고의 가치로 생각하지 않기 때문이다. 유가(儒家)적 인간관(人間觀)은 만물지중유인최귀(萬物之中唯人最貴)이다. 사람의 인성(人性) 속에 우주의 섭리와 천명이 내재한다고 생각했다. 성리학(性理學)이란 이를 연구하는 학문이다. 사람을 제외한 모든 것은 외물(外物)에 불과하다. 외물(外物)은 사람이 필요에 따라 누리고 사용하는 것일 뿐 사람의 가치를 변하게 하거나 사람의 품성을 바꿀 수 있는 것이 아니다.

이이첨같이 정승을 지낸 소인배(小人輩)도 있고 시구문 밖에서 궁하게 살았어도 석학(碩學) 군자(君子)가 된 송익필 같은 분도 있다. 군자는 외물(外物)에 초연(超然)하다. 외물에 얽매이는 자는 군자(君子)가 아니다. 혼수(婚需)는 외물(外物)이다. 인생(人生)의 중대사인 혼인(婚姻) 문제를 외물(外物)인 재물(財物) 가지고 논한다는 것은 군자가 할 일이 아니다. 문중자는 이를 오랑캐 풍습이라 했다. 이를 어쩌나.

오랑캐 풍습이 동방예의지국의 풍속이 되다니. 사람 중한 줄 모르고 재물 때문에 사람을 선택하면 십중팔구는 후회한다. 재물은 있다가도 없어지고 없는 재물도 생기는 법이다. 재물로 물건 사듯이 혼수(婚需)로 혼인(婚姻) 가부(可否)를 논한다면 이는 사람을 외물(外物) 아래로 격하(格下)시키는 것이다.

* **한자학습** 혼(婚)-혼인하다, 아내의 친정 살붙이. 취(娶)-장가들다. 로(虜)-포로, 사로잡다, 종, 하인, 오랑캐.

* **보충학습** 혼(婚)은 여혼(女婚)을 말하고 인(姻)은 사위의 집, 사위의 아버지를 뜻한다. 즉 남자 쪽 결혼을 의미한다. 취(娶)는 남성 중심의 시대적 산물(産物)이다.

안의 편

顏氏家訓曰안씨가훈왈 夫有人民而後부유인민이후에 有夫婦유부부하고 有夫婦而後유부부이후에 有父子유부자하고 有父子而後유부자이후에 有兄弟유형제하니 一家之親일가지친은 此三者而已矣차삼자이이의라

안씨가훈에 말하기를 "대저 인민(人民)이 있은 뒤에 부부(夫婦)가 있고, 부부(夫婦)가 있은 뒤에 부자(父子)가 있고, 부자(父子)가 있은 뒤에 형제(兄弟)가 있으니 한 집안의 친족(親族)은 이 세 가지뿐이니라" 하였다.

혈족(血族) 가운데 가장 가까운 친족은 부부(夫婦) 부자(父子) 형제(兄弟)다. 세상에 사람이 있은 후 제일 먼저 존재한 것은 부부(夫婦)다. 기독교의 성서(聖書) 창세기(創世記)는 인류의 조상을 아담과 이브 부부(夫婦)라고 했다. 부부(夫婦)가 있은 뒤에야 부자(父子)가 있을 수 있다. 혹, 효(孝)를 강조하는 이들은 부부보다 부모를 우선해야 한다고 말한다. 그러나 부부(夫婦)가 없는데 어떻게 부자(父子)가 존재할 수 있는가.

언필칭 부모(父母)에게 불효(不孝)함을 꾸짖을 때 자식을 향해 그렇게 하려면 이혼(離婚)하라고 하는 것은 인륜(人倫)의 시작이 부부(夫婦)임을 모르거나 알면서도 하는 억지소리다. 물론 부자(父子)는 천륜(天倫)이요 부부(夫婦)는 인륜(人倫)이다. 천륜(天倫)이 아무리 인륜(人倫)보다 중하다 해도 이치(理致)는 부부(夫婦) 이후에 부자(父子)인 것이다. 부자(父子)의 인륜(人倫)이 있고 나면 자연히 형제(兄弟)의 인륜(人倫)이 있게 된다. 아무리 형제(兄弟)간의 우애(友愛)가 좋다한들 부부(夫婦)와 부자(父子)보다 앞설 수는 없다. 형제(兄弟)간에 우애(友愛) 없이 제 식구밖에 모른다고 욕하지만 부부(夫婦)와 부자(父子)가 형제(兄弟)보다 우선(于先)함은 당연지사(當然之事)인 것이다.

독근거원(篤近擧遠)이 순리(順理)다. 각자 제 본분(本分)을 다함이 중요하다. 부모(父母)는 부모(父母)답고 자식(子息)은 자식(子息)답고 형(兄)은 형(兄)답고 아우는 아우다워야 한다. 의리(義理)과 우애(友愛)가 상(傷)함은 누구 탓이 아니다. 바로 내 탓이다.

● 한자학습 안(顏)-얼굴, 낯, 안면, 표정, 면목, 체면, 염치, 나타나다.

※ **보충학습** 유(有)는 존재와 소유를 나타낸다. 여기서는 모두 존재를 나타내는 자동사로 뒤의 명사는 보어다. 이(已)는 한정을 나타내는 조사로 '~뿐'의 뜻이다.

自兹以往자자이왕으로 至于九族지우구족이 皆本於三親焉개본어삼친언이라. 故고로 於人倫어인륜에 爲重也위중야니 不可不篤불가불독이니라.

이로부터 나가 구족(九族)에 이르기까지 모두 삼친(三親)에 근본함이라. 그런 까닭으로 인륜(人倫)에서 중(重)한 바가 되나니 돈독(敦篤)하지 않을 수 없는 것이니라.

구족(九族)은 같은 고조(高祖) 할아버지의 피를 이어받은 혈족(血族)이다. 옛날 대가족제도 하에서는 구족(九族)은 당내(堂內) 간이라 해 한 가족에 속할 만큼 가까운 친족이다. 다남(多男)이 숭상되던 시대 번족(繁族)한 집안의 구족(九族)은 그 수가 수십 명에 이르렀다. 지금은 핵가족 시대라 사촌 형제간에도 일 년에 한두 번 얼굴 보기가 힘들지만 전통사회(傳統社會)에서 구족(九族)은 한 할아버지 자손이라 해 가문(家門)을 형성하는 근간(根幹)이었다. 그런 까닭에 조상숭배(祖上崇拜) 등 위선(爲先) 사업과 동기간(同氣間)의 우애(友愛)를 다지는 일은 구족(九族)을 중심으로 이뤄졌다. 인륜(人倫)의 핵심은 바로 삼친(三親)과 구족(九族)이다. 근자(近者)에는 핵가족(核家族)마저 세분화(細分化)돼 결혼을 하지 않거나 결혼을 해도 자녀를 두지 않는 이들이 날로 증가 하는 추세(趨勢)를 보이고 있다.

정부와 지방자치단체들은 인구 감소의 원인인 저 출산을 막으려 안간힘을 쓰고 있다. 초등학교 가운데 해마다 신입생이 한 명도 없어 문을 닫는 곳이 수십 곳씩 늘어난다. 자녀를 두지 않는 것은 작게는 가문이 쇠약해짐이요 크게는 나라가 기우는 일이다. 출산의 폐해는 우리의 어린 아이들을 점점 지나친 이기주의(利己主義)와 독선(獨善)으로 병들어가게 한다. 형제가 없으니 동기간(同氣間)의 우애(友愛)를 알 리가 없고 양보(讓步)하며 배려(配慮)하는 미덕(美德)을 배울 길이 없다. 사람다움은 사라지고 속물(俗物)주의만 갈수록 넘쳐 난다. 이를 어찌 할 것인가. 혈족의 소중함과 인륜의 귀함을 가르쳐야 한다. 사람다운 사람이 사는 세상을 만들어야 한다.

● 한자학습　자(兹)-이, 이에, 검다, 흐리다. 륜(倫)-인륜, 무리, 순서.
● 보충학습　구족(九族)은 동(同) 고조(高祖) 고손(高孫)까지의 친족을 말한다.

莊子曰 장자왈 兄弟 형제는 爲手足 위수족하고 夫婦 부부는 爲衣服 위의복이니 衣服破時 의복파시에는 更得新 갱득신이어니와 手足斷處 수족단처에는 難可續 난가속이니라.

장자가 말씀하시기를 "형제는 수족이고 부부는 의복이니 의복이 해질 때는 다시 새 것으로 바꾸어 입을 수 있거니와 수족(手足)이 잘라진 곳에는 잇기가 어려우니라" 하였다.

혈족(血族)을 중시하는 말이다. 특히 형제간은 부모님의 혈육을 나눠받아 태어난 지친(至親)이니 우애(友愛)가 상(傷)해서는 안 된다는 뜻을 담고 있다. 그러나 이 말은 현실과 거리가 멀다. 지금은 물론 장자가 살던 당시에도 현실은 그렇지 못했을 것이다. 천륜(天倫)은 사람이 끊고 싶다고 끊을 수 있는 것이 아니다. 형제를 형제 하지 말자고 해서 형제가 아닐 수 없다. 그러나 인륜(人倫)은 사람이 정한 의리(義理)이므로 경우에 따라 마음이 변하면 언제고 파기(破棄)할 수 있다. 부부는 인륜(人倫)이다. 고로 장자는 부부 사이란 옷이 떨어지면 새 옷으로 바꿔 입듯이 바꿀 수 있으나 형제는 사람 몸의 수족과 같아서 바꿀 수 없고 끊어지면 이을 수 없다 했다. 형제가 부모의 유산 때문에 법정에서 송사(訟事)를 벌이고 심하면 살상(殺傷)이 빚어지는 세상에서 장자의 말은 공허(空虛)한 이야기다.

근래 이혼율이 갈수록 높아져 걱정인 데 부부가 이혼하는 것을 옷 바꿔 입는 것쯤으로 생각한다면 오히려 권선(勸善)하는 교훈이 아니다. 부부도 형제도 다 소중한 가족 공동체의 핵심이다. 어느 것 하나도 경중(輕重)을 따질 대상이 아니다. 장자는 부부 때문에 형제간의 우애(友愛)나 의리(義理)가 상(傷)해서는 아니 됨을 강조한 것일 뿐이다. 장자도 지금 세상에 사셨다면 이와 같은 말씀을 하지 않으셨으리라.

● 한자학습   갱(更)-다시, 고치다(경), 새로워지다(경). 속(續)-잇다, 이어지다.

● 보충학습   위(爲)의 용법에는 '~이다' '~가 되다' '~을 위해' '~하다' 등이 있다. 여기서 형제나 부부를 사물에 비유하면 '수족 또는 의복이다'라는 뜻이다.

蘇東坡云소동파운 富不親兮貧不疎부불친혜빈불소는 此是人間大丈夫차시인간대장부요 富則進兮貧則退부즉진혜빈즉퇴는 此是人間眞小人輩차시인간진소인배니라.

소동파가 이르기를 "부유하다고 해서 친하지 않고 가난하다고 해서 멀리하지 않는 사람은 이런 이가 인간 대장부요, 부유하면 가까이 하고자 나가고 가난하면 멀리하려고 물러나는 사람은 이런 이가 인간의 참다운 소인배니라" 하였다.

   동파(東坡) 소식(蘇軾)은 송(宋)나라 문호(文豪)로 우리나라 한문학(漢文學)에 지대한 영향을 미쳤다. 고려 때는 과거 급제(及第)자 방(榜)이 붙으면 사람들이 "올 해는 또 몇 명의 동파(東坡)가 나오는가?" 할 정도로 소동파의 문학에 경도(傾倒)됐다. 동파는 인간의 유형(類型)을 대장부(大丈夫)와 소인배(小人輩) 둘로 나눠 비교하고 있다. 대장부(大丈夫)는 군자(君子)와 같은 의미다. 인품에 관계없이 단순히 부자이기 때문에 더 가까이 사귀려고 하는 것은 사사로운 욕심(慾心)이 있는 까닭이다. 자신의 이익을 도모하려는 이기적 행위이다. 진실한 인간적 인격적 사귐이 아니다. 가난하다는 이유로 멀리 하는 것은 속물(俗物) 근성(根性)이다. 사람을 인격적 대상으로 보지 않고 자기 이(利)속을 챙기기 위한 대상으로 보기 때문이다. 이런 인간을 소동파는 소인배(小人輩)라 했다.
   맹자(孟子)는 사람이 이(利)만을 추구하면 분쟁(分爭)과 쟁탈(爭奪)이 끊이지 않는다 했다. 서로 남의 것을 빼앗아 제 이익(利益)을 불리려 하니 대부(大夫)는 대부(大夫)와 이익을 다퉈 싸우고, 대부(大夫)가 세력이 커지면 제후(諸侯)의 이익을 넘보아 반역(反逆)하며, 제후(諸侯)는 다른 제후(諸侯)의 이익을 탐해 쟁탈전(爭奪戰)을 벌리게 되니 온 세상이 전쟁터가 된다는 것이다. 대장부(大丈夫)는 이익(利益)에 탐욕이 없으니 사람을 사귐에 빈부(貧富)의 차별이 없다. 덕(德)으로 사귀니 인격의 향기가 아름답다. 이익(利益)에 눈이 먼 소인배(小人輩)는 부자(富者)에게는 아첨하고 비굴하나 가난한 이에게는 교만하고 인색하다. 마땅히 거울로 삼을 일이다.

● **한자학습**   장(丈)-길이의 단위, 어른. 배(輩)-무리, 동류, 동아리, 짝.
● **보충학습**   혜(兮)는 사(辭)나 부(賦)에 주로 쓰이는 감탄조사이다.

춘제편

子曰자왈 居家有禮故거가유례고로 長幼辨장유변하고 閨門有禮故규문유례고로 三族和삼족화하고

공자(孔子)께서 말씀하시기를 "가정에서 생활하는 데 예(禮)가 있는 까닭으로 어른과 아이의 나뉨이 있고, 내당(內堂)에 예(禮)가 있는 까닭으로 삼족이 화목(和睦)하고

사람과 동물이 다른 것은 예(禮)의 있고 없음이다. 동물 가운데 영장류(靈長類)는 사람과 생물학적으로는 너무 비슷하다. 지능도 다른 동물과 월등히 차이가 나고, 사회성을 가져 공동체의 질서를 유지하고 있다. 그러나 그것은 본능적인 것이지 예(禮)가 아니다. 사람은 가족 공동체를 구성하고 살면서 예(禮)가 있는 고로 장유유서(長幼有序)가 분명하다. 사람 이외의 영장류(靈長類)는 가족 공동체의 지배 원리가 오직 힘이다. 힘의 강약(强弱)에 따라 서열이 정해지고 힘의 강약(强弱)이 바뀔 때마다 가족 공동체의 서열이 달라진다.

사람은 가장 나이 많은 집안 어른이 가족 공동체의 리더가 된다. 예법(禮法)이 가족 공동체의 질서를 유지하는 힘의 근본이다. 장유(長幼)의 분별뿐이 아니다. 동물은 짝짓기에 힘의 논리만이 있을 뿐 가족 공동체의 구별이 없다. 사람만이 예법에 따라 혼인(婚姻)한다.

규문(閨門)에 예(禮)가 있는 고로 삼족(三族)이 화목(和睦)한다는 것은 집안이 화목(和睦)하려면 여자들이 잘해야 한다는 말이다. 세상을 지배하는 것은 남자지만 남자를 지배하는 것은 여자라는 우언(寓言)도 있듯이 여자의 말을 듣지 않는 남자는 드물다. 이 말은 여자들이 하기에 따라 삼족(三族)이 화목(和睦)할 수도 있고 불화(不和)할 수도 있다는 뜻이다. 가화만사성(家和萬事成)의 열쇠가 여자들에게 있음을 강조한 말이다.

● **한자학습** 변(辨)-분별하다, 분명히 하다, 나누다. 규(閨)-도장방, 부녀자의 거실, 궁의 작은 문, 독립한 작은 문, 여자.

● **보충학습** 삼족(三族)은 부(父), 모(母), 처(妻)의 족속 즉 친가(親家) 외가(外家) 처가(妻家)의 족친(族親)을 뜻하는 것으로 혈연(血緣) 관계의 모든 족친(族親)을 말한다.

朝廷有禮故조정유례고로 官爵序관작서하고 田獵有禮故전렵유례고로 戎事閑융사한하고 軍旅有禮故군려유례고로 武功成무공성이니라.

조정(朝廷)에 예(禮)가 있는 까닭에 벼슬에 질서가 있고, 군사 훈련에 예(禮)가 있는 까닭에 군대의 일이 익숙해 한가롭고 군대에 예(禮)가 있는 까닭에 무공(武功)이 이뤄지느니라.

조정(朝廷)에 예법(禮法)이 있어 벼슬의 높고 낮은 차례에 따라 서열(序列)이 이뤄진다. 조정뿐만이 아니다. 모든 조직 사회는 나름대로 직책(職責)의 서열이 있다. 조직의 성격에 따라 서열이 엄격한 조직과 서열이 느슨한 조직이 있다. 그러나 어떤 형태로든 서열은 분명히 존재한다.

이것을 무시(無視)하거나 소홀히 하면 조직(組織)의 기강(紀綱)이 해이(解弛)하고 너무 지나치게 중시(重視)하면 인화(人和)와 단결(團結)에 흠이 생긴다. 때로는 조직의 상사(上司)가 친구거나 집안의 손아래 사람, 학교의 후배(後輩)일 수 있다. 그런 경우라도 공적인 자리에서 상급자(上級者)에 대한 결례(缺禮)는 금물(禁物)이다. 상급자를 개인적인 친분(親分)을 내세워 무례(無禮)히 대하는 것은 상급자를 난처(難處)하게 할 뿐 아니라 공사(公私)를 구분할 줄 모르는 자신의 무지(無知)함을 드러내는 어리석은 일이다. 그런다고 해서 자신의 위상(位相)이 결코 높아지는 것이 아니다. 반대로 상급자가 계급의 상하를 너무 내세우면 아랫사람들의 마음을 얻기 어렵다. 인화(人和) 없는 강한 기강은 위기가 닥쳤을 때 무너지기 쉽다. 몸을 던져 조직을 구할 사람이 없다. 군사훈련에 예(禮)가 있으니 철저하게 훈련돼 방어에 걱정이 없다. 군대에 군법의 예가 확고하니 전쟁에서 무공이 빛난다. 예는 사람을 구속하는 형식이 아니라 문화다.

● **한자학습** 렵(獵)-사냥, 잡다, 사냥하다, 사로잡다. 융(戎)-되, 오랑캐, 병기의 총칭, 병거(兵車). 려(旅)-군사, 나그네, 많은, 무리, 군대의 직제.

● **보충학습** 전렵(田獵)은 사냥이라는 뜻과 군사훈련이란 의미가 있다.

子曰자왈 君子有勇而無禮군자유용이무례면 爲亂위난하고 小人有勇而無禮소인유용이무례면 爲盜위도니라.

공자께서 말씀하시기를 "군자가 용맹함이 있으나 예가 없으면 난을 일으키게 되고, 소인이 용맹함이 있으나 예가 없으면 도둑이 되느니라" 하셨다.

벼슬 하는 사람, 권력을 잡은 사람이 용맹(勇猛)함이 있고 절제(節制)할 예(禮)가 없으면 난폭(亂暴)한 관원(官員)이 되거나 반역(叛逆)하는 자가 된다는 말이다. 권력자가 용맹(勇猛)함이 있고 자신을 절제(節制)할 예(禮)가 있으면 국난(國難)에 나라를 위해 목숨을 바칠 충신(忠臣)이 된다. 신라의 박제상, 고려의 정몽주, 조선의 사육신, 삼학사 등은 군자로 용맹함과 자신을 절제할 예를 갖춘 충신이다. 그러나 이괄은 용맹한 장수나 예를 갖추지 못하여 역신(逆臣)이 됐다.

충신(忠臣)과 역신(逆臣)의 공통점은 관인(官人)이면서 용맹(勇猛)함을 가진 것이요, 차이점은 오직 자신을 절제할 예(禮)를 가짐과 가지지 못함이다. 이는 소인(小人)의 경우도 마찬가지다. 서민(庶民)이 용맹(勇猛)함을 가지고 자신을 절제(節制)할 예(禮)를 가지지 못하면 그 용맹(勇猛)함을 이기지 못해 남을 해치게 된다. 남을 해치지만 서인(庶人)은 그 능력이 한 개인에 지나지 못해 감히 나라에 반역(叛逆)할 정도로 큰일은 하지 못하고 다른 개인의 재산과 신체에 위해(危害)를 가하는 도적(盜賊)이 된다. 서인(庶人)이 용맹(勇猛)함이 있고 자신을 절제(節制)할 예(禮)가 있으면 용기(勇氣) 있는 의인(義人)이 된다. 도적과 의인의 차이는 예(禮)의 있고 없음이다.

* **한자학습** 난(亂)-어지럽다, 난리, 간음, 반역하다, 반역. 도(盜)-훔치다, 밀통하다, 도둑질.
* **보충학습** 본문의 군자(君子)와 소인(小人)은 덕(德)이 있는 사람과 소인배(小人輩)의 의미가 아니다. 선진(先秦) 시대의 군자(君子)와 소인(小人)은 관인(官人)과 서인(庶人)의 뜻으로 쓰였다.

老少長幼노소장유는 天分秩序천분질서니
不可悖理而傷道也불가패리이상도야니라.

노인과 젊은이 어른과 어린이는 하늘이 정한 질서니 이치를 어기고 도를 상하게 해서는 안 되느니라.

사람의 관계에서 노소(老少) 장유(長幼)는 하늘이 정한 질서다. 이는 인간으로서 마음대로 할 수 있는 것이 아니다. 높은 관직에 오르는 것이나 하급 신분으로 사는 것은 사람이 정한 질서다. 비록 신분이 높다하더라도 그것은 세상 형편에 따라 얼마든지 변경될 수 있다. 고관대작이 졸지에 역모로 몰리면 서인(庶人)이 되거나 천역(賤役)에 처해 지기도 한다. 인간의 신분도 영원불변한 것이 아니다.

그러나 노소(老少) 장유(長幼)는 권력으로도 재물로도 뒤 바꿀 수 없다. 태어나면서 정해진 것이다. 만약 사람이 이러한 질서를 범하면 천륜(天倫)을 범한 죄가 된다. 나이 어린 사람이 신분이 높거나 돈이 많다고 힘없는 신분이 낮은 노인에게 마구 패악(悖惡)을 부리면 천벌(天罰)을 받을 사람이라도 욕한다. 이는 하늘의 뜻을 거역(拒逆)한 죄인이라는 말이다.

논어(論語)에 공자께서는 득죄어천무소도야(得罪於天無所禱也)라 했다. 하늘에 죄를 지으면 빌 곳이 없다는 말이다. 임금이라도 나이 어린 이가 나이든 노인을 학대하면 이는 하늘에 죄를 짓는 것이니 용서받을 수 없다는 뜻이 된다.

나이 어린 사람이 어른을 능멸(凌蔑)하는 것도 마찬가지다. 장유유서(長幼有序)는 만고(萬古) 불변의 윤리(倫理)다. 아무리 시대가 변하고 생활의 형태가 달라져도 감히 소홀히 할 수 없는 일이다. 젊은이도 멀지 않아 누구나 노인이 됨도 천도(天道)의 정한 이치다.

● **한자학습** 패(悖)-어그러지다, 도리 사리에 어긋나다. 상(傷)-상처, 닿다, 이지러지다.

● **보충학습** 노소(老少) 장유(長幼)는 반대자끼리 조합(組合)한 복합어(複合語)이다.

出門출문에 如見大賓여견대빈하고 入室입실에 如有人여유인이니라.

문밖에 출타해 사람을 만날 때는 마치 큰 손님을 뵙듯이 하고, 방에 들어올 때는 마치 방에 사람이 있는 듯이 하라.

사람이 출타(出他)하여 대인관계(對人關係)를 할 때 주의 할 점과 집에서 방에 들어갈 때 유의할 점을 말하고 있다. 출타해 다른 사람과 사귈 때 상대방을 마치 큰 손님 대하듯 하라고 했다. 큰 손님 대하듯 하라는 말뜻은 무엇인가. 큰 손님을 뵙는 예(禮)로써 대해야 한다는 말이다. 상대방의 인격을 존중하고 말과 행동에 공경의 마음을 표현해야 한다. 나를 낮추고 상대방을 높이며 내 의견을 고집하지 말고 상대방의 의견에 귀를 기울여야 한다. 큰 손님은 어려운 분이니 실수하지 아니 하도록 나의 몸가짐과 말씨를 조심하고 상대방의 기분을 상하는 일이 없도록 해야 한다. 출타해 만나는 사람마다 이와 같이 한다면 누구에게라도 호감(好感)을 얻게 된다. 대인관계(對人關係)가 성공적인 사람은 자신의 능력이 다소 부족하더라도 돕는 손길이 많아 성공한다. 반면에 능력이 뛰어난 사람도 대인관계가 좋지 않으면 사회생활에서 성공하기 어렵다. 인간은 사회적 동물이라 독불장군(獨不將軍)으로는 아무 일도 할 수 없다.

빈방에 들어갈 때 마치 방에 사람이 있는 것처럼 하라는 것은 신중하고 조심성 있게 행동하라는 말이다. 어른이 계신 방을 출입할 때 삼가고 조심함은 자신의 공순함과 어른을 공경하는 예절이다. 이를 항상 몸에 익혀 어느 때고 실수하지 않도록 하라는 경계다.

요즘 젊은이들 가운데는 안하무인(眼下無人) 천방지축(天方地軸)인 사람들이 적지 않다. 천성(天性)이 경망(輕妄)해서 그런 것이 아니다. 어려서 이런 말씀을 듣고 몸에 익히지 않아서 그렇다. 뒤 늦게 나이 들어 배워 안들 몸에 익지 않으니 조금만 방심(放心)해도 경거망동(輕擧妄動)이 튀어 나온다. 세살 버릇이 여든까지 간다. 예절은 어려서 배울수록 몸에 붙는 법이다.

● 한자학습   빈(賓)-손님, 손님으로 묵다, 손님이 되다, 손님으로 대우하다.
● 보충학습   대구법(對句法) 문장에 여(如)의 동등(同等) 비교법(比較法)이 쓰인 문장이다.

曾子曰증자왈 朝廷조정에는 莫如爵막여작이요 鄕黨향당에는 莫如齒막여치요 輔世長民보세장민에는 莫如德막여덕이니라.

증자가 말씀하시기를 "조정에는 벼슬만한 것이 없고, 향당에는 나이만 한 것이 없고, 세상을 돕고 백성을 다스리는 데에는 덕(德)만한 것이 없느니라" 하였다.

조정에서는 벼슬 높은 것이 제일이다. 나이가 아무리 많아도 벼슬이 낮으면 벼슬이 높은 젊은 상급자에게 경례를 해야 하고 명령을 받들어야 한다. 설령 하급자가 지체 높은 명문 출신이고 상급자가 한미한 가문 출신일 경우라 할지라도 가문의 지체에 관계없이 벼슬이 높으면 공대(恭待)를 받쳐야 한다. 이것이 조정(朝廷)의 예법(禮法)이다. 비록 시대가 달라져 계급 사회는 아니지만 지금도 군인이나 경찰 검찰 등 계급이 분명한 국가 기관은 예전과 조금도 다름이 없다. 사실 공무원이나 일반 직장도 형태만 조금 달라진 것이지 직급이 높은 사람에게 하급자가 명령을 따르고 공대(恭待)하는 것은 마찬가지다. 학교 같이 계급이 중시(重視)되지 않는 기관도 겉과 다르게 내적으로는 나름대로 상하 직위에 대한 예(禮)가 엄존(儼存)한다. 다 같은 교사 다 같은 교수가 아니다. 이것을 무시(無視)하는 교사나 교수는 자기가 나이 들어 젊은 교사나 교수에게 무례(無禮)함을 당하면 그것이 얼마나 잘못된 일이었나를 알게 된다. 정치에는 덕(德)이 제일이다. 힘으로 다스리면 폭정이 되고 요령과 술수로 다스리면 난정(亂政)이 된다.

덕(德)으로 다스리면 백성이 믿고 따르는 인정(仁政)이 된다. 정치 9단은 수단꾼이 아니다. 덕(德)으로 국민을 감화(感化)시키는 정치인이다. 우리나라 정치 혼란은 덕(德)으로 정치하는 진정한 정치 9단이 없었던 탓이다. 때와 처지에 따라 무엇이 우선해야 하는가를 아는 것은 매우 중요하다.

● 한자학습 작(爵)-잔, 술잔, 벼슬, 벼슬을 내리다. 당(黨)-무리, 향리, 동리, 일가친척. 보(輔)-덧방나무, 바퀴살의 힘을 돕는 나무, 돕다, 힘을 빌리다, 바르게 하다.

● 보충학습 莫如는 '~와 같은 것이 없다.'로 최상급 비교를 나타낸다.

若要人重我약요인중아인대 無過我重人무과아중인이니라.

만약 남이 나를 중히 여겨 주기를 바라거든 내가 남을 중히 여김보다 더 나음이 없느니라.

기독교의 황금율(黃金律)은 "남에게 대접을 받고자 하는 대로 먼저 남을 대접하라"는 성경(聖經) 구절이다. 사람들은 누구나 남들이 자기를 중히 여겨 주기를 바란다. 남이 자기를 대단한 사람으로 알아주기를 바랄 뿐만 아니라 때로는 그 욕망 때문에 자기 과시(誇示)가 지나쳐 남들의 빈축(嚬蹙)을 사기도 한다. 반대로 남을 칭찬(稱讚)하는 데에는 인색(吝嗇)하다. 진정으로 남이 자기를 대단한 사람으로 알아주기를 원한다면 그 방법은 뜻밖에 간단하다. 내가 남을 사람을 대단한 사람으로 알아주고 칭찬하는 것이다.

우리나라 전승(傳承) 설화(說話)에 재미난 이야기가 있다. 어느 마을에 시집살이로 고생하는 며느리가 있었다. 어느 날 탁발(托鉢)온 고승(高僧)에게 미운 시어머니가 일찍 돌아가실 수 있는가를 물었다. 고승은 하루에 한 번 이상 동리 사람을 만나 시어머니 칭찬을 하면 된다고 했다. 효험을 빨리 보려면 칭찬 횟수를 늘리면 된다고 했다. 시어머니를 죽으라고 하는 며느리의 칭찬은 온 마을에 퍼졌고 드디어 시어머니의 귀에까지 들렸다. 처음은 며느리가 가식적으로 하는 것이려니 여겼으나 몇 달이 지나자 며느리가 시어머니를 칭찬하는 횟수가 더 많아졌다. 시어머니가 빨리 죽으라는 것이었지만 이를 모르는 시어머니는 며느리의 자신을 중히 여김에 감동해 자신도 마을 사람들에게 며느리 칭찬을 하기 시작했다. 이런 일이 계속되자 고부(姑婦)간의 마음에는 사랑하는 마음이 커져갔다. 남이 나를 중히 여기는 것을 보고 나도 남을 중히 여기게 된 것이다.

* 한자학습   과(過)-지나다, 초월하다, 낫다, 여유가 있다, 실수하다.
* 보충학습   앞 문장은 가정문, 뒤 문장은 최상급 비교문이 쓰였다.

父不言子之德부불언자지덕하며 子不談父之過자부담부지과니라.

아버지는 아들의 덕을 말하지 말며, 자식은 아버지의 허물을 말하지 말지니라.

자고로 아버지가 아들의 미덕(美德)을 말하는 것은 덕(德)스럽지 못하다고 생각했다. 말하자면 자식 자랑을 하지 마라는 말이다. 우리나라 전승에 의하면 제 자랑, 자식 자랑, 마누라 자랑 하는 사람을 삼불출(三不出)이라 하여 못난이로 취급했다. 부모가 자식 자랑 하는 것은 인지상정(人之常情)이다.

누가 탓하겠는가. 그러나 정도가 문제다. 지나치게 자식 자랑을 하면 듣는 사람들이 싫어하고 더 지나치면 미워하게 된다. 사람들 가운데는 자식이 건강 때문에 어려움을 겪는 사람도 있고, 자식이 공부를 못해서 진학에 실패한 사람도 있을 수 있다. 그런 사람 앞에서 자기 자식 자랑을 늘어놓는 것은 듣는 사람의 입장을 배려하지 않는 염치없는 짓이다. 정도가 지나치면 교만하고 방자한 행위가 된다. 남이 자기 자식 칭찬을 하더라도 겸손해 하는 것이 덕 있는 사람이 할 일이다. 자식은 어버이의 허물을 말해서는 안 된다.

아무리 어버이가 잘 못 하시더라도 자식이 어버이의 허물을 입에 담는 것은 불경(不敬)한 짓이다. 현대 사회는 부모나 자식이 허물이 있을 때 관에 고하는 것이 진실이라고 가르친다. 그러나 성현께서는 부모는 자식의 죄를 감추고 고칠 때까지 훈계해야 하고 어쩔 수 없으면 부모가 대신 그 죄의 벌을 받는 것이 옳다 했다. 자식도 마찬가지다. 부모가 죄를 지으면 자식은 감히 관에 고하지 못하고 그 벌을 자식이 대신하는 것이 옳다 했다. 부모 자식은 천륜간이라 법과 경우로 따질 수 없는 사이기 때문이다. 경우 밝은 처사가 옳은 것이 아니다. 천륜은 법과 경우를 뛰어넘는 것이다.

● 한자학습 덕(德)-덕, 행위, 어진이.

● 보충학습 대구법(對句法) 금지(禁止)문이다.

언어편

劉會曰유회왈 言不中理언불중리면 不如不言불여불언이니라.

유회가 말하기를 "말이 이치에 맞지 않으면 말하지 않는 것만 같지 못하느니라" 하였다.

말이란 화자(話者)의 의사(意思) 표현이다. 말이 이치에 맞지 않으면 그의 의사(意思)가 옳지 않다는 뜻이다. 옳지 않은 생각은 아무리 말 표현의 기교가 능란(能爛)하더라도 이치(理致)에 맞을 수가 없다. 말은 자신의 생각을 표현해 듣는 사람으로 하여금 자신의 생각에 동의하도록 하고자 함이다. 만약 하는 말이 이치에 맞지 않으면 아무리 많은 말을 한다 해도 상대방을 설득시킬 수 없다. 중요한 것은 말을 하는 것이 아니라 그 말이 얼마나 이치에 합당한 말이냐. 잘 못한 말은 쏟은 물과 같아서 다시 담을 수 없다. 말 한 마디가 천 냥 빚을 갚는다는 말은 그 말이 얼마나 이치에 합당한가를 뜻한다. 남아일언중천금(男兒一言重千金)이라는 말처럼 이치에 합당한 말은 천금 같이 귀하다. 때로는 말 한마디가 화근(禍根)이 돼 사화(士禍)를 일으켜 나라가 위기에 처하기도 했다.

인종과 명종 때의 을사사화는 사실 병약한 인종 사후(死後) 대통(大統) 문제에 대해 택현설(擇賢說)을 주장한 측이 명종이 즉위한 뒤 명종만이 아닌 여러 왕자 가운데 어진 이를 택해 후사를 정해야 한다고 한 말 때문에 화(禍)를 당한 것이다. 물론 이 택현설은 이치에 맞지 않는 말이 아니다. 당쟁의 불씨로 이용됐을 뿐이다. 말은 많이 하는 것보다 이치에 맞는 말을 알맞게 하는 것이 귀하다. 서양 속담에 웅변은 금이요 침묵은 은이라는 말은 말의 가치를 폄하(貶下)한 말이 아니라 꼭 필요한 말을 아껴서 하라는 뜻이다. 불필요한 말은 하지 않음만 같지 못하다.

옛시조에 "말로써 말이 많으니 말 말을까 하노라"는 시귀는 말을 아껴 함부로 하지 말라는 경계다.

● 한자학습 유(劉) - 죽이다, 베풀다, 이기다, 이겨내다.

● 보충학습 不如 '~만 같지 못하다' 부정 비교를 나타낸다.

一言不中 일언불중이면 千言無用 천언무용이니라.

한 마디 말이 맞지 않으면 천 마디 말이 쓸 데가 없느니라.

촌철살인(寸鐵殺人)이란 말이 있다. 큰 칼로만 사람을 죽일 수 있는 것이 아니다. 한 마디의 작은 송곳이나 침으로도 급소(急所)를 찌르면 얼마든지 사람을 죽일 수 있다. 말이 많다는 것은 두 가지 의미다.

첫째는 자신이 하는 말에 자신이 없기 때문이다. 스스로 자기 말에 확신이 있는 사람은 말을 많이 하지 않는다. 자기도 확신이 없는 말을 남에게 하자니 중언부언(重言復言) 말이 길어지는 것이다. 조선 말 연암 박지원이 쓴 소설 허생전의 주인공 허생은 생면부지(生面不知)의 변 부자를 찾아가 거금 일만 냥을 빌려달라고 하면서 시험할 일이 있으니 빌려달라는 말 한 마디 밖에 하지 않는다. 변 부자는 일언지하(一言之下)에 가난하고 초라한 몰골의 선비 허생에게 일만 냥을 빌려준다. 이를 보고 놀란 측근들이 그 까닭을 묻자 허생의 말에 자신감과 당당함이 보여 빌려줬다고 말한다. 신념에 찬 말은 간단명료(簡單明瞭)한 법이다.

두 번째로 남을 속이는 말은 길다. 진실이 아닌 속임수의 말은 상대방을 미혹하기 위해 온갖 미사여구(美辭麗句)와 감언이설(甘言利說)을 늘어놓는다. 진실은 군더더기 수식(修飾)이 필요 없다. 수식이 많을 수록 내용은 부실(不實)한 법이다. 믿을 신(信)이란 글자는 사람 인(人)과 말씀 언(言)이 조합한 회의(會意)에 속한 글자다. 믿을 수 있는 사람인가 아닌가는 그 사람의 말을 들어보면 알 수 있다는 뜻이다. 사람을 평가할 때 말을 많이 들어 봐야 그 사람의 신뢰성을 알 수 있는 것이 아니다. 단지 한 마디 말이라도 그 말이 이치에 어긋나거나 거짓을 말한다면 천 마디 말을 들어본들 무슨 소용이 있겠는가. 언고행(言顧行)이다.

말의 진실성은 자기가 한 말에 책임을 지는 것이다. 말을 할 때는 지난 날 나의 행함과 앞으로 나의 행할 것을 생각하며 하라는 말이다.

● **한자학습** 중(中)-여기서는 동사로 적중하다, 들어맞다 등의 의미로 쓰였다.

● **보충학습** 문장 앞에 만약 약(若) 생략된 가정문이다.

君平曰군평왈 口舌者구설자는 禍患之門화환지문이요
滅身之斧也멸신지부야니라.

군평이 말하기를 "입과 혀는 화환의 문이요 몸을 망하게 하는 도끼니라" 하였다.

말을 잘 못하면 화를 당한다는 말이다. 말을 잘 해서 출세하고 성공하는 경우도 없는 것은 아니지만 말을 잘 못해서 화를 당하는 경우가 더 많다. 오죽하면 말하는 입이 제 몸을 망하게 하는 도끼라고 하겠는가. 제 몸을 망하게 하는 도끼란 사형장에서 사람을 죽이기 위해 망나니가 휘두르는 도끼를 말한다. 말을 잘못하면 화를 당함은 물론 심하면 죽기까지 한다는 뜻이다. 이런 말을 하게 된 것은 왕조시대 폭군의 난정을 만나면 많은 선비들이 난정을 비판하거나 임금의 과오를 간(諫)하는 말을 하다가 역모로 몰려 죽음을 당한 일이 많았기 때문이다.

지금은 국민의 여론에 의해 정치가 이뤄지는 민주주의 시대이다. 화를 당할 것이 두려워 해야 할 말을 못한다면 이는 민주시민으로써 권리를 포기하는 것이다. 사실 이와 같은 경계가 있었음에도 불구하고 왕조 시대의 올곧은 선비들은 충간(忠諫)을 멈추지 않았다. 왕조시대도 국법으로 언로(言路)를 보장했으니 사간원(司諫院)의 정언(正言)은 언관(言官)이라 해 임금과 대신들의 잘못을 간(諫)하는 것을 그 소임(所任)으로 했다. 말을 잘 못해서 화 당함을 걱정하며 전전긍긍할 것이 아니라 당당하게 옳은 말을 하며 사람답게 살아야 한다.

성군의 첫째 미덕(美德)은 언로를 넓게 열어 백성의 소리를 들어 백성이 원하는 정치를 하는 것이다. 하물며 민주주의 시대에 국민이 뽑은 위정자가 언론의 비판을 꺼리는 것은 옳지 않다. 언로를 막는 그 자체가 민주주의에 역행하는 것이다.

● **한자학습** 멸(滅)-멸망하다, 없어지다, 제거하다, 끄다, 열반. 부(斧)-도끼, 베다, 도끼를 베다, 자루 없는 도끼의 무늬를 그려 넣은 천이나 그 병풍.

● **보충학습** 주어 하나에 술어가 두 개인 문장이다.

利人之言이인지언은 煖如綿絮난여면서하고 傷人之語상인지어는
利如荊棘이어형극하여 一言利人일언이인이 重値千金중치천금이요
一語傷人일어상인은 痛如刀割통여도할이니라

남을 이롭게 하는 말은 따뜻하기가 마치 솜과 같고, 남을 상(傷)하게 하는 말은 예리하기가 마치 가시와 같아서 한 마디 남을 이롭게 하는 말은 천금과 같이 중(重)하고 한 마디 남을 상(傷)하게 하는 말은 아프기가 마치 칼로 베는 것과 같으니라.

남을 이롭게 하는 말은 솜 같이 부드럽고 천금 같이 귀하다. 좋은 말은 부드럽다. 좋은 감정으로 하는 말은 듣는 사람에게 따뜻함을 느끼게 한다. 부드럽고 감미로운 소리가 사람의 마음을 움직인다. 사랑의 고백은 조용하고 은밀하다. 천언만어(千言萬語)라도 저만을 위한 욕심 사나운 말이나 오만(傲慢) 방자(放恣) 잘난 체 하는 말은 천하다. 남을 이롭게 하는 말은 비록 한 마디 말이라도 천금보다 귀하다. 반대로 남의 마음에 상처를 주는 말은 가시처럼 날카롭다. 한 마디 독(毒)한 말에 찔린 상처의 아픔은 생살을 칼로 베는 것과 같다. 가시에 찔리거나 칼에 벤 상처의 아픔은 시간이 지나면 낫는다. 한 번 나으면 그 상처는 다시 아프지 않는다.

그러나 말 때문에 입은 마음의 상처는 아무리 시간이 흘러도 생각나면 또 괴롭고 또 아프다. 마음에 못이 박힌 상처는 죽을 때까지 낫지 않는다. 남의 약점, 남이 밝히고 싶지 않은 과거, 특히 신체적 불구, 못 배운 저학력, 부끄러운 실수나 출신배경 등에 대해 많은 사람이 있는 가운데 공공연히 비난하거나 비아냥거리는 것은 남의 마음에 상처를 준다. 남을 이롭게 하는 말은 못하더라도 남의 마음에 상처 주는 말은 하지 말아야겠다.

● 한자학습   난(煖)-따뜻하다. 서(絮)-솜. 버들개지. 눈송이. 극(棘)-대추나무. 가시나무. 치(値)-값. 값하다. 가지다. 할(割)-나누다. 쪼개다. 빼앗다. 베다.

● 보충학습   문장의 의미상 대구(對句)를 이루고 있고, 여(如)의 대등(對等) 비교가 쓰였다.

口是傷人斧구시상인부요 言是割舌刀언시할설도니
閉口深藏舌폐구심장설이면 安身處處牢안신처처뢰니라.

입은 사람을 다치게 하는 도끼요 말은 혀를 베는 칼이니, 입을 막고 혀를 깊이 감추면 몸을 편안히 함이 곳곳마다 확고하리라.

입 조심하고 말조심하라는 경계다. 입과 말이 자신을 망치는 화근이 된다는 말이다. 사람은 작은 말씨 하나에 오해가 생기고 그 오해가 상처를 남긴다. 굽실거린다는 말은 아첨한다는 말이요, 뻣뻣하다는 말은 교만하다는 말이다. 어리버리하다는 말은 무능하다는 말이요, 요염하다는 말은 덕이 없고 예쁘기만 하다는 말이다. 이런 말을 듣고도 허허 웃을 사람은 없다. 고집쟁이도 옹고집이라면 화내고, 머리가 나쁜 사람도 돌 머리라고 하면 속상하다. 말은 상대를 어떻게 보고 있는가에 따라 의미가 달라진다. 고집이 센 사람이라도 애정을 가진 이에게는 주관이 확고하다고 말하고, 자린고비라도 좋아하는 사람이면 검소하다고 말한다. 말은 내가 어떻게 했느냐가 중요한 것이 아니다.

상대가 어떻게 들었느냐가 중요하다. 듣는 사람이 기분 나쁘면 잘 못한 말이다. 아무리 내가 한 말은 그런 뜻이 아니라고 변명해도 들은 사람이 어떻게 이해했는가에 따라 욕이 되기도 하고 칭찬이 되기도 한다. 백리 길을 찾아간 사랑하는 사람에게 말 한마디 잘 못하고 문전 박대를 당하기고 하고, 전쟁 때 부인과 헤어지며 한 말 한마디에 평생을 독신으로 살다 죽은 장기려 박사 같은 이도 있다. 달변보다 침묵이 더 귀하다는 말이다.

● **한자학습** 장(藏)-감추다, 간직하다, 저장하다. 폐(閉)-닫다, 잠그다, 막다, 지키다, 간직하다, 매듭. 뢰(牢)-우리, 가축을 기르는 곳, 감옥.

● **보충학습** 처처(處處)와 같이 같은 뜻의 명사를 거듭 쓰면 복수(複數)를 나타낸다.

逢人봉인에 且說三分話차설삼분화하고 未可全抛一片心미가전포일편심이니 不怕虎生三個口불파호생삼개구요 只恐人情兩樣心지공인정양양심이니라.

사람을 만남에 삼분의 말만 하고 한 조각 속마음을 다 털어놓지 말지니 호랑이가 세 번 입을 벌림이 두려운 것이 아니요 단지 사람의 정이 두 마음이 되는 것이 두려우니라.

말은 자기의 마음과 생각을 표현하는 수단이다. 말 속에는 그 사람의 속마음이 담겨있다. 대인 관계에서 사람을 사귀며 대화를 나눌 때 처음부터 속마음을 경솔히 털어놓지 말라는 경계다. 지금은 호랑이를 동물원에서나 보는 희귀한 맹수지만 옛날에는 사람들이 제일 무서운 공포의 대상이 바로 호랑이었다. 우리나라에도 민간전승에 호환(虎患)에 관한 설화가 많다. '햇님 달님' 설화에 떡장수 어머니가 팔다 남은 떡을 집에 있는 딸들에게 주려고 함지박에 담아 머리에 이고 오다 호랑이를 만나 호랑이에게 떡을 다 빼앗기고 잡혀 먹은 이야기가 있다. 논어에 보면 공자께서 산길을 가다 만난 무덤가의 여인 이야기에도 호환 이야기가 나온다. 시아버지도 남편도 호랑이에게 물려 죽었는데 이번에는 아들까지 호환을 당한 여인이 통곡하는 모습이다. 여기서 그 유명한 가정맹어호(苛政猛於虎)라는 말이 생겨났다. 가혹한 정치는 호환보다 무섭다는 이야기다.

그러나 정말 무서운 것은 호랑이를 세 번 만나는 것이 아니라 사람의 배신(背信)이라는 것이다. 호랑이가 아무리 무서워도 호랑이를 보고 달아나면 그만이지만 사람은 배신할 사람인지 아닌지 알 수가 없으니 피할 길이 없다. 개인이나 나라나 배신하는 사람들 때문에 비극은 끊이지 않았다. 사람 사귐은 신중 또 신중할 일이다.

* **한자학습** 봉(逢)-만나다, 맞다, 영합하다, 점치다. 포(抛)-던지다, 내던지다, 버리다, 투석할 때 쓰는 전차(戰車). 파(怕)-두려워하다, 아마도, 대게, 부끄러워하다. 공(恐)-두려워하다, 두려움, 으르렁대다, 협박하다. 양(樣)-모양, 형상, 본보기, 모범, 문채, 무늬.

* **보충학습** 불(不)은 현재 부정을 미(未)는 현재 완료 부정을 나타낸다.

酒逢知己千鍾少주봉지기천종소요 語不投機一句多어불투기일구다니라.

술은 나를 진심으로 알아주는 이를 만나면 천 잔이 오히려 적고, 말은 적합한 기회가 아니면 한 구절도 많으니라.

술은 기호식품(嗜好食品)이다. 좋아하는 사람에게는 좋은 음식이고 좋아하지 않는 사람에게는 달가운 식품이 아니다. 술을 자기 기분에 취해 남에게 억지로 권하는 것은 실례(失禮)다. 자고로 술은 손님을 접대할 때와 신(神)에게 제사(祭祀)할 때 사용했다. 손님에게 술을 접대(接待)하는 것은 만남을 흥겹고 즐겁게 하고자 함이다. 연회석 잔치자리에는 술이 빠지지 않는다. 잔치는 흥겨운 모임이기 때문이다. 더구나 자기를 참으로 알아주는 벗과 술을 마시면 얼마나 즐겁겠는가. 술이 취할수록 흥이 도도(滔滔)할 것이다. 술을 마시고 남다른 행동을 습관적으로 하는 것을 주벽(酒癖)이라고 한다. 어떤 이는 술을 마시면 남과 시비(是非)를 일으켜 술자리를 싸움판으로 만든다. 어떤 이는 술이 취하면 우는 사람이 있다. 자신의 지난 날 서러운 사연(事緣)을 들먹이며 함께 술을 마시는 사람을 붙들고 징징거리며 운다. 술이 취하면 시인(詩人)이 되는 사람이 있는가 하면 어떤 이는 한 이야기 또 하고, 한 이야기 또 하는 사람도 있다.

반면에 어떤 이는 좌중을 즐겁고 기쁜 화제(話題)로 흥을 돋우는 사람도 있다. 술을 함께 마시면 기분 좋은 사람과 힘들고 짜증나는 사람이 있다. 누구와 술을 마시고 싶겠는가. 기분 좋은 사람과 마시는 술은 약주(藥酒)가 되고 기분을 상하게 하는 사람과 마시는 술은 독주(毒酒)가 된다. 지기(知己)와 마시는 천 잔 술이 적은 이유는 기분 좋기 때문이다.

말이란 꼭 해야 할 자리, 꼭 해야 할 때가 아니면 한 마디 말도 오히려 아껴야 한다. 필요 없는 말, 적절하지 않은 말은 하지 않음만 못하기 때문이다.

● **한자학습** 종(鍾)-술병, 술잔, 되이름, 모이다, 모으다, 종(鐘)과 통용. 종(鐘)-쇠북, 종.
● **보충학습** 지기(知己)는 진심으로 자기를 알아주는 사람을 뜻하며 지음(知音)과 같다.

후편

子曰자왈 與善人居여선인거면 如入芝蘭之室여입지란지실하여
久而不聞其香구이불문기향이나 卽與之化矣즉여지화의요.

공자께서 말씀하시기를 "선한 사람과 거처하면 마치 지란이 있는 방에 들어가는 것과 같아서 오래 있으면 그 향기를 맡을 수 없으니 즉 그 향기에 동화됨이요.

공자께서 좋은 사람과의 사귐이 귀함을 가르치신 말씀이다. 좋은 사람과 함께 있으면 마치 향기로운 지란이 있는 방에 들어가는 것과 같다. 오래 함께 머물다 보면 그 향기에 동화돼 비록 지란의 향기는 맡을 수 없지만 지란의 향기와 같은 향기를 풍기는 사람이 된다는 말이다. 좋은 사람을 만나는 것은 복이다. 이런 복을 인복(人福)이라고 한다. 어떤 사람은 만나는 이마다 좋은 사람, 도움을 주는 사람을 만나는가 하면 반대로 어떤 이는 만나는 사람마다 속이는 사람, 해를 끼치는 사람을 만나는 이도 있다. 인복이 있는 사람과 없는 사람의 차이다. 인복 있는 사람이 과연 따로 있는 것일까. 그렇지는 않은 것 같다. 중국에서 일년 동안 머물며 많은 사람을 만났다.

어느 날인가는 장거리 버스에서 서툰 중국어 때문에 환승한 요금 문제로 고생할 때 차에 탄 모든 사람들이 다 나의 편이 돼 도와줘 별 탈 없이 여행할 수 있었다. 순박한 농촌 중국인들의 모습에서 어린 시절 고향 마을 사람들의 얼굴들이 떠올랐다. 베이징에서 운남성 쿤밍까지 기차여행 할 때 침대차를 타고 가며 형형색색의 중국인들과 만나고 사귀었는데 어떤 분은 자기 시골집으로 초청해줘 나를 감동시키기도 했다. 생각 나름이다.

이쪽에서 호의를 먼저 베풀고 다가가면 누구나 좋은 인연이 된다. 배낭을 메고 북으로 내몽고 남으로 쿤밍 서로 청두 동북으로 선양 옌볜 등으로 돌아다니다 보니 행색도 마음도 시골 중국인들과 비슷해지니 모두 다 정다운 이웃이 됐다. 내가 남보다 더 나은 양 남을 거리감을 두고 대하면 그들과 가까워질 수 없다. 누구나 함께 오래 어울리면 비슷해진다. 나는 누구에게 어떤 사람으로 비취는 지 궁금하다.

● 한자학습   지(芝)-지초, 지란, 상서로운 신초로 여기는 풀.
● 보충학습   문(聞)이 여기서는 듣는다는 뜻이 아니라 향기를 맡는다는 의미다.

與不善人居여불선인거면 如入鮑魚之肆여입포어지사하여
久而不聞其臭구이불문기취나 亦與之化矣역여지화의니

착하지 않은 사람과 함께 거처하면 마치 생선가게에 들어간 것과 같아서 오래 있으면 그 냄새를 맡지 못하니 역시 더불어 그 냄새에 동화되나니

앞 문장과 같은 내용을 정반대의 예를 들어 경계하고 있다. 악한 사람과 함께 거처하면 마치 비린 냄새나는 생선가게에 들어가 있으면 역시 그 냄새에 동화돼 비린내를 맡지 못하게 된다. 사람을 가려 사귀라는 말이다. 유유상종(類類相從)이라는 말도 있다. 나는 깨끗하고 남이 더러워 사람을 가려 사귀어야 하는 것은 아니다. 내가 먼저 남에게 좋은 사람이 돼야 한다.

함께 사귀기를 희망하는 사람, 본받고 싶은 사람, 부러운 사람, 정이 가는 사람, 아껴주고 싶은 사람이 돼야 한다. 나는 남에게 도움도 인정도 베풀지 않으면서 남의 덕만 보려고 한다면 그런 사람을 누가 사귀려 하겠는가. 나는 남에게 생선가게처럼 냄새나서 피하려 하는 사람은 아닌가 돌아볼 일이다. 만나서 기분 좋은 사람이 좋은 사람이다. 만나기만 하면 상대방의 아픈 곳이나 콕콕 찌르는 사람, 흠이나 들추어내는 사람, 이런 사람은 남도 자기를 만나면 그런 것을 모르는 사람이다. 좋은 사람 좋은 만남 행복의 관문이다.

남이 나를 귀하게 여기고 만나면 좋아하고 행복해 하면 이는 나의 복이다. 나도 남에게 귀한 사람, 만나면 좋아서 싱글벙글 웃음이 나오는 사람, 행복을 주는 사람이 되면 이 역시 나의 복이다. 멀리서 그런 사람을 찾지 마라. 가장 가까이 있는 사람, 늘 만나는 사람, 현재 옆에 있는 사람이 바로 복을 나눌 사람이다.

※ **한자학습** 포(鮑)-절인 어물, 전복, 갖바치. 사(肆)-방자하다, 거리낌 없이 행동하다, 가게.

※ **보충학습** 취(臭)자는 코 비(鼻)자의 초문(初文)인 자(自)와 개 견(犬)자가 합한 회의(會意) 문자다. 문(聞)은 뒤의 취(臭) 때문에 듣는다는 뜻이 아니라 냄새 맡는다는 의미다.

丹之所藏者단지소장자는 赤적하고 漆之所藏者칠지소장자는 黑흑이라.
是以시이로 君子군자는 必愼其所與處者焉필신기소여처자언이니라.

단사(丹砂)를 가진 사람은 붉고 칠(漆)을 가진 사람은 검다. 이런 까닭으로 군자는 반드시 그 더불어 거처하는 사람을 삼가느니라.

근묵자흑(近墨者黑)과 같은 말이다. 붉은 단사를 소장한 사람은 몸에 붉은 색을 칠하게 되고, 검은 옻칠의 도료(塗料)인 칠을 소장한 사람은 검은 색을 몸에 칠하게 된다. 이런 까닭에 군자는 무엇을 소장하고 있는 것인가가 그 사람 됨됨에 영향이 크다. 붉은 단사와 같은 사람과 함께 거처할 것인가. 검은 옻과 같은 사람과 거처할 것인가. 이것이 군자가 반드시 함께 더불어 거처할 사람을 신중히 선택해야 할 이유다.

특히 청소년기의 교우 관계는 중요하다. 백지(白紙)와 같은 순수한 감성에 어떤 친구들의 영향을 받느냐가 그 인생의 향방을 갈라놓기 때문이다. 놀기 좋아하는 친구를 사귀면 노는 데 친숙해 지고, 공부하기 좋아하는 친구를 사귀면 공부하는 데 친숙해진다. 수영을 잘하는 친구를 사귀면 수영을 잘하게 되고, 스케이트를 잘 타는 친구와 어울리면 스케이트를 잘 타게 된다. 컴퓨터 게임을 잘하는 친구를 사귀면 컴퓨터 게임을 잘하게 된다. 화투를 잘하는 친구를 사귀면 화투를 잘하게 된다. 현재 내 모습은 바로 친구들의 모습이다.

고로 성현(聖賢)은 이문회우(以文會友)하라 했다. 글로써 벗을 사귀라는 말이다. 놀이 잡기로 친구를 사귀지 말고 글 배움으로 친구를 사귀라는 것이다. 내 인생에 도움 되는 친구를 선택하며 사귐은 현명한 삶이다.

※ **한자학습** 단(丹)-붉다, 붉게 칠하다, 단사(丹砂). 칠(漆)-옻, 옻나무, 옻칠하다. 장(藏)-감추다, 간직하다, 저장하다. 신(愼)-삼가다, 진실로, 이루다.

※ **보충학습** '是以'에서 개사(介詞) '以'의 목적어가 '是'가 될 때는 반드시 '개사+목적어'가 도치(倒置)돼 '목적어+개사'가 된다.

子曰자왈 晏平仲안평중은 善與人交선여인교로다.

久而敬之구이경지구나.

공자께서 말씀하시기를 "안평중은 사람과 더불어 잘 사귀도다. 오래돼도 공경하는구나" 하셨다.

사람은 처음 사귀기 시작할 때는 서로 조심하고 공경하지만 시간이 흐르면 무례히 대하기 쉽다. 어려워 할 자리에서도 함부로 대하고 조심성이 없어지고 공경하는 마음이 없어진다. 물론 경우에 따라서는 너무 가까워 허물이 없는 사이가 돼 그럴 수도 있다. 그러나 사람과 사람의 관계는 언제 어떻게 변할지 알 수 없는 것이다. 가깝던 사이도 서운 한 일이 생기면 멀어지고, 소원(疎遠)하던 사이가 가까워지기도 한다.

그런 까닭에 지금 비록 가까운 사이라 하더라도 서로 지켜야 할 예의와 범절은 잊지 말아야 한다. 좋은 관계가 계속될 때는 아무렇지도 않던 말이 서운하고 기분 나쁘게 들릴 때도 있다. 그럴 경우는 과거에 좋았던 관계에 상관없이 지금 무시당하고 무례히 대함에 불쾌하게 된다. 君子之交淡淡如水(군자지교담담여수)라 함은 군자의 사귐은 처음이나 나중이나 변함이 없음을 말한다. 안영이 사람과 사귐을 잘했다는 것은 그의 인간관계가 처음 사귈 때나 오래 지나서나 변함이 없다는 말이다. 처음 사귈 당시의 상대에 대한 공경하는 마음을 세월이 지나도 변함없이 유지하는 것은 쉬운 일이 아니다. 오래 사귀다 보면 상대방의 단점, 약점을 알게 된다.

그럼에도 불구하고 변함없이 공경하는 마음으로 대함은 그를 귀히 여기기 때문이다. 친해지면 굳이 경어를 쓰지 않을 수도 있다. 평어나 반말을 쓰는 것이 문제가 아니다. 마음으로 귀하게 여기는가. 아니면 자기도 모르게 무시하고 막대하고 있는가. 그것이 문제다. 음식은 맛이 변하면 버리면 그만이다. 그러나 사람이 변하면 그 이전의 사귐을 어찌하나. 돌이켜 다시 살 수도 없고 버릴 수도 없다.

- **한자학습** 안(晏)-늦다, 시간이 늦다, 하루해가 저물다, 편안하다, 맑다, 하늘이 맑다.
- **보충학습** 안평중(安平仲)은 춘추시대 제(齊)나라의 재상 안영(安嬰)을 말한다.

相識상식이 滿天下만천하하되 知心能幾人지심능기인고

서로 얼굴을 알고 지내는 사람이 천하에 가득하되 그 마음을 알 수 있는 사람은 몇 명인가?

이 세상에는 많은 사람들이 만나고 헤어진다. 만나 사귀면 안면이 있다고 말한다. 안면이 있다는 것을 알고 지낸다고 한다. 아는 사람이 많은 것을 지면이 넓다 하고 지면이 넓은 사람을 사교적이라고 한다. 사교적인 사람들은 지인들을 만나면 남들에게 그 사람을 잘 안다고 말한다.

그러나 정작 그 사람을 얼마나 잘 아느냐고 물으면 선뜻 대답을 못한다. 실상은 그 사람의 얼굴을 아는 것이지 그 사람의 속마음을 아는 것은 아니다. 면종복배(面從腹背)라는 말이 있다. 세상에는 앞에서 얼굴을 대할 때는 복종하고 뒤에 돌아가서 배반하는 사람이 얼마나 많은가. 누가 궁예 앞에서 신하 노릇을 하던 왕건의 무리가 배신하고 목에 칼을 겨눌 줄 알았으랴. 앞에서 비위를 맞추고 아부하는 사람이 오히려 배신하는 경우가 더 많다. 모 광고회사 사장은 자신이 공들여 키운 사원 한 사람이 자기 회사 외국 광고주들의 정보를 모두 가지고 나가 회사를 차려 한동안 고전한 이야기를 방송에 나와 하면서 그가 배신할 줄을 모르고 기업의 비밀 정보를 가르쳐가며 키운 것을 후회했다. 열길 물속은 알 수 있지만 한 자도 안 되는 사람 속은 알 수 없다는 말이다.

그러나 서로가 이런 생각만으로 산다면 세상의 불신은 영원히 끝나지 않을 것이다. 우선 나 한사람부터 남에게 결코 배신하지 않는 사람이 될 때 세상의 불신은 언젠가는 사라지게 될 것이다.

● **한자학습** 기(幾) – 낌새, 기미, 거의, 얼마나, 위태하다, 위태롭다.

● **보충학습** (識)은 알다, 식견, 지혜 등의 뜻으로 쓰일 겨우는 음이 '식'으로 기록하다, 표하다, 음각문자, 표지 등의 뜻으로 쓰일 경우는 음이 '지'가 된다.

酒食兄弟주식형제는 千個有천개유로되
急難之朋급난지붕은 一個無일개무니라.

술과 밥을 함께 할 때 형제 같이 친한 친구는 천 명이 있어도, 위급하고 곤란할 때 돕는 친구는 하나도 없느니라.

술과 밥을 함께 할 때란 자기의 형편이 넉넉해 친구들에게 음식을 자주 사주고 환대(歡待)할 때란 말이다. 밥 사주고 술 사주는 사람을 좋아하고 따르지 않을 친구가 있겠는가. 그의 주위에는 언제나 그의 비위를 맞추며 따라다니는 친구들이 많다. 입에 혀처럼 상냥하고 아무리 때늦은 시간이라도 부르면 군말 없이 달려오는 친구들, 형제가 이보다 더 친밀할 수 있으랴. 그러나 위급한 지경을 만나 재산이 모두 없어지고 형편이 곤란해 친구들에게 오히려 손을 벌리고 신세를 져야하는 처지가 되면 구름처럼 따르던 친구들은 속절없이 떠난다. 이것이 인지상정(人之常情)이다. 친구가 된 이유(理由)가 무엇인가. 주식(酒食)의 환대 때문이라면 그것이 사라질 때 끝이다. 권력(權力) 때문이라면 실각(失脚)하면 끝이다. 그 사람이 좋아서가 아니고 그 사람이 가진 이익(利益) 때문에 모여든 친구는 아무리 많아도 그 이익(利益)이 사라질 때 끝이다. 그러나 세상 친구가 다 그런 것은 아니다. 진정으로 그 사람이 좋아서 친구가 되면 어떤 위난(危難)이 닥쳐도 우정(友情)은 변하지 않는다. 관중과 포숙이 그러했으며 유비와 그의 의형제 관우 장비가 그러했다.

조선시대 당쟁이 치열 할 때도 오성 이항복과 한음 이덕형은 한결 같은 우정으로 세상 사람들이 부러워하는 바가 됐다. 술 마시고 밥 먹는 친구가 많음을 기뻐하지 말 일이다. 내가 어려울 때 또 친구가 어려울 때 진심으로 돕고 아껴줄 이가 한 둘이라도 있음이 기쁜 일이다. 젊은 여자 얼굴 예쁜 것과 젊은 친구 돈 많은 것만 보고 좇아가면 돌부리에 걸려 넘어지기 십상이다.

* **한자학습** 급(急)-급하다, 갑자기, 빠르다. 난(難)-어렵다, 재난, 근심, 힐난하다, 꾸짖다.
* **보충학습** 千個(천개) 一個(일개) 뒤에는 모두 朋(붕)이 생략된 것이다.

不結子花부결자화는 休要種휴요종이요

無義之朋무의지붕은 不可交불가교니라.

열매 맺지 않는 꽃은 심지 말고 의리 없는 친구는 사귀지 말지니라.

열매 맺지 않은 꽃이란 부화(浮華)하고 무실(無實)함을 말한다. 겉만 화려할 뿐 실속이 없는 일은 하지 말라는 뜻이다. 명함(名銜)에 수많은 직함(職銜)을 나열해 자신을 과시(誇示)하는 이가 있다. 그 대부분은 유명무실(有名無實)한 단체나 전혀 실익(實益)이 없는 자리의 장인 경우가 많다. 이는 허장성세(虛張聲勢)를 좋아하는 사람이다. 스스로를 아무개 박사라 자칭하는 사람이나 잡문을 써놓고 자신의 이름 밑에 굳이 수필가라 써야 직성이 풀리는 사람치고 박사다운 박사 수필가다운 수필가를 보지 못했다.

꽃이 아름답긴 하지만 열매를 맺지 못하면 꽃의 사명을 다 하지 못함이다. 꽃은 보기에 아름다우나 열매가 없으면 한 때의 아름다움에 지나지 않는다. 열매 맺는 꽃은 씨앗으로 그 꽃의 아름다움을 시간의 제약 없이 계속 전할 수 있다. 씨앗은 생명이다. 생명을 창조하지 못하는 삶은 안개나 바람처럼 허망하다. 꽃이 피면 지듯이 인생은 유한(有限)하다. 인생은 누구나 살다 가지만 열매 맺는 삶을 산 사람은 그 자취가 영원하다.

그러나 쭉정이 같은 삶은 산 사람은 흔적도 없이 사라진다. 의리(義理) 없는 친구는 제 이익(利益)에 반하면 언제고 배신(背信)한다. 의리 없는 친구와 사귀면 결국 손해 보고 가슴 친다. 무능(無能)한 친구 빈궁(貧窮)한 친구는 덕(德)은 볼 수 없어도 손해를 끼치진 않는다. 아무리 유능해도 의리 없는 친구는 삼가 멀리 할 일이다.

※ **한자학습** 휴(休)-쉬다, 그만두다, 정지하다, 금지나 말리는 부정사 ~마라, 훌륭하다, 빛나다, 기쁜 일, 경사, 기쁨.

※ **보충학습** 붕(朋)은 무리지어 다니는 새의 이름이었으나 가차(假借)돼 친구가 됐다.

君子之交군자지교는 淡如水담여수하고

小人之交소인지교는 甘若醴감약례니라.

군자의 사귐은 담박(淡泊)하기가 물과 같고 소인의 사귐은 달기가 단술과 같으니라.

군자(君子)와 소인(小人)의 사람 사귐을 비교한 글이다. 유덕(有德)한 군자와 부덕(不德)한 소인은 인간관계에서 그 차이가 구별된다. 군자는 물처럼 맑고 맛이 담박하다. 처음 사귈 때나 오래 사귄 뒤나 차이가 없다. 늘 변함없이 시종여일(始終如一)하다. 물이 담박(淡泊)해 오래 돼도 변질하지 않음과 같다. 친구가 출세(出世)했다 해 호들갑을 떨며 친밀(親密)함을 과장(誇張)하지 않으며 친구가 어렵게 됐다 해 멀리하고 박대(薄待)하지 않는다.

소인(小人)은 이와 반대다. 소인의 사귐은 처음과 나중이 다르다. 처음 사귈 때는 온갖 듣기 좋은 말로 호감(好感)을 사고 친밀감을 나타낸다. 정분(情分)이 유별나다. 마치 간(肝)이라도 내 줄 것처럼 희생적(犧牲的)이다. 세상에 이렇게 인정 많은 사람이 있을까. 그러나 처지가 변해 그 친구에게서 얻을 이익이 없어졌을 때 소인(小人)은 태도가 달라진다. 안면(顔面) 몰수(沒收)도 서슴지 않는다. 무시(無視)하고 박대(薄待)한다. 야박(野薄)하리 만큼 이기적(利己的)인 본색(本色)을 들러낸다. 단술은 처음 만들어 먹을 때는 달고 맛있다. 그러나 시간이 지나면 변질(變質)된다. 단 맛은 사라지고 점점 시고 역(逆)하다. 끝내 사람이 먹을 수 없는 음식이 된다.

소인(小人)의 사귐이 변질(變質)하는 것과 같다. 사람이나 음식이나 유별(有別)난 것은 좋은 것이 아니다. 과유불급(過猶不及)이다. 단술은 어쩌다 한 번 먹기에 족할 뿐 항상 먹을 음식이 아니다. 이유 없이 유별나게 정분(情分)을 과시(誇示)하는 사귐은 오래 가지 못한다. 군자의 사귐은 항심(恒心)이나 소인의 사귐은 항심(恒心)이 아니기 때문이다.

◉ **한자학습** 담(淡)-묽다, 싱겁다, 담박하다. 례(醴)-단술, 달다, 좋은 맛.

◉ **보충학습** 같을 여(如) 같을 약(若)이 쓰인 대등 비교의 문장이다.

路遙知馬力로요지마력이요 **日久見人心**일구견인심이니라.

길이 멀어야 말의 힘을 알 수 있고 날이 오래 지나야 사람의 마음을 보느니라.

말이나 사람이나 그 힘과 속마음을 금방 알 수는 없다. 말 가운데는 겉보기는 힘이 세 보이나 실제는 허약한 말도 있고 겉보기는 별로 강해 보이지 않으나 의외로 체력이 강한 말도 있다. 말을 타고 먼 길을 가 봐야 그 말의 힘을 확실하게 알 수 있다. 겪어 보지 않고는 그 실체를 정확히 알기 어렵다는 말이다. 먼 길이란 어려움을 뜻한다. 어려운 난관(難關)을 겪어 봐야 고난(苦難)에 대처할 수 있는 능력, 위기를 돌파할 수 있는 능력의 유무(有無)를 알 수 있다.

평시(平時)에 높은 자리를 차지하고 있던 장수(將帥)들이 전쟁 때 무능한 패장(敗將)이 돼 욕(辱)을 당한 이들이 적지 않다. 반대로 충무공 이순신 장군 같은 분은 평시에는 그 능력을 인정받지 못하고 변방의 하급 장교에 머물렀으나 임진왜란이란 국난(國難)을 만나 그 위대한 영웅(英雄)의 진가(眞價)를 세상이 알게 됐다. 역설적(逆說的)으로 임진왜란이 없었다면 불멸의 명장 이순신 장군의 능력은 세상은 알지 못했을 것이다. 고난(苦難)을 만나 힘들 때 낙심(落心)하지 말고 나의 능력을 발휘할 좋은 기회(機會)가 주어졌다고 생각하면 틀림없이 극복할 수 있으리라.

열길 물 속은 헤아릴 수 있어도 사람의 마음은 측량할 수 없다 했다. 옳은 말이다. 하물며 잠시 접한 사람의 마음이야 어찌 알 수 있겠는가. 오랜 세월 겪어 봐야 겨우 그 사람의 마음 한 자락이 드러난다. 사람을 평가하는 것은 어렵다. 더구나 오래 사귀어 보지 않고 속단(速斷)하는 것은 위험하다. 오랜 경험 보다 더 확실한 것은 없기 때문이다.

● **한자학습**   요(遙) – 멀다, 아득하다, 길다, 거닐다.

● **보충학습**   앞 뒤 문장이 대구(對句)를 이루고 있다.

부행편

益智書云익지서운 女有四德之譽여유사덕지예하니 一曰婦德일왈부덕이요 二曰婦容이왈부용이요 三曰婦言삼왈부언이요 四曰婦工也사왈부공야니라.

익지서에 이르기를 "여자는 네 가지 덕의 기리는 것이 있으니 첫째는 부인의 덕(婦德)이요 둘째는 부인의 용모(婦容)이요 셋째는 부인의 말(婦言)이요 넷째는 부인의 솜씨(婦工)니라" 하였다.

여자의 미덕(美德) 네 가지를 말하고 있다. 여자를 칭찬하는 네 가지 또는 여자가 칭찬 듣는 네 가지 아름다움이다. 첫째는 부덕(婦德)이라 했다. 무엇보다도 사람됨이 훌륭해야 한다는 말이다. 여성으로서 갖춰야 할 첫째 조건을 부덕이라 한 것은 인간의 내면적 가치를 우선(于先)한 유가적(儒家的) 인간관(人間觀)이다. 둘째는 부용(婦容)이다. 부용은 여자의 미모(美貌)를 말한다. 얼굴이 예쁜 것 아름다운 자태 여자의 미모는 동서고금(東西古今)을 막론(莫論)하고 여자를 평가하는 불변의 조건이다. 시대에 따라 미인의 척도는 달랐지만 모든 남성은 여자의 미모를 흠모하고 모든 여성은 예뻐지려 애를 태웠다. 미모는 소중하나 억지로 꾸미는 것은 진정한 부용이 아니다. 셋째는 부언(婦言)이다. 말을 조용조용히 하고 고운 말을 쓰며 진실하게 말하는 여자는 아름답다.

그러나 오늘의 양성시대(兩性時代)는 암탉이 울면 집안이 망한다거나 여자의 목소리가 담 너머로 넘어가면 안 된다는 식은 용납되지 않는다. 넷째는 부공(婦工)이다. 공(工)은 일과 솜씨란 의미다. 어느 시대나 일을 잘 하는 여자는 사랑을 받았다. 더구나 음식 만들기 바느질 등에 솜씨가 뛰어난 이들은 더욱 고임을 받았다. 여자의 솜씨는 가족의 행복을 짓는다.

● 한자학습 예(譽) – 기리다, 칭찬하다, 가상히 여기다, 자랑하다.

● 보충학습 본문의 왈(曰)은 주어+술어+보어의 문장 구조에서 술어로 '~이다'는 의미다.

婦德者부덕자는 不必才名絕異불필재명절이요 婦容者부용자는 不必顏色美麗불필안색미려요 婦言者부언자는 不必辯口利詞불필변구이사요 婦工者부공자는 不必技巧過人也불필기교과인야니라

부덕은 반드시 재주의 명성이 남달리 뛰어남이 아니요, 부용은 반드시 얼굴이 아름답고 고움이 아니요, 부언은 반드시 구변이 좋아 말을 잘 함이 아니요, 부공은 반드시 기교가 남보다 뛰어남이 아니니라.

여자의 덕은 꼭 재주의 명성이 뛰어남을 말함이 아니다. 재명(才名)은 부덕의 필수 조건은 아니라는 말이다. 재명(才名)이 뛰어난 허난설헌(許蘭雪軒)을 부덕(婦德)이 뛰어난 여인이라 말하지 않는다. 황진이는 재주와 명성이 뛰어났으나 명기(名妓)일 뿐 부덕과는 거리가 멀다. 그렇다고 재명이 꼭 부덕에 해(害)가 되는 것은 아니다. 신사임당은 시도 잘 짓고 그림도 잘 그렸다. 특히 신사임당의 초충도(草蟲圖)는 가히 신공(神工)이다. 신사임당은 우리나라 여인의 부덕(婦德)을 대표하는 인물이다. 재명과 부덕은 꼭 일치하지 않다는 말이다. 얼굴이 예쁜 것은 좋은 일이나 얼굴이 예쁘다고 부용(婦容)의 다는 아니다. 얼굴이 예쁘다는 것도 모두 같은 것이 아니다. 미려(美麗)는 순수한 아름다움이요, 요염(妖艷)은 색정적(色情的)인 아름다움이다. 자고로 색정적인 아름다움은 여자의 덕을 해친다해 귀히 여기지 않았다. 속언(俗諺)에는 "여자가 요염하면 팔자가 사납다. 예쁜 여자는 꼭 얼굴값을 한다"해 얼굴이 예쁘고 부덕(不德)함을 경계하는 말이 있다. 예쁜 얼굴 가운데도 천박(淺薄)함이 있고 우아(優雅)함이 있으며 귀(貴)티가 남이 있고 궁(窮)한 티가 남이 있다.

부용은 우아하고 귀티 나는 얼굴이 아닐까. 역시 말 잘하는 것이나 여러 가지 손재주가 남달리 뛰어남은 여자의 미덕 가운데 충분조건은 될 수 있으나 필수조건은 될 수 없다. 새겨들을 일이다.

* **한자학습** 변(辯)-말 잘하다, 바루다, 다스리다. 사(詞)-말씀, 알리다, 청하다.
* **보충학습** 부덕자(婦德者)를 '부덕이라는 것'으로 해석하면 자(者)는 불완전명사가 된다. 그러나 주격조사로 보면 '부덕은'이 된다. 우리말로 해석하면서 전통적으로 불완전명사로 해석해 왔다. 한문법에 충실하면 주격조사로 봄이 옳다.

其婦德者기부덕자는 淸貞廉節청정렴절하여 守分整齊수분정제하고
行止有恥행지유치하며 動靜有法동정유법이니 此爲婦德也차위부덕야요

부덕은 맑고 곧고 청렴하고 절개가 있고 분수를 지키고 몸가짐을 바르게 하며 행동 거지에 염치가 있고 동정에 법도가 있으니 이것이 부덕이다.

부덕(婦德)이 무엇인가에 대하여 구체적인 설명을 하고 있다. 부덕(婦德)이란 성품(性品)이 맑고 곧으며 청렴(淸廉)하고 절개(節槪)가 있어야 한다. 몸가짐은 자기 분수(分數)를 지키고 행동거지(行動擧止)는 염치(廉恥)가 있어서 자신이 한 행동이 옳지 않으면 스스로 부끄러움을 느낄 줄 아는 것이다. 고로 무슨 일을 할 때와 고요히 거할 때 모두 법도(法度)가 있으니 이를 부덕(婦德)이라 한다 하였다.

위의 내용을 크게 나누면 내적(內的) 수양(修養)과 외적(外的) 행실(行實)의 법도(法度)라고 할 수 있다. 부덕(婦德)은 내적(內的)으로 맑은 정신과 곧은 마음 청렴성 굳은 절개를 뜻한다. 세속적 욕심으로 혼탁한 정신이나 올곧지 못한 마음은 부덕(婦德)과 거리가 멀다. 불의한 재물에 관심이 있거나 돈의 유혹에 약한 마음과 정의를 향한 절개가 희미한 마음을 품은 사람은 부덕(不德)한 사람이다. 자기 분수(分數)를 지키는 겸허(謙虛)한 마음, 단정(端正)하고 가지런한 몸가짐을 가진 이야 말로 덕(德) 있는 사람이다. 분수를 아는 것은 겸손이다. 겸손은 사람의 가장 아름다운 미덕(美德)이다. 겸손은 특히 부덕의 상징이다. 교만(驕慢)하고 잘난체하는 여성은 아무리 뛰어난 능력의 소유자일지라도 덕(德)스럽지 못하다. 행동거지에 염치가 있음은 자신의 행동에 대해 옳고 그름을 스스로 판단하고 잘못이 있을 때 남이 무어라 하기 전에 스스로 부끄러움을 느낄 줄 안다는 말이다. 염치는 법과 윤리 이전의 문제다. 염치가 없는 사람은 위법(違法)하고도 법망(法網)에 걸리지 않으면 다행(多幸)으로 여기고, 법망(法網)에 걸리면 운(運)이 없음을 한탄(恨歎)하는 사람이다. 부덕 있는 여성은 염치가 있는 사람이다. 그러므로 부덕(婦德) 있는 사람은 동정(動靜) 간에 법도(法度)가 있게 마련이다. 처신(處身)을 보면 그 사람됨을 알 수 있다.

❋ 한자학습 제(齊)-가지런하다, 같다, 같게 하다, 갖추다, 똑같이, 모두.
❋ 보충학습 行止(행지)는 行動擧止(행동거지)의 준말이다.

婦容者부용자는 洗浣塵垢세완진구하여 衣服鮮潔의복선결하여 沐浴及時목욕급시하여 一身無穢일신무예니 此爲婦容也차위부용야니라.

부용은 먼지와 때를 깨끗이 씻고 빨아 의복이 정결하고 목욕을 제때 맞춰 해 한 몸에 더러움이 없게 하는 것이니 이것이 부용이다.

부용(婦容)은 여자의 아름다운 용모(容貌)를 말한다. 여자의 아름다운 용모는 첫째가 청결(淸潔)이다. 티끌과 먼지를 깨끗이 털어 버리고 의복을 정결하게 빠는 것은 옛날에는 여자가 해야 할 중요한 일이었다. 아무리 미인(美人)이라 하더라도 머리가 부스스하고 티끌과 먼지를 뒤집어 쓴 모습에 더러운 때로 얼룩진 의복을 입었다면 이를 부용이라 할 수 없다. 화려한 옷을 입어야 아름다운 것이 아니다. 값비싼 옷을 입어야 태가 나는 것이 아니다. 아무리 비싸고 화려한 옷이지만 때가 끼고 먼지가 묻은 옷은 더러운 옷일 뿐이다. 오히려 화려하고 값비싼 옷을 때와 장소에 맞지 않게 입으면 교양(敎養) 없어 보인다. 목욕(沐浴)을 때에 때맞춰 해서 몸을 청결하게 하는 것은 자신의 용모를 아름답게 하는 기본이다. 몸이 청결하지 않은 사람이 아무리 좋은 옷을 입고 아무리 값비싼 장신구(裝身具)로 몸을 치장(治裝)한들 무슨 소용(所用)이 있으랴. 한 몸에 더러움이 없다는 것은 몸을 청결히 한다는 말만이 아니다.

청렴(淸廉)한 정신과 청결한 몸가짐을 뜻한다. 사람의 첫인상이 깔끔하고 깨끗한 것만큼 귀한 것은 없다. 외모(外貌)도 청결하고 정신(精神)도 청렴해 깨끗한 인생을 사는 것은 더없이 가치(價値) 있는 일이다. 부용은 어려운 일이 아니다. 자신의 마음가짐 하나로 누구나 할 수 있다.

● **한자학습**　구(垢)-때, 티끌, 때 묻다, 더럽혀지다, 수치. 예(穢)-더럽다, 더럽히다, 거칠다, 거칠다, 잡초.

● **보충학습**　목(沐)은 머리감는다는 뜻이고 욕(浴)은 몸을 씻는다는 뜻이다. 목욕(沐浴)은 두 의미를 합한 한자어(漢字語)다.

婦言者부언자는 擇師而說택사이설하여 不談非禮부담비례하고 時然後言시연후언하여 人不厭其言인불염기언이니 此爲婦言也차위부언야요.

부언은 본받을 만한 것을 선택해 말해 예에 어긋나는 것을 말하지 않고 때에 알맞은 뒤에 말해 사람들이 그 말을 싫어하지 않는 것이니 이것이 부언이다.

    부언(婦言)이란 여자가 말을 잘하는 것을 뜻하는 것이 아니다. 말을 잘하는 것과 말을 훌륭하게 하는 것은 다르다. 부언(婦言)이란 결코 여자의 언변(言辯)이 좋은 것 화술(話術)이 뛰어남을 말하는 것이 아니다. 여자가 말이 많은 것은 덕(德)스럽지 못하다. 여자가 큰소리로 떠드는 것도 좋아 보이지 않는다. 여자가 상스러운 말을 하면 천(賤)해 보인다. 어른과 말할 때 반말을 하면 버릇없어 보이고 어른이 말할 때 또박또박 대꾸를 하면 경망(輕妄)해 보인다. 말하는 것을 보면 그 사람의 인격(人格)과 교양(敎養)을 알 수 있다. 말도 배우기 나름이다. 본받을 만한 말을 가려 배워 말의 품격(品格)을 높이고 예(禮)에 어긋나는 말은 입에 올리지 않아야 한다. 이미 주자(朱子)의 사물잠(四勿箴)에 군자(君子)는 비례무언(非禮無言)이라 말한 바와 같다.
    일반적(一般的)으로 사람은 남의 험담(險談)하기를 좋아한다. 남의 흉보는 것을 보통으로 여긴다. 남의 실수나 남의 실패한 일을 옮기기 좋아한다. 이런 것이 바로 비례(非禮)의 말이다. 사람들은 남의 험담(險談)은 듣기 좋아하지만 험담(險談)하는 사람을 좋아하지는 않는다. 남의 험담(險談)이나 상스러운 말은 한 두 번이지 자주 들으면 싫어한다. 듣기 싫은 말을 하는 사람도 역시 싫어진다. 예전에는 부언(婦言)을 여자다운 말이라고 했다. 남녀평등(男女平等)의 시대에 여자다운 말이 따로 있는 것이 아니다. 교양(敎養) 있고 품위(品位) 있는 말이 곧 부언(婦言)이다.

- **한자학습**   염(厭) - 싫다, 족하다, 가득 차다.
- **보충학습**   사(師) - 스승, 본받을 만한 사람을 본받다, 스승으로 배우다. 여기서는 동사로 '본받다'는 뜻이다.

婦工者부공자는 專勤紡績전근방적하고 勿好葷酒물호훈주하며 供具甘旨공구감지하여 以奉賓客이봉빈객이니 此爲婦工也차위부공야니라.

부공(婦工)은 오로지 길쌈을 부지런히 하고 훈채(葷菜)와 술을 좋아하지 말며 맛있는 음식을 제공해 손님을 접대하는 것이니 이것이 부공이다.

본문에서 말하는 부공은 농경사회에서 주부의 역할을 의미한다. 이 시대는 내외가 엄격해 남정네는 밖에서 일하고 여자는 집안에서 살림을 했다. 부공은 길쌈하고 음식을 만들어 식구들과 손님을 대접하는 일이다. 부지런히 길쌈을 하는 이유는 두 가지다. 여유 있는 집은 식구들이 입을 옷을 짓기 위함이요, 가난한 집은 생계를 돕기 위함이다. 자녀를 출산하는 일도, 음식을 만들어 식구들의 건강을 책임지는 일도 모두가 여자의 몫이었다. 접빈객도 마찬가지다. 가난한 집에 손님이라도 오면 접대할 음식을 준비하는 일이 여간 어려운 것이 아니다. 구비설화에 보면 가난한 선비의 집에 손님이 오자 대접할 음식과 술을 마련하기 위해 주부가 머리칼을 잘라 팔았다는 이야기가 있다. 훈주(葷酒)를 좋아 하지 말라는 것은 냄새나는 음식과 술을 즐기지 말라는 말이다. 훈채(葷菜)는 파나 부추 마늘 파 따위의 냄새나는 채소다. 불가에서 금기하는 음식이기도 하지만 특유의 진한 냄새 때문에 좋아하지 말라 한 것으로 보인다. 술을 좋아 하는 것은 예나 지금이나 여자의 아름다운 모습이 아니다. 더구나 술 취해 비틀대는 모습이나 마신 술을 토하며 주저앉은 모습은 얼마나 볼썽사나운가. 지금의 부공은 장소와 하는 일에 관계없이 자기 소임에 최선을 다 하는 것이다.

● 한자학습   방(紡)-실, 실을 뽑다, 걸다. 훈(葷)-매운 채소, 냄새나는 채소.
● 보충학습   물(勿)은 금지사다. 이(以)가 본문에서는 앞문장과 뒤 문장을 이어주는 접속사다.

此四德者차사덕자는 是婦人之所不可缺者시부인지소불가결자라 爲之甚易위지심이하고 務之在正무지재정하니 依此而行의차이행이면 是爲婦節시위부절이니라.

이 네 가지 덕은 부인이 빼놓아서는 안 되는 것이다. 행하기가 쉽고 힘씀이 바른데 있으니 이것에 의거해 행하면 이것이 부인의 예의범절이니라.

부덕, 부용, 부언, 부공 이 네 가지 덕은 여자에게 없어서는 안 되는 것이며 행하기가 매우 쉽고 힘씀이 바름에 있으니 이것에 의거해 행하면 곧 이것이 부절(婦節)이라 했다. 부절은 여인의 덕스러운 예의범절(禮儀凡節)이다. 현대는 자유롭고 개성적인 삶을 중요시 한다. 옛것을 답습하는 것보다 창의적인 새로운 것을 추구하는 것을 귀하게 여긴다. 삼종지도(三從之道)니 부창부수(夫唱婦隨)니 하는 말은 이미 여자의 미덕이 될 수 없다. 수많은 유능한 전문여성이 사회의 지도층 인사로 활동하고 있으며 국무총리나 장관 등 고위직 여성의 눈부신 활약이 해가 갈수록 증가하고 있다. 그럼에도 불구하고 여성은 여성다워야 아름답다.

용맹한 여성운동가도 훌륭하지만 본문이 말하는 부절(婦節)을 전인적(全人的) 인격(人格)으로 갖춘 여성은 더 없이 고귀하다. 이를 행하기 쉽다고 한 것은 땀 흘리는 수고나 무거운 재정적 부담 없이 오직 자신의 마음먹기 하나에 달려 있음을 말한 것이다. 공부를 많이 해야 할 수 있는 것이 아니며 지위가 높아야 가능한 것이 아니다. 바른 마음 하나로 힘쓰기만 하면 누구나 다 할 수 있는 것이다. 알기만 해도 소용이 없다. 실천이 없는 것은 하나의 지식에 불과하다. 몸에 밴 실천만이 부덕이라 할 수 있다. 남자 같은 여자, 여자 같은 남자가 일시적으로 인기를 끈다고 좋은 것이 아니다. 양성교육은 중성화된 인간을 만들자는 것이 아니다. 여자는 여자답고 남자는 남자다우면서 당당하고 유능하게 자기 할 일을 하는 사람이 진실로 가치 있는 사람이다.

* **한자학습** 결(缺)-흠, 점, 결점, 이지러지다, 빠지다, 그릇이 깨뜨려지다.
* **보충학습** 본문에 쓰인 시(是)는 처음 것과 나중 것이 쓰임이 다르다. 처음 것은 '~이다'라는 의미고 뒤의 것은 '이것'이란 뜻이다.

太公曰태공왈 **婦人之禮**부인지례는 **語必細**어필세니라

태공이 말하기를 "부인의 예법에서 말소리는 가늘어야 하느니라" 하였다.

여자의 말소리가 가늘어야 한다는 것은 조용하고 정숙한 어조(語調)를 말하는 것이다. 분명하되 얌전하게 말하는 것이다. 목소리가 크다고 자신의 의사가 잘 전달되는 것은 아니다. 말소리가 크면 화내는 것이나 감정이 불평스러운 것으로 생각하기 쉽다. 여자가 큰 소리로 상대방에게 말하면 듣는 사람이 자신을 무시하거나 함부로 대하는 것으로 오해할 수 있다. 겸손하되 설득력 있는 말은 작은 목소리로 성의 있게 말하는 것이다. 특히 부인이 어른 앞에서 말할 때 큰 소리로 말하면 이는 불공(不恭)한 것이다. 설령 자식이나 손아래 사람을 나무랄 때도 어른 앞에서 큰 소리로 나무라는 것은 예(禮)에 어긋난다.

물론 옛날처럼 여자 말소리가 담 밖을 넘어가면 집안이 망한다거나 암탉이 울면 집안이 망한다는 남존여비(男尊女卑)의 생각은 옳지 않다. 여자도 남자와 차별 없이 사회생활을 하는 대등한 시대에 여자만 목소리를 낮추라는 것은 말이 되지 않는다. 여성 국무총리, 국회의원, 장관, 시장·군수 등은 물론 여자 삼군 사관학교가 남녀 공학이 된지 오래고 여성 공군조종사가 고공비행에 남성을 제치고 월등한 성적을 보인 이도 있다. 그럼에도 여자의 미덕을 논함에 있어 여성의 말소리가 작고 부드러운 것을 귀하게 여기는 것은 동서고금이 다르지 않다.

남녀가 능력의 차별은 없지만 남성적인 장점과 여성적인 장점은 여전히 다르기 때문이다. 세상이 아무리 변해도 여성은 당당하고 유능하면서 여성다운 아름다움을 간직하기를 누구나 바라리라 생각한다.

● **한자학습** 세(細)-가늘다, 미미하다, 작다.

● **보충학습** 예(禮)의 고자(古字)는 '豊'이었다. 여기에 보일 시(示)가 조합된 회의(會意)에 속하는 글자다. 보일 시(示)가 포함된 글자는 신(神)에게 드리는 제사와 관련이 있다.

賢婦현부는 令夫貴영부귀하고 佞婦영부는 令夫賤영부천이니라.

어진 아내는 남편을 귀하게 하고 나쁜 아내는 남편을 천하게 하느니라.

부인은 집안에서 살림을 하고 남편은 밖에 나가 일을 하던 시대의 내조(內助)를 강조한 말이다. 아무리 남편이 밖에 나가 열심히 일을 해도 집에서 살림을 하는 부인이 성실하지 못하면 집안이 흥할 수 없다. 알뜰한 아내가 가계(家計)를 잘 경영해 착실하게 저축하면 집안이 윤택해진다.

그러나 부인이 사치하고 낭비하면 가계는 기울어진다. 어디 한 개인과 집안 뿐이랴. 나라가 흥하고 망하는 데도 여자의 영향력이 미치지 않은 바가 없다. 천하 미인 양귀비는 안록산의 난이 일어나 당나라가 망하기 시작하는 단초가 됐으며 조선왕조를 뒤흔든 정변의 뒤에는 장희빈, 장녹수, 김개시 같은 여자들의 활약이 동인(動因)이 됐다. 똑똑한 부인, 잘난 부인이 꼭 현부는 아니다. 똑똑하고 잘난 부인이 남편을 무시하고 자기 마음대로 가사를 좌지우지하면 집안이 잘되기는 고사하고 오히려 집안의 질서가 무너지고 가족은 불화하며 부부는 반목하게 돼 망하게 된다. 진실로 어진 아내는 남편을 귀하게 되도록 격려하고 뒷받침하는 사람이다. 모자란 점을 보완하고 용기를 잃었을 때 자신감을 가지도록 인정해 주는 여자다.

세상에 나가 실패하고 지쳐 돌아온 남편에게 장점을 칭찬해 주고 재기할 수 있도록 힘이 돼 주는 여인이다. 나쁜 부인은 남편의 사기를 꺾고 모자란 점만 들먹이고 사사건건 빈정대는 사람이다. 부인 덕에 남편이 잘되고 못되는 것을 말하는 것이 아니라 부인의 내조(內助)가 얼마나 중요한 가를 말하는 것이다. 지금은 남녀가 함께 일하는 시대다. 내조와 함께 남편의 외조(外助) 역시 중요하다.

● 한자학습 녕(佞) - 아첨하다, 바르지 못함.

● 보충학습 영(令)은 사동(使動) 보조사(補助詞)이다.

家有賢妻가유현처면 **夫不遭橫禍**부불조횡화니라.

집에 어진 아내가 있으면 남편이 갑자기 닥친 재앙을 만나지 않느니라.

집안에 어진 아내가 있으면 가정이 평안해 남편이 마음 놓고 밖에 나가 하는 일에 최선을 다 할 수 있다. 사업이든 직장일이든 가정이 무사해야 성공한다. 어진 아내는 현모양처이기 때문에 자녀의 가정교육이 훌륭해 가문의 장래가 빛나게 된다. 불의한 재물을 탐하지 않기 때문에 남편이 공직에 나가 청렴할 수 있다. 사사로운 인정에 따라 청탁을 받지 않기 때문에 남편이 공무 집행에 공평무사할 수 있다. 만약 부인이 재물에 욕심이 많으면 남편이 공직을 수행하며 불의한 재물을 취해 탐관오리가 돼 화를 당하고, 부인이 남편의 권력을 빙자해 교만하고 청탁과 이권을 탐하면 남편은 부패한 공직자가 돼 신세를 망친다. 부인이 분수를 모르고 허욕을 부리면 아무리 남편이 성실해도 언젠가는 가산이 빚으로 기울게 된다. 심하면 파산의 화를 면하지 못한다.

신사임당은 비록 남편을 일찍 잃었으나 자녀 교육에 정성을 다해 율곡 같은 위대한 인물을 길러 가문과 나라를 빛나게 했다. 서포 김만중의 어머니 파평 윤씨도 정변이 끊임이 없던 혼란기에 남편은 나라를 위해 충절을 바쳐 순국했고 아들은 대문장가와 부원군이 되게 했다. 그녀는 정경부인의 지위에 있고 왕비의 할머니였으나 평생 검소하고 근면해 어떤 재난에도 의연히 가문을 지켰다. 두 아들의 지위가 높아질수록 더욱 검소하게 무명옷을 입었으며 처신을 겸손히 했다. 근래 위정자나 고관들의 부인들이 관용차를 마치 자가용처럼 사용하거나 남편의 지위를 팔아 이권에 개입하여 물의를 일으키는 것은 모두 현명하지 못한 처신이다. 자고로 성공한 사람의 뒤에는 어진 아내가 있고 훌륭한 인물의 배후에는 어진 어머니가 있는 법이다.

* **한자학습** 조(遭)-만나다, 상봉하다, ~을 당하다.
* **보충학습** 본문의 유(有)는 존재를 나타내는 서술어로 뒤에 오는 현처는 보어다.

賢婦현부는 和六親화육친하고 佞婦영부는 破六親파육친이니라.

어진 부인은 육친을 화목하게 하고 나쁜 부인은 육친의 화목을 깨느니라.

　속언(俗言)에 집안이 잘되고 못되고는 여자 손에 달렸다는 말이 있다. 경우 바른 남자도 부인의 말을 듣지 않는 이가 드물다. 베갯머리 송사라는 말도 있듯이 부인이 잠자리에서 하는 말이 송사에 영향을 미친다는 말이다. 며느리는 남의 집 딸을 가족으로 맞는 일이다. 어떤 며느리가 집안에 들어오느냐에 따라 가족간의 우애와 화목이 돈독해지기도 한다. 비유하면 여자가 남의 가문에 새 가족이 돼 산다는 것은 마치 음식의 간을 맞추기 위해 반드시 들어가는 소금과 같다. 소금이 꼭 필요한 것이기는 하지만 만약 소금이 음식에 들어가 녹아지지 않고 소금 알 그대로 있다면 어찌 되겠는가. 그대로 있는 소금은 짜서 먹을 수가 없고 간이 배지 않은 음식은 싱거워서 먹을 수가 없다. 어진 부인은 음식 속에 녹아져서 음식 맛의 조화를 가져온 소금이다. 배추나 무 같은 푸성귀가 소금의 조화를 만나면 맛난 김치가 된다. 이는 그 속에 들어가 녹아진 소금의 공덕이다.
　영부는 자기희생을 거부하고, 욕심을 부리고, 시기하고, 인색하고, 인정이 없고, 이간질하고, 없는 말 지어내는 부인이다. 이런 부인이 며느리로 들어오면 정이 두텁던 부모 자식이 불화하게 되고, 형제가 다투게 되고, 친척이 멀어진다. 친척의 왕래가 없어지고, 정은 메말라진다. 육친이 만나면 서먹하고 돌아서면 흉본다. 상대방의 서운한 점만 보이고, 자신의 허물은 모른다. 가장 가까워야 할 육친이 원망스럽고 마음에 상처를 주는 가시가 된다. 이보다 더 경계할 일이 무엇이랴.

* **한자학습**　영(佞)-아첨하다, 재능, 바르지 못하다.
* **보충학습**　육친(六親)은 부(父), 모(母), 형(兄), 제(弟), 처(妻), 자(子)를 말한다.

증보편

周易曰 주역왈 善不積 선부적이면 不足以成名 부족이성명이요 惡不積 악부적이면 不足以滅身 부족이멸신이어늘 小人 소인은 以小善 이소선으로 爲无益而弗爲也 이무익이불위야하고 以小惡 이소악으로 爲无傷而弗去也 위무상이불거야니라 故 고로 惡積而不可掩 악적이불가엄이요 罪大而不可解 죄대이불가해니라

선을 쌓지 않으면 이름을 이루기 어렵고, 악을 쌓지 않으면 몸을 망치지 않거늘 소인은 작은 선은 무익하다 해 하지 않으며 작은 악은 해로움이 없다 해 버리지 않느니라. 고로 악이 쌓여 죄가 커서 풀지 못하느니라.

주역(周易)은 사람이 세상에 이름이 유명해지고 성공하는 것과 몸을 망치는 것은 모두 자신의 선악(善惡) 간(間) 행위의 결과라고 말한다. 선을 행하지 않고는 성공하지 못하며 악을 쌓으면 반드시 몸을 망친다는 것이다. 그런데도 소인배는 작은 선은 해 봐야 유익되는 바가 없다고 하지 않으며, 작은 악은 당장 손해됨이 없으니 버리지 않는다고 했다. 그런 까닭에 악이 쌓이면 덮을 수가 없고 죄가 커지면 풀 수 없는데 이른다는 것이다.

우리 속담에 바늘 도둑이 소 도둑 된다는 말이 있다. 바늘 같이 작은 물건을 훔치는 일을 내버려 두면 도심(盜心)이 커져서 소 같이 큰 물건을 훔치는 도둑이 된다는 말이다. 종종 은행이나 회사의 경리 책임자가 거액의 공금을 횡령한 사고가 발생한다. 구속되는 순간 왜 그런 일을 하게 됐느냐는 기자의 질문에 하나 같이 "처음에는 급해서 적은 돈을 빼서 썼는데 탈 없이 지나가 자기도 모르게 습관이 됐다"고 대답한다. 맑은 물병에 적은 먹물을 처음 넣으면 먹물이 섞인 것을 알지 못한다.

그러나 조금씩 계속 넣다 보면 어느 순간에 검은 먹물로 변한다. 자녀 교육도 마찬가지다. 누구나 어려서는 부모의 명을 잘 따른다. 그러나 나이가 들수록 점점 불순종하고 경우에 따라서는 반항하까지 한다. 예절은 어려서 가르쳐야 몸에 밴다. 어려서 제멋대로 하는 자녀의 버릇을 내버려 두면 장성해서 무례한 인간이 된다. 권선징악의 자녀 교육은 어릴수록 좋다.

* **한자학습** 무(无)-없다(無)와 같이 쓰이고 때로 불경의 발어사로 쓰인다. 멸(滅)-명망하다, 멸하다, 불이 꺼지다, 제거하다. 상(傷)-상처, 아프다, 해롭다, 이지러지다. 엄(掩)-가리다, 덮다, 문을 닫다, 엄폐하다, 비호하다.

* **보충학습** 불(弗)은 불(不)과 같은 부정사이다.

履霜리상하면 堅冰至견빙지하나니 臣弑其君신시기군하며 子弑其父자시기부는 非一朝一夕之事비일조일석지사라 其所由來自漸矣기소유래자점의니라.

서리를 밟으면 단단한 얼음이 얼 때가 이르나니 신하가 그 임금을 죽이며 자식이 그 아버지를 죽이는 것은 하루 아침 저녁에 된 일이 아니라. 그 말미암은 바가 점차로 이뤄진 것이니라.

서리가 내리고 날이 추워지면 머지않아 얼음이 어는 때가 온다. 이것이 자연의 법칙이다. 갑자기 추운 겨울이 오고 갑자기 무더운 여름이 오는 것이 아니다. 사람의 일도 마찬가지다. 아무리 중차대한 일이 발생했더라도 청천벽력의 변이 아니다. 오랜 동안 점점 쌓이고 쌓인 원인이 결과로 나타난 것일 뿐이다. 신하가 임금을 시해하는 정변이 갑자기 생길 수는 없다. 임금이 실덕하고 난정이 거듭 돼 임금이 임금답지 못함이 극에 이르고서야 그 지경에 이르는 것이다. 오죽하면 신하가 감히 그 임금을 죽이는 데까지 이를 수 있는가. 고려 공민왕은 즉위 초에는 영민한 군주로 원나라에 빼앗긴 주권을 회복하고 잃었던 국토를 되찾는 등 치적이 남달랐다. 그러나 총애하던 왕비 노국대장공주가 서거한 이후 실성해 요승 신돈에게 정사를 내맡기고 죽은 왕비의 영전 공사를 대대적으로 벌려 국력을 피폐하게 하고 백성을 도탄에 빠뜨렸다. 심지어는 잘생긴 청년들을 대궐에 불러 들여 남색에 빠지고 후궁들을 겁간하게 하는 등 그 해악이 누적돼 끝내 내관의 손에 시해되는 변을 당했다.

자식이 아버지를 죽이는 극악한 폐륜이 어쩌다 돌발하는 것이 아니다. 자식을 사랑하지 않는 아버지가 어디 있으며 부모를 사랑하지 않는 자식이 어디 있겠는가. 천륜의 자애와 경애가 어쩌다 시해의 지경에 이를 수 있는가. 아무리 부자지간이라도 서로 마음에 상처를 계속 받다 보면 사랑은 없어지고 미움만 남아 시해의 참변도 일어나는 것이다. 영조대왕과 사도세자의 일이 이를 증명하고 있다. 그 화근의 말미암음이 오랜 동안 점차 쌓인 결과이다.

※ **한자학습** 시(弑)-죽이다, 아래 사람이 위 사람을 죽이다.

※ **보충학습** 소(所)는 뒤에 오는 동사의 수식을 받아 명사구를 이룬다.

팔반가

幼兒유아는 或詈我혹리아하면 我心아심에 覺歡喜각환희하고 父母부모는 嗔怒我진노아하면 我心아심에 反不甘반불감이라 一喜歡一不甘일희환일불감하니 對兒對父心何懸대아대부심하현고 勸君今日逢親怒권군금일봉친노어든 也應將親作兒看야응장친작아간하라

어린 아이는 혹 나를 꾸짖으면 내 마음에 환희를 느끼고 부모가 나에게 성내고 꾸짖으면 내 마음에 도리어 달갑게 여기지 않느니라. 하나는 기쁘고 하나는 달갑지 않으니 아이를 대함과 어버이를 대함이 어찌 그리 현격한가. 그대에게 권하노니 금일 어버이의 노여움을 만나거든 또한 마땅히 어버이를 어린아이로 바꾸어 보라.

사랑은 내리 사랑이라고 한다. 부모님을 아무리 잘 모시는 효자라도 자식 사랑하는 마음 같이 애틋하지는 못하다. 부모가 돌아가시면 산에 묻고 자식이 죽으면 가슴에 묻는다는 말이 있다. 그만큼 자식 사랑이 곡진하다는 말이다. 물론 부모 없는 자식이 없건만 부모보다 자식을 더 사랑함이 인지상정(人之常情)인 것을 어찌하랴.

이 노래는 자식은 끔찍이 사랑하면서 부모 공양을 소홀히 하는 세태를 반어법으로 노래한 것이다. 그 잘 잘못을 생각하기에 앞서 혹 나도 모르는 사이에 부모님이 이토록 서운한 마음을 가지셨을까 생각해 봄이 좋으리라. 혹 어린 자식이 모르고 나에게 욕을 하면 노여워하기 보다는 귀여운 마음이 먼저 들어 기쁨을 느낀다. 그러나 부모님이 나에게 진노하시면 내 마음에 달가워하기 보다는 서운하다. 고약한 인사는 반감이 들기도 한다. 하나는 기쁘고 하나는 달갑지 않으니 어찌 이리 현격히 차이 나는가.

효도함이 다름 아니다. 부모님 사랑하기를 자식 사랑하는 마음으로 바꾸면 된다. 시역(弑逆)이 횡행하는 세상에서 말은 쉬우나 행하기는 어렵다. 팔반가는 늙은 부모의 탄식이요 한숨이다. 그러나 세상에 늙지 않을 사람이 있으랴. 오늘 팔반가를 듣고 깨달아 늙으신 부모에게 효도하면 훗날 늙어 후회함이 없으리라.

● 한자학습   리(詈)-꾸짖다, 매도하다, 욕하다.   현(懸)-매달다, 달아매다, 늘어지다, 상을 달다.   권(勸)-권하다, 권장하다, 즐기다, 좋아하다.
● 보충학습   팔반가는 반어적인 노래로 부모에게 효도할 것을 권하는 내용이다.

兒曹아조는 出千言출천언하되 君聽常不厭군청상불염하고 父母부모는 一開口일개구하면 便道多閑管편도다한관이라. 非閑管親掛牽비한관친괘견이니 皓首白頭호수백두에 多諳練다암련이라 勸君敬奉老人言권군경봉로인언하고 莫敎乳口爭長短막교유구쟁장단하라

어린아이들은 천 마디 말을 하되 그대가 듣기에 항상 싫어하지 않고 부모는 한 번 입을 열면 쓸데없는 참견이 많다고 말하느니라. 쓸데없는 참견이 아니라 친히 마음에 걸리고 끌려서이니 흰 머리가 되도록 익혀 아는 것이 많으니라. 그대에게 권하노니 노인의 말을 공경해 받들고 젖비린내 나는 입으로 장단점을 다투지 말게 하라.

　　나이 어린 자녀들이 말을 하면 대견해 하고 연세 많으신 부모님이 말씀을 하시면 쓸데없는 참견을 한다고 성가셔하는 풍토를 개탄한 말이다. 어린 자식의 재잘거리는 수다가 예쁘게 보임은 자식에 대한 애정 때문이지 그 하는 말이 옳고 훌륭해서가 아니다. 부모님의 말씀을 성가셔하는 까닭은 그 내용이 옳지 않아서가 아니다. 귀찮게 생각하고 부담스러워하는 것은 부모님을 공경하는 마음이 없어서이다. 인생의 경륜이 높고 크기로야 어떻게 나이 어린 자식이 감히 연세 높으신 부모님께 비교할 수가 있으랴. 부모님의 백발은 그저 하얗게 센 것이 아니다. 인생의 험난한 바다를 항해하며 체득한 삶의 지혜가 빛나는 면류관이다. 현명한 사람은 철없는 어린 자식의 수다에 희희낙락할 것이 아니다. 성년이 된 자식이라도 혹 실수할까 마음이 걸려서 어떻게든 잘 되도록 이끌어 주려는 노부모님의 애정 어린 충고를 고맙게 경청해야 한다. 어린 자녀가 보는 앞에서 설령 늙으신 부모님의 말씀이 시사에 어둡고 세상 물정에 맞지 않는다 하더라도 핀잔을 주거나 무례한 언사로 말을 막으면 이를 보는 자녀가 어찌 경로효친할 마음이 생기겠는가. 조심하고 또 조심할 일이다.
　　삼가 노부모님의 말씀을 받들고 철부지 젖비린내 나는 어린 자녀가 할아버지 할머니의 언사를 옳다 그르다 시비하는 망령된 일이 있지 않도록 하자.

● **한자학습** 　괘(掛) - 걸다, 마음에 걸리다. 암(諳) - 알다, 암송하다, 깨닫다.
● **보충학습** 　한관(閑管) - 쓸데 없는 참견을 뜻한다. 아조(兒曹)는 아이들이란 의미다. 조(曹)는 무리라는 뜻으로 명사 뒤에 붙으면 복수를 나타낸다.

幼兒尿糞穢유아뇨분예는 君心군심에 無厭忌무염기로되 老親涕唾零노친체타영엔 反有憎嫌意반유증혐의니라. 六尺軀來何處육척구래하처오 父精母血成汝體부정모혈성여체니라. 勸君敬待老來人권군경대로래인하라 壯時爲爾筋骨敝장시위이근골폐니라

어린 아이의 똥의 더러움은 그대 마음에 싫어하고 꺼림이 없으나 늙으신 어버이의 눈물과 침이 떨어지면 도리어 미워하고 싫어하는 뜻이 있느니라. 여섯 자의 이 몸이 어느 곳에서 왔는가. 아버지의 정과 어머니의 피로 너의 몸이 이뤄졌느니라. 그대에게 권하노니 늙어가는 사람을 공경하고 대접하라. 젊을 때에 너 위해 뼈와 근육이 닳으셨느니라.

어린 자식의 똥을 싫어하지 않는 것이 부모의 마음이다. 더러워하기는 고사하고 변의 냄새를 맡아 보며 자식의 건강을 걱정하고, 변의 빛깔이 좋아지면 손으로 만져 보며 즐거워한다. 자식이 침을 흘리면 손으로 닦아주고, 맛난 음식이 있으면 제 입에 있던 것도 씹어 자식에게 먹이는 것이 부모다.
그러나 다 같은 일촌 간 부모 자식 사이인데도 늙으신 어버이가 눈꼽이 꼬이고 침을 흘리면 손으로 닦아주는 자식이 드물다. 오히려 싫어하고 꺼리는 마음을 가지는 자식이 없지 않다. 생각하면 부모님의 늙고 병드심이 자식을 낳고 기르시며 생긴 것인데 자식을 사랑하는 마음은 곡진하나 부모의 병들고 늙음을 안타까이 여김은 이에 미치지 못한다.
나의 육신이 어디서 왔는가. 신체발부 모두 부모가 주신 것이다. 우리 사회는 급속도로 노령화 되고 있다. 나이든 부모가 자식의 공궤를 받으며 노년을 보내던 시대는 지난지 오래다. 마음은 있어도 사회구조가 불가능하다. 핵가족으로 흩어져 모두 바쁘게 일하는 형편에 혼정신성(昏定晨省)은 기대할 수 없다. 다만 육친을 아끼고 사랑하는 마음이나 잊지 말기 바랄 뿐이다.

● **한자학습** 분(糞)-똥, 더러운 것을 제거하다, 소제하다. 증(憎)-미워하다, 미움. 혐(嫌)-싫어하다, 의심하다, 불만스럽다. 정(精)-정미, 자세하다. 근(筋)-힘, 체력.
● **보충학습** '爲爾'에서 爲는 '위해' 爾는 2인칭 대명사인 '너, 그대'의 뜻이다.

市間賣藥肆시간매약사에 惟有肥兒丸유유비아환하고 未有壯親者미유장친자하니 何故兩般看하고양반간고 兒亦病親亦病아역병친역병에 醫兒不比醫親症의아불비의친증이라. 割股還是親的肉할고환시친적육이니 勸君亟保雙親命권군극보쌍친명하라

시장 사이의 약 파는 가게에 어린 아이를 살찌게 하는 약만 있고 어버이를 건강하게 하는 약은 없으니, 무슨 까닭에 두 가지 면이 보이는가. 아이 역시 병들고 어버이 역시 병드심에 아이의 병을 고치는 것이 어버이의 병증을 고치는 것에 비교가 되지 않느니라. 제 다리를 베어 어버이 병을 고친들 도로 어버이 살이니 그대에게 권하노니 부모님의 목숨을 보존하라.

어린 자식이 병들면 부모는 애간장이 탄다. 어린 자식의 건강에 좋다고 하면 값의 고하를 불문하고 어떤 어려움이 있어도 구해 주고자 한다. 가난한 집이건 부자집이건 자식 사랑은 마찬가지다. 그러기에 가난한 집의 자식이 병들면 부모는 빚쟁이가 되고 심하면 가산이 기운다. 자식이 부모님의 건강을 위해 보약을 짓는 것은 항용 있는 일이다. 부모님이 병환이 나시면 자식이 가슴 태우며 치병에 정성을 다하는 것은 자식의 당연한 도리다.

본문은 자식이 병들었을 경우와 늙으신 부모가 병들었을 경우에 부모보다 자식에게 더 정성을 쏟는 것을 비교해서 말한 것이다. 굳이 자식과 부모를 비교할 일이 아니다. 사람 마음이 늙으신 부모님에 대한 사랑 보다 자기 속으로 낳은 자식에 대한 사랑이 더 곡진한 것을 어쩌랴. 탓할 일이 아니다.

옛날 효자가 자기 허벅지 살을 베어 병든 부모님께 드린 것이나 지금의 어느 효자가 간경화로 죽어가는 부모님께 자기 간장을 떼 내어 이식 수술을 해 살린 것이나 이는 모두 하늘이 낸 효자의 이야기다. 보통 사람은 내 자식이 소중하면 내 부모님도 자식인 날 이렇게 소중히 키우셨음을 깨달아 부모님께 잘 할 일이다. 더구나 부모님은 자식 보다 함께 사실 날이 적으니 마음으로 병 치료에 정성을 쏟음이 옳다.

● **한자학습**   사(肆)-가게, 방자하다, 거리낌 없이 행동하다. 증(症)-증세, 병 증세. 고(股)-넙적다리,

정강이 끝. 극(亟)-빠르다, 삼가다, 사랑하다.

* **보충학습** 할고는 어버이 병을 고치려 자신의 넙적 다리 살을 베어 약으로 썼다는 의미로 단지와 함께 자식의 어버이를 위한 극진한 효행이다.

富貴부귀엔 養親易양친이로되 親常有未安친상유미안하고 貧賤빈친엔 養兒難양아난하되 兒不受饑寒아불수기한이라. 一條心兩條路일조심양조로에 爲兒終不如爲父위아종불여위부라 勸君養親如養兒권군양친여양아하고 凡事범사를 莫推家不富막추가불부하라

부귀하면 어버이를 봉양하기 쉽되 어버이는 항상 편하지 않은 마음이 있고 빈천하면 아이를 기르기는 어렵되 아이는 배고픔과 추위를 받지 않느니라. 한 가지 마음 두 가지 길에 아이를 위함이 끝내 아버지를 위함과 같지 않느니라. 그대에게 권하노니 양친 모시기를 어린 자식 기르듯 하고 범사를 집이 부유하지 않다고 미루지 마라.

집이 부유하다고 어버이를 잘 모시고 집이 가난하다고 어버이를 잘 모시지 못하는 것이 아니다. 오히려 자식이 성공해 집이 부유하고 신분이 귀하게 되면 표면적인 부모 봉양은 쉽다. 그러나 가난하고 지위가 낮은 가운데 자식을 기른 늙은 부모는 출세하고 부자인 아들 앞에서 마음이 편하지 않다. 집이 가난하면 자녀를 기르기는 어렵다. 그러나 가난하되 자식은 부모의 극진한 보살핌으로 추위와 굶주림을 당하지 않는다.

사람의 마음은 하나인데 자식을 위하는 마음과 부모를 위하는 마음이 서로 다르니 자식을 위하는 마음이 어버이를 위하는 마음과 같지 않다. 자식을 위하는 마음으로 어버이를 봉양하면 효자되기 어렵지 않다. 혹여 집이 가난해 어버이 봉양이 어렵다고 핑계하지 말 것은 마음이 문제지 부유하고 가난함이 문제가 아니다. 어버이는 가난하지만 정성을 다하는 자식이 고마운 법이다. 부유하고 잘난 아들이 부모 앞에서 거들먹거리며 좋은 음식을 대접하고 좋은 옷을 사다 드린들 그것을 어찌 효라고 하랴. 부모의 마음을 서글프게 할 뿐이다. 자고로 이름난 효자들은 대부분 부귀한 이들보다 가난하고 어려운 처지의 사람들이 많았음은 부모 봉양은 물질에 있지 않고 마음에 있음을 알게 한다.

※ **한자학습** 기(饑)-주리다, 굶주리다, 흉년, 기근. 추(推)-옮다, 밀다, 추천하다.

※ **보충학습** 常 ~: 항상 ~하다(강한 긍정), 不常~: 항상 ~하지는 않다(부분 부정)을 나타낸다. 본문의 위(爲)는 '~을 위해'의 용법이다.

養親양친엔 只二人지이인이로되 常與兄弟爭상여형제쟁하고 養兒양아엔 雖十人수십인이나 君皆獨自任군개독자임이라. 兒飽煖親常問아포난친상문하되 父母饑寒不在心부모기한부재심이라 勸君養親권군양친을 須竭力수갈력하라 當初衣食당초의식이 被君侵피군침이니라

어버이를 봉양함엔 단지 두 분이로되 항상 형제와 더불어 모시기를 다투고 아이를 기름엔 비록 열 명이라도 그대가 혼자 맡느니라. 아이의 배부르고 따뜻함은 항상 묻되 부모가 배고프고 추운 것은 마음에 있지 아니함이라. 그대에게 권하노니 어버이 봉양에 모름지기 힘을 다하라. 처음에 옷과 밥을 그대에게 빼앗겼느니라.

양친은 오직 두 분뿐이지만 모시기 힘들어 형제간에 모시기를 미루며 다투지만 자식은 비록 그 수가 많아도 부모가 기르기를 미루지 않는다. 물론 사람 나름이다. 부모 중에 자기 자식을 기르기 힘들어 남의 나라에 입양 보내는 경우도 없지 않다. 가정 폭력에 시달리는 자녀도 있다. 꼭 부모라고 등한히 하고 자식이라고 안달하는 것이 아니다.

일반적으로 자식 사랑이 부모님에 대한 효심보다 더 진한 것은 사실이다. 그러므로 부모는 자식을 만나면 "밥은 먹었느냐? 옷은 따뜻하게 입었느냐? 춥지는 않느냐?" 항상 걱정이다. 연세 많으신 부모님의 안부를 걱정하지 않는 자식이 과연 있겠는가. 자녀에 대한 염려보다 덜 하다는 말일 뿐이다. 부모님은 어른이시고 인생을 살아오신 연륜이 많으시고 경륜이 높으시니 덜 걱정하는 것이고 어린 자녀는 아직 세상 물정을 잘 모르니 더 걱정하는 것이다. 부모님이 추위에 떠신다면 자식은 당연히 염려하고 걱정한다. 혹 그렇지 못한 자녀도 나름대로 사정이 있을 것이다. 어떤 경우에도 불구하고 부모님은 자식을 낳아 자기가 입을 것 자기가 먹을 것 아끼지 않고 자식 위해 희생하며 기르셨으니 오늘 자식 된 나의 삶 모두 부모님 은덕이다. 굳이 내가 난 자식과 부모를 비교하며 불효를 탓할 것이 아니라 내 마음을 다해 정성껏 봉양하되 의무로 말고 사랑으로 할 일이다.

● 한자학습 난(煖)-따뜻하다, 따뜻하게 하다. 기(饑)-주리다, 굶주리다, 흉년, 기근. 갈(竭)-다하다, 물이 마르다, 등지다. 침(侵)-침노하다, 습격하다.

● 보충학습 '被君侵'에서 '被'는 피동문을 만들어 주는 보조사이다.

朱子曰주자왈 勿謂今日不學而有來日물위금일불학이유래일하며 勿謂今年不學而有來年물위금년불학이유내년하라. 日月逝矣일월서의라 歲不我延세불아연이니 嗚呼老矣오호노의라 是誰之愆시수지건고

주자(朱子) 말씀하시기를 "오늘 배우지 않고 내일이 있다고 말하지 말며 금년 배우지 않고 내년이 있다고 말하지 말라. 해와 달은 가고 세월은 나를 기다려 주지 않으니 아아! 늙었도다! 이것이 누구의 허물인가?" 하였다.

배움의 중요성을 모르는 사람이 어디 있으랴. 누구나 다 열심히 배우고자 하나 게으름이 발목을 잡아 배움을 미루다 때를 놓치고 마는 것이다. 주자 말씀은 이를 경계하고 있다. 오늘 배우지 않는 사람은 배움을 그만두겠다고 말하지 않고 내일 하면 된다고 말한다. 내일은 또 내일 할 공부가 있는데 오늘 할 공부를 내일로 미루면 내일은 두 배로 공부해야 한다. 오늘 하기 싫은 공부가 내일은 두 배로 잘 될 까닭이 있겠는가. 세월은 무정하게 흘러간다. 누가 가는 세월을 잡아 둘 수 있으랴. 세월은 나를 위해 기다려 주지 않는다. 세월이 가면 사람은 늙고 마는 것이다. 공부할 때를 지나치고 세월을 허송한 뒤에 뒤 늦게 공부하고자 하나 몸은 늙어 할 수 없으니 이를 어찌 하랴. 이것이 누구의 허물인가. 자신의 게으름 탓이다. 그러나 지금은 시대가 변했다.

이제는 평생 교육이 가능한 시대다. 공부하고 싶어도 형편이 여의치 못해 공부하지 못한 이들은 언제고 공부를 할 수 있다. 학령 때문에 공부하지 못할 이유가 없다. 수많은 사회교육기관이 다양한 교육 기회를 제공하고 각급 학교가 학령을 초월해 수학의 문호를 활짝 열어놓고 있다. 굳이 정규학교에 가지 않고도 학위를 받을 수 있다. 본인의 수학 열의만 있으면 나이에 관계없이 각종 사회교육 시설에서 공부도 하고 자격증도 취득할 수 있다. 지난 세월을 후회하지 말고 늙음을 탓하지 말라. 배움의 즐거움은 노소가 따로 없다.

※ **한자학습**　서(逝)-가다, 뜨다, 떠나다, 죽다. 연(延)-끌다, 끌어들이다, 이끌다, 인도하다. 건(愆)-허물, 죄, 과실, 잘못하다, 어그러지다, 어기다.

※ **보충학습**　배움을 권하는 글을 권학문이라고 한다. 이글은 주자의 유명한 권학문이다.

少年易老學難成소년이노학난성하니 一寸光陰不可輕일촌광음불가경이라. 未覺池塘春草夢미각지당춘초몽하여 階前梧葉已秋聲계전오엽이추성이라.

소년은 늙기 쉽고 배움은 이루기 어려우니 한 치의 짧은 시간도 가볍게 여기지 말라. 연못에 봄풀이 아직 꿈에서 깨지 못했는데 섬돌 앞의 오동잎은 이미 가을 소리를 내느니라.

권학시로 유명한 작품이다. 전구와 결구가 절묘한 대구(對句)를 이루고 있다. 특히 연못의 봄풀이 꿈에서 아직 깨어나기 전에 섬돌 밑의 오동잎이 떨어져 가을 소리를 낸다는 표현은 봄과 가을의 시간을 대비해 시간이 빨리 흘러감을 표현한 것이다. 공부하는 사람에게 시간을 아껴 씀이 얼마나 중요한 것인가를 강조한 글이다. 시간을 아낄 줄 모르는 사람은 학문을 성취할 수 없다. 학문은 하루아침에 이뤄지지 않는다. 일촌 광음을 아껴 면학에 정진할 때 공력이 쌓이고 쌓여 학문이 대성하는 것이다.

왕희지의 임지헌 고사를 소개한다. 왕희지는 글씨 공부를 할 때 먹물이 많이 소요돼 나중에는 연못가의 바위에 앉아 글씨 연습을 했다고 한다. 연못물을 찍어 바위에 글씨를 쓰고 또 돌아 앉아 쓰다 보면 하루해가 저문 적이 한 두 번이 아니었다고 한다. 오랜 세월 이같이 글씨를 쓰다 보니 나중에는 바위에 글씨의 흔적이 파였다고 한다. 세상에는 시간과 공력의 투자 없이 저절로 되는 일은 없다. 소위 천재 화가니 천재 서예가니 하는 신동들의 명성은 물거품 같아서 조금 지나면 사라진다. 땀 흘린 만큼 성과가 이뤄지는 것이다. 시간과 노력이 쌓인 만큼 그 결과가 나타난다.

인서구로(人書具老)라는 말이 있다. 사람이나 글씨는 연륜(年輪)과 함께 익어가는 것이다. 시간의 투자 없이 학문의 성취는 불가능하다. 봄이 왔는가 싶은 데 벌써 가을이 오는 소리가 들린다는 말은 얼마나 시간을 귀하게 여겨 공부하는가를 느끼게 한다. 열심히 공부하는 사람만이 시간의 소중함을 안다.

* 한자학습   계(階)-섬돌, 층계, 사닥다리, 사닥다리를 놓다.

※ **보충학습**　엽(葉)은 나무 잎의 경우 음이 '엽' 성씨(姓氏)의 경우 음이 '섭'으로 발음된다. 이(已)는 과거 시제 부사로 '이미 ~이다.'

陶淵明詩云도연명시운 盛年성년은 不重來불중래하고 一日일일은 難再晨난재신이니 及時當勉勵급시당면려하라. 歲月세월은 不待人부대인이니라.

도연명의 시에 이르기를 "젊은 나이는 거듭 오지 않고 하루에 새벽은 두 번 오기 어려우니 때에 미쳐 마땅히 학문에 힘써라. 세월은 사람을 기다려 주지 않는다" 하였다.

권학문의 유명한 문장이다. 성년(盛年)은 '젊은 나이, 한창때'를 뜻한다. 인생은 무정한 것이다. 젊은 날 생각하면 항상 이와 같을 것이라 여기지만 부지불식간에 젊은 시절은 가버리고 노년이 닥쳐온다. 소년 시절의 일 년은 길다. 그러나 노년에 이르면 하루가 가는 것이 화살처럼 빠르다. 젊은 날 공부는 총기가 좋아 노력한 만큼 성과를 거둔다. 그러나 나이 들어 공부하면 고생은 많이 해도 성과는 적다. 젊은 시절 공부하지 않고 게으르게 시간을 헛되이 보내다가 뒤늦게 후회하지 말라는 경계다. 황금 같은 젊은 시절은 한 번 가면 영원히 다시 오지 않는다. 마치 하루에 새벽이 두 번 오지 않음과 같다. 아침에 게을러 놓쳐 버린 새벽은 돌이킬 수 없다.

폭포수가 한 번 아래로 흘러내리면 아무리 돌이키려 해도 어찌 할 수 없는 것이 인생이다. 무슨 일이고 때가 있다. 물론 지금은 평생학습의 시대다. 공부는 나이 들어서도 얼마든지 할 수 있다. 공부 자체가 목적이라면 별문제다. 농사 일을 생각해 보라. 남들이 씨 뿌리는 봄에 파종하지 않고 게으름을 피우다가 다 늦게 여름에 씨를 뿌리면 남들이 추수하는 가을에 열매를 거둘 수 없다. 여름에도 가을에도 씨는 뿌릴 수 있다. 그러나 뿌린 씨가 싹이 돋아도 열매를 맺지 못한다. 씨 뿌리는 것도 중요하지만 씨 뿌리는 때가 더 중요하다. 젊은 날 게으르지 말고 면학해 노년에 추수의 기쁨을 누리자.

● **한자학습** 성(盛)-담다, 채우다, 성대하다, 주발 음식. 려(勵)-힘쓰다, 권장하다.

● **보충학습** 급(及)이 여기서는 실사로 미치다, 도달하다의 뜻이다. 접속사도 쓰일 경우는 群臣及下卒 (군신급하졸)처럼 상하 또는 선후의 뜻을 지닌 말이 앞뒤로 접속될 때 쓰인다.

荀子曰순자왈 不積頤步부적규보면 無以至千里무이지천리요
不積小流부적소류면 無以成江河무이성강하니라.

순자께서 말씀하시기를 "반걸음을 거듭해 쌓지 않으면 천리에 이를 수 없고 작은 흐르는 물을 모으지 않으면 강과 바다를 이룰 수 없느니라" 하였다.

천리 길도 반걸음부터요 강하도 작은 물줄기가 모여 이뤄졌음을 말한다. 아무리 급하다고 해 반드시 거쳐야 할 과정(過程)을 무시하고는 되는 일이 없다. 명심보감 연재를 시작한 지 일 년여 만에 종점(終點)에 이르렀다. 한문(漢文)을 쉽게 배우는 방법을 묻는 이가 있다.

결론부터 말하면 그런 방법은 없다. 공자(孔子)님 같으신 성인(聖人)이나 퇴계, 율곡 같으신 명현(名賢)도 한문(漢文)을 처음 배우실 때는 하늘 천(天) 자와 땅 지(地) 자 같은 기본 한자(漢字)를 수 없이 외우고 쓰시면서 공부하셨음에 틀림없다.

명심보감은 초학자(初學者)의 학습서(學習書)다. 그러나 초학자(初學者)에게는 역시 모르는 한자와 내용도 없지 않았을 것이다. 매장마다 한자(漢字)공부와 보충학습을 통해 혹 장애(障碍)가 될 만한 것들을 꼼꼼히 익히면서 차근차근 오늘에 이르렀다면 오늘 마지막 글귀를 읽으면서 한문(漢文)을 익히는 재미와 글을 보는 눈이 많이 밝아졌을 것이다.

명심보감에 증보편(增補篇)으로 孝行 등 몇 편의 인물 逸話를 소개한 글이 있으나 내용이 길고 이미 다른 책에 소개된 글들이라 본 편에서는 생략한다. 아무리 건강한 사람이라도 계단을 단계적으로 밟고 오르지 않고 건너 뛰어 오르면 처음은 빨리 가는 것 같으나 오래지 않아 지쳐 중도에 포기하게 된다. 기초가 되는 쉬운 글을 착실하게 익혀 문력을 길러 점점 어려운 글을 배워야 한다. 모쪼록 지행합일(知行合一)이라 했으니 배운 바를 실천에 옮겨 인성교육(人性敎育)의 진일보(進一步) 있기를 바라며 마친다.

● 한자학습 적(積)-쌓다, 포개다, 모으다, 저축하다. 규(頤)-반걸음.

● 보충학습 가이(可以): ~할 수 있다, 무이(無以): ~할 수 없다.

【부록】

사자소학
추구

【四字小學　推句】

天高日月明이요　　하늘이 높으니 해와 달이 밝고
地厚草木生이라　　땅이 두터우니 풀과 나무가 자라도다.
月出天開眼이요　　달이 나오니 하늘이 눈을 뜬 것이요
山高地擧頭라　　　산이 높으니 땅이 머리를 든 것이로다.
東西幾萬里요　　　동서는 몇 만리인가?.
南北不能尺이라　　남북은 자로 잴 수도 없어라.
天傾西北邊이요　　하늘은 서북쪽 가로 기울어져 있고
地卑東南界라　　　땅은 동남쪽 경계가 낮도다.
春來梨花白이요　　봄이 오니 배꽃은 희고
夏至樹葉靑이라　　여름이 다가오니 나뭇잎이 푸르구나.
秋涼黃菊發이요　　가을이 서늘하니 노오란 국화가 피어나고
冬寒白雪來라　　　겨울이 차가우니 흰 눈이 내리도다.
日月千年鏡이요　　해와 달은 천년의 거울이요
江山萬古屛이라　　강산은 만고의 병풍이로다.
東西日月門이요　　동과 서는 해와 달의 문이요
南北鴻雁路라　　　남과 북은 기러기들의 길이로구나.
春水滿四澤이요　　봄 물은 사방의 못에 가득하고

夏雲多奇峯이라　　여름 구름은 기이한 봉우리도 많아라.
秋月揚明輝요　　　가을 달은 밝은 빛을 드날리고
冬嶺秀孤松이라　　겨울 산엔 외로운 소나무가 빼어나도다.
日月籠中鳥요　　　해와 달은 새장 속의 새요
乾坤水上萍이라　　하늘과 땅은 물위의 부평초라네.
白雲山上蓋요　　　흰 구름 산 위의 일산이고요
明月水中珠라　　　밝은 달 물 속의 구슬이라네.
月爲宇宙燭이요　　달은 우주의 촛불이 되고
風作山河鼓라　　　바람은 산과 강의 북이 되네.
月爲無柄扇이요　　달은 자루 없는 부채가 되고
星作絶纓珠라　　　별은 끈 끊어져 흩어진 구슬이 되네.
雲作千層峰이요　　구름은 천 층의 봉우리가 되고
虹爲百尺橋라　　　무지개는 백척의 다리가 되는구나.
秋葉霜前落이요　　가을 잎은 서리 전에 떨어지고요
春花雨後紅이라　　봄 꽃은 비 내린 뒤에 붉어진다네.
春作四時首요　　　봄은 사 계절의 처음이 되고
人爲萬物靈이라　　사람은 만물의 영장이 되도다.
水火木金土요　　　수·화·목·금·토는 오행(五行)이고요
仁義禮智信이라　　인·의·예·지·신은 오상(五常)이라네.
天地人三才요　　　하늘·땅·사람은 삼재이고요

君師父一體라　　임금과 스승과 부모는 한 몸이라네.
天地爲父母요　　하늘과 땅은 부모가 되고
日月似兄弟라　　해와 달은 마치 형제 같구나.
夫婦二姓合이요　부부는 두 성이 합하였고
兄弟一氣連이라　형제는 한 기운이 이어졌도다.
父慈子當孝요　　부모는 사랑하고 자식은 마땅히 효도해야 하며
父母千年壽요　　부모는 천년의 장수를 누리시기를 기원하고
子孫萬世榮이라　자손은 만 대의 영화를 누리기를 바란다.
愛君希道泰요　　임금을 사랑하여 도가 태평할 것을 바라고
憂國願年豊이라　나라를 걱정하여 해마다 풍년들길 원하네.
妻賢夫禍少요　　아내가 어질면 남편의 화가 적고
子孝父心寬이라　자식이 효도하면 부모의 마음은 너그럽다.
子孝雙親樂이요　자식이 효도하면 두 분 어버이가 기뻐하시고
家和萬事成이라　집안이 화목하면 모든 일이 이루어진다.
思家淸宵立이요　집 그리워 맑은 밤에 서성이다가
憶弟白日眠이라　아우 생각에 대낮에도 졸고 있다네.
家貧思賢妻요　　집이 가난하면 어진 아내를 생각하고
國亂思良相이라　나라가 어지러우면 어진 재상을 생각한다.
綠竹君子節이요　푸른 대나무는 군자의 절개요
靑松丈夫心이라　푸른 소나무는 장부의 마음이로다.

人心朝夕變이요　　사람의 마음은 아침저녁으로 변하지만
山色古今同이라　　산색은 예나 지금이나 한가지로구나.
江山萬古主요　　　강산은 만고의 주인이요
人物百年賓이라　　사람은 백년의 손님이로다.
世事琴三尺이요　　세상일은 석 자 거문고에 실어 보내고
生涯酒一盃라　　　생애는 한 잔 술로 달래네.
山靜似太古요　　　산이 고요하니 태고와 같고
日長如少年이라　　해는 길어서 소년과 같구나.
靜裏乾坤大요　　　고요한 속에서 하늘과 땅의 큼을 알겠고
閒中日月長이라　　한가한 가운데 세월의 깊을 느끼네.
耕田埋春色이요　　밭을 갈며 봄빛을 묻고
汲水斗月光이라　　물을 길으며 달빛을 함께 떠오네.
西亭江上月이요　　서쪽 정자에는 강위로 달이 뜨고
東閣雪中梅라　　　동쪽 누각엔 눈 속에 매화가 피었구나.
飮酒人顔赤이요　　술을 마시니 사람의 얼굴이 붉어지고요
食草馬口靑이라　　풀을 뜯으니 말의 입이 파래진다네.
白酒紅人面이요　　탁주는 사람의 얼굴을 붉게 만들고
黃金黑吏心이라　　황금은 벼슬아치의 마음을 검게 만드네.
老人扶杖去하고　　노인은 지팡이를 짚고 가고
小兒騎竹來라　　　어린아이는 죽마(竹馬)를 타고 오도다.

男奴負薪去하고	사내 종은 나무 섶을 지고 가고
女婢汲水來라	여자 종은 물을 길어 오도다.
洗硯魚吞墨이요	벼루를 씻으니 물고기가 먹물을 삼키고
煮茶鶴避煙이라	차를 달이니 학이 연기 피해 날아가도다.
松作延客蓋요	소나무는 손님 맞는 일산이 되고
月爲讀書燈이라	달은 글 읽는 등불이 되네.
花落憐不掃요	꽃 떨어져도 사랑스러워 쓸지 못하고
月明愛無眠이라	달 밝으니 사랑스러워 잠 못 이루네.
月作雲間鏡이요	달은 구름 사이의 거울이 되고
風爲竹裡琴이라	바람은 대나무 속의 거문고가 되네.
掬水月在手요	물을 움켜쥐니 달이 손에 있고
弄花香滿衣라	꽃을 희롱하니 향기가 옷에 가득하네.
五夜燈前晝요	깊은 밤도 등불 앞은 대낮이고요
歲去人頭白이요	세월 가니 사람 머리 희어지고요
秋來樹葉黃이라	가을 오니 나뭇잎 누레집니다.
雨後山如沐이요	비 온 뒤의 산은 목욕을 한 것 같고
風前草似醉라	바람 앞의 풀은 술 취한 것 같네.
人分千里外요	사람은 천리 밖에 떨어져 있고
興在一杯中이라	흥은 한 잔 술 속에 있구나.
春意無分別이요	봄 뜻은 분별이 없지만

人情有淺深이라   인정은 깊고 얕음이 있구나.
花落以前春이요   꽃이 떨어지기 이전이 봄이요
山深然後寺라   산이 깊어진 뒤에야 절이 있도다.
山外山不盡이요   산 밖에 산이 있어 다하지 않고
路中路無窮이라   길 가운데 길이 있어 끝이 없도다.
日暮蒼山遠이요   해 저무니 푸른 산이 멀어 보이고
天寒白屋貧이라   날씨 차가우니 초가집이 쓸쓸하구나.
小園鶯歌歇이요   작은 동산엔 꾀꼬리 노래 그치고
長門蝶舞多라   커다란 문엔 나비들 춤만 많구나.
風窓燈易滅이요   바람 부는 창 등불 꺼지기 쉽고
月屋夢難成이라   달빛 드는 집 꿈 이루기 어려워라.
日暮鷄登塒요   해 저무니 닭은 홰 위로 오르고
天寒鳥入簷이라   날씨 차가우니 새가 처마로 드는구나.
野曠天低樹요   들이 넓으니 하늘이 나무 위로 낮게 드리우고
江淸月近人이라   강물이 맑으니 달이 사람을 가까이 하네.
風驅群飛雁이요   바람은 떼 지어 나는 기러기를 몰고
月送獨去舟라   달은 홀로 가는 배를 전송하누나.
細雨池中看이요   가랑비는 못 가운데서 볼 수가 있고
微風木末知라   산들바람은 나무 끝에서 알 수 있다네.
花笑聲未聽이요   꽃은 웃어도 소리는 들리지 않고

鳥啼淚難看이라	새는 울어도 눈물은 보기 어려워.
白鷺千點雪이요	백로는 천 점의 눈이요
黃鶯一片金이라	누런 꾀꼬리는 한 조각 금이로구나.
桃李千機錦이요	복숭아꽃 오얏꽃은 일 천 베틀의 비단이요
江山一畫屏이라	강산은 한 폭의 그림 병풍이로다.
鳥宿池邊樹요	새는 못 가 나무에서 잠자고
僧敲月下門이라	스님은 달빛 아래 문 두드리네.
棹穿波底月이요	노는 파도 아래 달을 뚫고
船壓水中天이라	배는 물 속의 하늘을 누르네.
高山白雲起요	높은 산에는 흰 구름 일고
平原芳草綠이라	넓은 들에는 고운 풀이 푸르러!
水?厭맹涇÷結?	물은 하늘과 이어져 함께 푸르고
風與月雙淸이라	바람은 달과 함께 모두 맑아라!
山影推不出이요	산 그림자는 밀어내도 나가지 않고
月光掃還生이라	달빛은 쓸어도 다시 생기네.
水鳥浮還沒이요	물새는 떴다가 다시 잠기고
山雲斷復連이라	산 구름 끊겼다 다시 이어져……
月移山影改요	달 옮겨가니 산 그림자 바뀌고
日下樓痕消라	해 저무니 누대 흔적 사라지누나.
天長去無執이요	하늘은 높아서 올라가도 잡을 수 없고

六月亭下秋라　　　유월에도 정자 밑은 가을이라네
兄友弟亦恭이라　　형은 우애하고 아우 또한 공손해야 한다.
花老蝶不來라　　　꽃이 시드니 나비조차 오지를 않네.
初月將軍弓이요　　초생달은 장군의 활이요
流星壯士矢라　　　유성은 장사의 살이로다.
掃地黃金出이요　　땅을 쓰니 황금이 나오고
開門萬福來라　　　문을 여니 만복이 오도다.
鳥逐花間蝶이요　　새는 꽃사이의 나비를 쫓고
鷄爭草中蟲이라　　닭은 풀 속의 벌레를 다투도다.
鳥喧蛇登樹요　　　새 지저귀니 뱀이 나무에 오르고
犬吠客到門이라　　개 짖어대니 길손이 문에 이르렀나 보다.
高峯撑天立이요　　높은 봉우리는 하늘을 버티고 서 있고
長江割地去라　　　긴 강은 땅을 가르며 흘러가는구나.
碧海黃龍宅이요　　푸른 바다는 황룡의 집이요
靑松白鶴樓라　　　푸른 소나무는 흰 학의 누대로다.
月到梧桐上이요　　달은 오동나무 위에 이르고
風來楊柳邊이라　　바람은 버드나무 가로 불어오누나.
群星陣碧天이요　　뭇 별들은 푸른 하늘에 진을 치고
落葉戰秋山이라　　지는 잎은 가을 산에서 싸움을 하네.
潛魚躍淸波요　　　잠긴 물고기는 맑은 물결에서 뛰놀고

好鳥鳴高枝라　　예쁜 새는 높은 가지에서 울고 있구나.
雨後澗生瑟이요　비온 뒤 시냇물은 비파소리를 내고
風前松奏琴이라　바람 앞의 소나무는 거문고를 연주하네.
馬行千里路요　　말은 천리의 길을 가고
牛耕百畝田이라　소는 백 이랑의 밭을 가는 구나
馬行駒隨後요　　말이 길을 가니 망아지가 뒤따르고
牛耕犢臥原이라　소가 밭을 가니 송아지 들판에 누워 있구나.
狗走梅花落이요　강아지 달려가니 매화 꽃이 떨어지고
鷄行竹葉成이라　닭이 걸어가니 댓잎이 이루어지네.
竹筍黃犢角이요　죽순은 누런 송아지 뿔이요
蕨芽小兒拳이라　고사리순은 어린아이 주먹이로다.
天淸一雁遠이요　하늘 맑은데 한 마리 기러기 멀리 날아가고
海闊孤帆遲라　　바다 너른데 외로운 돛단배 더디 가는구나.
花發文章樹요　　꽃은 문장 나무에서 피어나고
月出壯元峰이라　달은 장원봉에서 나오는구나.
柳色黃金嫩이요　버드나무 빛깔은 황금 같이 곱고
梨花白雪香이라　배꽃은 흰 눈처럼 향기로워라.
綠水鷗前鏡이요　푸른 물은 갈매기 앞의 거울이고요
靑松鶴後屛이라　푸른 솔은 학 뒤의 병풍이라네.
雨磨菖蒲刀요　　비는 창포의 칼을 갈고

風梳楊柳髮이라　　　바람은 버드나무 머리칼을 빗질하도다.
鳧耕蒼海去하고　　　물오리는 푸른 바다를 갈며 떠나가고
鷺割靑山來라　　　　백로는 푸른 산을 가르며 오는구나.
花紅黃蜂鬧요　　　　꽃이 붉으니 누런 벌들이 시끄럽고
草綠白馬嘶라　　　　풀이 푸르니 백마가 울고 있네.
山雨夜鳴竹이요　　　산 비는 밤에 대나무를 울리고
草蟲秋入牀이라　　　풀벌레는 가을에 침상으로 들어오네.
遠水連天碧이요　　　아득한 물은 하늘과 이어져 푸르고
霜楓向日紅이라　　　서리 맞은 단풍은 해를 향해 붉구나.
山吐孤輪月이요　　　산은 외로운 둥근 달을 토해내고
江含萬里風이라　　　강은 만리의 바람을 머금고 있네.
露凝千片玉이요　　　이슬이 맺히니 천 조각 구슬이요
菊散一叢金이라　　　국화가 흩어지니 한 떨기 황금이로다.
白蝶紛紛雪이요　　　흰 나비는 이리저리 흩날리는 눈이요
黃鶯片片金이라　　　누런 꾀꼬리는 조각조각 금이로다.
洞深花意懶요　　　　골 깊으니 꽃 피려는 뜻 게으르고
山疊水聲幽라　　　　산 깊으니 물소리도 그윽하여라.
氷解魚初躍이요　　　얼음이 녹으니 물고기가 처음 뛰어 오르고
風和雁欲歸라　　　　바람이 온화하니 기러기 돌아가려 하는구나.
林風凉不絶이요　　　숲의 바람 시원함이 끊이지 않고

山月曉仍明이라　　　산에 걸린 달 새벽에도 여전히 밝아.
竹筍尖如筆이요　　　죽순은 뾰족하여 붓끝과 같고
松葉細似針이라　　　솔잎은 가늘어 바늘 같구나.
魚戲新荷動이요　　　물고기 희롱에 새로 난 잎 살랑이고
鳥散餘花落이라　　　새 흩어지니 남은 꽃 떨어지네.
琴潤絃猶響이요　　　거문고 젖었어도 줄은 여전히 소리를 울리고
爐寒火尙存이라　　　화로 차가워도 불은 그대로 남아 있네.
春北秋南雁이요　　　봄에는 북쪽, 가을엔 남쪽에 있는 것은 기러기요
朝西暮東虹이라　　　아침에는 서쪽, 저녁엔 동쪽인 것은 무지개라네.
柳幕鶯爲客이요　　　버들막엔 꾀꼬리가 손님이 되고
花房蝶作郞이라　　　꽃방엔 나비가 신랑이 된다네.
日華川上動이요　　　햇빛은 시냇물 위에서 넘실거리고
風光草際浮라　　　　바람 빛은 풀 사이에 떠 있다네.
明月松間照요　　　　밝은 달은 소나무 사이로 비추고
淸泉石上流라　　　　맑은 샘은 돌 위를 흐르는구나.
靑松夾路生이요　　　푸른 소나무는 길을 끼고 자라고
白雲宿簷端이라　　　흰 구름은 처마 끝에 머물고 있네.
荷風送香氣요　　　　연꽃 바람은 향기를 보내오고
竹露滴淸響이라　　　대나무 이슬 맑은 소리로 떨어지누나.
谷直風來急이요　　　골짜기 곧으니 바람 불어옴이 급하고

山高月上遲라	산 높으니 달 오름도 더디기만해.
蟋蟀鳴洞房이요	귀뚜리는 골방에서 울고 있고요
梧桐落金井이라	오동잎은 가을 우물로 떨어집니다.
山高松下立이요	산 높아도 소나무 아래 서 있고
江深沙上流라	강 깊어도 모래 위로 흐르네.
花開昨夜雨요	어젯밤 비에 꽃이 피더니
花落今朝風이라	오늘 아침 바람에 꽃이 지누나.
大旱得甘雨하고	큰 가뭄에 단비를 얻고
他鄕逢故人이라	타향에서 옛 친구를 만나네.
畵虎難畵骨이요	호랑이를 그려도 뼈는 그리기 어렵고
知人未知心이라	사람을 알아도 마음은 알 수 없다네.
水去不復回요	물은 흘러가면 다시 돌아오지 않고
言出難更收라	말은 한 번 내면 다시 거두기 어렵다네.
學文千載寶요	글을 배우면 천년의 보배요
貪物一朝塵이라	물건을 탐하면 하루 아침의 티끌이라네.
文章李太白이요	문장은 이태백이 으뜸이요
筆法王羲之라	필법은 왕희지라네.
一日不讀書면	하루라도 글을 읽지 않으면
口中生荊棘이라	입 안에 가시가 돋는다네.
花有重開日이나	꽃은 다시 필 날이 있지만

人無更少年이라   사람은 다시 소년이 될 수 없도다.

白日莫虛送하라   젊은날을 헛되이 보내지 말게

青春不再來니라   청춘은 다시 오지 아니한다네.

저자 · **김홍철(金洪哲)**

충북 보은 출생
아호 죽리(竹里)
성균관대학교 국문학과 졸업
고려대학교 교육대학원 한문교육전공 수료 (교육학석사)
성균관대학교 대학원 국문학과 석사 및 박사과정 수료 (문학석사, 문학박사)
성신여대, 성균관대학교 강사
청주대학교 사범대학 한문교육과 교수(현재)
청주대학교 사범대학장, 교무처장, 총장직대 역임
청주대학교 부총장(현재)
중국사회과학원 역사연구소 객좌연구원 역임(교환교수 방문학자)
한국한문학회, 한국한문교육학회, 한국한자한문교육학회 이사 역임
한국한자문화연구원 원장(현재)
한국사룡설화연구외 논문 다수
중국서법발전사(역), 충암년보(역), 한문교과교육입문, 한자로 세상읽기, 실용교양한자, 취업한자 등 저서 다수

명심보감 신강

초판발행 2008년 7월 26일

지은이 김홍철
발행인 김홍국
발행처 도서출판 보고사
주　소 서울시 성북구 보문동 7가 11번지 2층
등　록 6-0429(1990.12)
전　화 922-5120~1(편집부) / 922-2246(영업부)
팩　스 922-6990
메　일 kanapub3@chol.com
www.bogosabooks.co.kr

ISBN 978-89-8433-522-6 (03140)
정　가 22,000원

* 잘못된 책은 바꾸어 드립니다.
* 저자와의 협의에 의하여 인지는 생략합니다.